国家社会科学基金青年项目
"《四库全书总目》'小说家类'学术批评综合研究"
（18CZW008）最终成果

扬州大学"中国语言文学"学科特区资助项目

江苏省第六期"333高层次人才"项目

扬州大学出版基金资助项目

扬州大学"高端人才支持计划"资助项目

温庆新　著

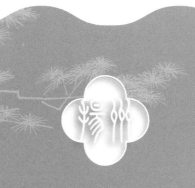

《四库全书总目》
『小说家类』
学术批评研究

中国社会科学出版社

图书在版编目（CIP）数据

《四库全书总目》"小说家类"学术批评研究/温庆新著. —北京：
中国社会科学出版社，2024.4
ISBN 978 - 7 - 5227 - 3374 - 6

Ⅰ. ①四… Ⅱ. ①温… Ⅲ. ①《四库全书总目》—小说评论—研究
Ⅳ. ①Z833②I207.4

中国国家版本馆 CIP 数据核字（2024）第 066172 号

出 版 人	赵剑英
责任编辑	郭晓鸿
特约编辑	王顺兰
责任校对	赵雪姣
责任印制	戴 宽

出　　版	中国社会科学出版社
社　　址	北京鼓楼西大街甲 158 号
邮　　编	100720
网　　址	http://www.csspw.cn
发 行 部	010 - 84083685
门 市 部	010 - 84029450
经　　销	新华书店及其他书店

印　　刷	北京明恒达印务有限公司
装　　订	廊坊市广阳区广增装订厂
版　　次	2024 年 4 月第 1 版
印　　次	2024 年 4 月第 1 次印刷

开　　本	710×1000　1/16
印　　张	22.5
插　　页	2
字　　数	323 千字
定　　价	129.00 元

目　录

绪　论

近年来，在重视"古代文论与中华文化精神"及清代官修书籍研究的背景下，学界逐渐注意挖掘传统目录学中所蕴含的学术批评思想，以激活中国古代文学批评的运行机制与当下意义。对《四库全书总目》"小说家类"学术批评进行综合研究，不仅能够深入挖掘《四库全书总目》的小说观念与小说批评思想，探究《四库全书总目》编纂时的多元语境，以便分析清代学术思想对彼时文学批评的影响；亦可多元认识《四库全书总目》小说批评的特色及意义，拓展中国古代小说史研究的深度、广度，乃至扩大清代官修书籍的研究领域。因此，此类研究往往具有多重的学术价值。

一　《四库全书总目》研究现状述评

自《四库全书总目》问世以来，学界对《四库全书总目》的文献价值、学术论断、编纂过程及学术批评思想，进行了诸多研究。20世纪初期，余嘉锡《目录学发微》、姚名达《中国目录学史》等诸多目录学著述，深入总结了《四库全书总目》的分类体系，促使现代研究范式的兴起。尔后，余嘉锡在《四库提要辨·序录》中，更是指出："今《四库提要》叙作者之爵里，详典籍之源流，别白是非，旁通曲证，使瑕瑜不掩，淄渑以别，持比向、歆，殆无多让；至于剖析条流，斟酌今古，辨章学术，高揽群言，尤非王尧臣、晁公武等所能望其项背。故曰自《别录》以来，才有此书，非过论也。

故衣被天下，沾溉靡穷。嘉、道以后，通儒辈出，莫不资其津逮，奉作指南，功既巨矣，用亦弘矣。"①余嘉锡从传统目录学史的角度探讨《四库全书总目》的学术批评方法，颇能启迪后世学者进行《四库全书总目》学术批评体系的研究。故而，总结并反思百余年来《四库全书总目》的研究，对客观评判《四库全书总目》"小说家类"学术批评的历史意义将十分有益。检视学界的研究，相关成果有以下三大突出特点。

一是重视对《四库全书总目》编纂的探讨与文献的考辨。

20世纪初期，金梁的《四库全书纂修考》一书，就已开始对《四库全书》的纂修情形展开讨论②；金梁又于《东方杂志》（第9期）刊发《四库全书纂修考跋》一文，对影印《四库全书》提出了积极建议。尔后，任如松的《四库全书答问》以问答形式对《四库全书》的纂修历史、分类情形及若干重要论断，进行了详细考证。③此举有助于学界较为系统地了解《四库全书》的编纂过程。约略同时出版的郭伯恭《四库全书纂修考》一书，则从"四库全书纂修之缘起""寓禁于征之实际情形""四库全书馆之组织""四库全书之编辑""四库全书之容量""四库七阁之告藏""四库全书之增改""四库全书之校勘""四库七阁之今昔""四库全书荟要""四库全书总目提要""四库全书评议"及"四库全书之续修与影印述略"等角度④，对《四库全书》纂修前后的变化、纂修思想及时代意义进行了细致探讨，成为20世纪中叶以前探讨《四库全书》纂修情形最为精湛者。

而自20世纪30年代王重民辑录《办理四库全书档案》一书出

① 余嘉锡：《四库提要辨证·序录》，中华书局1985年版，第48—49页。
② 金梁：《四库全书纂修考》（手稿本），现藏天津市图书馆。
③ 任如松：《四库全书答问》，上海启智书局1933年版。
④ 郭伯恭：《四库全书纂修考》，商务印书馆1937年版。

版以来①，学者开始注意挖掘清代各类档案、朱卷中记录《四库全书》撰修的原始资料。这种原始文献的收集、整理与出版，对于学界全面还原《四库全书》与《四库全书总目》的纂修始末，将极具启示意义。陈垣《编纂四库全书始末》（初稿写于1920年）一文，就是利用清代众多档案史料加以考辨的典型。② 20世纪80年代以来，黄爱平所撰《四库全书纂修研究》一书，进一步挖掘清代档案中纂修《四库全书》的有关史料，并结合清代文治背景与政教意图来探讨《四库全书》的纂修缘起、过程及提要撰写等内容。③ 中国台湾学者吴哲夫所撰《四库全书纂修之研究》一书，则从清代乾嘉考据学风、乾隆皇帝的性格等方面分析了纂修《四库全书》的目的；该书亦充分利用清代的各类档案文献，从《四库全书》纂修时的文献征集情形、四库馆的组织情形、《四库全书》的编辑过程及四库"七阁"文献的异同、禁毁书目、《四库全书荟要书目》等方面，多角度展开探讨。④ 在这种背景下，基于学界对纂修《四库全书》与《四库全书总目》相关史料的不断挖掘等学术积累，中国历史第一档案馆于1997年出版了《纂修四库全书档案》（全二册）一书⑤；《纂修四库全书档案》对清代的档案史料进行了深度挖掘，颇有益于后续学者的研究。此类文献史料的整理与出版，进一步促使学界更加客观、全面、详尽地探讨《四库全书》的编纂始。21世纪初期以降，在清代相关档案史料的基础上，学界对《四库全书》与《四库全书总目》的编纂进行了更为全面的客观分析。这方面的研究论著，以张升《四库全书馆研究》为个中翘楚。该书以"四库全书馆"为切入视角，详细探讨了四库开馆与闭馆的时间、机构组成、运行情

---

① 王重民辑：《办理四库全书档案》，国立北平图书馆1934年版。

② 陈垣：《编纂四库全书始末》，陈垣著，陈智超编《陈垣四库学论著》，商务印书馆2012年版，第3—18页。

③ 黄爱平：《四库全书纂修研究》，中国人民大学出版社1989年版。

④ 吴哲夫：《四库全书纂修之研究》，台北故宫博物院1990年版。

⑤ 中国历史第一档案馆：《纂修四库全书档案》，上海古籍出版社1997年版。

形、馆臣数量与日常工作、"四库"文献的誊录与编校①，是近年来探讨纂修《四库全书》之全面且精湛者。

在深入挖掘纂修《四库全书》史料档案的同时，有关《四库全书总目》的原始文献资料亦被不断整理出版。如阮元撰《四库未收书目提要》、胡玉缙撰《四库全书总目提要补正》（六十卷）、翁方纲撰《四库提要分纂稿》，乃至《四库全书荟要总目提要》《四库全书初次进呈存目》以及《四库全书简明目录》等资料，纷纷被整理出版。此类文献的整理有助于进一步探讨《四库全书总目》从草撰到定稿的变化缘由、清代"官学"约束体系及"四库馆臣"对具体文献的认知转变。同时，学界亦充分注意调查、收集散见于国家图书馆、中国台北"国家图书馆"、天津图书馆等各大图书馆中与《四库全书总目》相关的文献资料。如王菡《国家图书馆所藏〈四库全书总目〉稿本述略》一文，探讨国家图书馆所藏《四库全书总目》稿本中所存留的"四库馆臣"之批阅情况，以及此稿本与武英殿本《四库全书总目》稿本之间的修订关系。② 苗润博《台北"国家图书馆"藏〈四库全书总目〉残稿考略》一文，探讨中国台北"国家图书馆"所藏《四库全书总目》与天津图书馆所藏《四库全书总目》稿本之间的关系，试图深入分析《四库全书总目》在不同修纂时期的调整情形与"修改幅度"。③ 孙连青《天津图书馆藏〈四库全书总目〉残稿文献价值探讨》一文，详细分析了天津图书馆所藏《四库全书总目》残稿的基本情况及其文献价值。④ 此类文献的挖掘，对于系统分析《四库全书总目》的撰修、刊刻与传播过程，颇具启示。

---

① 张升：《四库全书馆研究》，北京师范大学出版社 2012 年版。
② 参见王菡《国家图书馆所藏〈四库全书总目〉稿本述略》，《文学遗产》2006 年第 2 期。
③ 参见苗润博《台北"国家图书馆"藏〈四库全书总目〉残稿考略》，《文献》2016 年第 1 期。
④ 参见孙连青《天津图书馆藏〈四库全书总目〉残稿文献价值探讨》，《图书馆工作与研究》2013 年第 8 期。

而且，学界还辑佚了若干"四库馆臣"所纂的原始提要稿，如杜泽逊《读新见姚鼐一篇四库提要拟稿》①、司马朝军《最新发现的张羲年纂四库提要稿》② 等文，就辑佚了为数不少、成于众"四库馆臣"之手的提要初稿、底稿，或被撤毁而未收入《四库全书总目》中的原始文献。总之，上述诸类文献的收罗、整理及辑佚，不仅有助于深入分析《四库全书总目》的编纂过程，而且有助于客观还原《四库全书总目》学术批评的前后转变情形、缘由及其历史意义。

综观学界对《四库全书总目》的研究，有以下几大特色：首先，对《四库全书总目》进行考辨。由于《四库全书总目》成于众人之手，编纂时间较长，几易其稿，故而存在知识信息的讹误、判断失当之处则在所难免。自 20 世纪 30 年代余嘉锡《四库提要辨证》一书发布以来，王太岳《钦定四库全书考证》③、崔富章《四库提要补正》④、李裕民《四库提要订误》⑤ 等著述承其余绪，学界至今仍持续对《四库全书总目》进行考辨与补正，取得了丰硕的成果。比如，陆勇强《〈四库全书总目提要〉订补》一文，从地方志、别集序跋、小传等资料，对《四库全书总目》有关陈轼、彭师度、姚菱、储掌文等人的生平事迹、著作论述所存在的疏误进行了修订⑥；贾中华《〈四库全书总目提要〉指误十三则》一文，对《四库全书总目》相关作者的名、字、号、籍贯及仕履等疏误进行了指正⑦；等等。此类研究论文，即是现今进行《四库全书总目》考辨论述中的个中代表。其次，上文所列举的相关著述，对《四库全书总目》包括"小说家

①　杜泽逊：《读新见姚鼐一篇四库提要拟稿》，《中国典籍与文化》1999 年第 3 期。
②　司马朝军：《最新发现的张羲年纂四库提要稿》，《图书与情报》2008 年第 5 期。
③　王太岳：《钦定四库全书考证》，书目文献出版社 1991 年版。
④　崔富章：《四库提要补正》，杭州大学出版社 1990 年版。
⑤　李裕民：《四库提要订误》，中华书局 2005 年版。
⑥　陆勇强：《〈四库全书总目提要〉订补》，《暨南学报》（哲学社会科学版）2003 年第 6 期。
⑦　贾中华：《〈四库全书总目提要〉指误十三则》，《图书馆建设》2014 年第 11 期。

类"在内有关作品的作者、版本及内容思想、价值意义所进行的诸多考辨，不仅体现了学界"正本清源"的治学特色，更是为"辨章学术"之类的后续研究奠定了牢靠的基础，亦有助于深入分析《四库全书总目》的编纂缘起、过程与历史意义。比如，司马朝军《〈四库全书总目〉编纂考》一书，详细探讨了总纂官、分纂官及总裁官等不同的"四库馆臣"对《四库全书总目》编纂过程、纂修内容及过程的影响，角度颇为新颖。① 此类讨论有助于进一步深化对《四库全书总目》编纂思想及其历史意义的多角度探究。

另外，《景印文渊阁四库全书》（台湾商务印书馆1983年版）、《四库全书存目丛书》（齐鲁书社1997年版）、《四库禁毁书丛刊》（北京出版社2005年版）等"四库"原典文献的影印，以及《四库全书》数字化的开发与推进，这些亦颇有益于学界的文献收集与研究展开。

二是重视对《四库全书总目》学术批评与文学批评的研究。

早在20世纪中叶，杨家骆所撰的《四库全书学典》，就从"世界"的角度来宏观探讨《四库全书》编纂的知识学价值，并略微涉及对《四库全书总目》学术批评的探讨。② 20世纪90年代以来，有关《四库全书总目》学术批评的研究渐自兴盛。周积明《文化视野下的〈四库全书总目〉》一书，从清代文治背景分析了《四库全书总目》的学术思想与文化价值，堪称这方面的发轫之作。尤其是，周积明从《四库全书总目》的价值取向、"经世实学"及批评方法等方面，全面分析了《四库全书总目》所蕴含的"多元一体"的"经世实学"导向，分析了《四库全书总目》"穷源竟委"的历史批评法、"长短较然"的比较批评法、"援据纷纶"的归纳证明法及

---

① 司马朝军：《〈四库全书总目〉编纂考》，武汉大学出版社2005年版。
② 杨家骆：《四库全书学典》，世界书局1947年版。

"儒者气象"的批评风度，此类论断多数发人所未发。① 之后，张传锋《〈四库全书总目〉学术思想研究》一书，从乾隆时期的文治政策与学术思潮来探讨《四库全书总目》的学术思想与内涵，详细分析了总纂官纪昀对《四库全书总目》学术批评思想的影响，分析了乾隆皇帝对《四库全书总目》学术价值确立的影响。② 而陈晓华《〈四库全书〉与18世纪的中国知识分子》一书，从学术与政治的角度分析了《四库全书总目》对清代"寓征于禁"思想的反应情形及诸如"诸子学"等的学术命运，从学术与学人的角度分析了乾嘉"汉学"的命运及其对"新学术的兴起"的酝酿诱导。③ 此类探讨，试图从传统学术演变的角度，基于清代政教意图与学术演变之关系，全面探讨《四库全书总目》的学术批评思想及其对时人的影响，已涉及对《四库全书总目》学术批评体系的形成缘起与价值意义的分析。

尤其是何宗美的《〈四库全书总目〉的官学约束与学术缺失》一书，以明人别集"提要"为例，从版本、文献、批评三方面，深入分析了代表清代官方政治概念和文学思想的《四库全书总目》是如何展开学术批评的。何宗美的研究试图从清代文治背景、学术环境及政教意图，多角度探讨《四库全书总目》学术批评的特征、内涵及方法，具有重要启示。甚至，该书首先探讨了"四库纂修谕旨"所确定的"官学"体系对《四库全书总目》思想走向的影响，并详细比对了翁方纲、姚鼐、邵晋涵等不同"四库馆臣"对明代文学认知的差异，由此探讨各家"四库馆臣"对彼时"官学"思想的领悟与实践情形，从而分析清代"官学"约束体系如何采用基于源流的流派谱系建构与禁毁、批判的"专制政治的文化暴力"等手段，进而探讨清代统治者如何通过《四库全书总目》的纂修最终实现对明

---

① 周积明：《文化视野下的〈四库全书总目〉》，广西人民出版社1991年版。
② 张传锋：《〈四库全书总目〉学术思想研究》，学林出版社2007年版。
③ 陈晓华：《〈四库全书〉与十八世纪的中国知识分子》，社会科学文献出版社2009年版。

代文学的整体性影响。① 可以说，该书详细分析了清代"官学"体系的内涵、特征及运行方式，有助于启示学者如何基于清代"官学"约束视角进行明代文学之外的其他学术批评的探究；亦有助于深入探讨清代的政教思想如何渗透至《四库全书总目》中，进而分析此类政教思想给彼时学术批评与价值观念所带来的影响。

　　与此同时，近年来学界为深入挖掘中国古代文学批评思想，渐自重视对《四库全书总目》文学批评的研究，取得了一批成果。如伏俊琏《〈四库全书总目〉的文学史观和文体观》一文，以"集部大小序"为例，探讨了《四库全书总目》对中国文学批评史发展脉络的梳理情形。② 蒋寅《纪昀与〈四库全书总目〉的诗歌批评》一文，则探讨纪昀的诗学思想与《四库全书总目》诗歌批评的关系。③甚至，出现了数量众多的以《四库全书总目》诗学批评、文学史观为选题的硕士、博士学位论文。如赵涛《〈四库全书总目提要〉学术思想与方法论研究》，主要探讨《四库全书总目》展开学术批评的指导思想与方法选择。④ 刘志勇《〈四库全书总目提要〉唐诗批评渊源考述》，主要探讨《四库全书总目》如何对唐代诗歌进行批评，及其对清代唐诗学建构的意义。⑤ 张晓芝《〈四库全书总目〉明人别集提要研究》，首先分析《四库全书总目》有关明人别集提要的文献讹误问题，其次分析乾隆皇帝旨意对《四库全书总目》纂修的影响，最后探讨《四库全书总目》进行明人别集提要撰写所体现出来的文学观念及文学史价值。⑥ 吴亚娜《〈四库全书总目〉宋代文学批

　　① 何宗美：《〈四库全书总目〉的官学约束与学术缺失》，人民文学出版社 2017 年版。
　　② 伏俊琏：《〈四库全书总目〉的文学史观和文体观——以集部大小序为中心》，《阅江学刊》2010 年第 3 期。
　　③ 蒋寅：《纪昀与〈四库全书总目〉的诗歌批评》，《学术界》2015 年第 7 期。
　　④ 赵涛：《〈四库全书总目提要〉学术思想与方法论研究》，博士学位论文，西北大学，2007 年。
　　⑤ 刘志勇：《〈四库全书总目提要〉唐诗批评渊源考述》，硕士学位论文，广西师范大学，2010 年。
　　⑥ 张晓芝：《〈四库全书总目〉明人别集提要研究》，吉林人民出版社 2018 年版。

评研究——以宋人别集与词集提要为中心》，则以《四库全书总目》的宋代文学批评为例，大体思路同于张晓芝的《〈四库全书总目〉明人别集提要研究》①；等等。此类研究从《四库全书总目》对历代文学史及具体文学流派的批评意见立论，有助于全面认识《四库全书总目》的文学批评思想。而且，亦可据《四库全书总目》的文学批评思想，以还原清人有关文学作品的功用、形式、审美等方面的认知意见，进一步探讨《四库全书总目》的学术批评思想与文学批评思想的关联与异同。

虽说学界对《四库全书总目》的学术批评思想与文学批评思想进行了诸多研究，但多数成果往往只是从清代学术流变历程、清代的"官学"约束体系、清代的政教意图等方面，取一而论。而《四库全书总目》作为清代统治者所编纂的目录学著述，除了须遵守清代的政教意图与文治需求外，更应该满足传统目录学所特有的知识结构与知识体系。也就是说，受清代学术思想、政教意图及传统目录学知识结构三重制约的《四库全书总目》，在展开学术批评或文学批评时，有着趋于固定化的话语模式、固定的知识信息呈现范式、固化单一的价值定位及突出的时代坐标烙印，这些方面对《四库全书总目》进行学术批评与文学批评时所形成的影响，显然仍是学界研究之较薄弱处，有待学者进一步拓展。

三是有关《四库全书总目》"小说家类"学术批评的研究现状。

在重视《四库全书总目》文学批评的背景下，学者开始以《四库全书总目》"小说家类"为研究对象，尝试探讨《四库全书总目》的小说观念与小说批评思想。这成为探讨《四库全书总目》文学批评中的重要一环。目前，此类研究主要集中于中国内地地区，包含以下几方面。

---

① 吴亚娜：《〈四库全书总目〉宋代文学批评研究——以宋人别集与词集提要为中心》，博士学位论文，西南大学，2017 年。

　　20 世纪 90 年代，学界往往以今人的小说观为基点，分析《四库全书总目》的小说观。如季野《开明的迂腐与困惑的固执——〈四库全书总目提要〉小说观的现代观照》，主要探讨《四库全书总目》小说观与现代小说观的扞格之处。① 此类研究有助于通过中西小说观的比较，分析《四库全书总目》小说观的特殊之处，但它是一种基于现代西方小说观念来分析清人小说观念的"以西律中"的典型。又，李钊平《时空错位与秩序重建——"小说"说略》，认为纪昀等"四库馆臣"所言"恪守简要实录的班氏门径，拒斥幻设铺陈"的小说观，不符合长篇叙事的特征，只能称为"前小说"。② 此类研究并非基于《四库全书总目》的文治背景而言，所言亦缺乏深刻的"理解之同情"。同时，赵振祥《从〈四库全书〉小说著录情况看乾嘉史学对清代小说目录学的影响》一文，尝试将《四库全书》与《隋书·经籍志》《旧唐书·经籍志》《新唐书·艺文志》进行比较，以探讨《四库全书》在小说著录方面的变化，认为清代的史学风气影响了《四库全书》的小说著录情形，指出："它在力图把史传文字与小说界分开来的同时，也改变了传统目录学者著作中史传与小说不分的混乱局面，并客观上使小说的目录分类逐渐清晰起来，而且这种目录学思想直接影响了后来的目录学著作。"③ 这种从历代目录学的衍变史迹探讨《四库全书总目》小说著录的研究方法，对后来的研究颇具方法论的启迪。然而，所言"史传文字与小说界分开来"，其所使用的"小说"观仍旧是西方文艺理论视域下的"小说"观；所论仍存有隔靴搔痒之憾，难免有失偏颇。

　　进入 21 世纪，学界更加注重对《四库全书总目》小说著录标准

---

　　① 季野：《开明的迂腐与困惑的固执——〈四库全书总目提要〉小说观的现代观照》，《小说评论》1997 年第 4 期。

　　② 李钊平：《时空错位与秩序重建——"小说"说略》，《陕西师范大学学报》（哲学社会科学版）1999 年第 1 期。

　　③ 赵振祥：《从〈四库全书〉小说著录情况看乾嘉史学对清代小说目录学的影响》，《明清小说研究》1999 年第 1 期。

与小说观的探讨。凌硕为《论〈四库全书总目提要〉的小说观》一文，试图分析《四库全书总目》如何使"小说担负起更为纯粹的叙事功能"与"明确了小说的补史功能"。① 翁筱曼《"小说"的目录学定位——以〈四库全书总目〉的小说观为视点》一文，则从"史部、子部中小说：'可补史文之阙'""子部中之小说、杂家：不入流的'小道'与驳杂的'大道'"及"子部中之小说与集部诗文评中'体兼说部'者：剑走偏锋"等方面来重新定位"小说"。② 但这种定位并未充分注意清代文治需求对《四库全书总目》"小说家类"学术批评的影响。而程国赋、蔡亚平《论〈四库全书总目〉小说家类的著录标准及著录特点》，从文类角度详细分析了"小说家类"的著录特征。③ 然而，从传统知识结构的角度分析《四库全书总目》小说批评的研究视角，尚未引起学者的充分关注，尚需进一步深化与细化。如王颖《"传奇"与〈四库全书总目〉小说分类》一文，通过考察明人胡应麟《少室山房笔丛》的小说分类意见对《四库全书总目》的影响，认为《四库全书总目》对"传奇"的分类更为准确。④ 此文虽涉及传统目录学中小说分类的历史变迁，但对蕴含其间的目录学知识结构对"小说"分类的影响，揭示得并不充分。

需要强调的是，王庆华、王齐洲等学者试图从传统目录学的演变史迹中，详细比对历代不同书目的"小说"设置情形及与其他部类的关系。这对我们从传统目录学的知识体系探讨《四库全书总目》"小说家类"的学术批评，颇有启示意义。比如，王庆华在《论古代"小说"与"杂史"文类之混杂》一文中，认为以史书艺文志为标

①　凌硕为：《论〈四库全书总目提要〉的小说观》，《江淮论坛》2004 年第 4 期。

②　翁筱曼：《"小说"的目录学定位——以〈四库全书总目〉的小说观为视点》，《华南师范大学学报》（社会科学版）2005 年第 3 期。

③　程国赋、蔡亚平：《论〈四库全书总目〉小说家类的著录标准及著录特点》，《明清小说研究》2008 年第 2 期。

④　王颖：《"传奇"与〈四库全书总目〉小说分类》，《中国社会科学院研究生院学报》2008 年第 4 期。

志而确立的"小说"文类观，作为一种文类概念，其内涵和指称经历了一个由"子之末"到"史之余"的演化过程，由此导致"小说"既易与"传记"文类相混杂，又易与"杂史"混杂；并认为："'小说'与'杂史'文类间的畛域区分主要体现为'小说'所记'琐闻佚事'过于琐细，多无关'朝政军国'，无关'善善恶恶'之史家旨趣。"① 同时，《"小说"与"杂家"》一文，则呼吁应将"小说"置于传统目录学文类系统的发展过程中考察，同时回归"小说"文类原有的文化语境，全面系统地把握其"非叙事类作品的文类规定性"②。这种细致爬梳"小说家类"与其他部类的区别与联系，有助于深入分析"小说家类"在传统目录学中的地位及其知识结构。但从传统目录学的知识体系看，历代书目的部类设置及其内涵设定，往往是一种限定性或概述性言语，而非规定性言语。③ 这种限定性或概述性言语，往往导致历代不同书目有关"小说家类"的内涵限定与作品归并，是一种以主要作品的举隅，并罗列于该部类之首的方式加以进行。如《汉书·艺文志》所设"易类"以《易经》列于首，所设"书类"以《尚书古文经》列于首，所设"小说家类"以《伊尹说》列于首；此类列于首的作品往往代表该部类的内涵与思想导向，如《汉书·艺文志》"小说家类"小序对"小说"主要内涵的限定是"小说家者流，盖出于稗官，街谈巷语，道听途说之所造也"，与《伊尹说》"其语浅薄"的注言是相通的，皆是着眼于政教意义。④ 从这个角度讲，传统目录学对"小说家类"核心内涵之外的形式、思想及价值的限定，往往会存在一定的随意性与不确定性，从而造成不同书目有关"小说家类"的学术批评思想多

---

① 王庆华：《论古代"小说"与"杂史"文类之混杂》，《华东师范大学学报》（哲学社会科学版）2015 年第 5 期。

② 王庆华：《"小说"与"杂家"》，《浙江学刊》2008 年第 2 期。

③ 案，具体情形参见温庆新《传统目录学视域下〈四库全书总目〉所言"小说之体"的文类涵义》[《中南大学学报》（社会科学版）2019 年第 4 期] 的相关论述。

④ 班固：《汉书》，中华书局 1997 年版，第 1740—1743 页。

有差异。而回归"小说"文类原有文化语境的做法，使得学界发现传统目录学的"小说"概念并不是一种文体性质的分类。① 甚至，钟志伟《平议〈四库全书总目〉"假传体"文类的编目与批评》一文，尝试挖掘《四库全书总目》"小说家类"中"结合谐趣与史传叙事之手法，表现劝讽匡正之小说价值"等"假传体"作品的文类意义。② 此类发见，对我们如何重新定位"小说"的文类观，提供了若干有益的探索。

又如，王齐洲《学术之小说与文体之小说——中国传统小说观念的两种视角》一文，从传统目录学的衍变探讨历代史志目录对"小说"的本体论、功用论表述，尝试说明《四库全书总目》小说观的内涵。③ 而其所著《从〈山海经〉归类看中国古代小说观念的演变》一文，以《山海经》在历代书目中的著录演变情形为例，指出："《山海经》最早著录于《汉书·艺文志》数术略形法类，《隋书·经籍志》则归入史部地理类，直到《四库全书总目》才将其归入子部小说家类。从《山海经》在不同时期的不同归类可以看出，学缘与职事是唐以前之人对载籍理解和知识分类的依据，真实和虚构则是宋以后之人对载籍理解和知识分类的依据，而学术价值和政教作用则始终作为评价标准。这一现象与各时段的社会思想和知识结构直接关联，也与中国传统文化的核心价值相一致。《新唐书·艺文志》开启了将难以'考质'的史传退置于小说类的先河，突显了古代文献分类的内在紧张与冲突。四库馆臣对史部和子部的清理和总结并非解决了原有矛盾，而是进一步突显了这种紧张与冲突。从这一个案可以看出，中国古代小说并非一个亘古不变的文体概念，

---

① 邵毅平、周峨：《论古典目录学的"小说"概念的非文体性质——兼论古今两种"小说"概念的本质区别》，《复旦学报》（社会科学版）2008 年第 3 期。

② 钟志伟：《平议〈四库全书总目〉"假传体"文类的编目与批评》，《汉学研究（台湾）》2014 年第 4 期。

③ 王齐洲：《学术之小说与文体之小说——中国传统小说观念的两种视角》，《上海大学学报》（社会科学版）2013 年第 3 期。

对它的认识始终处在发展变化之中，其核心内涵在不同时期并不相同，必须具体地历史地加以讨论。"① 此文从传统目录学家基于"学缘与职事"与"真实和虚构"两种不同的认知视角对具体小说作品归并的影响，试图从历代不同时期对"小说"核心内涵的不同认知来分析古代小说的历史演变与意义，所论甚是。再如，王炜、窦瑜彬《〈四库全书〉中的小说观念论略》，认为"四库馆臣将小说分为杂事、异闻、琐语，阐明了小说与纪事这种构型方式之间的映射关系，认定小说所叙之事的质态是琐杂、怪异、虚妄。《四库全书》从确认小说典型范例、构型方式、类型组成、质性特征等层面着手，建构了特定时代的小说统序"②。亦涉及如何分析《四库全书总目》小说观念的方法论问题。据此，从传统目录学的知识结构与知识体系探讨《四库全书总目》"小说家类"学术批评与其他书目之异同时，应充分考虑到不同目录学家所言"小说"的内涵指涉，而后才能从特殊的历史文化语境中加以评析。

近年来，学界又从文献考辨角度挖掘《四库全书总目》"小说家类"的学术价值。比如，张进德《〈四库全书总目〉"小说家类"匡误》一文，指出"小说家类"小序的理论表述与具体作品的提要之间多有相矛盾之处。③《〈四库全书总目〉"小说家类"价值发微》一文，则认为《四库全书总目》"阐发了小说创作的动机，揭橥影响小说创作的各种因素，论述了小说与时代的关系。在理论方面，对何为小说、小说所表现的内容、小说的功能及小说的文辞特点等都给予了论述"④，这种讨论有助于深入挖掘《四库全书总目》"小说

---

① 王齐洲：《从〈山海经〉归类看中国古代小说观念的演变》，《天津社会科学》2018年第2期。

② 王炜、窦瑜彬：《〈四库全书〉中的小说观念论略》，《华中科技大学学报》（社会科学版）2018年第3期。

③ 张进德：《〈四库全书总目〉"小说家类"匡误》，《河南大学学报》（社会科学版）2015年第2期。

④ 张进德：《〈四库全书总目〉"小说家类"价值发微》，《明清小说研究》2012年第4期。

家类"的多元学术价值。又，王昕《论"国学小说"——以〈四库全书〉所收"小说家类"为例》，以"小说家类"为例分析"国学小说"的特征、内涵和价值。① 此类研究亦有助于充分发掘其间的学术意义。但学界对《四库全书总目》小说批评学术意义的挖掘，主要集中于若干典型作品中，故仍有待进一步的深入。与此同时，学界又从清代文治背景切入，分析《四库全书总目》的小说批评思想。如张泓《实学思潮与〈四库全书总目〉的小说观》一文，从清代史学思潮切入，认为《四库全书总目》主要是凸显小说的社会价值。② 赵涛《〈四库全书总目〉的小说思想探源》一文，则分析了《四库全书总目》小说批评的史学价值与文学本体意义。③ 此举有助于对《四库全书总目》小说批评进行"还原"，但有关清代学术思想、"官学"批评体系对《四库全书总目》小说批评的影响，相关讨论仍显薄弱。

要之，学界对《四库全书总目》小说批评的探讨，成果喜人；以上仅是大略而言，挂一漏万。在充分挖掘中国古代文学批评思想的推动下，学界更加重视对《四库全书总目》小说批评的研究。不过，古今小说观念有别，唯有以历史的眼光去观察，历史的观念去理解，才能全面认识《四库全书总目》的小说观念与小说批评思想。这就需要进行更全面的还原研究。而随着清代官修书籍研究的不断深入，《四库全书总目》的学术价值与当下意义越发显得重要。全面认识《四库全书总目》的小说批评思想，予以合理定位，则是相关研究的另一趋势。然而，学界的研究多系单篇论文，研究重点或采用"以今度古"，或从清代文治背景与学术思潮切入，或基于目录学

---

① 王昕：《论"国学小说"——以〈四库全书〉所收"小说家类"为例》，《中国人民大学学报》2015 年第 1 期。

② 张泓：《实学思潮与〈四库全书总目〉的小说观》，《南昌航空大学学报》（社会科学版）2016 年第 2 期。

③ 赵涛：《〈四库全书总目〉的小说思想探源》，《河南大学学报》（社会科学版）2017 年第 4 期。

的演变史迹，取一而论，罕有从宏观层面加以综合且全面把握的。同时，对《四库全书总目》小说批评当下启示的探讨，仍不够充分。故而，本书仍有深入展开的空间。

二　研究思路及意图

本书以《四库全书总目》"小说家类"的学术批评为研究对象，试图揭示《四库全书总目》小说批评的运行方式、机制及意义。作为清代最重要的官修书目，《四库全书总目》集中体现了清代的政教意图与学术思想。它不仅受传统目录学思想的影响，更是受到清代政教意图与"官学"规范的约束，代表传统知识体系与清代"官学"规范对小说的双重认知。因此，本书在进行"小说家类"原典识读的基础上，拟从以下几个方面进行综合研究：从传统目录学思想分析"小说家类"学术批评的知识谱系，从清代政教意图探讨《四库全书总目》的小说观及其学术批评的价值归宿，从清代"官学"规范探讨"小说家类"学术批评的体系建构，进而分析此类学术批评的时代特色与当下启示。

一是进行《四库全书总目》"小说家类"原典识读。

在《四库全书总目》著录的319种小说中，底本来源与纂修情形各异，甚至同一时期作品所呈现的内涵与形式亦多有差别。同时，《四库全书总目提要》对明人小说区别对待等情形。这些敦促我们需首先把握"小说家类"的基本情况与本质特征，更应全面分析"小说家类"的纂修过程；尤其是，将《翁方纲纂四库提要稿》《四库全书荟要总目提要》等提要稿的"小说家类"学术批评与《四库全书总目》"小说家类"学术批评进行细致比较，将有助于深入探讨《四库全书总目》"小说家类"的纂修变化。甚至，还应对"小说家类"提要中的讹误与失当进行考辨。这种进行本质概述与文献考辨的思路，能够为从"小说家类"的知识谱系、批评体系、价值归宿及当下启示展开研究，奠定良好的基础。

二是还原政教视域下《四库全书总目》的小说观念。

清代统治者纂修《四库全书总目》是为实现"稽古右文，聿资治理"与"正人心而厚风俗"的政教意图，以至于《四库全书总目》各部类的内涵设置，乃至蕴含其间的观念，皆应服从上述规范。这些对《四库全书总目》小说观的内涵与外延，产生了主导性影响。"人伦教化"亦会成为《四库全书总目》小说观的伦理价值所在。而《四库全书总目》批评通俗小说系"坊肆不经之书"予以罢黜、鄙薄明代小说等做法，为我们客观还原《四库全书总目》的小说观提供了切入点。据此可进一步分析《四库全书总目》文言小说观与通俗小说观的异同，亦可进行古、今小说观的异同比较。更甚者，从阅读史视域看，清代的政教意图与文治需求不仅影响了《四库全书总目》的主体建构理路，更影响了《四库全书》在后世的阅读、接受及其历史意义，最终影响到《四库全书总目》"小说家类"提要的经典化历程。这方面的分析仍颇有必要。

三是探讨传统目录学思想与《四库全书总目》"小说家类"学术批评之知识谱系的关系。

《四库全书总目》作为传统书目的集大成者，其知识结构与作品归并的依据，势必要符合传统书目的知识谱系。传统书目的分类原则势必影响《四库全书总目》小说批评的学理规范，传统书目的知识结构亦会左右《四库全书总目》小说批评的话语选择。故而，传统目录学思想不仅会主导《四库全书总目》的文献区分体系，进而影响其学术批评的展开，亦突出反映在《四库全书总目》对通俗小说与明人小说的考辨与品评中。同时，由于历代政教背景的差异与编目者对作品的认知有别，不同书目往往会通过"退置"的方式，重新筛选"小说家类"作品。因此，将《四库全书总目》的小说批评与《千顷堂书目》等清代公私书目的小说批评进行横向比较；甚至，比较"四库馆臣"如何在《四库全书初次进呈存目》到《四库全书总目》的纂修过程中进行具体小说作品的"退置"归并，此类探讨将有助于探讨《四库全书总目》通过"退置"展开小说批评的方式、缘由及意义，进而分析其对传统书目的扬与弃。

四是探讨清代"官学"规范对《四库全书总目》"小说家类"学术批评体系建构的影响。

《四库全书总目》的小说批评深受清代学术背景、"官学"规范等"道统"的影响。清代统治者试图通过多次征书及"寓禁于征"的思路进行《四库全书》文献信息源的管控，进而有效管控《四库全书》的传播过程与时人的阅读；同时，通过删改与抽毁文献内容、禁毁明代文献以进行书籍的思想整合与价值重构等"文献控制"手段，最终实现对《四库全书总目》的知识信息管控；甚至通过提要撰写与部类排序，来规范《四库全书总目》文献意义表征的趋向。这种书目控制思想对《四库全书总目》"小说家类"学术批评产生了深远影响。换句话讲，清代学术思想将是《四库全书总目》小说批评的重要来源，清代"官学"规范会对《四库全书总目》小说批评的组织形态产生深远影响，清代政治制度亦会影响《四库全书总目》小说批评的实践路径。这些最终影响了《四库全书总目》小说批评的体系构建。而"退置"于"小说家类存目"的作品，乃至将《四库全书总目》收录的小说作品与彼时禁毁、未收的小说作品进行比较，则是分析《四库全书总目》小说批评体系如何运行的重要突破口。这将有助于进一步分析《四库全书总目》小说批评体系与同书其他部类学术批评的异同。尤其是，从阅读史视域探讨《四库全书》的纂修，将有助于还原《四库全书》践行乾隆"稽古右文，聿资治理"① 意图的路径，以及时人的阅读活动如何围绕清代政教思想展开，以便探讨《四库全书总目》的文献生产与消费情形，进而合理定位《四库全书总目》及其"小说家类"学术批评的书籍史意义。

五是基于清代私家书目的小说批评实际，深究《四库全书总目》

---

① 永瑢等：《四库全书总目》卷首，中华书局1965年版，第1页。

"小说家类"学术批评"官学"特征的历史意义。

首先，以钱谦益《绛云楼书目》、钱大昕《补元史艺文志》为例，探讨清中叶的士大夫群体对小说的认知意见及其所隐含的小说观念，以便探讨史官意志、政教功用等思想对清中叶私家书目展开小说著录与批评的影响。其次，关注清代书目对《三国志通俗演义》《水浒传》《西游记》等少数通俗小说进行著录或摒弃的前因后果，借此探讨以钱曾《也是园藏书目》为代表的清中叶以前书目基于传统目录学主体干预式介入的弘道思路，与近代书目以"体裁"性质、文学价值推崇通俗小说之举二者之于通俗小说批评的根本性差别，以便分析通俗小说如何在明清书目经历由史、子入集的衍变及其历史意义。

据此而言，本书在探讨《四库全书总目》"小说家类"的编纂过程与本质特征的基础上，试图从传统目录学思想与清代政教意图、"官学"规范、学术思想、"外来"的书目分类思想等方面切入，全面分析《四库全书总目》小说批评的知识谱系、观念内涵，进而探讨此类小说批评体系的建构原则、运行方式及形成缘由，以便客观认识其小说批评的学术价值与当下意义。这就需要我们首先分析《四库全书总目》的小说观念，建构目录学视域下的清代小说批评理论。其次，分析《四库全书总目》对不同小说作品的批评意见，将其与同书其他部类的学术批评进行比较，与其他书目的小说批评进行纵向与横向比较。再次，结合清代"官学"规范，置于清代政教背景与学术环境中，探讨《四库全书总目》小说批评的体系建构与历史维度，"以古还古"，使研究过程遵循逻辑与历史相统一的原则。也就是说，从《四库全书总目》纂修的文治背景与"官学"规范切入，置于清代文治背景与学术环境中，运用文学政治学、历史社会学等理论，将有助于全面梳理《四库全书总目》的小说观念，系统还原《四库全书总目》小说批评范式的生成机制与主要特征。同时，结合传统目录学的知识结构与谱系规范，将《四库全书总目》的小说批评与历代史志目录、清代公私书目进行纵向与横向比较，此类比较也有助于客观认识《四库全书总目》小说批评的内在本质与时代特色。

要言之，上述研究思路所希冀达到的研究目标，包括：深入分析清代政教思想对《四库全书总目》小说观念形成的影响，探讨《四库全书总目》小说批评范式的建立背景、生成机制与历史维度，分析《四库全书总目》小说批评的特色，揭示《四库全书总目》小说批评对清代官修书籍的研究价值，深究清代书目对通俗小说著录意见前后转变的本质缘由，借此探讨传统目录学视域下清代小说观念及小说批评思想的演进过程。

第一章 清初至清中叶私家书目的小说著录研究

在探讨《四库全书总目》"小说家类"学术批评前，我们有必要对《四库全书总目》编纂前后的私家书目之小说著录及其小说批评略作分析，以便探讨《四库全书总目》"小说家类"学术批评所体现的批评理念，是否已见于此前或同时期的私家书目中。尤其是，基于史官意志、政教功用等视角探讨清初至清中叶私家书目的编纂，分析清初至清中叶私家书目小说著录的指导思想及蕴含其间的小说观念，将有助于更加客观地看待《四库全书总目》"小说家类"学术批评形成之前，彼时的学术思想对时人展开小说批评的影响。有鉴于此，本章拟以钱谦益《绛云楼书目》、钱曾《也是园藏书目》、钱大昕《补元史艺文志》为例，探讨史官意志、政教功用等思想对清初至清中叶以前私家书目展开小说著录与批评的影响。

第一节 史学本位与钱谦益《绛云楼书目》的小说著录

钱谦益（1582—1664），字受之，号牧斋，苏州府常熟县人。作为明清之际的重要人物之一，学界历来不乏研究。然而相关研究主要集中于探讨钱谦益的"遗民心态"、史学思想、诗学观念等方面，罕有学者深入专论钱谦益的小说观念。同时，《绛云楼书目》作为清初重要的私家藏书目，不仅流传甚广、版本众多，更有陈景云之类的注解者，影响甚广。然学界的研究主要集中于《绛云楼书目》的版本流传及其差异、编纂体例及目的等方面①，亦较少涉及《绛云楼书目》的小说著录等方面。因而，从《绛云楼书目》"小说类"的小说著录为切入，对深究钱谦益的小说观念或将不无益处。

一 史学价值与钱谦益评判"说家"作品的主导思想及缘由

钱谦益曾在《李笠翁传奇叙》说道："古今文章之变，至于宋词元曲而极矣。词话之作，起于南宋。于时中原板荡，逸豫偏安。遗民旧老，流滞行都。刺取牙人驵侩、都街行院、方俗间巷、懊美猥亵之语，作为通俗演义之书。若罗贯中之《水浒》，恢诡谲怪，大放厥词。悲愤讽刺，与龚圣予三十六之赞，相为表里。"② 可见其认为"通俗演义"等小说作品多含"懊美猥亵"等语，即如《水浒传》亦难免含有"恢诡谲怪，大放厥词"之现象。不过，钱谦益所论主要基于"小说类"的思想价值而言，从而成为其对"小说类"进行评骘的最终依据；同时，钱谦益评骘过程中的论述模式亦以此为基。典型之例，系《郑氏清言叙》一文对《世说新语》的论断，云：

> 余少读《世说新语》，辄欣然忘食，已而叹曰：临川王，史家之巧人也。生于迁、固之后，变史法而为之者也。夫晋室之崇虚玄，尚庄、老，盖与西京之儒术，东京之节义，列为三统。是故生于晋代者，其君弱而文，其臣英而寡雄，其民风婉而促，其国论简而判，其学术事功迩而不迫，旷而无余地。临川得其风气，妙于语言。一代之风流人物，宛宛然荟蕞于琐言碎事、

① 参见严佐之《近三百年古籍目录举要》，华东师范大学出版社1994年版，第1—6页；李光杰《〈绛云楼书目〉研究》，硕士学位论文，郑州大学，2012年；李光杰《浅谈明清时期的私家藏书目录编撰体例——以钱谦益的〈绛云楼书目〉为例》，《现代出版》2013年第3期；王红蕾《〈绛云楼书目〉各抄本互异原因略考》，《文献》2010年第3期；王红蕾《浅析〈绛云楼书目〉的若干问题》，《中国图书馆学报》2010年第6期；王红蕾《钱谦益藏书研究》，南开大学出版社2013年版，等等。

② 钱谦益：《钱牧斋全集》第七册，上海古籍出版社2003年版，第528—529页。

微文譫辞之中。其事，晋也；其文，亦晋也。习其读则说，问其传则史，变迁、固之法，以说家为史者，自临川始。故曰史家之巧人也。作《晋书》者，但当发凡起例，大书特书，条举其纲领，与临川相表里，而不当割剥《世说》，以缀入于全史。史法芜秽，而临川之史志滋晦，此唐人之过也。自唐以还，学士大夫，沉湎是书，而莫能明其指意。至于续为补之徒，抑又陋矣。……而余则谓《世说》，史家之书也；续且补者，以说家鼠窃之则陋。何氏之《语林》，仿《世说》而自为一书，则犹离而立焉者也。《语林》之烦也，《清言》之约也，标鲜竖异，佐笔助舌，是二书者，其殆可以离立矣夫。①

《玉剑尊闻序》亦言：

余少读《世说》，尝窃论曰：临川王史家之巧人也，变迁、固之史法而为之者也。临川善师迁、固者也，变史家为说家，其法奇。慎可善师临川者也，寓史家于说家，其法正。②

上引二文，要义有三。首先，将刘义庆《世说新语》作为"以说家为史者"的发端。在钱谦益看来，刘义庆作《世说新语》系"变史法而为之"，虽然《世说新语》在"语言"等方面与司马迁、班固的手法有别，然刘义庆的写作原则始终遵循"史家之法"，故其言"得其（即史家）风气，妙于语言"。这就使得《世说新语》一书具有"史书"的价值，故其又言此书"习其读则说（即等同于'说部'），问其传则史"，能与《晋书》相为表里。也就是说，钱谦益认为《世说新语》具有文学性的同时能恪守史学之本，小说的文

---

① 钱谦益：《牧斋初学集》，上海古籍出版社 1985 年版，第 881—882 页。
② 钱谦益：《钱牧斋全集》第 5 册，上海古籍出版社 2003 年版，第 689 页。

学性只是在该书体现史学价值的前提下才能显现。"寓史家于说家，其法正"云云，知钱谦益以为"小说类"的撰写指导当以"史家"思想为主，方为"小说类"创作之本。其次，钱谦益认为刘义庆作《世说新语》时所蕴含的"史志"已"滋晦"，并不被后世接受者所认识。后世"仿世说"之流往往"以说家鼠窃之"，从而将《世说新语》所具有的史学品格降为"鼠窃之"的低劣"说家"作品，将《世说新语》所开创的写作风格变为"标鲜竖异，佐笔助舌"之流。故而，此类作品往往与《世说新语》相"离立"。最后，钱谦益对《世说新语》的推崇及对"仿世说"之流的批判，都是以此类作品的史学价值为衡量标准的。所谓"说家之为史者"即是从"说家"作品创作所须遵循的指导思想着眼，与"史者""史法"相近者则可许，相离者则弃之。换句话说，"说家之为史者"对小说的判断重点并不在于"说家"作品撰写者的身份，而是由该"说家"作品的内容是否符合"史法"所决定的。可见，钱谦益对"说家"作品的认识是以其史学观念为基而成型的，从而构成其独特的小说观念。

据此，史学价值大小是钱谦益评判某一（或某类）"说家"作品时的最基本出发点与最终立足点。这也是《绛云楼书目》对"说家"作品进行"四部"归并及置类的主要依据。显例则如《绛云楼书目》子部"小说类"收有《东坡志林》一书，并著"七篇"。[①] 钱谦益曾在《东坡志林》序言中，云："马氏《经籍考》：《东坡手泽》三卷。陈氏以为即俗本《大全》中所谓《志林》也。今《志林》十三篇，载《东坡后集》者，皆辨论史传大事。世所传《志林》，则皆璅言小录，杂取公集外记事跋尾之类，捃拾成书。而讹伪者亦阑入焉。公北归《与郑靖老书》云：《志林》竟未成，但草得书传十三卷。则知十三篇者，盖公未成之书。而世所传《志林》者，缪也。宋人编公外集，尽去《志林诗话》标目入之杂著中，最为有见。近

---

① 钱谦益：《绛云楼书目》，商务印书馆 1935 年版，第 46 页。

代所刻《仇池笔记》《志林》之类，皆丛杂不足存也。"① 在钱谦益看来，今传《志林》并非"载《东坡后集》者，皆辨论史传大事"之类，而有"讹伪者阑入"，故不得收入"史部"而终归于子部"小说类"。"辨论史传大事"是与"璅言小录"相对的，"辨论史传大事"则有史学价值，"璅言小录"往往是"丛杂不足"，此类表达即是以史学本位为著录的原则。在这种情况下，《绛云楼书目》将刘肃《唐世说新语》、孔毅父《续世说新语》等"仿世说"之流归入子部"小说类"，缘由系"鼠窃之"，即是对此类作品背离"史法"的鄙薄。从这个角度讲，钱谦益所谓"说家"作品与"小说类"作品，二者是同义的。

那么，钱谦益为何会以史学本位作为评价"说家"作品，并进行"四部"归并及置类的主导性意见？

这是因为钱谦益曾处史馆，因史官身份及职责而忧系天下。《牧斋初学集》卷三十五所载《汪母节寿序》曾说："谦益史官也，有纪志之责。"②《钞本北盟会编》序言亦云："（明）神宗末年，奴初发难。余以史官里居，思纂辑有宋元祐绍圣朋党之论，以及靖康北狩之事，考其始祸，详其流毒，年经月纬，作为论断，名曰《殷鉴录》。"③ 以此进行相关评骘的最终目的则是为"殷鉴"，即含有为现实政治服务的考量。故其于《汲古阁毛氏新刻十七史序》又言："经经纬史，州次部居，如农有畔，如布有幅，此治世之菽粟，亦救世之药石也。"④ 相比之前学界的史学思想，钱谦益曾提出过"六经，史之宗统也。六经之中皆有史，不独《春秋》三传也。六经降而为

---

① 潘景郑辑校：《绛云楼题跋》，载《清人书目题跋丛刊（十）》，中华书局1995年版，第480页。

② 钱谦益：《牧斋初学集》，上海古籍出版社1985年版，第997页。

③ 潘景郑辑校：《绛云楼题跋》，载《清人书目题跋丛刊（十）》，中华书局1995年版，第475页。

④ 钱谦益：《钱牧斋全集》第5册，上海古籍出版社2003年版，第680页。

二史，班、马其史中之经乎"［《再答（杜）苍略书》］①等观点，将治经方法引入治史，认为史学的作用不可替代，有一定创新意义。在钱谦益看来，史学是一切文治教化的根本，故《汲古阁毛氏新刻十七史序》又言："史者，天地之渊府，运数之勾股，君臣之元龟，内外之疆索，道理之窟宅，智谋之伏藏，人才之薮泽，文章之苑囿。以神州函夏为棋局，史其为谱；以兴亡治乱为药病，史其为方。"②

在史学为本等思想的主导下，钱谦益对诗与史的关系提出了全新的看法。《胡致果诗序》曾说："孟子曰：'《诗》亡然后《春秋》作。'《春秋》未作以前之诗，皆国史也。人知夫子之删《诗》，不知其为定史。人知夫子之作《春秋》，不知其为续《诗》。《诗》也，《书》也，《春秋》也，首尾为一书，离而三之者也。三代以降，史自史，诗自诗，而诗之义不能不本于史。曹之《赠白马》，阮之《咏怀》，刘之《扶风》，张之《七哀》，千古之兴亡升降，感叹悲愤，皆于诗发之。驯至于少陵，而诗中之史大备，天下称之曰诗史。唐之诗，入宋而衰。宋之亡也，其诗称盛。皋羽之恸西台，玉泉之悲竺国，水云之苕歌，谷音之越吟，如穷冬冱寒，风高气慄，悲噫怒号，万籁杂作，古今之诗莫变于此时，亦莫盛于此时。至今新史盛行，空坑、厓山之故事，与遗民旧老，灰飞烟灭。考诸当日之诗，则其人犹存，其事犹在，残篇啮翰，与金匮石室之书，并悬日月。谓诗之不足以续史也，不亦诬乎？"③认为诗歌即历史，历史即诗歌，二者不可分割；诗歌不仅可以反映历史，考订历史上的人与事，亦可续补史籍所阙。也就是说，钱谦益不仅将史学当作历朝历代社会发展的主导机制，同时以之为评判各类文学样式的价值标准。故其盛赞能补史之用的诗作，认为可由诗风以知世风。如《历朝诗集小

---

① 钱谦益：《钱牧斋全集》第 6 册，上海古籍出版社 2003 年版，第 1310 页。
② 钱谦益：《钱牧斋全集》第 5 册，上海古籍出版社 2003 年版，第 681 页。
③ 钱谦益：《钱牧斋全集》第 5 册，上海古籍出版社 2003 年版，第 800—801 页。

传》甲前集《席帽山人王逢》曾说："有《梧溪诗集》七卷，记载元、宋之际人才国事，多史家所未备。"① 又，丁集中"钟提学惺"条对晚明诗风的论述，云："余尝论近代之诗，抉摘洗削，以凄声寒魄为致，此鬼趣也。尖新割剥，以噍音促节为能，此兵象也。鬼气幽，兵气杀，著见于文章，而国运从之，以一二轻才寡学之士，衡操斯文之柄，而征兆国家之盛衰，可胜叹悼哉！"② 等等。这也成为《列朝诗集小传》的重要编纂指导。将钱谦益有关《世说新语》《东坡志林》的论断与《胡致果诗序》等所言相比较——"诗之义不能不本于史"与"以说家为史"，不难发现钱谦益对"说家"作品的评判方式及标准与其对诗史二者的认识，并无本质之别。

二　史学视域与钱谦益进行"说家"作品评判的特征及价值

那么，钱谦益评论"说家"作品时所强调的"史法"，又有怎样的内涵指称？

杜维运《钱谦益其人及其史学》一文认为，钱谦益史学"成就最大，与最值得后人称道者"系其历史考据学，③ 甚是。钱谦益《书致身录考校》曾言："正史既不可得而见矣，后之君子，有志于史事者，信以传信，疑以传疑，无好奇揣异而遗误万世之信史，则可也。"④ 又，《万历三十八年会试墨卷策五道第四问》云："谥之未定，由史之不立也。我二祖列宗之德业，如日中天，而金匮之藏，寥寥未有闻也。《实录》所载，不过删削邸报，而国史又多上下其手，乞哀叩头之诬，故老多能道之，恐难以信后也。国史未立而野史盛，汲之冢，齐东之野，至有以委巷不经之说诬高皇为嗜杀者，非裁正之，其流必不止。愚以为亟宜网罗放失旧闻，考订得失，以

---

① 钱谦益：《列朝诗集小传》，中华书局1959年版，第14页。
② 钱谦益：《列朝诗集小传》，中华书局1959年版，第571页。
③ 杜维运：《清代史学与史家》，中华书局1988年版，第230—232页。
④ 钱谦益：《牧斋初学集》，上海古籍出版社1985年版，第759页。

国史为经,以野史家乘为纬,州萃部居,条分缕析,而后使鸿笔之
士,润色其辞,国史既定,衮钺随之。宜谥者谥,宜去者去,宜更
定者更定,以史裁谥,以谥实史,庶无虚美隐恶之恨乎哉?"① 知
"信以传信,疑以传疑"即是钱谦益认为"史家之法"的第一要则,
以便"考订得失";"无好奇撑异而遗误万世之信史"则是史家之史
德的体现。"恢诡谲怪,大放厥词"的"委巷不经之说"之流,显
然与此相悖。同时,钱谦益认为修史的来源主要是国史、家史、野
史,所谓"以国史为经,以野史家乘为纬"是也。故《牧斋有学
集》卷十四《启祯野乘序》又言:"史家之取征者有三:国史也,
家史也,野史也。于斯三者,考核真伪,凿凿如金石,然后可以据
事迹,定褒贬。"②"考核真伪"等系"史法"的重要内涵。而既然
野史等是钱谦益修史的重要参考,那么其对《仇池笔记》《志林》
等"小说类"作品所作"丛杂不足存"的判断,多少含有以修史为
依托的目的。

从这个角度讲,钱谦益以"征信"为著史的首要原则,那么其
所言《世说新语》"变史家为说家,其法奇",即是说小说家言中隐
含史家之法;以小说家的言说方式对史之人与事进行"征信"描写
是可取的,可资修史参考——"说家"辅史,方是"小说类"作品
价值之所在。于是,钱谦益批评"续世说"之流往往"以说家鼠窃
之",是认为此类作品所写内容或虚构或夸大,难免失信。也就是
说,钱谦益以为若"说家"能征信,那么小说家之言即可征用。对
此,明人邹镃《有学集序》曾评价道:"游之八大家以通其气,极之
诸子百氏稗官小说以穷其用。"③ 一定程度上道出了钱谦益处理小说
家之言与史家之言的原则,即以"说家"作品为据考订史实。所谓

---

① 钱谦益:《牧斋初学集》,上海古籍出版社1985年版,第1855页。
② 钱谦益:《钱牧斋全集》第5册,上海古籍出版社2003年版,第686页。
③ 邹镃:《有学集序》,载《牧斋有学集》,《四库禁毁书丛刊》集部115册,北京出版
社1997年版,第500页。

"近代所刻《仇池笔记》《志林》之类，皆丛杂不足存也"，显然亦针对"征信"而言。

当然，这里的"征信"既不同于以"兴、观、群、怨"为核心的文学功用，也不同于以"美、刺"等为内涵的政教功用，而是强调"说家"作品所写可信，可资裨补经史。因此，《王淑士墓志铭》又言："其（王志坚）读书，最为有法。先经而后史，先史而后子集。其读经，先笺疏而后辨论；读史，先证据而后发明；读子，则谓唐以后无子，当取说家之有裨经史者以补子之不足；读集，则删定秦、汉以后古文为五编，尤用意于唐、宋诸家碑志，援据史传，摭采小说，以参核其事之同异，文之纯驳。盖淑士深痛嘉、隆来俗学之敝，与近代士子苟简迷谬之习，而又耻于插齿牙，树坛埠，以明与之争，务以编摩绳削为易世之质的。"① 钱谦益对王淑士"取说家之有裨经史者以补子之不足"与"摭采小说，以参核其事之同异"等的赞许，代表其对此的基本看法；而此类说法皆是对"说家"之"征信"的肯定。

上述思想，一定程度上代表了明末清初治史者的普遍认识。比如，明人喻应益（生卒年不详）为谈迁《国榷》作序（1630），言："（西汉以后）皆以异代之史而掌前世之故，或借一国之才而参他国之志。然亦必稽当时稗官说家之言以为张本。"又说"野史之不可已也久矣。"② 亦以为修史可以"稗官说家之言"为张本。从这个角度讲，"多委巷之说"③ 的野史与"街谈巷语，道听途说"的"小说类"或"取说家之有裨经史者"的"说家"作品，二者皆有"征是非、削讳忌"（或言"据事迹，定褒贬"）的特点，并无本质之别。由于明代野史极盛，而"国史"多"失职"，故而即如认为野史存

---

① 钱谦益：《牧斋初学集》，上海古籍出版社 1985 年版，第 1352 页。

② 谈迁：《国榷》，中华书局 1958 年版，第 4 页。

③ 瞿林东：《中国简明史学史》，上海人民出版社 2005 年版，第 375 页。

在“挟郄而多诬”“轻听而多舛”“好怪而多诞”等缺点的王世贞亦
不得不发出“史失求诸野”与“不可废”的感慨。① 可以说，以
“稗官说家之言”为论史、修史的重要参考，已成为彼时治史者的一
般做法。从治史者的角度看，钱谦益对“说家”作品的关注难免集
中于“说家”作品的史学价值上。

据此而言，钱谦益认为“说家”作品与史籍（尤其是野史）并
不决然对立——“说家”作品中若有可“征信”者则入“史部”，
若芜杂不可信者则入“小说类”；“史部”中若有不可信者亦可退置
于“小说类”。这种做法并不是对“说家”作品进行文类归并，而
是基于“说家”作品的“征是非”价值而言。也就是说，钱谦益对
子部“小说类”与史部“杂史类”“野史类”的作品著录，并非依
所录作品作家的身份而定，亦不以所录作品的内容题材与体裁为著
录依据，而以所录作品裨益经史之价值的大小而定。

典型之例，则是《绛云楼书目》“小说类”对《枫窗小牍》等
尺牍作品及《历代小史》（九册）等的收录。需要说明的是，关于
《绛云楼书目》的编纂缘起，学界多以《牧斋遗事》所言“自绛云
楼灾，其宋元精刻，皆成劫灰。世传《绛云楼书目》，乃牧斋暇日想
念其书追录记之，尚遗十之三。惟故第在东城，其中书籍无恙，北
宋前后《汉书》幸存焉”② 为据，认为此书目系钱谦益“想念其书
追录记之”，为修撰“明史”的学术准备。③ 因此，《绛云楼书目》
的编排体例与最终意图，当皆服从于钱谦益以史学为本的思想体系。
在这种情形下，《绛云楼书目》“小说类”的收录作品与著录依据，
亦不能例外。理由如下：首先，《绛云楼书目》收录刘肃《唐世说新
语》、孔毅父《续世说新语》等“仿世说”之流，而不录《世说新

---

① 王世贞：《弇山堂别集·史乘考误》卷20，中华书局1985年版，第361页。
② 佚名：《牧斋遗事》，载《清代野史》卷3，巴蜀书社1998年版，第1655页。
③ 案，《绛云楼书目》卷四列有“本朝制书实录”“本朝实录”“本朝国纪”（即明朝）等
部类，将明代的制书、实录、国纪等史籍专列强调，清晰表明钱氏为撰“明史”所做的准备。

语》。其次，对《枫窗小牍》的收录。钱谦益《董玄宰与冯开之尺牍》序，言："（明）神宗时，海内承平，士大夫迥翔馆阁，以文章翰墨相娱乐。牙籖玉轴，希有难得之物。"① 就认为时人尺牍多娱乐而少"征信"。可见，《绛云楼书目》将尺牍作品归于"小说类"，亦主要着眼于作品的史学价值。再次，对《历代小史九册》的著录。陈景云注云："盖抄节历代史也。司马温公尝称其书，使学者观之。"② 可知此书为"史钞"类作品，有一定史学价值；而钱谦益将其退置于"小说类"，恐系对此书"征信"价值的否定。这说明钱谦益并非从书籍文类的角度对"小说类"作品进行归并置类。最后，《水东杂记》既见于"小说类"，又见于"杂记"；《云仙杂记》既见于"小说类"，又见于"伪书类"。之所以出现一书重复著录的现象，除《绛云楼书目》"随藏随录，随录随编"③ 的编纂过程而致此书目编纂不严谨等因素外，当与钱谦益对二书的史学价值判读不定有关。钱谦益既然认为《云仙杂记》属"伪书"，则其价值当不高而入"小说类"。陈景云注《云仙杂记》云"极贬散录之怪诞"，可佐证此书史学价值不高，以致钱谦益难以骤断。

综上所述，《绛云楼书目》"小说类"的著录指导是钱谦益从史学本位的角度，以作品的"征信"价值进行分类的——"小说类"所录作品的"征信"价值或不及"杂史类""杂记"等所录作品，以至于被退置。此举系钱谦益将史学当作文治教化之本等思想的典型，亦是其以史学价值为基评判各类文学样式之举的延续。据此，学者所言《绛云楼书目》为钱谦益编纂《明史》前的准备之说法，

---

① 潘景郑辑校：《绛云楼题跋》，载《清人书目题跋丛刊（十）》，中华书局1995年版，第484页。

② 钱谦益：《绛云楼书目》，商务印书馆1935年版，第50页。

③ 案，王红蕾《钱谦益藏书研究》一书，认为《绛云楼书目》"并非钱谦益某一时日完编之定本，乃其私家藏书登记簿，自藏书之日始，随藏随录，随录随编，著录简且无严格体例，这也正是明中后期私家藏目编制的一般特征"（南开大学出版社2013年版，第211页），一定程度上代表了学界对《绛云楼书目》的基本评价。

是可信的。推而言之，《绛云楼书目》所列"杂史类""史传记类""伪书类""传记""杂记"等部类及对具体作品的归并，都可以据此进行分析。从这个角度讲，《绛云楼书目》并非如学者所言"著录简单且无严格体例"，其背后蕴含着钱谦益以史学为本的著录思想及诸多现实考量。

不过，从历代"小说"观念的演变历程看，钱谦益对"说部"的看法，并不脱唐代刘知几《史通·杂述》所谓"偏记小说，自成一家，而能与正史参行"之藩篱。① 清人姚振宗《隋书·经籍志考证》卷三十二考论殷芸《小说》时，更是一针见血地指出："《小说》因《通史》而作，犹《通史》之外乘。"② 在历代"经史之学"占主导的文化环境中，"小说"与"史"的关系向为学者所重，亦为学者所难。学者大多强调"小说"裨益"经史"的学术价值，甚或以为有益政教，从而主张不可废。但对"小说"学术价值与文类意义的把握，却是莫衷一是。此类观点在历代公私书目的"小说（家）"类对"小说"作品的著录与归并时，亦多有体现。然而，《绛云楼书目》的编纂皆围绕钱谦益撰史之需展开，钱谦益以"史家"的身份与职责突出"小说"的"史学"价值，如此强烈的意念在历代公私书目中亦属罕见。这也是钱谦益对"说家"作品的认识与《绛云楼书目》的小说著录，紧紧围绕"小说"可资存"史"展开，而罕及"小说"形态、文辞等方面的根本原因。

要之，钱谦益虽多次言及"说家"，然所指主要是子部文言小说，而非"通俗演义"之流，更非以虚构、故事为主要特征的现代意义的"小说"作品。从钱谦益对《世说新语》《东坡志林》等的论断，到《绛云楼书目》"小说类"对《枫窗小牍》《历代小史九

---

① 刘知几著，张振佩笺注：《史通笺注》，贵州人民出版社1985年版，第353页。
② 姚振宗：《隋书·经籍志考证》卷32，《二十五史补编》，中华书局1955年版，第499页。

册》等的收录，皆是在史学为本之思想的主导下展开的，以"征信"为评论或著录的首要依据。也就是说，钱谦益有关"说家"作品的论断，主要围绕"说家"作品裨补经史之意义而延展。因此，钱谦益对小说的认识并非聚焦于小说的形态、本质等方面，而是着眼于小说的史学价值，故其认为小说的文学意味只有在体现史学价值的前提下才能显现。钱谦益对小说的这种认识与其对为"文"应关乎"世运"的认识①，本质相一致。

三　陈景云对《绛云楼书目》的小说注解及学术史意义

对于《绛云楼书目》的流传情形，叶德辉《郋园读书志》曾说："当时好事者人钞一册，为按图索骥之资，故传本之多，半出名人手校。"② 其中，陈景云的注解为学者进一步了解《绛云楼书目》提供了诸多便利。陈氏的注解主要集中于《绛云楼书目》所录之书的原书卷数、作者姓名履历，间亦涉及所录之书的内容要略、辨正别伪及评论得失等方面；然陈氏所作注解难免存有失允或讹误之处。③

据王峻（1694—1751）《陈先生景云墓志铭》、沈廷芳（1702—1772）《文道先生传》，知：陈景云（1670—1747），字少章，江苏吴江人；曾从何焯（1661—1722）游，讲求通儒之学，"穷究经史，昼夜无间"；其治学"凡经史四部书从源及委，贯串井然。地理制度，考据尤详；下及稗官说家，无不综览，而尤深于史学"④。"经

---

① 案，《牧斋有学集》卷 42 所载《王侍御遗诗赞》曾说："先儒有言：诗人所陈者，皆乱状淫形，时政之疾病也；所言者，皆忠规切谏，救世之针药也。"（钱谦益：《钱牧斋全集》第 6 册，上海古籍出版社 2003 年版，第 1430 页）又《牧斋有学集》卷 49 所载《题杜苍略自评诗文》亦言学诗应"萌折于灵心，蛰启于世运，而苗长于学问"（钱谦益：《钱牧斋全集》第 6 册，上海古籍出版社 2003 年版，第 1594 页）可证。

② 叶德辉：《郋园读书志》卷 4，上海古籍出版社 2010 年版，第 180 页。

③ 参见王国良《陈景云校注〈绛云楼书目〉探究》，《东吴中文学报》（台湾）2013 年第 25 期。

④ 钱仪吉：《碑传集》卷 133，《清代传记丛刊》第 113 册，明文书局 1985 年版，第 542—545 页。

史四部书从源及委"云云，可知陈氏治学著书多详考证；其所著《纲目订误》四卷，《两汉订误》五卷，《三国志举正》四卷，《韩集点勘》四卷，《柳集点勘》四卷，《文选举正》三卷，《通鉴胡注举正》二卷，《纪元考略》二卷，多属此类。而"尤深于史学"，促使陈氏对"稗官说家"的"综览"，往往以"史学"之"征信"为最终落脚点。这种治学方法导致陈氏注解《绛云楼书目》时，亦往往以朴学考证思想为指导，从文献的角度予以展开。如注解《三坟》，言："一卷。宋张商英得于泌阳民家，元丰七年也，先儒言此书即天觉伪撰耳。明之丰熙父子，乃用张之故智者也。"① 又，注解《张无垢论语传》，言："此是未成之书。雍也以前，无垢已恨早出。余所著，未尝示人也。见《陈止斋集》。"② 等等。其所判断或注明出处，或略加考辨，以示有根之谈，从而体现其"从源及委"的治学主张。

而陈氏以"史学"之"征信"为论断指导的思想，亦充分体现于其对《绛云楼书目》"小说类"的注解中。

首先，陈氏以为子部"小说类"中不乏记载"故事""典故"者，有可据之处而不可废。如注解《文昌杂录》，言："庞元英撰，籍之子也。官制初行，元英为郎，在省四年，记一时典故。"又，注解《云斋广录》，言"皆记一时奇丽杂事"；注解《青琐高议》，言"记宋时杂事，亦间载宋以前事"；注解《开颜录》，言"皆书史中可资谈笑之事"③；等等。此处所言之"事"多为历代"故事"之意。其又认为即如"可资谈笑"的《开颜录》，亦与"史"有关。可见，陈氏以为"小说"作品亦可存"史"。

其次，陈氏对"小说"作品中不能存"史"者，多以鄙薄。如注解《碧云騢》，言"轻薄子伪撰，托之于圣俞耳。其书多诞妄，不

---

① 钱谦益：《绛云楼书目》，商务印书馆 1935 年版，第 4 页。
② 钱谦益：《绛云楼书目》，商务印书馆 1935 年版，第 11 页。
③ 钱谦益：《绛云楼书目》，商务印书馆 1935 年版，第 46—49 页。

足为据也"；注解《张读宣室志》，言"亦《集异记》之流"；注解《茅客茶话》，言"多怪诞不经之生，且其文笔，亦不足取"；注解《冷斋夜话》，言"宋人已多识此书之诞妄"①；等等。此处"怪诞不经"等语的立足点即是针对"小说类"的史学价值而言，随后才论及"小说"作品的风格、文辞（即"文笔"）等方面。在这种情况下，陈氏必然对"小说"作品中可"征信"成分，大加肯定。如注解《春渚纪闻》，言："十卷。宋何薳。中有东坡事实一卷，记坡佚事颇详。盖薳之父博士，尝为坡所论荐。薳记坡事，必皆趋庭时所耳熟者。宜可传信。"②陈氏认为《春渚纪闻》所记苏轼佚事可信之因在于作者何薳有可获知相关佚事的可能。而《绛云楼书目》将此书归入"小说类"，或着眼于此书多含仙道异事、民间奇闻等内容，不足以补"史"。二者的研判结论虽异，评判的思路则相近。又如，注解《晁氏儒言》，言"此书皆辩正王安石学术之违僻"，言外之意即认为此书所写亦可资"征信"。

可见，陈氏以实证精神对《绛云楼书目》"小说类"作品进行注解，主要围绕"稗官说家"可资存"史"而展开。就此而言，陈氏之注解与《绛云楼书目》的著录指导，颇为一致——两人治学皆重"史"，皆以为"稗官说家"可资存"史"，对具体作品的评骘都以是否"征信"为准绳。因此，陈氏的注解，多与《绛云楼书目》相契合，且互为补充。

陈氏对《绛云楼书目》的注解，首开"为私家藏目作注"之风③，其学术意义在于从清初的书目学著述到清中叶的书目学著述，时人对"小说（家）"的看法，逐渐受到弥漫于彼时的考据学、治史思想的影响。故而，此时期的书目，大多强调小说是否可资"征

---

① 钱谦益：《绛云楼书目》，商务印书馆1935年版，第47—51页。
② 钱谦益：《绛云楼书目》，商务印书馆1935年版，第48页。
③ 参见严佐之《近三百年古籍目录举要》，华东师范大学出版社1994年版，第5页。

信"的存"史"价值。即如《四库全书总目提要》亦以"小说家"是否"真""信"和"有征""无征"作为评判"小说"作品的依据。故而,《四库全书总目》子部小说家类小序,言:"迹其流别,凡有三派:其一叙述杂事,其一记录异闻,其一缀辑琐语也。唐宋而后,作者弥繁,中间诬谩失真、妖妄荧听者固为不少,然寓劝戒、广见闻、资考证者,亦错出其中。班固称:'小说家流,盖出于稗官。'如淳注谓:'王者欲知闾巷风俗,故立稗官,使称说之。'然则博采旁蒐,是亦古制,固不必以冗杂废矣。今甄录其近雅驯者,以广见闻。惟猥鄙荒诞、徒乱耳目者,则黜不载焉。"① 所不同的是,《四库全书总目提要》所言"叙述杂事""记录异闻""缀辑琐语"及"寓劝戒""广见闻""资考证"等语,均围绕"小说家"作品的政教作用展开。所谓"失真""妖妄荧听""徒乱耳目"云云,知人心教化作用是《四库提要》判断小说作品"真""信"等成分的主要标准,"真""信"归根结底在于是否表达人心之"诚"。这是因为"四库馆臣"以"正人心""厚风俗"等为指导重新挑选小说家类作品,以期给统治阶级提供对当时缙绅士子、市井愚民进行思想引导的典范作品。此举形成于乾隆朝为维护统治利益、钳制异端思想的语境中,是统治者试图通过政治权力的干预建立以政教为核心的文化机制与话语体系的重要一环。②

可以说,从《绛云楼书目》到陈景云的注解,再到《四库全书总目提要》子部"小说家"类的论断,可清晰见及自清初至清中叶,从当时的私家藏书目到官撰史志目录,时人对"小说(家)"的评骘大多围绕"小说(家)"作品的征信价值与意义而展开,代表了时人对"小说(家)"作品的评骘思路与论断标准。所不同者,在

---

① 参见永瑢等《四库全书总目》,中华书局1965年版,第1182页。

② 参见温庆新《试论政教视域下的〈四库全书总目提要〉小说观念》,《图书馆工作与研究》2015年第10期。

于钱谦益、陈氏等人主要基于史学视域以考量"说部"的"征信"价值，与《四库全书总目提要》子部小说家类将小说当作一种以政教作用为核心内涵的学术①，并不尽一致。从史学视域考察"小说（家）"的思路与从政教视域考察"小说（家）"的思路，二者的出发点与立足点不尽相同，从而导致历代官私书目对"小说（家）"的评骘意见多有扞格之处。学者在论及不同书目有关"小说（家）"的著录时，应审慎分而待之。

综述之，基于史学本位视域，钱谦益以"说部"指称子部"小说（家）类"，以"征信"为评判的首要依据，将"稗官说家"并举强调"说部"可资存"史"的价值。故钱谦益有关小说的认识并非聚焦于小说的形态、本质，而是着眼于小说的史学价值。这与其强调为"文"应关乎"世运"的认识相一致，亦是《绛云楼书目》对"小说类"作品进行归并及置类的指导。由于陈景云治学亦重史学，故其对《绛云楼书目》的小说注解亦以"征信"价值为准绳，与钱谦益思想相契互补。虽说自清初至清中叶的书目，大多强调小说可资"征信"的存"史"价值，但《绛云楼书目》从史学视域的考察思路与《四库全书总目》等从政教视域考察的思路，二者的出发点与立足点并不尽相同，以致彼时官私书目对"小说（家）"的评骘意见多有扞格之处。

第二节　"戏曲小说"与《也是园藏书目》的"通俗小说"设类

钱曾（1629—1701），字遵王，号也是翁，虞山人。所著《也是园藏书目》因设置了"戏曲小说"类对通俗类说唱作品进行著录，

---

① 参见温庆新《〈四库全书总目〉的书目控制实践研究》，《西南民族大学学报》（人文社会科学版）2019年第6期。

并于此类中专列"通俗小说"小类著录《古今演义三国志》《旧本罗贯中水浒传》《梨园广记》三部作品①，向为治戏曲史及小说史者所推崇。此前的目录学著述，虽已陆续著录了《三国志通俗演义》《忠义水浒传》《西游记》等通俗小说，却或置于"史部·野史"（如《百川书志》），或入"传记类"（如《续文献通考·经籍考》），或入"子杂"类（如《宝文堂书目》），或入子部"释类"（如《红雨楼书目》）等传统目录学原有的部类中②，未另设"通俗小说"小类储之。据历代目录学的演进史迹而言，《也是园藏书目》所言或有其特色。学者以为此即通俗小说的文化意义及学术价值在当时被广为认可的表征。然而，这是否仅仅只是个案？钱曾此举有何特殊寓意？这种分类对理解清人的"小说"观念有何启示？要回答这些问题，还应从时人有关"戏曲小说"的认知与《也是园藏书目》的置类意图说起。

一 "戏曲小说"的指称范围与目录学含义

在探讨《也是园藏书目》设置"戏曲小说"类的缘由与意义前，我们有必要先回顾彼时将"戏曲"与"小说"合称的出发点与目的。其所合称有怎样的目录学意义与历史语境？此举是否具备符合时人旨趣的合理的知识架构？

"小说"在历代演变过程中的指称范围，虽说既可指代子部小说家类作品，又可指代与正史相对的野史、"杂传"及"纯文学"视域下的通俗小说等诸多内容。但检视历代合称"戏曲小说"的著述可知，时人连用"戏曲小说"时，此处的"小说"并非指向子部小说家类的"小说"，而是指代"说话"伎艺之一种。"小说"作为一

---

① 案，本节所引《也是园藏书目》，皆据《丛书集成续编》（台北新文丰出版公司1988年版，第5册），除有必要，不再一一注明。
② 参见温庆新《明代传抄之习与藏书家之编目——以对章回小说的著录为例》，《图书馆杂志》2018年第6期。

种伎艺，早在三国时就已有之，曹植就曾演过"俳优小说"。据《三国志·魏志》卷21《王粲传》裴松之注所载："太祖（曹操）遣淳诣植，植初得淳甚喜，延入坐，不先与谈。时天暑热，植因呼常从取水自澡讫，傅粉，遂科头拍袒、胡舞五椎锻、跳丸、击剑、诵俳优小说数千言讫，谓淳曰：'邯郸生何如耶？'"① 此处所言的"诵俳优小说"就是与跳丸、击剑等杂耍相类似的一种表演伎艺。宋元时期，"小说"作为一种伎艺在当时颇为盛行，成为"说话"的专门家类。据吴自牧《梦粱录》"小说讲经史"条（卷20）所言："小说名'银字儿'，如烟粉、灵怪、传奇、公案朴刀杆棒发发踪参之事。"② 可知作为"说话"伎艺的"小说"，在当时的搬演一般会采用诸如"银字儿"等乐器加以伴奏，颇见表演特效。对此，孙楷第指出："说话第一类之小说，既以银字儿命名，必与音乐有关。大概说唱时以银字管和之。银字外也许还有其他乐器，可惜现在不能详考。"③ 这种论断是很中肯的。也就是说，作为一种伎艺的"小说"，亦会使用音乐，采用乐器伴奏，或与其他表演方式相结合加以进行，并不单单是案头文本。"小说"这种注重表演性并隐含娱乐趣味性的特点，与讲史、讲经及戏曲作品相比，并无二致。清人叶德辉曾说："曲者，词之别子，其牌名太半相同，而以利于乐人按歌，每参以方音俗语，北曲、南曲，韵判中原，杂剧、传奇，体兼小说，四库录其谱而不著其书，是固别裁之义"④，就是将"曲"与"小说"当作同源的。后世学者往往将"小说"与"戏曲"当作同源异体看待，亦多着眼于"小说"的表演性特征。

当然，"小说"与"戏曲"合称的另一原因，在于二者的文本

---

① 陈寿著，裴松之注：《三国志·魏书》，上海古籍出版社、上海书店1986年版，第1138页。

② 吴自牧：《梦粱录》，古典文学出版社1957年版，第312页。

③ 孙楷第：《沧州集》，中华书局2009年版，第63页。

④ 叶德辉：《观古堂藏书目序》，《观古堂藏书目》卷四，长沙叶氏观古堂排印本1915年版，第1页。

皆含有虚实相杂的成分，从而具有故事性、虚构性的特点。明谢肇
淛《五杂俎》所言"凡为小说及杂剧戏文，须是虚实相半，方为游
戏三昧之笔"①，即是典型。明蒋一葵《尧山堂外纪》亦言，"杭州
男女瞽者多学琵琶，唱古今小说评话，以觅衣食，谓之陶真。大抵
说宋时事，盖汴京遗俗也"，径直将说唱文学的"弹词"称为"小
说"。② 至清季，时人甚至将弹词小说合称连用。不过，晚清署名别
士的《小说原理》所言"曲本、弹词之类，亦摄于小说之中，其实
与小说之渊源甚异"③，已是使用彼时由西传入的以一定长度、虚构、
故事为主要特征的叙事文学，即"纯文学"视域下的"小说"观
念，作为讨论"小说"与曲本、弹词之间异同的指导，从而有意突
出"小说"与"戏曲"的区别。这种区分观念至今仍为学界所推
崇，是近今学人从文体分类的角度而展开的区分。然而，彼时将
"戏曲小说"连称使用时，往往着眼于这两种伎艺所共有的表演性、
音乐性、虚构性等内容。从这个角度讲，作为"说话"伎艺之一
的"小说"与"戏曲"，二者并非是文体概念的区分，而是表演形
式及表现内容不同而作的划分。当搬演的内容通过"说""演"的
说唱方式来表达时，此类作品就是说唱文学，追求的是言论的表达
及其效果。当搬演的内容以记录的形式写入，则属于案头性质的作
品，才带有一定程度的文体分类意义。从这个角度讲，时人合用
"戏曲小说"时，显然更侧重此类作品的表演特征及其接受效果，而
非强调其间的案头阅读趣味。

那么，历代书目使用"戏曲小说"时，赋予其怎样的目录学含
义？早在宋代罗烨《醉翁谈录·小说引子》中，就已指出："世有九
流者，略为题破：一、儒家者流，出于司徒之官，遂分六经词赋之

---

① 黄霖、韩同文：《中国历代小说论著选》上册，江西人民出版社1982年版，第166页。
② 蒋一葵：《尧山堂外纪》，《续修四库全书》第1195册，上海古籍出版社2002年版，
第25页。
③ 别士：《小说原理》，《绣像小说》1903年第3期。

学。二、道家者流，出于典史之官，遂分三境清净之教。三、阴阳者流，出于羲和之官，遂分五行占步之术。四、法家者流，出理刑之官，遂分五刑胥吏之事。五、名家者流，出于礼仪之官，遂分五音乐艺之职。六、墨家者流，出于清庙之官，遂分百工技事之众。七、纵横者流，出于行人之官，遂分四方趋容之辈。八、农家者流，出于农稷之官，遂分九府财货之任。九、小说者流，出于机戒之官，遂分百官记录之司。由是有说者纵横四海，驰骋百家。以上古隐奥之文章，为今日分明之议论。或名演史，或谓合生，或称舌耕，或作挑闪，皆有所据，不敢谬言。言其上世之贤者可为师，排其近世之愚者可为戒。言非无根，听之有益。"① 这种做法首先将历代"百官记录之司"所言说、记录的内容，比附于"经""史""子""集"中的"子部"小说家类，强调"百官记录之司"所言"说"内容的知识谱系。又，此书同卷《小说开辟》文末诗云："小说纷纷皆有之，须凭实学是根基，开天辟地通经史，博古明今历传奇，藏蕴满怀风与月，吐谈万卷曲和诗，辩论妖怪精灵话，分别神仙达士机。涉案枪刀并铁骑，闺情云雨共偷期，世间多少无穷事，历历从头说细微。"② 据此，王齐洲认为："罗烨不仅将作为'说话'伎艺的'小说'放进了作为正统知识分类的'子'类中，这固然是借助了四部分类的子类中确有'小说'一类的便利（但'此小说'非'彼小说'也是显然的），而且他还把'经''史'与'说话'伎艺的'演史''讲经'联系起来，表明南宋人对'说话'的认识确实存在将正统知识分类作为参照的认识自觉。"③ 据此看来，在"说话"伎艺发达的两宋，时人就已注意参照目录学中的四部分类法，对彼时搬演题材多样、表现形式各异、演唱内容有别的众多说唱文学及戏曲

---

① 罗烨：《醉翁谈录》甲集卷一，古典文学出版社1957年版，第1—2页。

② 罗烨：《醉翁谈录》甲集卷一，古典文学出版社1957年版，第5页。

③ 王齐洲、陈利娟：《宋代"说话"家数再探》，《天津社会科学》2017年第2期。

作品进行类别划分，试图从中归纳出诸多伎艺的"家数"与"流品"，以便深入把握各家伎艺的特征及异同。这种做法就是从传统目录学视域对历代说唱文学及戏曲作品，进行知识谱系的划分。

但《醉翁谈录》仅是将此类伎艺、曲艺比附于传统四部分类法，从而对宋代"说话"四家之分提出一种宏观的理论归并，并未在当时的目录学著述中加以实践。因而，这种比附于传统知识体系的谱系划分，在当时仍缺乏具体的操作，但为彼时及此后的目录学著述罗列戏曲等通俗类作品，提供了一种可进行具体实践的观念先导。到清代时，彼时朝廷颁布的诸多禁毁小说、戏曲的禁令，多将二者合称为"淫词（辞）小说"，更是对二者采用表演、说唱的方式以吸引听众而致"蛊惑人心"，导向娱乐、"惑世诬民尤甚"而不利文治教化等不良影响①，进行等量齐观，进一步从文治教化（否定意义）及舆论宣导等层面，揶扬二者连称的合理性与普遍性。这就促使彼时藏书家形成将"戏曲"作品与作为一种伎艺的"小说"作品归为同类的普遍认知。清代的家训及藏书家的藏书条例，已开始将二者并列对待。夏敬秀《正家本论》"闲书勿藏"（卷下）所谓"不可畜之书，则佛家、道家之经、各种淫词艳曲及诸凡小说之类是也"②，即证。从而为彼时及其后的目录学著述设置"戏曲小说"类，扫清了认知障碍。

需要指出的是，上引"由是有说者纵横四海"之"说"主要指向说"话"之意。唐人释慧琳《一切经音义》卷70曾说："话，胡快反。《广雅》：话，调也。谓调戏也。《声类》：话，讹也。"③ 故而，王齐洲认为"依此，一切用言语调笑、嘲戏的伎艺都可以称为'说话'"④。也就是说，"说者"纵横四海、驰骋百家的内容，往往

---

① 参见王利器辑录《元明清三代禁毁小说戏曲史料（增订本）》，上海古籍出版社1981年版，第22—30页。

② 陆林：《宋元明清家训禁毁小说戏曲史料辑补》，《明清小说研究》1997年第2期。

③ 释慧琳：《一切经音义》，上海大通书局1985年版，第21519页。

④ 王齐洲、陈利娟：《宋代"说话"家数再探》，《天津社会科学》2017年第2期。

是通过一些言语调笑、嘲戏的伎艺等方式，加以展现的。故而，《醉翁谈录·小说引子》进一步指出，"以上古隐奥之文章，为今日分明之议论。或名演史，或谓合生，或称舌耕，或作挑闪，皆有所据，不敢谬言"。换句话讲，时人对"说话"的"家数"，往往有其独特判断。如耐得翁《都城纪胜·瓦舍众伎》所言："说话有四家：一者小说，谓之银字儿，如烟粉、灵怪、传奇。说公案，皆是搏刀赶棒，及发迹变泰之事。说铁骑儿，谓士马金鼓之事。说经，谓演说佛书。说参请，谓宾主参禅悟道等事。讲史书，讲说前代书史文传、兴废争战之事。最畏小说人，盖小说者能以一朝一代故事，顷刻间提破。合生与起令、随令相似，各占一事。商谜，旧用鼓板吹《贺圣朝》，聚人猜诗谜、字谜、戾谜、社谜，本是隐语。有道谜、正猜、下套、贴套、走智、横下、问因、调爽。"① 就有别于孟元老《东京梦华录》②、西湖老人《繁胜录·瓦子》③ 所载。也就是说，时人将"演（讲）史"比附于四部之"史部"，"讲经"比附于四部之"经部"，"小说"比附于四部之"子部"小说家类等做法，使得后世目录学编纂者对已广为流传且大量刊刻的说唱及戏曲作品进行著录时，对此类作品的部类归属与具体设置，往往有着自我取舍的自主性与随意性——因为宋季之时关于"说话"四家的争议就在于除"讲史""讲经""小说"之外的"合生""说公案""商谜"等其他专门家类，该如何归并的问题；不同学者的不同归并，就代表其对"说话"家数的不同认知与诠释。由于"说话"之"小说"与"四部"之子部小说家类，二者在思想内容、教化意义及文本特征、表现形式等方面，显然有别。故而，将"说话"之"小说"比附于"四部"之子部小说家类，是难以维系的。此举亦不合传统知识谱系的分类原则。

---

① 耐得翁：《都城纪胜》，中国商业出版社1992年版，第11—12页。
② 孟元老著，邓之诚注：《东京梦华录》卷五，中华书局1982年版，第132—133页。
③ 西湖老人：《繁胜录》，文化艺术出版社1998年版，第108—109页。

　　这就促使后世目录学者对此等"戏曲小说"书籍进行部类设置与著录时，要么归入此前书目已有的分类体系中，要么单独置入某一已有的小类之下，并不尽相同。同时，明清目录学编纂者，对此类书籍进行部类考量时，往往突出"戏曲"作品。比如，或置于"经部"之"乐"类（如《传世楼书目》）、"乐府"类（如《宝文堂书目》）中，或置于"史部"之"外史类"（如《百川书志》），或置于"集部"之"词"类（如《笠泽堂书目》）、"词曲"类（如《八千卷楼书目》）。又或如《也是园藏书目》之流，专门设置全新的部类名称——"戏曲小说"，与"四部"并列。但钱曾的做法毕竟是少数。一般来说，目录学体系的部类设置及部类顺序安排，往往带有特殊的文治价值与道德教化，反映了不同时期乃至不同目录学编纂者对传统知识分类体系及其所著录作品的政教考量。这就促使历代目录学著述的编纂，即使不遵"四分法"与"七分法"而重新设置部类，亦较少设置一些有争议或歧义，甚至不合彼时文教意图的类目名称。当然，不同的部类类名及收贮位置，代表不同藏书家对此类作品的不同定位与价值判断。比如，将此等作品入于"经部"之"乐"类，强调的是此类作品以"乐"推行教化的"声音之道"，故《四库全书总目》"乐类"小序强调"乐类"书籍的作用是"特以宣豫导和，感神人而通天地，厥用至大，厥义至精，故尊其教得配于经"。而入于"集部"之"词"类、"词曲"类，则强调此类作品的文学性等内容①，等等。

　　据此看来，"戏曲小说"连称的初衷主要指向作为"说话"伎艺之一的"小说"与"戏曲"，强调这两种伎艺的表演性、虚构性特征，及说唱、讲唱的演说方式。将二者连称并比附于传统的目录分类体系，早已有之。这就为《也是园藏书目》设置"戏曲小说"类，不仅带来了观念的先导，更使目录学编纂者看到，将通俗类说

---

　　① 　参见王瑜瑜《中国古代戏曲目录研究》，人民文学出版社 2013 年版，第 555—565 页。

唱作品纳入传统目录学视域进行分类著录的操作空间，从而有助于将此类作品纳入传统知识体系中进行考察。因此，推而言之，钱曾之举或亦带有某些特殊考量。

二　"戏曲小说"的著录对象与"通俗小说"的收贮

那么，《也是园藏书目》以"戏曲小说"作为一种能够区别于其他作品的知识分类标准，是否符合此前有关"戏曲小说"认知的知识结构？又是否合拍于彼时有关"戏曲小说"的一般意见？

众所周知，《也是园藏书目》是一部既不遵"四分法"也不合"七分法"的书目，而是采用"经""史""明史""子""集""三藏""道藏""戏曲小说"为部类，"正史""儒家""道家""法家""墨家""纵横家""杂家""农家""小说""通俗小说"等为小类的两级分类法。这种在传统"四部"之外增设其他部类的做法，多出现于明清时期的众多私家藏书目中，代表了此类藏书目对传统知识体系的独特看法，颇具个性分类旨趣。其中，此书"戏曲小说"类包含"古今杂剧""曲谱""曲韵""说唱""传奇""宋人词话""通俗小说"等小类。这种区分，主要是依照所著录作品的表现内容及表演形式的不同而作的。其中，"古今杂剧"小类又依杂剧作者与杂剧内容的不同，进行了细致著录。当杂剧作者明确时，则依作者进行归并著录，如集中著录了马致远 8 部作品、关汉卿 14 部作品、高文秀 5 部作品等。当杂剧作者不明时，则依据杂剧所演内容进行区分归并，如分为"春秋故事""西汉故事""东汉故事""三国故事""六朝故事""五代故事""宋朝故事""杂传""释氏""神仙""水浒故事""明朝故事""教坊编演"等。钱曾曾于"春秋故事"下自注，云："以下古今无名氏，姑从类次。"[1] 据此看来，《也是园

---

① 钱曾：《也是园藏书目》，《丛书集成续编》第 5 册，台北新文丰出版公司 1988 年版，第 83 页。

藏书目》对"古今杂剧"小类所做的细分，主要是依所录作品的
"类次"，意即从作者与作品内容两方面展开。这种做法并不依所著
录作品的文类特征，亦非依据所著录作品的体裁形式，而是偏向题
材类型之一面。这大概显著代表着钱曾有关书目分类的一般意见。

以此反观"戏曲小说"类所设置的二级类目，显然亦当针对其
所著录作品的"类次"展开。也就是说，《也是园藏书目》认为
"戏曲小说"类应当包含杂剧、曲、"说唱"文学、"传奇""词话"
作品及通俗类"小说"等诸多类别的作品在内。那么，上述所言诸
类作品，有着怎样的共通特征呢？检视《也是园藏书目》相关内容：
"曲谱"著录了《太和正音谱》《南北宫词》《张小山小令》《清溪
乐府》等作品，"曲韵"著录了《周德清中原音韵》《词林韵释》等
作品。故而，这里的"曲"显然包括小令、散曲、诸宫调在内的诸
类表演性作品，也包含与表演伎艺相关的理论著述。而"传奇"小
类著录了《王实甫西厢记》《西厢释义大全》《古本会真记》《高则
诚元本琵琶记》《吴昌龄西游记》《杨升庵泰和记》《王思任评阅还
魂记》7 部。按照陶宗仪论述"传奇"时所谓"唐为传奇，宋为戏
诨（文），元为杂剧"① 之言，则"传奇"指向表演性作品时，主要
指代搬演怪异、奇异内容的戏曲作品；只是于唐、宋及元不同的时
期，以不同的体式进行而已。虽然历代有关"传奇"的理解呈多样
化态势，认为"传奇"即可指代唐人"传"奇异之人与事的叙事性
"小说"作品。胡应麟所谓"唐人乃作意好奇，假小说以寄笔端"②，
即此中代表。其又可指代通俗说唱伎艺及戏曲作品，如南宋末年灌
圃耐得翁《都城纪胜·瓦舍众伎》曾说："说话有四家：一者小说，
谓之'银字儿'，如烟粉、灵怪、传奇。"③ 吴自牧《梦粱录》亦言：

---

① 胡应麟：《少室山房笔丛》，上海书店出版社 2009 年版，第 424 页。
② 胡应麟：《少室山房笔丛》，上海书店出版社 2009 年版，第 371 页。
③ 罗烨：《醉翁谈录》甲集卷一，古典文学出版社 1957 年版，第 5 页。

"小说，名'银字儿'，如烟粉、灵怪、传奇、公案、朴刀、杆棒、发发踪参之事。"将"传奇"作品当作宋代"说话"伎艺之"小说"类中的一种。当然，也可将"传奇"理解为戏曲作品中的某一题材类型，吴自牧《梦粱录》"伎艺"（卷20）就曾说："说唱诸宫调，昨汴京有孔三传，编成传奇、灵怪，入曲说唱。"而《也是园藏书目》所著录的《西厢记》《会真记》《琵琶记》《还魂记》等戏文作品，所搬演的故事原型大多源于唐人小说作品，此处显然指向某一题材类型的戏曲作品。又，"宋人词话"小类著录的12部作品中，包含《灯花婆婆》《宣和遗事》《烟粉小说》《湖海奇闻》《简帖和尚》等，这些作品中既有"词"又有"话"①，多系宋人"话本"之类的说唱文学，亦带有表演特性。大体看来，《也是园藏书目》所列"戏曲小说"类，主要指向以说唱、搬演为主要展现手段的通俗类表演作品。而且，钱曾对此等通俗类表演作品的区分，主要还是在表演形式、表演内容上。同时，其所使用的"杂剧""传奇""词话"等类名，亦多遵循此前的通行之法，并非另行独创。据此看来，《也是园藏书目》"戏曲小说"类的著录对象与此前时人有关"戏曲小说"的认知及其目录学含义，本质是相一致的。

那么，又该如何认识《也是园藏书目》"戏曲小说"类下设置"通俗小说"小类的缘由及目的呢？若是我们抛开今人小说观念的桎梏，回归时人认知的历史语境中，其实不难发现："通俗小说"所著录的三部作品，亦与"戏曲"、说唱文学等表演性作品有关。首先，《古今演义三国志》一书即《三国志通俗演义》。时人往往认为"演义"类作品与"说书之流"有紧密联系。如明人张尚德《三国志通俗演义引》指出"今古兴亡数本天，就中人事亦堪怜。欲知三国苍生苦，请听通俗演义篇"②，认为《三国志通俗演义》可以使"听"

---

① 郑振铎：《插图本中国文学史》，花城出版社2015年版，第513页。
② 朱一玄：《三国演义资料汇编》，百花文艺出版社1983年版，第271页。

者获得历史的感知与想象，显然是将《三国志通俗演义》与"说话"之流的表演类作品相挂钩。这与上引蒋一葵所言"唱古今小说评话"的指向性是一致的，皆非强调案头的阅读趣味。署名（明）绿天馆主人的《古今小说叙》亦有类似言论，云："若通俗演义，不知何昉。按南宋供奉局，有说话人，如今说书之流。其文必通俗，其作者莫可考。……然如《玩江楼》《双鱼坠记》等类，又皆鄙俚浅薄，齿牙弗馨焉。暨施、罗两公，鼓吹胡元，而《三国志》《水浒》《平妖》诸传，遂成巨观。"又，署名（明）笑花主人的《今古奇观序》言："至有宋孝皇以天下养太上，命侍从访民间奇事，日进一回，谓之说话人。而通俗演义一种，乃始盛行。然事多鄙俚，加以忌讳，读之嚼蜡，殊不足观。元施、罗二公，大畅斯道，《水浒》《三国》，奇奇正正，河汉无极。论者以二集配伯喈、《西厢》传奇，号四大书，厥观伟矣。"① 袁宏道《觞政》亦称《水浒传》为"传奇"。② 由此可见，明人往往认为通俗演义"小说"作品与"说书之流"相类，《三国志通俗演义》与《水浒传》即是此类作品的顶尖代表。甚至，从笑花主人的言语中，不难发现明人往往将"演义"类作品与《琵琶记》《西厢》传奇合观。也就是说，时人认为《三国志通俗演义》等作品与其他"传奇"作品，在表演性及娱乐性方面的传播效果乃至作品属性，是相一致的。其次，除上所引绿天馆主人、笑花主人等言论外，另有所谓"天都外臣"的《水浒传叙》亦将《水浒传》当作演唱性伎艺作品，言："小说之兴，始于宋仁宗。于时天下小康，边衅未动。人主垂衣之暇，命教坊乐部，纂取野记，按以歌词，与秘戏优工，相杂而奏。是后盛行，遍于朝野，盖虽不经，亦太平乐事，含哺击壤之遗也。其书无虑数百十家，而《水浒》称为行中第一。"亦认为《水浒传》的创作与教坊乐部、秘

---

① 朱一玄：《三国演义资料汇编》，百花文艺出版社 1983 年版，第 290 页。
② 参见朱一玄《金瓶梅资料汇编》，南开大学出版社 1985 年版，第 189 页。

戏优工有很大关系。依照宋代"说话"伎艺的兴盛与宋代君主紧密相关的史实，则所言"小说之兴，始于宋仁宗"当指向"说话"伎艺之"小说"，则所言《水浒》称为行中第一"亦当指向作为伎艺的"小说"。至于《梨园广记》一书的内容与性质，因已亡佚，无法进行推测；然书名署"梨园"，当与梨园有关，或亦属于演唱类作品。据此，在明清人眼中，《三国志通俗演义》《水浒传》等作品在创作过程中与教坊乐部有关，是与"传奇"、说唱文学相类的、作为一种伎艺的"小说"作品。因而，钱曾将其归入"戏曲小说"类，是符合时人的普遍认知的，而非一种有意变动。可见，此处的"通俗小说"之"小说"，亦应从"说话"伎艺的角度加以把握。

上述时人的相关认识，究其缘由，恐因《三国志通俗演义》《水浒传》等作品的故事源流，与历代同类题材的戏曲、杂剧作品紧密相连。众所周知，作为章回体通俗小说的《三国志通俗演义》《水浒传》在成书前，彼时已有诸多"三国戏""水浒戏"，乃至流传甚广的诸多"小本三国故事""小本水浒故事"等演唱类、说唱类作品。《也是园藏书目》就著录有《曹操夜走陈仓道》《莽张飞大闹石榴园》等"三国故事"，亦著录了诸如《黑旋风双献功》《宋公明劫法场》等众多"水浒故事"。然而，《三国志通俗演义》《水浒传》虽与"传奇"、说唱文学相类，但毕竟在表现形式上是以章回体式为主，多少存在淡化表演伎艺的现象，并带有一定程度的案头阅读趣味。此类书籍向读者展现阅读趣味的方式，更多时候是通过书内文字进行传达的。故而，此等小说对读者的传授方式，与其他表演类作品相比，多少存有差异。同时，此等小说的篇幅亦属于长篇，亦与其他表演类作品有别。比如，著录《古今演义三国志》为十二卷、《旧本罗贯中水浒传》为二十卷、《梨园广记》为二十卷[1]，而"古

---

[1]　钱曾：《也是园藏书目》，《丛书集成续编》第5册，台北新文丰出版公司1988年版，第88页。

今杂剧""说唱""传奇""宋人词话"等小类所著录的作品,多数为一二卷,至多不过十卷。再者,此类作品"其文必通俗"。这些因素的综合,大概是钱曾另设"通俗小说"对《三国志通俗演义》等作品进行归并的主要原因。

综述之,《也是园藏书目》设置"戏曲小说"类时,对"戏曲小说"的指称范围与彼时之人的普遍认知并无二致。所设"戏曲小说"类的目的,主要是对诸多通俗类说唱作品进行细分,以便把握不同类别作品的不同特征。而"戏曲小说"类下设置"通俗小说"小类,主要为突出与"传奇"、说唱文学有较大纠葛的《三国志通俗演义》《水浒传》等作品,在表现形式及表现趣味方面,与"古今杂剧""说唱""传奇""宋人词话"等作品的区别。因而,钱曾对《三国志通俗演义》《水浒传》的认知,依旧是当作一种带有表演趣味的以章回体式存在的"说话"伎艺类作品。

三 《也是园藏书目》设置"通俗小说"的意义

据上所述可知,《也是园藏书目》依旧是以传统目录学的知识结构与分类体系,来对待明中叶以降广为盛行的章回体式的通俗类长篇"小说"。也就是说,《也是园藏书目》设置"通俗小说"小类的做法,对此类作品的性质归类与认知意见,并未突破时人的藩篱。这种认识并非近今之人所言的以之为白话通俗小说(即"纯文学"视域下的"小说"观念)。近今学者以今律古的认知方式,是导致对钱曾此举存在诸多误解与人为拔高的主要原因。诸如此类的认知方式,导致今人往往无法体认时人对相关作品的认知意见及其缘由。尤其是,以之为"纯文学"视域下的"小说"作品,已背离此类作品创作的政教环境与文化背景,亦背离了此类作品特殊的书写方式、思想内涵及文本趣味,其间所做的研读意见难免存在隔靴搔痒的误读之憾。在此基础上展开的小说史建构及"小说"观念、"小说"批评理论的梳理,恐亦难以服众。

　　需要指出的是，清人曾对历代目录学著述著录"稗官小说"，提出过严厉批评。阮葵生《茶余客话》所谓"《续文献通考》以《琵琶记》《水浒传》列之《经籍志》中，虽稗官小说，古人不废，然罗列不伦，何以垂后？近则《钱遵王书目》亦有《水浒传》，明时《文华殿书目》亦有《三国志通俗演义》"①，即是个中代表。这种批判着眼于政教意图的角度加以展开，突出目录学著述应在符合文治教化基础上的归并有序。其实，目录学编纂者并非不曾注意到当时通俗小说兴盛的现象，但却面临如何评价此类书籍的教化价值与进行设类归并的难题。以《四库全书总目》为例，"四库馆臣"实亦已注意到《三国志通俗演义》《水浒传》等作品，但以为此类作品"乃坊肆不经之书"（见《季汉五志》提要），不合彼时基于政教意图建立话语机制的文治背景与《四库全书总目》"稽古右文，聿资治理"的编纂意图，而予以罢黜。② 这是从文治教化的角度设置书目部类与进行作品归并的典型。可见，阮葵生等人的意见，主要是认为《续文献通考》《也是园藏书目》等书目，破坏了传统目录学建构的政教基础与人伦道德要求。

　　然而，《也是园藏书目》作为一部私家藏书目，其在符合传统目录学分类体系与知识结构的情况下，首要考虑的是如何详细且清晰地著录其所庋藏之书。因而，必然要尽可能地对所藏之书的性质予以判断，合理归并。这种做法使得钱曾编纂过程中，在参照此前书目的体例之后，"稍以己意参之"（见氏著《也是园藏书目后序》），从而突出其对传统书目的分类体系及具体书籍归并的个性旨趣。而这种认知旨趣，主要是在与时人认知保持一致的基础上，强调《三国志通俗演义》《水浒传》等作品的表演性特征及其表演形式，以

---

① 阮葵生：《茶余客话》，上海古籍出版社 2012 年版，第 393—394 页。
② 参见温庆新《试论政教视域下的〈四库全书总目提要〉小说观念》，《图书馆工作与研究》2015 年第 10 期。

之为通俗类"说话"伎艺之一种，从而为此类作品寻找合理的定位。这种做法的最大启示意义在于：时人对《三国志通俗演义》《水浒传》等作品的评价，首先是纳入当时的知识结构与政教环境中加以展开的；时人的争议点在于此类作品的政教价值，而非文体方面的区别定位。也就是说，作为一种通俗类伎艺作品，《三国志通俗演义》《水浒传》已渐自被时人纳入当时的文治背景进行考察，而非简单认为此类作品只是一种案头读物。由于《三国志通俗演义》《水浒传》等作品，文本属性的多元、成书过程的复杂，使得时人对此类作品的评判出现了争议。而此类争议的意义在于：若是能够从通俗类"说话"伎艺的角度对此类作品进行观照，或许能够进一步挖掘此类作品其他方面的价值。如作为"说话"伎艺的"小说"，如何最终演变成为一种案头读物？如何看待《三国志通俗演义》《水浒传》等作品，所存留的表演性特征与文本述说方式？如何从文治教化意义、"说话"伎艺及通俗小说（即"纯文学"视域下的"小说"观念）等方面，多角度看待此类作品的流传与接受情形，乃至时人在受授过程中的多样阅读趣味？这些是近今学者在讨论《三国志通俗演义》《水浒传》等作品的流布与意义时，须着重注意的。

第三节　政教、史志与钱大昕《补元史艺文志》的小说著录

钱大昕（1728—1804），字晓徵，号辛楣，又号竹汀，晚号潜研老人，嘉定人（今属上海）。所著《唐石经考异》《声类》《廿二史考异》《元进士考》《宋辽金元四史朔闰考》《元史氏族表》《十驾斋养新录》等多种，享誉学林，被称为"一代儒宗"；其治学强调实证，主张经、史并重，以治经方法治史。而学界研究主要集中于对钱大昕经学、史学、小学等方面的探讨，甚少对钱大昕小说观念进

行深入论述，即如郭园兰《钱大昕的小说观》① 等一二专文，所言尚乏肯綮，仍有深入的必要。由于钱大昕有关小说的论述主要集中于《十驾斋养新录》卷18《文人浮薄》和《潜研堂文集》卷17《正俗》、卷25《严久能娱亲雅言序》等文及《补元史艺文志》的编纂实践之中，故此处拟据此展开初步的探讨。

一　实事求是、明体致用与钱大昕对小说的定位与认识

钱大昕在《文人浮薄》一文中，曾言：

> 唐士大夫多浮薄轻佻，所作小说，无非奇诡妖艳之事，任意编造，诳惑后辈。而牛僧孺《周秦行纪》，尤为狂诞。至称德宗为"沈婆儿"，则几于大不敬矣。李卫公《穷愁志》载其文，意在族灭其家而始快；虽怨毒之词，未免过当。而僧孺之妄谈，实有以招之也。宋、元以后，士之能自立者，皆耻而不为矣。而市井无赖，别有说书一家。演义盲词，日增月益，诲淫劝杀，为风俗人心之害，较之唐人小说，殆有甚焉。②

又，《正俗》篇言：

> 古有儒、释、道三教，自明以来，又多一教曰小说。小说演义之书，未尝自以为教也，而士大夫、农、工、商贾无不习闻之，以至儿童妇女不识字者，亦皆闻而如见之，是其教较之儒、释、道而更广也。释、道犹劝人以善，小说专导人以恶。奸邪淫盗之事，儒、释、道书所不忍斥言者，彼必

---

①　郭园兰：《钱大昕的小说观》，《湖南社会科学》2007 年第 2 期。

②　钱大昕著，陈文和主编：《嘉定钱大昕先生全集》第 7 册，江苏古籍出版社 1997 年版，第 503 页。

尽相穷形，津津乐道，以杀人为好汉，以渔色为风流，丧心病狂，无所忌惮。子弟之逸居无教者多矣，又有此等书以诱之，曷怪其近于禽兽乎！世人习而不察，辄怪刑狱之日繁，盗贼之日炽，岂知小说之中于人心风俗者，已非一朝一夕之故也。有觉世牖民之责者，亟宜焚而弃之，勿使流播。内自京邑，外达直省，严察坊市有刷印鬻售者，科以违制之罪，行之数十年，必有弭盗省刑之效。或訾吾言为迂，远阔事情，是目睫之见也。①

据此可知：首先，钱大昕所言小说既含士大夫所撰的笔记、札记等稗官小说，也指"说书""演义盲词"等通俗小说。之所以作此区分，是因为钱大昕认为两者的创作主体不同：前者主体为士大夫，后者主体为"市井无赖"，然此类区分并非基于小说的文体形态而言。钱大昕时而称"小说""稗官小说"，时而称"说部"，其指称内涵并无二致。其次，之所以区分小说的创作主体，是因为钱大昕认为士大夫与"市井无赖"的身份、素养及职责不同，由此带来的社会影响不一。从《正俗》篇将小说与儒、释、道三教并列，强调"小说之中于人心风俗者，已非一朝一夕"等内容看，钱大昕对小说的政教作用极为看重。可以说，钱大昕将两者所作区分的依据在于"风俗人心"的影响上。在钱大昕看来，由于唐士大夫多浮薄轻佻，致其所作小说"奇诡妖艳""任意编造"而诳惑后辈。这一点已被宋元时期"能自立"的士大夫所摒弃。而"市井无赖"的"小说演义之书"，由于面对士大夫、农、工、商贾等涵盖社会大多数阶层而影响深远，甚至超越儒、释、道三教；但这种影响主要是"专导人以恶""诲淫劝杀"，其性质"较之唐人小说，殆有甚焉"。而"世

---

① 钱大昕著，陈文和主编：《嘉定钱大昕先生全集》第9册，江苏古籍出版社1997年版，第272页。

人习而不察"加重了此类小说"专导人以恶"的这种不良影响，故应将两者加以区分。

那么，如何规避这种不良影响？钱大昕以为除了"能自立"的士大夫自我规避外，又提出"有觉世牖民之责者，亟宜焚而弃之，勿使流播"的观点。所谓"焚而弃之，勿使流播"，目的是为根绝"小说专导人以恶"的不良影响。而所谓"有觉世牖民之责者"的首要指向仍是士大夫，因为作为社会知识阶层的代言人应承担起传播圣教与知识的职责。由此可见，对说部（即稗官小说）作品的创作者进行区分，是钱大昕评价的首要视角。而这种视角之最终目的，在于规避"小说专导人以恶"的不良影响，并发挥说部与儒、释、道三教相类似的政教作用。可见，对小说政教功用的强调是钱大昕评价说部的主要价值标准。

至于为何会有士大夫作小说家言？钱大昕以为此类士大夫多系"浮薄轻佻"与"游谈无根之士"，应予批判。这种认识多少带有直接的现实针对意义。《严久能娱亲雅言序》曾言：

> 今海内文人学士，穷年累月，肆力于铅椠，孰不欲托以不朽？而每若有不敢必者，予谓可以两言决之，曰："多读书而已矣，善读书而已矣。"胸无万卷书，臆决唱声，自夸心得，纵其笔锋，亦足取快一时。而沟浍之盈，涸可立待。小夫惊而舌挢，识者笑且齿冷，此固难以入作者之林矣。亦有涉猎今古，闻见奥博，而性情偏僻，喜与前哲相龃龉。说经必诋郑、服，论学先薄程、朱，虽一孔之明，非无可取，而其强词以求胜者，特出于门户之私，未可谓之善读书也。唐以前说部，或托《齐谐》《诺皋》之妄语，或扇高唐、洛浦之颓波，名目猥多，大方所不屑道。自宋沈存中、吴虎臣、洪景卢、程泰之、孙季昭、王伯厚诸公，穿穴经史，实事求是，虽议论不必尽同，要皆从读书中出，异于游谈无根之士，故能卓然成一家言，而不得以稗官

小说目之焉。①

钱大昕以为唐以前涉猎说部的士大夫多系不善读书者，以致所著往往私立门户、穿凿附会。而沈括（1031—1095，字存中）、吴虎臣（1601？—1661，名德铭，字躬修）、洪迈（1123—1202，字景卢）、王应麟（1223—1296，字伯厚）等人因有才学非"游谈无根之士"，所撰之书有别于唐及唐以前的说部。上述观点是建立在钱大昕对"今海内文人学士"现状认识的基础上，从而强调学识对于士大夫编纂作品的重要性。也就是说，钱大昕以为即使士大夫编纂稗官小说之流，亦应"穿穴经史，实事求是"。"奇诡妖艳之事，任意编造"与"穿穴经史，实事求是"等语，是钱大昕对说部（即稗官小说）的两种评价意见，其肯定小说作品中的"真"与"实"，否定"荒诞"成分。如《十驾斋养新录》卷14"太平寰宇记"条，认为是书"体例虽因李吉甫，而援引更为详审，间采稗官小说，亦唯信而有征者取之"②。《元史本证序》所谓"考史之家，每好收录传记、小说，矜衒奥博，然群言淆乱，可信者十不二三"，亦表达了类似看法。由此可见，是否具有"实事求是"的成分而非"任意编造"，成为钱大昕认定一部作品是否当归入稗官小说之列的重要依据。

要之，钱大昕的小说观念包含两方面内容：在突出强调小说政教功用的基础上，对小说的创作者进行士大夫与"市井无赖"的区分，以区别士大夫创作的稗官小说与"小说演义"等通俗小说在引导"风俗人心"上的不同效果。同时，钱大昕强调士大夫应主动以"穿穴经史，实事求是"为标准进行小说创作，担负起引导人心风俗向善的职责。这使得钱大昕对小说作品内容的评价标准是以小说引

---

① 钱大昕著，陈文和主编：《嘉定钱大昕先生全集》第9册，江苏古籍出版社1997年版，第405页。

② 钱大昕著，陈文和主编：《嘉定钱大昕先生全集》第7册，江苏古籍出版社1997年版，第365页。

导"人心风俗"向善成分之多寡为指导的，并以"真""实""荒诞"等作为评判时的细目加以展开。

这种介于史家意志的史学视域与"风俗人心"的政教视域之间的小说观念，与钱大昕的史家身份、关注民生及实事求是的治学原则是紧密相关的。正如学者所指出的，钱大昕治经史强调"务实"、实事求是，反对蹈空。如《潜研堂文集》卷25《世纬序》言："儒者之学，在乎明体以致用，《诗》《书》、执《礼》，皆经世之言也。《论语》二十篇，《孟子》七篇，论政者居其半，当时师弟子所讲求者，无非持身处世、辞受取与之节，而性与天道，虽大贤犹不得而闻。儒者之务实用而不尚空谈如此。"① 从而提出"惟有实事求是，护惜古人之苦心"（《廿二史考异·序》）② 的治学原则。当然，这种"务实"思想是在"儒者之学，在乎明体以致用"的指导下展开的。《潜研堂文集》卷33《与友人书》又言："为文之旨有四，曰明道、曰经世、曰阐幽、曰正俗。有是四者，而后以法律约之，夫然后可以羽翼经史，而传之天下后世。"③ 据此，钱大昕以为为文的最主要价值是"明道"，次之为"经世"，最次亦当隐含"正俗"意义。故而，《潜研堂文集》卷17《文箴》言："文以贯道，言以匡时。"④ 可见，钱大昕以为明道（体）与致用合为一体，以为学者所言不仅应"羽翼经史"，更应"传之天下后世"以利于"治平"。由此，《潜研堂文集》卷36《与邱草心书》明确提出"儒者立言，当为万事生民虑"⑤ 的观

---

① 钱大昕著，陈文和主编：《嘉定钱大昕先生全集》第9册，江苏古籍出版社1997年版，第403页。

② 钱大昕著，陈文和主编：《嘉定钱大昕先生全集》第2册，江苏古籍出版社1997年版，第1页。

③ 钱大昕著，陈文和主编：《嘉定钱大昕先生全集》第9册，江苏古籍出版社1997年版，第575页。

④ 钱大昕著，陈文和主编：《嘉定钱大昕先生全集》第9册，江苏古籍出版社1997年版，第258页。

⑤ 钱大昕著，陈文和主编：《嘉定钱大昕先生全集》第9册，江苏古籍出版社1997年版，第614页。

点，提倡积极入世的学术研究。如《潜研堂文集》卷25《老子新解序》认为"《老子》五千言，救世之书也"，肯定此书撰者能"即其忧时拯世之旨，疏通而证明之"①。又如《廿二史札记序》认为赵翼所言"上下数千年，安危治忽之几，烛照数计，而持论斟酌时势，不蹈袭前人，亦不有心立异，于诸史审订曲直，不掩其失，而亦乐道其长，视郑渔仲、胡明仲专以诟骂炫世者，心地且远过之"，因而能"有体有用"，等等。

由于钱大昕生活于乾嘉时期，虽此时清廷尚处鼎盛期，然自乾隆朝后期始，社会矛盾、阶级矛盾、官吏腐化等日益尖锐，士风颓废颇甚、农民起义频发。这使得钱大昕不仅强调治学应有利于明道经邦，更注重著书立言应含有治国救世的现实意义。《十驾斋养新录》卷18《居官忌二事》曾言："施彦执云：有官君子最忌二事：在己则贪，在公家则聚敛。它罪犹可免，犯此二者，终身不可齿士大夫之列。今人或有处身最廉，然掊克百姓，上以媚朝廷，下以谄权贵，辄得美官，虽不入己，其入己莫甚焉！暗中伸手，此小偷也；公然聚敛，以期贵显，真劫盗也。"②及上引"儒者立言，当为万事生民虑"等语，即证。这使得钱大昕对忧时拯世作品多加推崇的同时，亦以此作为著书立言的指导——检视钱大昕的诗文作品，不难发现其亦创作了不少心系天下与民生的作品，如《闻金川平定喜而有作》《平定准噶尔告捷礼恭纪一百韵》《回部荡平大功告成恭纪一百韵》等，赞许清廷维护国家统一之举，等等。据此而言，《与友人书》所言明道、经世、阐幽、正俗等"为文四旨"，其体用价值是递减的。士大夫著书立言即若不能达到明道、经世的层面，也应使其所撰具有"正俗"的价值。从这个意义讲，钱大昕将小说与儒、释、

---

① 钱大昕著，陈文和主编：《嘉定钱大昕先生全集》第9册，江苏古籍出版社1997年版，第400页。

② 钱大昕著，陈文和主编：《嘉定钱大昕先生全集》第7册，江苏古籍出版社1997年版，第497—498页。

道三教并列，正是对小说之"正俗"价值的看重；但由于宋元小说演义之书"专导人以恶"，危害甚大，又使其从"人心风俗"方面不遗余力予以批判。

尤需指明的是，钱大昕对彼时不良士风的批判是十分尖锐的。《潜研堂文集》卷33《与友人论师书》曾言："古之好为师也以名，今之好为师也以利。"①《十驾斋养新录》卷18《义利》亦言："古之士无恒产而有恒心，今之士即有恒产，独不能保其有恒心也，况无恒产乎？临财苟得，临难苟免，好利而不好名，虽在庠序，其志趣与市井胥徒何以异哉！王伯厚云：'尚志谓之士，行己有耻谓之士，否则何以异乎工商？特立独行谓之儒，通天地人谓之儒，否则何以异乎老释？无其实而窃其名，可以欺其心，不可以欺其乡。'"②认为彼时士人好利，志趣与市井胥徒无异。基于此，钱大昕对彼时士大夫的诸多行为曾加以批判。如认为昔日学者往往存在"文致小疵，目为大创，驰骋笔墨，夸耀凡庸"的现象；又如反对文人相轻的行为，《十驾斋养新录》卷18《文人勿相轻》就曾对元、白讽谕诗进行了批判，认为："元、白讽谕诗意存谠直，岂皆淫媟之词！若反唇相稽（讥），牧之独无媟语乎？无诸己而后非诸人，立言者其戒之。"③等等。对此，钱大昕援引顾炎武《日知录·名教》所言"昔人之言曰名教、曰名节、曰功名，不能使天下人以义为利，而使之以名为利；虽非纯王之风，亦可以救积污之俗"，提出以"名"为教，并以"礼义廉耻"与"忠信俭让"作为士人的行为规范④，以

---

① 钱大昕著，陈文和主编：《嘉定钱大昕先生全集》第9册，江苏古籍出版社1997年版，第565页。

② 钱大昕著，陈文和主编：《嘉定钱大昕先生全集》第7册，江苏古籍出版社1997年版，第485页。

③ 钱大昕著，陈文和主编：《嘉定钱大昕先生全集》第7册，江苏古籍出版社1997年版，第503页。

④ 钱大昕著，陈文和主编：《嘉定钱大昕先生全集》第10册，江苏古籍出版社1997年版，第485—486页。

期扭转彼时不良士风。在这种情况下，《文人浮薄》所言"唐士大夫多浮薄轻佻，所作小说，无非奇诡妖艳之事，任意编造，诳惑后辈"，即是钱大昕批判彼时不良士风的重要表现。因为在钱大昕看来，士大夫的"浮薄轻佻"与"妄谈"，往往会影响其著书立言的客观性。故《潜研堂文集》卷23《赠邵冶南序》曾说："近代言经术者，守一先生之言，无所可否，其失也俗；穿凿附会，自出新意，而不衷于古，其失也妄。唯好学则不妄，唯深思则不俗，去妄与俗，可以言道。"① 以为唯有去除妄俗，方可言"道"。可见，钱大昕对士大夫创作的稗官小说的评价，不仅与其所提出的明体致用、实事求是等思想有关，亦系其批判彼时不良士风的重要一环。这也是钱大昕对小说创作主体进行士大夫与"市井无赖"区分的根本原因。

二 《补元史艺文志》子部小说家类的编纂实践

上文已述及钱大昕的小说观念及成因，那么，钱大昕是如何在《补元史艺文志》子部小说家类的编纂过程中加以实践的呢？

（一）《补元史艺文志》的文献来源与编纂思想

《补元史艺文志》约纂成于钱大昕晚年，《元史艺文志序》曾自言："大昕向在馆阁，留心旧典，以洪武所葺《元史》冗杂漏落潦草尤甚，拟仿范蔚宗、欧阳永叔之例，别为编次，更定目录，或删或补。次第属草，未及就绪。归田以后，此事遂废。唯《世系表》《艺文志》二稿尚留箧中。"文末署"嘉庆庚申（1800）十二月"②。据此，《补元史艺文志》的部类归并曾仿自范晔《后汉书·艺文志》、欧阳修《新唐书·艺文志》。又，《十驾斋养新录》卷13"元艺文志"条，曾说："予补撰《元艺文志》，所见元、明诸家文集、志

---

① 钱大昕著，陈文和主编：《嘉定钱大昕先生全集》第9册，江苏古籍出版社1997年版，第361页。

② 钱大昕著，陈文和主编：《嘉定钱大昕先生全集》第5册，江苏古籍出版社1997年版，第1页。

乘、小说，无虑数百种；而于焦氏《经籍志》、黄氏《千顷堂书
目》、倪氏《补金元艺文》、陆氏《续经籍考》、朱氏《经义考》采
获颇多。其中亦多讹踳不可据者，略举数事，以例其余，非敢指前
人之瑕疵，或者别裁苦心，偶有一得耳。"① 可见，《补元史艺文志》
的主要文献来源当系焦竑《国史经籍志》、黄虞稷《千顷堂书目》、
倪灿等《补金元艺文志》、陆元辅《续经籍考》、朱彝尊《经义考》
等史志书目。而据钱大昕所言"其中亦多讹踳不可据者，略举数事，
以例其余，非敢指前人之瑕疵，或者别裁苦心，偶有一得耳"，则其
并非照搬上述史志书目，所录之书的归类及版本等内容大多经其考
辨而后定。这与钱大昕《潜研堂文集》卷9《答问六》所言"后儒
之说胜于古，从其胜者，不必强从古可也。一儒之说而先后异，从
其是焉者可也"② 等不拘泥于一家之言的治"经"思想，颇为吻合。

那么，钱大昕以何标准进行《补元史艺文志》的编纂？检视钱
大昕文集，钱大昕对历代公私书目中分类旁杂、一书重见、版本讹
误、归类不当等现象，多有批判之辞。如《十驾斋养新录》卷13
"文献通考"条言："予读唐、宋史《艺文志》，往往一书而重见，
以为史局不出一人手之弊。若马贵舆《经籍考》系一人所编辑，所
采者不过晁、陈两家之说，乃亦有重出者。"又说："盖著作之家多
不免此弊，彼此相笑，自昔然矣。"③ 同书卷13 "菉竹堂书目"条，
言："今所传之目，则平时簿录所藏书，粗分门类，将有事于刊正，
而未定之本也。"④ 等等。据此，钱大昕认为编纂史志目录者不应以

① 钱大昕著，陈文和主编：《嘉定钱大昕先生全集》第7册，江苏古籍出版社1997年版，第400页。
② 钱大昕著，陈文和主编：《嘉定钱大昕先生全集》第9册，江苏古籍出版社1997年版，第116页。
③ 钱大昕著，陈文和主编：《嘉定钱大昕先生全集》第7册，江苏古籍出版社1997年版，第360—361页。
④ 钱大昕著，陈文和主编：《嘉定钱大昕先生全集》第7册，江苏古籍出版社1997年版，第399页。

"著作之家"自任，言外之意即应以史官的标准为之。这是因为钱大昕对《元史》讹误、失当之处曾严谨考辨。钱大昕曾于《廿二史考异·元史十五》中说道："辽、金、元三朝，人名、官名、地名，旧史颇多舛讹，由当时史臣未通缮译，以至对音每有窒碍，且有一人而彼此互异者。现奉圣旨，饬令馆臣逐一釐定，足洗向来沿袭之陋。"① 所著《元史考异》十五卷，又撰《元进士考》《宋辽金元四史朔闰考》《元史氏族表》等多种即证，系其意图修撰《元史》之准备。故钱大昕所言"以为史局不出一人手之弊"及"一人所编辑"亦有重出者云云，表明钱大昕认为史志目录的编纂应基于史官的标准以严谨姿态考辨而后定正。《元史艺文志序》所谓"以洪武所葺《元史》冗杂漏落潦草尤甚，拟仿范蔚宗、欧阳永叔之例，别为编次，更定目录，或删或补"，则是对上述态度的最好说明。

而钱大昕的考辨主要集中在哪些方面？"元艺文志"条曾略加举例说明，如："俞远《学诗管见》一卷，《江南通志》一入经部、一入小说部。此书今已失传，姑列之文史，当考。朱氏《经义考》亦云未见。"又如："黄、倪二目于'医类'载《圣济总录》二百卷，此宋政和中太医局所修书也。元大德四年，尝命集贤学士焦惠等校刊，遂误仞为元人撰。今不取。"② 又如，黄虞稷《千顷堂书目》子部所录作品凡397部，倪灿等《补金元艺文志》子部所录作品凡407部，而钱大昕《补元史艺文志》子部所录作品凡670部，所增作品颇多。③ 等等。主要集中于对作品的作者考订、版本辨正、部类归并等方面。应当指出的是，《补元史艺文志》所录不仅含元代之书，实亦兼收辽、金二代之书。

---

① 钱大昕著，方诗铭等校点：《廿二史考异》，上海古籍出版社2004年版，第1367页。
② 钱大昕著，陈文和主编：《嘉定钱大昕先生全集》第7册，江苏古籍出版社1997年版，第401—402页。
③ 参见陈高华《读钱大昕〈元史艺文志〉》，《中国史研究》2007年第1期。

（二）《补元史艺文志》子部小说家类的编纂实践

既然《补元史艺文志》的作品著录大多经过钱大昕的考辨，借此探讨其对之前史志目录的承继，或有助于进一步分析钱大昕的小说观。现以《补元史艺文志》子部小说家类所录小说作品为中心，探讨钱大昕对焦竑《国史经籍志》、黄虞稷《千顷堂书目》、倪灿等《补金元艺文志》之承继情形。列表如下：

书目 作品	钱大昕 《补元史艺文志》	焦竑 《国史经籍志》	黄虞稷 《千顷堂书目》	倪灿等 《补金元艺文志》
杨圃祥 《百斛珠》	入"小说家类"：杨圃祥《百斛珠》，蜀人			
元好问 《续夷坚志》	入"小说家类"：金元好问，《续夷坚志》四卷			入"小说家类"：元好问《续夷坚志》
吴元复 《续夷坚志》	入"小说家类"：吴元复《续夷坚志》二十卷		入"小说类"：吴元复《续夷坚志》二十卷，字山渔，鄱阳人，宋德佑中进士，入元不仕。一作四卷	入"小说家类"：吴元复《续夷坚志》二十卷，字山渔，鄱阳人
钟嗣成 《录鬼簿》	入"小说家类"：钟嗣成《录鬼簿》，二卷，字继先，汴梁人			入"小说家类"：钟嗣成《录鬼簿》二卷
关汉卿 《鬼董》	入"小说家类"：关汉卿《鬼董》五卷		入"小说类"：关汉卿《鬼董》五卷	入"小说家类"：关汉卿《鬼董》五卷
佚名 《异闻总录》	入"小说家类"：《异闻总录》四卷，不著撰人		入"小说类·补宋"：《异闻总录》四卷	
夏庭芝 《青楼集》	入"小说家类"：夏庭芝《青楼集》一卷，字梦符，太原人			
陶宗仪 《说郛》	入"小说家类"：陶宗仪《说郛》一百二十卷	入"小说家类"：《说郛》一百卷	入"类书类"：陶宗仪《说郛》，一百卷	

书目 / 作品	钱大昕《补元史艺文志》	焦竑《国史经籍志》	黄虞稷《千顷堂书目》	倪灿等《补金元艺文志》
陶宗仪《名姬传》	入"小说家类":《名姬传》			
曹继善《安雅堂酒令》	入"小说家类":曹继善《安远堂酒令》一卷			入"小说家类":曹继善,《安远堂酒令》一卷
朱士凯《揆叙万类》	入"小说家类":朱士凯《揆叙万类》。至正浙省掾			
张小山等《包罗天地》	入"小说家类":张小山等,《包罗天地》			
伊世珍《琅环记》	入"小说家类":伊世珍《琅环记》三卷		入"小说类":伊世珍《琅嬛记》三卷	入"小说家类":伊世珍,《琅环记》三卷
沈鹰元《缉柳编》	入"小说家类":沈鹰元《缉柳编》三卷		入"小说类":沈鹰元《缉柳编》,三卷	入"小说家类":沈鹰元《缉柳编》,三卷
龙辅《女红余志》	入"小说家类":常阳妻龙辅《女红余志》二卷		入"小说类":常阳,《女红余志》二卷	入"小说家类":常阳,《女红余志》二卷
劲文伯《浩然翁手抄五色线》	入"小说家类":劲文伯《浩然翁手抄五色线》三卷		入"小说类":劲文伯《浩然翁手抄五色线》二卷	入"小说家类":劲文伯《浩然翁手抄五色线》二卷

钱大昕《补元史艺文志》子部小说家类所录主要参考了焦竑《国史经籍志》、黄虞稷《千顷堂书目》、倪灿等《补金元艺文志》等,对陆元辅《续经籍考》、朱彝尊《经义考》几无参考。据以上表:一是焦竑《经籍志》、黄虞稷《千顷堂书目》等书目"小说家类"所录(包括辽、金、元三代)小说作品不止 16 部,为何钱大昕《补元史艺文志》仅著录上述 16 部?二是钱大昕《补元史艺文志》为何收入杨圃祥《百斛珠》、夏庭芝《青楼集》、陶宗仪《名姬传》、

朱士凯《攃叙万类》、张小山等《包罗天地》等未著录于《国史经籍志》《千顷堂书目》《补金元艺文志》之中的小说作品？

案，除上表所列小说作品外，黄虞稷《千顷堂书目》子部小说类"补元"另录有：王恽《玉堂嘉话》、周密《齐东野语》《癸辛杂识》《癸辛新识》《癸辛后识》《癸辛续识》《澄怀录》《续澄怀录》《云烟过言录》《浩然斋视听钞》《浩然斋意钞》《浩然斋雅谈》、吴之俊《狮山掌录》、丘世良《随笔》、盛如梓《庶斋老学丛谈》、陆友《砚北杂志》、吾衍《闲居录》、苏文（天）爵《春风亭笔记》、何中《搐颐录》、唐元《见闻录》、张雯《继潜录》、郭霄凤《江湖纪闻》、周达观《诚斋杂记》、李有《古杭杂记》、夏颐《东园友闻》、郑元祐《遂昌山人杂录》、姚桐寿《乐郊私语》《广客谈》等。这些书籍亦多数著录于倪灿等《补金元艺文志》之中。焦竑《国史经籍志》小说家类亦著录郑元祐《遂昌山人杂录》、李有《古杭杂记》等书籍。对此，应当如何认识上述钱大昕的编纂选择呢？检视《补元史艺文志》，钱大昕将苏天爵《春风亭笔记》、吾衍《闲居录》、盛如梓《庶斋老学丛谈》、郑元祐《遂昌山人杂录》、何中《搐颐录》、陆友《砚北杂志》、周密《齐东野语》《癸辛杂识》《癸辛新识》《癸辛后识》《癸辛续识》《澄怀录》《续澄怀录》《云烟过言录》《浩然斋视听钞》《浩然斋意钞》《浩然斋雅谈》、夏颐《东园友闻》《广客谈》、唐元《见闻录》、郭霄凤《江湖纪闻》、周达观《诚斋杂记》等作品，归入"杂家"类。这是因为钱大昕以为入"杂家"类的作品，即如作品的存在形态类属"说部"，但若该作品具有征信、"真""实"的价值或成分，亦可归入明示。典型之例，则是对陶宗仪《南村辍耕录》的归类。焦竑《国史经籍志》卷四下子部"小说家类"①、黄虞稷《千顷堂书目》子部小说类"补元"②，

---

①　焦竑：《国史经籍志》，中华书局1985年版，第185页。
②　黄虞稷：《千顷堂书目》，上海古籍出版社2001年版，第333页。

均将此书归入小说（家）类，然钱大昕将其归于"杂家"类。据
《十驾斋养新录》卷14"辍耕录"条："元人说部，莫善于《南村辍
耕录》，然亦有传闻失真者。"① 钱大昕首先认定《南村辍耕录》属
于说部，但又认为此书有别于一般的说部作品，原因在于此书所载
具有"真"与"实"之价值。所谓"然亦有传闻失真者"，只是对
此书所载若干"失真"之处的纠谬，反而恰恰是肯定此书的征信价
值。《十驾斋养新录》卷9"汉人八种"条，更是援引《南村辍耕
录》为据进行考证，言："陶九成《辍耕录》载汉人八种：曰契丹，
曰高丽，曰女直，曰竹因歹，曰术里阔歹，曰竹温，曰竹亦歹，曰
渤海。按辽、金、元三《史》唯见契丹、女直、高丽、渤海四国，
余未详。考《元史·镇海传》：'从攻塔塔儿钦察、唐兀只温、契丹、
女直、河西诸国。''只温'盖即'竹温'之转欤？"② 可见钱大昕是
认同《南村辍耕录》的史料价值的，认为此书可信，故而归入"杂
家"类。由此推知，《补元史艺文志》"杂家"类所录作品大多系钱
大昕以为具有征信价值而收录的。这种分类标准促使《补元史艺文
志》对"子部"作品的部类归并，并不以所录作品的文体形态展开，
而是钱大昕基于史官身份从史学征信之角度进行归并的。由此推知，
《补元史艺文志》子部小说家类所录16部作品，其"真"、征信价
值是不如"杂家"类所录作品的。这与上文所言钱大昕以是否含有
"实事求是"成分作为收录稗官小说标准之一的论述，是相符合的。

据上述，《补元史艺文志》子部小说家类所录16部作品，其征
信价值是有限的。比如，夏庭芝《青楼集志》自言此书编写目的：
"我朝混一区宇，殆将百年，天下歌舞之妓，何啻亿万，而色艺表表
在人耳目者，固不多也。仆闻青楼于方名艳字，有见而知之者，有

---

① 钱大昕著，陈文和主编：《嘉定钱大昕先生全集》第7册，江苏古籍出版社1997年
版，第379页。

② 钱大昕著，陈文和主编：《嘉定钱大昕先生全集》第7册，江苏古籍出版社1997年
版，第244页。

闻而知之者，虽详其人，未暇纪录，乃今风尘澒洞，郡邑萧条，追念旧游，慌然梦境，于心盖有感焉；因集成编，题曰《青楼集》。遗忘颇多，铨类无次，幸赏音之士，有所增益，庶使后来者知承平之日，虽女伶亦有其人，可谓盛矣！至若末泥，则又序诸别录云。"①夏氏所谓"有见而知之者，有闻而知之者""追念旧游，慌然梦境，于心盖有感"云云，难免"编造"成分，以致钱大昕以为《青楼集》所载并不可信而归入"小说家类"。又如，勐文伯《浩然翁手抄五色线》一书，亦多怪诞之语。《四库全书总目》子部小说家类存目二《五色线》提要，言："是书杂引诸小说新诞之语，或不纪所出，割裂舛谬，不可枚举。"周中孚《郑堂读书记》子部十之六杂家类亦言："是书皆引诸杂记中新颖怪诞之说，而摘取数字，各为标目，且不尽注出处，其体例颇类陶秀实《清异录》而割裂，舛误颇无条理，则不如陶氏，书远甚，恐非宋人之旧帙耳，《说郛》仅节录一卷云。"从时人所言"新颖怪诞之说""舛误颇无条理"等语可知，《浩然翁手抄五色线》亦不符合钱大昕所言实事求是的标准，等等。

当然，《补元史艺文志》子部小说家类所录标准除了依所录作品的"真"、征信价值之外，亦考虑了"风俗人心"的政教功用之影响。这种标准主要体现于对杨圃祥《百斛珠》、陶宗仪《名姬传》、朱士凯《搂叙万类》、张小山等《包罗天地》等作品的收录中。比如，《名姬传》（今存大连图书馆所藏《古艳异编》本等）一书②，依次记录了钱塘名妓苏小小、余杭歌者商玲珑、钱塘无名妓、蒨桃

———————

　① 夏庭芝著，孙崇涛等笺注：《青楼集笺注》，中国戏剧出版社1990年版，第44页。

　② 案，有学者以为陶宗仪《名姬传》已亡佚，余兰兰《〈名姬传〉〈唐义士传〉考辨》则认为：今大连图书馆所藏《古艳异编》"妓女部"收有《名姬传》一书，而《古艳异编》与《中国科学院图书馆藏中文古籍善本书目》子部小说家类"异闻"所著录的《艳异编》（五十七卷），二书"妓女部"所录小说篇名、篇数相同，故《古艳异编》"妓女部"所录"《名姬传》"当与"《艳异编》"妓女部"所录《名姬传》相同，为陶宗仪所辑［《湖北大学学报》（哲学社会科学版）2015年第6期］。此说可信。

（寇莱公妾）、朝云（苏轼妾）、杭妓秀兰、杭州无名营妓、杭妓琼芳、杭妓琴操、黄州官妓马娉娉、杭妓周韶、杭妓胡楚、杭妓龙靓、钱塘妓稽氏（陈直方妾）、钱塘营妓周子文、妙奴（陈令举小鬟）、王铁妾、妓陆氏、妓陶师儿、妓汤赛师、钱塘名妓苏小娟、妓朱观奴等二十二位女性的故事；故事篇幅简短，有的并无完整情节，多载文人、官宦与名妓、侍妾之间的雅趣韵事（其中事及苏轼的就有八则）。此等内容与专写"奸邪淫盗之事"及"以渔色为风流"的"小说演义之书"并无二致，显然不符合"礼义廉耻"与"忠信俭让"的规范。又如，有关《百斛珠》《揆叙万类》《包罗天地》等书，郎瑛《七修续稿》诗文类《千文虎序》曾说："金章宗好谜，选蜀人杨圃祥为魁，有《百斛珠》刊行。元至正间，浙省掾朱士凯编集万类，分为十二门。何以为类？引《孟子》曰：'麒麟之于走兽，凤凰之于飞鸟，泰山之于丘垤，河海之于行潦，类也。'摘选天文、地理、人物、花木等门，四般一同者，故为之类也，号曰《揆叙万类》。四明张小山，太原乔吉，古浛钟继先，钱塘王日华、徐景祥荤荤诸公，分类品题，作诗包类，凡若干卷，名曰《包罗天地》。惜乎兵燹之余，板集皆已沦没，无一字可存。予友贺从善者，世居钱塘，幼好读书，医药以自给，亦能隐语。凡有诗谜若干篇，后习者家之；翌日踵门，袖出一集，面书'自知风月'，乃问予曰：'此四字云何？'予解之曰：'自知风月者，即独脚虎儿也。'曰：'何以颜兹名？'予曰：'尝闻先辈云，更作三句以成诗，惜乎独有一句更难于谜，故号曰独脚虎。'从善曰：'请鉴之。'予视之，乃《千字文》也；以七字包四字。予曰：'不亦难乎？''何则？''《千文》缺一句则不可；若鱼鳞之状，中间难包之字多矣；观其用心之处，抽黄对白，谐声假意，辘轳拆白，街谈市语，千奇百怪，应带款曲，灿然靡所不备。'予谓从善曰：'胡不锓梓印行，以补将来之学者，得不泯绝此家之风味也？'从善曰：'恐儒者之所薄！'予曰：'薄此者，腐儒也，东坡之才，博学宏词，无所不览，尚留心于此，何况于后人乎？虽曰得罪于圣门，亦不害于大义；啖蛤蜊自与知味者道，抑亦可以发一时之怀抱尔。'从善曰：'诺！'"① 赵翼《陔余丛考》卷二十二"迷"条亦言："金章宗好谜，蜀人杨圃祥为首，编曰《百斛珠》刊行。元至正间，省掾朱士凯编者曰《揆叙万类》。又四明张小山、太原乔吉、古汴钟继先、钱塘王日华、徐景祥编者曰《包罗天地》。然则此狡狯小技，编集成书者，且不一而足矣。"② 知《百斛珠》《揆叙万类》《包罗天地》等书的内容当系"隐语"或"诗谜"之类（今多已亡佚），系调笑之资；虽"不害于大义"，然终究"得罪于圣门"，不利于风俗人心向善之导向。

据此，《补元史艺文志》所强调的征信不仅包含以"美、刺"等为内涵的政教功用，同时强调"说部"作品所写可信（实事求是）、可资裨补经史。通过征信的思想，钱大昕以史官职责为主导，对《补元史艺文志》子部小说家类所收作品严格依照前文述及的"人心风俗"与实事求是的标准进行，从而使这两种标准得以有机结合在一起。此举使《补元史艺文志》虽参考了焦竑《经籍志》、黄虞稷《千顷堂书目》等书目，却并不人云亦云，而是严格依照其所提出的小说著录标准进行。这种带有政教功用与史官意志双重内涵的小说观念，有别于《四库全书总目》以政教功用为主导的文献著录行为，与基于"正人心""厚风俗"为核心内涵的小说观念。③ 此举有助于从政教功用、史学价值等方面多角度认识目录学著述中的子部小说家类所隐含的小说观念及价值，值得肯定。总之，史学家钱大昕以明体致用为治学原则，指出为学不仅应利于明道经邦，且应具备治国救世的现实意义。在这种情况下，钱大昕强调小说政教功用的同时，对小说的创作者进行士大夫与"市井无赖"的区分。

---

① 郎瑛：《七修续稿》，《七修类稿》下，上海广益书局1936年版，第243—244页。

② 赵翼：《陔余丛考》，河北人民出版社1990年版，第357页。

③ 参见温庆新《试论政教视域下的〈四库全书总目提要〉小说观念》，《图书馆工作与研究》2015年第10期。

这种区分主要是强调士大夫创作的稗官小说与"小说演义"等通俗小说,在引导"风俗人心"上的不同效果。钱大昕认为士大夫应主动以"穿穴经史,实事求是"为标准进行小说创作,担负引导"人心风俗"向善的职责。这使得钱大昕对小说作品的评价标准,是以小说引导"人心风俗"向善成分之多寡为指导,并于《补元史艺文志》中加以实践。此举有助于从政教功用与史学价值等多角度,认识历代书目子部小说家类所隐含的小说观念及其价值。

第二章 《四库全书总目》"小说家类"
提要的纂修

由于《四库全书总目》的纂修历时多年，对"小说家类"作品的收集、整理、校对、誊录及提要撰写亦相应延续着长时段，故而，《四库全书总目》有关"小说家类"的纂修过程颇为复杂，"小说家类"提要的撰写亦几易其稿。因此，对《四库全书总目》"小说家类"的纂修过程与提要撰写修改等方面进行考察，有助于深入且全面认识《四库全书总目》对"小说家类"作品的认知意见。兹以《翁方纲纂四库提要稿》《四库全书荟要总目提要》等"四部提要稿"的"小说家类"提要为中心，将其与《四库全书总目》进行比较，借此探讨《四库全书总目》如何最终确定"小说家类"学术批评的视角、过程及其论断下定。

第一节 《翁方纲纂四库提要稿》到
《四库全书总目》的变化

《翁方纲纂四库提要稿》作为现今保留最为完整的一部"四部提要稿"，是探讨《四库全书总目》提要纂修的重要参考。据研究，翁方纲曾于乾隆三十八年（1773）闰三月入"四库馆阁"，乾隆四十六年（1781）三月二十九日因补国子监司业而离馆。翁方纲在馆中任职时，不仅负责办理采进书籍，亦负责武英殿校书之职。[1] 翁方纲所校之书主要包含："初办之书，即四库馆初次分派给各纂修官首先办理之书，由各纂修官拟写提要并提出初步的处理意见。这是翁氏作为四库馆校办各省送到遗书纂修官的主要工作。二为分校之书，即四库馆拟定的应抄、应刊之书，在发抄、刊印之前需要再校勘一遍。"[2] 因此，现存《翁方纲纂四库提要稿》作为翁方纲校书的原始记录，往往是于"各篇题下，先著录版本印记、序言目录，次为内容摘抄、各家题识、翁氏案语，最后撰为提要"[3]。这有助于进一步比对"四库馆臣"有关采进文献知识信息的认识变化、彼时政统思想对采进文献学术批评展开的影响，探讨"四库馆臣"有关《四库全书总目》纂修标准认知的趋一过程。对此，司马朝军《〈四库全书总目〉编纂考》曾设专节"翁方纲与《四库全书总目》"，细致探讨《翁方纲纂四库提要稿》与《四库全书总目》提要的关系，颇有益于学界。[4] 今拟在学界研究的基础上，以"小说家类"提要为中心，尝试从文献知识信息的设定与管理等角度进一步探讨《四库全书总目》与《翁方纲纂四库提要稿》的关系，深入说明《四库全书总目》提要的纂修转变、知识特征及思想意蕴。

一　书名寓意与知识考辨：采进文献品评的切入视角

检视《翁方纲纂四库提要稿》提要可知，翁方纲十分注意从采进文献的书名及其命名缘由，来分析采进文献的内容与学术价值。如"小说家类"《庭闻州世说》提要言："核其书中所叙，则明崇祯

---

[1]　参见翁方纲著，吴格整理《翁方纲纂四库提要稿》，上海科学技术出版社 2005 年版，前言第 2—3 页。

[2]　张升：《翁方纲纂四库提要稿的构成与写作》，《文献》2009 年第 1 期。

[3]　翁方纲著，吴格整理：《翁方纲纂四库提要稿·前言》，上海科学技术出版社 2005 年版，第 5 页。

[4]　参见司马朝军《〈四库全书总目〉编纂考》，武汉大学出版社 2005 年版，第 191—568 页。

癸未进士。是书则撰于国朝康熙三年甲辰,前有其自序。检《江南选举志》,癸未进士有泰州人宫伟镠,官翰林,盖即此人也。皆记泰州之事,故以'州'名其书。'庭闻'则所闻于庭训者,多言时艺科名之事。目录分六段,似有六卷,而其书却不分卷。或存目。"①所谓"'庭闻'则所闻于庭训者"云云,就是通过分析文献的命名缘由以探讨文献知识信息的观照视角。《四库全书总目》将《庭闻州世说》归入"小说家类存目一",并言:"核其书中所言,及卷首自序,盖前明崇祯癸未进士,而是书则成于国朝康熙甲辰。检《江南通志》,崇祯癸未进士有泰州宫伟镠,官翰林,当即其人矣。所记皆泰州杂事,故曰《州世说》。又皆闻于庭训,故曰庭闻。目录分六段,似有六卷,而刊本则不标卷帙,未详其体例云何也。"②就大体保留了《翁方纲纂四库提要稿》的相关判断。可见,两种提要书目对《庭闻州世说》内容与价值的判断意见,表明"四库馆臣"进行提要撰写时往往会寻求基于文献命名、文本内容、作者生平、版刻系统、时人评价乃至其他"四库馆臣"的意见等一种或多种视角,以便对文献文本内容进行客观评判,最终践行《四库全书总目》"凡例"所提出"考本书之得失,权众说之异同,以及文字增删、篇帙分合,皆详为订辨,巨细不遗"③的考辨方式。这种考辨正是对"立论必探其源,择言必备诸史,是非异同,具存于叙论;渊源授受,分疏于书名"④等目录学传统的承继。意即通过书名窥探文献的旨意与源流,以便对文献的历史地位及其当下意义做出相应的考察与评判。

此类考辨在对待不同采进文献时,乃至在不同的纂修官手中,

① 翁方纲著,吴格整理:《翁方纲纂四库提要稿》,上海科学技术出版社2005年版,第652页。

② 永瑢等:《四库全书总目》,中华书局1965年版,第1225页。

③ 永瑢等:《四库全书总目》,中华书局1965年版,第17页。

④ 汪辟疆:《目录学研究》,商务印书馆1956年版,第4—5页。

往往有所侧重，多有差异。翁方纲进行提要撰写的依据，多数时候是基于文献文本所载内容的考辨而生发的。比如，《大唐传载》在摘录"陆鸿渐嗜茶，撰《茶经》三卷"。"颜太师鲁公刻名于石，或置之高山之上，或沉之大洲之底，而云'安知不有陵谷之变耶'"等四条文献原文后，加"谨按"曰："前有小序，称'八年夏南行岭峤，暇日泷舟，传所闻而载之'，所载皆宪宗以前之事。穆宗以后惟太和、大中、咸通皆有八年，此书之撰，当在其时。应抄存以备唐时说部一种。"① 此条案语的判断就是依据其所抄原典内容，相关判断及意见尚属公允。而《四库全书总目》有关《大唐传载》提要所言："所录唐公卿事迹言论颇详，多为史所采用。间及于诙谐谈谑及朝野琐事，亦往往与他说部相出入。惟称贞元中郑国、韩国二公主加谥为公主追谥之始，而不知高祖女平阳昭公主有谥已在前。又萧颖士逢一老人，谓其似鄱阳王，据《集异记》乃发冢巨盗，而此纪之以为异人。如此之类，与诸书多不合。盖当时流传互异，作者各承所闻而录之，故不免牴牾也。"② 可知《四库全书总目》在强调"为史所采用"的史料价值上，转而关注"各承所闻而录之"所可能导致的知识讹误。可以说，《翁方纲纂四库提要稿》成为《四库全书总目》提要撰写的基础，便于"四库馆臣"能够迅速且准确地定位采进文献的知识内容，进行归类。总体而言，《翁方纲纂四库提要稿》能够对文献的知识信息做出较为公允的评价。正是此类客观考订，《翁方纲纂四库提要稿》能够准确提出"应抄""应刊"或"应存目"的详细处理意见。比如，翁方纲在提要稿"小说家类"中，针对何良俊《世说新语补》所谓"其云'庆历庚辰'，考宋仁宗庆历元年至八年中间并无庚辰，其前一年康定元年乃是庚

---

① 翁方纲著，吴格整理：《翁方纲纂四库提要稿》，上海科学技术出版社 2005 年版，第 640 页。

② 永瑢等：《四库全书总目》，中华书局 1965 年版，第 1185 页。

辰，而庆历改元则是辛巳年十一月事，尤不应于庚辰之岁预知改元
为庆历也"① 等诸多知识讹误，最终做出将《世说新语补》归入
"小说家类"的处理。相关判断亦属于较为客观的评价。

　　据此，对采进文献文本知识信息的研判，是"四库馆臣"进
行采进文献部类归并及是否存留的重要判定依据。比如，翁方纲在
《可斋杂记》提要中认为，此书"自未通籍时至入官后所值时事，
皆可与史相证"②，最终被《四库全书总目》加以引申。《四库全书
总目》就以该书"叙周、钱二太后并尊及钱太后祔庙事，往返曲
折甚悉。盖平生经济在策项忠一事，平生大节则在此一事。证以本
传，一一相合，知非诡词以自炫"③ 等实例来说明该书"可与史相
证"的特征。甚至在被采进文献中，纂修官以为知识讹误过多者，
最终亦被《四库全书总目》所摒弃。如《翁方纲纂四库提要
稿》"小说家类"原本著录了宋人贾似道《悦生随抄》一书，《四库全
书总目》则予以摒弃。翁方纲在提要稿中曾摘录《悦生随抄》九
条文献，并言："王逸少《兰亭叙》，'览'字皆作'揽'，不应如
此，盖其曾祖名览，故如此以避讳耳。如其祖名正，故书帖中
'正'字皆作'政'，亦犹'览'作'揽'。后人从而效之，非
也。"④ 而《四库全书总目》在《鸡肋编》提要中指出："此书经
秋壑点定，取以为《悦生随抄》，而讹谬最多，因为是正如右，然
扫之如尘，尚多有疑误云云。盖犹季裕之完本也。"⑤ 认为《悦生
随抄》"讹谬最多"，即吸纳了纂修官翁方纲的校对意见，从而将此

---

　　① 翁方纲著，吴格整理：《翁方纲纂四库提要稿》，上海科学技术出版社2005年版，第
651—652页。

　　② 翁方纲著，吴格整理：《翁方纲纂四库提要稿》，上海科学技术出版社2005年版，第
647页。

　　③ 永瑢等：《四库全书总目》，中华书局1965年版，第1218页。

　　④ 翁方纲著，吴格整理：《翁方纲纂四库提要稿》，上海科学技术出版社2005年版，第
656页。

　　⑤ 永瑢等：《四库全书总目》，中华书局1965年版，第1199页。

书剔除。

不过，翁方纲从"多言时艺科名之事"的角度将《庭闻州世说》归入"存目"丛书中，此举并非单纯的知识内容评判。乾隆三十七年（1772）正月初四《上谕》曾指出："朕稽古右文，聿资治理，几余典学，日有孜孜。因思策府缥缃，载籍极博。其巨者，羽翼经训，垂范方来，固足备千秋法鉴；即在识小之徒，专门撰述，细及名物象数，兼综条贯，各自成家，亦莫不有所发明，可为游艺养心之一助。是以御极之初，即诏中外搜访遗书；并命儒臣校刊十三经、二十二史，遍布黉宫，嘉惠后学；复开馆纂修《纲目三编》《通鉴辑览》及三通诸书。凡艺林承学之士，所当户诵家弦者，既已荟萃略备。第念读书，固在得其要领，而多识前言往行，以蓄其德，惟搜罗益广，则研讨愈精。"[1] 可见，"稽古右文，聿资治理"即是纂修《四库全书总目》的根本意图。"得其要领，而多识前言往行，以蓄其德"云云，既是上述意图有效展开的基本保障，亦是"四库馆臣"进行采进文献知识信息定位的评判标准。[2] 因此，乾隆皇帝认为《四库全书》的收录应包含"历代流传旧书，有阐明性学治法，关系世道人心者"，且"当首先购觅"。从这个角度讲，刚入四库馆阁不久的翁方纲必然要严格恪守"稽古右文，聿资治理"的编纂指导。所谓"多言时艺科名之事"，就是对《庭闻州世说》所载明人热衷科名之现象的批判，认为此类明人现象不应被推崇，亦不合于乾隆皇帝"以蓄其德"的教化意义。甚至，就《庭闻州世说》一书的内容而言，亦可见及翁方纲所言明人偏好"科名"之概括的准确。如该书"查湛然"条曾言："查道，字湛然。……初，道未第时，夜坐读书，忽窗外光彩非恒，于竹间见麟蹄金。道曰：'天

---

① 中国第一历史档案馆：《纂修四库全书档案》，上海古籍出版社1997年版，第1页。

② 温庆新：《〈四库全书总目〉的书目控制实践研究》，《西南民族大学学报》（人文社会科学版）2019年第6期。

悯我贫而赐我耶？然取之无名。'亟掩之。后从鸾舆祀汾阴上，赐金如竹间所弃者。"① 就对官至秘书丞、知泉州的查道好科名之事予以特别注意。翁方纲此举或是以为此类士人言行，不利于"游艺养心"的达成与"嘉惠后学"的展开。概言之，翁方纲等纂修官在整理、校对采进文献时，开始有意识地靠向清代统治阶级的文教需求与彝常考量。比如，翁方纲认为王晫《今世说》"于国初诸人出处学行，颇多可考镜者，在近今说部中尚为著称"②，即是个中典型。而《四库全书总目》删除"多言时艺科名之事"等语，并非是对乾隆皇帝《上谕》的反驳——《四库全书总目》"凡例"曾指出文献处理的原则，要"蒙皇上（即乾隆）指示"③。故而，此举或是为淡化或弱化"前言往行"之类的当朝政令干预文献知识信息判断的不良影响，以便使世人相信"四库馆臣"对采进文献的判断是"权众说之异同"与"详为考辨"的综合结果，从而形成此类政令对文献品评呈现出隐性影响的态势，最终规范"四库馆臣"进行品评时的标准设置、切入视角及其展开过程。

综观翁方纲在进行学术论争的同时，不乏隐含基于品行、道德角度等非针对知识信息本身的品评现象。比如，面对阎若璩《古文尚书疏证》提出古文《尚书》的伪造问题，乃至阎若璩指出通过曲解经义的"义理"考辨并不能构成判断《尚书》真伪的证据与方法，翁方纲《古文尚书条辨序》因无法提出有利的反驳证据，转而品评阎若璩的人品与撰写《古文尚书疏证》的动机，以此达到否定阎若璩之说的意图。云："一日杭州姚忍斋谓愚曰：'吾见阎氏驳古文，辄为之发指。'噫！此则人人具有天良，何独让姚君为之发指

---

① 宫伟镠：《庭闻州世说》，《四库全书存目丛书》子部第244册，齐鲁书社1995年版，第573—574页。

② 翁方纲著，吴格整理：《翁方纲纂四库提要稿》，上海科学技术出版社2005年版，第653页。

③ 永瑢等：《四库全书总目》，中华书局1965年版，第18页。

哉。吾尝谓说经宜平心易气择言而出之，和平审慎而道之。彼阎氏若璩者多嫉激不平语。今见长乐梁子之条辨，颇亦多出嫉激语以敌之。然则二者皆嫉激也，皆嫉激则岂非皆过欤？曰：此非梁子之过而诚阎之过也。何以言之？《古文尚书》自朱子已疑之，吴才老吴草庐以下诸家，群起而疑之。愚窃尝深思覆思：《古文》诸篇皆圣贤之言，有裨于人、国家，有资于学者。且如《大戴记》之有《汉昭冠辞》《小戴记》之言鲁未尝弑君，不闻有人焉私撰一书驳《戴记》之非经者。况如六府三事九功九叙之政要，危微精一之心。传此而敢妄议之，即其人自外于生成也必矣，自列于小人之尤也审矣。又况其所谓'疏证'者，何疏证之有哉？谩骂而已。"① 所谓"阎氏若璩者多嫉激不平语"，强调阎若璩立说的不客观；所言"敢妄议之""自列于小人之尤也审矣"云云，则是攻击阎若璩的人品，以此凸显阎若璩学术品格的不正与著书立说的私欲目的。这种研究套路虽然有悖于客观公正的学术论争，却使得翁方纲的学术研究能够大体贴合《四库全书总目》的编纂要求，并以此作为品评采进文献的一般通行做法。不过，这种做法多少存在扼杀采进文献知识信息的丰富特性，从而有效限定时人对相关文献进行诠释时的自由发挥。

二 体系化：从注重知识考辨到政教意义先行的文献信息观

那么，上述所言并非针对知识信息本身的考辨而是基于品行、道德角度的品评现象，是翁方纲个人的品评习惯还是《四库全书总目》惯用的品评手段呢？

《翁方纲纂四库提要稿》撰写《双溪杂记》提要时，摘录原书"予所居岩穴在双溪之间。久而成帙。格物君子，未必无所取"等内容后加"谨按"，曰："《双溪杂记》一卷，明王琼著。琼字德华，

① 翁方纲：《古文尚书条辨序》，《复初斋文集》卷1，清光绪三年（1877）刻本，第3—4页。

太原人。成化中进士，授主事，仕至吏部尚书。嘉靖元年下诏狱，谪戍绥德。七年，起兵部尚书兼右都御史，总制陕西，复改吏部，卒谥恭襄。所居之地有双溪，故以'双溪'名其书。所记皆正德以前时事，其书当作于嘉靖时。今之刻说部者，专取其前半之官制数条，非全本也。卷前'王琼'下有'言'字，而书之中缝亦有'献言'二字之目，盖又出后人编次者所增耳。或酌抄以考史事。"① 据此，翁方纲主要从王琼的住所"双溪"起意，延展至关注此书作者对"格物君子"等故有史事与现实实例之取舍态势。承此思绪，翁方纲必然转向关注《双溪杂记》的史料价值与考证情形。而《四库全书总目》指出："是编其杂记见闻之作也。所载朝廷故事，于宏治以前颇有稽核，足与正史相参。即是非取予，亦不甚剌谬。至正、嘉之间，则自任其私，多所污蔑，不可尽据为实录。考《明史·本传》，琼督边之功及荐王守仁以平宸濠，其功固不可没。然平日与江彬、钱宁等相比，而与杨廷和、彭泽等不协，故记中于廷和与泽诋诬尤甚。至于大礼一事，曲徇世宗之意，悉归其过于廷和，尤非定论矣。"② 所谓"其杂记见闻之作"就是转向关注作者王琼引载"朝廷故事"的可信度，甚至重点批判"诋诬尤甚"之类的阁臣相轻导致不利于朝廷统治等现象。由于《四库全书总目》的关注重点已经转向关注作者，就不可避免要对该作者的生平经历与学品、人品进行一番考察，从而以"知人论世"的角度胁迫对相关文献知识信息的教化评判。

另据《四库全书总目》"凡例"所言："文章德行，在孔门既已分科。两擅厥长，代不一二。……至于姚广孝之《逃虚子集》、严嵩之《钤山堂诗》，虽词华之美足以方轨文坛，而广孝则助逆兴兵，嵩

---

① 翁方纲著，吴格整理：《翁方纲纂四库提要稿》，上海科学技术出版社 2005 年版，第647—648 页。

② 永瑢等：《四库全书总目》，中华书局 1965 年版，第 1219 页。

则怙权蠹国，绳以名义，匪止微瑕。凡兹之流，并著见斥之由，附存其目。"① 此处明确提出对姚广孝、严嵩之流因"助逆兴兵"与"怙权蠹国"等不良品性而罢黜其人相关作品。这种因其人而论其书的思路，不仅导致了对采进文献缺乏客观公正的评判态度，亦会导致对相关文献知识信息的错误认知，但此举统合了"四库馆臣"展开文献品评的切入视角与关注重点。据此而言，"四库馆臣"进行采进文献的校勘与整理时，除了梳理文献的源流、粘签"违碍"内容等必要工作外，更主要的是从"文章德行"角度对采进文献的知识信息进行学术品格定性，以便提出"应抄""应刻"及"应存目"的意见。由此可见，作为纂修官的翁方纲进行基于品行、道德角度的非知识考辨，此举不过是践行《四库全书总目》的编纂策略罢了。

尤其是，从前引"凡例"所言可知，《四库全书总目》对采进文献的学术品格定性主要有两条标准：一是对采进文献的作者品性进行定性，以此推及该作者的相关著述；二是核查采进文献的知识信息是否符合清代政统意图，是否具有"嘉惠后学"的正面启示意义。在上述两条标准的推行下，是否符合儒家学术正统的要求，是否备存历代典章制度或羽翼信史的文本内容，以及是否表征文风、时风、士风的道德教化意义，此类审查采进文献知识信息的具体展开方式与考察内容，就均能得到合理安排与有序展开。也就是说，上述两条标准作为《四库全书总目》判定文献知识信息的总则，最终限定了"四库馆臣"对采进文献判定标准进行细化的展开空间。羽翼信史等的意见，就是对判定总则的补充说明。由此可见，《翁方纲纂四库提要稿》关注《庭闻州世说》等"小说家类"作品是否符合清代政统思想的积极意义，《四库全书总目》予以承继，且有意弱化此举的消极影响；以及《四库全书总目》首先关注小说作品《双溪杂记》的作者王琼"自任其私，多所污蔑"的品性，而后从不利于考证的学术视角来批评此书

---

① 永瑢等：《四库全书总目》，中华书局1965年版，第18页。

的内容与价值。凡此种种,皆是上述标准的具体实践。

那么,《翁方纲纂四库提要稿》基于作者品性、作品政教意义而展开评判的倾向,是如何演变至《四库全书总目》形成一种具有明确规范的政教意义先行的文献信息观呢?从翁方纲在《高坡异纂》提要中所加"谨按"言:"所记皆怪异事。高坡者,其所居京邸里名也。前有嘉靖壬辰仲秋自序。或存目。"① 可知,翁方纲主要就《高坡异纂》的内容进行"所记皆怪异事"的客观陈述。《四库全书总目》有关提要却指出:"是编乃志怪之书。前有自序,谓高坡者京邸之寓名。案明张爵《坊巷前胡同集》:'东城有高坡胡同',盖即所居也。钱希言《狯园》称杨仪礼部素不信玄怪之谈,因闻王维贤亲见仙人骑鹤事,始遂倾心,著有《高坡异纂》行于世。然书中所记,往往诞妄。如黄泽为元末通儒,赵汸之所师事,本以经术名家,而仪谓刘基入石壁得天书,从泽讲授,真可谓齐东之语。至谓织女渡河,文曲星私窥其媟狎,织女误牵文曲星衣,上帝丑之,手批牵牛颊,伤眉流血,竟公然敢于侮天矣。小说之诞妄,未有如斯之甚者也。"② 所谓"书中所记,往往诞妄",已非翁方纲所谓"怪异"的知识陈述,而是转向价值评判先行的思路。所言"公然敢于侮天",就是对该书离经叛道等内容的批判。可见,此类价值评判主要针对采进文献是否具备符合彼时政统思想的致用意图而言。

又,翁方纲在《古今文房登庸录》提要中加"谨按"言:"此录则书名先曰'登庸',而卷中所拟诸文,又加'征拜''诏赞'诸名,盖踵事而增矣。"③《四库全书总目》有关提要则言:"昔曹植《鲋表》,加以爵位,为俳谐游戏之祖。嗣后作者日繁,曼衍及于诸

① 翁方纲著,吴格整理:《翁方纲纂四库提要稿》,上海科学技术出版社 2005 年版,第654 页。

② 永瑢等:《四库全书总目》,中华书局 1965 年版,第 1229 页。

③ 翁方纲著,吴格整理:《翁方纲纂四库提要稿》,上海科学技术出版社 2005 年版,第655—656 页。

物。宋林洪有《文房图赞》一卷，元罗先登又为《图赞续》一卷，各系以职官名号。此书因而衍之，所拟诸文，更加征拜诏赞诸名。陈陈相因，皆敝精神于无用之地者也。"① 可知《四库全书总目》主要针对翁方纲所谓"踵事而增"而引申。而翁方纲只是对《古今文房登庸录》与此前同类书籍的关系做出事实考辨；《四库全书总目》则将其归入"俳谐游戏"之作，从而以"敝精神于无用之地"加以批判。如果说《翁方纲纂四库提要稿》有关文献的知识考辨与谱系归并标准尚未具有严格的体系特征的话，那么，《四库全书总目》对文献知识信息的评判就显示出一种宏观层面的体系化运作。也就是说，《四库全书总目》并非局限于对单一文献的评析，而是首先将采进文献进行部类归并，从而以教化意义与部类类别来展开评判。因此，《四库全书总目》的文献批评重点并非单纯局限于文献的知识信息本身，而是归纳某一类文献的知识信息之于政教统治的意义，且从部类的整体定位来展开对具体某一文献的评判。对"小说家类"作品的总体评判，即典型体现着此类思路。比如，翁方纲在《贤识录》中关注该书"所采书既无多，而事亦寥寥数则，姑存其目而已"② 的文献价值。而《四库全书总目》则言"此书皆纪洪武中杂事，所采惟《余冬序录》《野记》《客座新闻》《草木子》诸书。援据既寡，事迹亦仅寥寥数则，不足以当贤识之目"，从而将评判重点放在"不足以当贤识之目"上。这就最终促使《四库全书总目》的提要撰写，形成政教意义先行的文献信息观。这种文献信息观不仅要探讨文献的知识特征与信息内涵，而且往往以政教意义胁迫对文献知识信息的定性与品评，从而以政治权力限定于此定性相左或不相关的品评。③

---

① 永瑢等：《四库全书总目》，中华书局 1965 年版，第 1234 页。

② 翁方纲著，吴格整理：《翁方纲纂四库提要稿》，上海科学技术出版社 2005 年版，第 648 页。

③ 参见温庆新《阅读史视域下纂修〈四库全书〉的历史意义》，《天府新论》2018 年第 3 期。

　　而《四库全书总目》形成政教意义先行的文献信息观，缘由如下：相较《翁方纲纂四库提要稿》而言，《四库全书总目》体现清代政统意图越发明显，清代政统思想对文献知识信息的管控也越发显著。《四库全书总目》"凡例"所言《四库全书》的编纂意图是："俾共知我皇上稽古右文，功媲删述，悬诸日月，昭示方来"，以及校书、论断是以"各昭彰瘅，用著劝惩，其体例悉承圣断"与"并蒙皇上指示"为指导思想。这就决定《四库全书总目》的著录与评价标准，将呈现出越来越规范的代表官方意志与学术思想的表述。比如，"经部总叙"指出"经部"文献的定位是"经禀圣裁，垂型万世"。故而，诸如"明正德、嘉靖以后，其学各抒心得，及其弊也肆"① 等文献，即属被批判或罢黜的对象之列。从这个角度讲，"凡例"指出"《山海经》《十洲记》，旧入地理类；《汉武帝内传》《飞燕外传》，旧入传记类。今以其或涉荒诞、或涉鄙猥，均改隶小说"②，可以看作《四库全书总目》对"小说家类"作品的核心品评，且以"荒诞"或"鄙猥"来定位有关作品。在此思想的指导下，"小说家类"小序进一步指出：

　　　　张衡《西京赋》曰："小说九百，本自虞初。"《汉书·艺文志》载："《虞初周说》九百四十三篇。"注称"武帝时方士"，则小说兴于武帝时矣。故《伊尹说》以下九家，班固多注依托也。然屈原《天问》，杂陈神怪，多莫知所出，意即小说家言。而《汉志》所载《青史子》五十七篇，《贾谊新书·保傅篇》中先引之，则其来已久，特盛于虞初耳。迹其流别，凡有三派：其一叙述杂事，其一记录异闻，其一缀辑琐语也。唐宋而后，作者弥繁，中间诬谩失真、妖妄荧听者固为不少，然寓

---

① 永瑢等：《四库全书总目》，中华书局1965年版，第1页。
② 永瑢等：《四库全书总目》卷首，中华书局1965年版，第16—18页。

劝戒、广见闻、资考证者，亦错出其中。班固称："小说家流，盖出于稗官。"如淳注谓："王者欲知闾巷风俗，故立稗官，使称说之。"然则博采旁搜，是亦古制，固不必以冗杂废矣。今甄录其近雅驯者，以广见闻。惟猥鄙荒诞、徒乱耳目者，则黜不载焉。①

据此，"小说家类"小序认为"小说家类"作品的存在价值本应包含"寓劝戒，广见闻，资考证"三方面，但由于多数"小说家类"作品往往存在"猥鄙荒诞，徒乱耳目"的情形，故而被罢黜者多。这种意见否定了"小说家类"作品之于政教统治的正面意义。而"小说家类"小序承继此前有关"小说家类"作品有助于"知闾巷风俗"的认知，从而关注"小说家类"作品对"真"的书写与言"妄"的危害性。这就进一步对"小说家类"作品的内容进行了书写限定。所言"徒乱耳目"云云，表明《四库全书总目》的品评立脚点主要集中于"人心教化"的"风俗"意义。② 此即是对乾隆皇帝所谓"多识前言往行，以蓄其德"的很好呼应。从上引《四库全书总目》有关"小说家类"作品诸如"诋诬""诞妄""敝精神于无用之地"等意见看，《四库全书总目》对"小说家类"具体作品的评判，必然进一步靠向乾隆皇帝所谓"稽古右文，聿资治理"的思想，并以此作为作品归并的标准。这种做法与"四库馆臣"试图罢黜"哀世哀怨之音，少台阁富贵气象"③ 的《花王阁剩稿》相类，皆是以意图展现清代的繁荣昌盛为宗旨。

要言之，由于《四库全书总目》对践行清代政统思想的方式、

---

① 永瑢等：《四库全书总目》，中华书局1965年版，第1182页。

② 温庆新：《试论政教视域下的〈四库全书总目提要〉小说观念》，《图书馆工作与研究》2015年第10期。

③ 汤蔓媛纂辑：《傅斯年图书馆善本古籍题跋辑录·释文》第1册，"中央研究院"历史语言研究所2008年版，第210页。

内涵及意义等方面进行了明确规范，并以乾隆皇帝所提出的相关意见为准绳，使得《四库全书总目》自"凡例"至部类大、小序的相关表达，皆是围绕"稽古右文，聿资治理"展开。这就进一步促使《四库全书总目》对不同部类文献知识信息的定位越发明确，并以政教思想进行文献知识信息的表现形式、内涵特质及价值意义之规范化表述，从而呈现出体系化品评特征与论述视角的固化倾向。推而观之，《四库全书总目》有关其他部类的评判标准与方式，亦如对"小说家类"的评判一般。当然，此处并非试图一一揭示《四库全书总目》每书提要纂修的前后变化及其过程，而是尝试比较《翁方纲纂四库提要稿》与《四库全书总目》，以便分析《四库全书总目》如何依据一定的思想与标准来统合"四库馆臣"的编纂意见，最终从文献的思想内容与《四库全书总目》的编纂体例，来限定、规范及挖掘采进文献的知识信息。

第二节 《四库全书荟要总目提要》与 《四库全书总目》之比较

现以先于《四库全书总目》编纂而成的《四库全书荟要总目提要》为视角，探讨作为乾隆皇帝"每憩此（摛藻堂）观书，取携最便"的《四库全书荟要总目提要》有关"小说家类"作品的意见，与《四库全书总目》相关提要的异同，进一步探讨《四库全书总目》"小说家类"提要的纂修变化。

一　乾隆"随时浏览"与《四库全书荟要总目提要》的 "经世致理"

《四库全书荟要》始修于乾隆三十八年（1773）夏至乾隆四十三年（1778）修成，历时五年有余，书成后一收储于御花园摛藻堂、一收储于长春园味腴书室。随后，纂成《四库全书荟要总目提要》。

而《四库全书荟要总目提要》对采进文献的版本选择、价值判断及内容提要，多有与《四库全书总目》相同与相异者。甚至纂修《四库全书荟要总目提要》的意图与《四库全书总目》相较而言，亦同中有异。据乾隆三十八年（1773）五月初一《上谕》所言：

> 朕几余懋学，典册时披，念当文治修明之会，而古今载籍未能搜罗大备，其何以神艺林而光策府？爰命四方大吏，加意采访，汇上于朝。又以翰林院署旧藏明代《永乐大典》，其中坠简逸篇，往往而在，并勒开局编校，芟芜取腴，每多世不经见之本。而外省奏进书目，名山秘笈，亦颇裒括无遗。合之大内所储，朝绅所献，计不下万余种。自昔图书之富，于斯为盛。特诏词臣，详为勘核，厘其应刊、应抄、应存者，系以提要，辑成总目，依经史子集部分类众，命为四库全书，简皇子、大臣为总裁以董之。间取各书翻阅，有可发挥者，亲为评咏，题识简端，以次付之剞劂，使远迩流传，嘉惠来学。其应抄各种，则于云集京师士子中，择其能书者，给札分钞，共成缮本，以广兰台石渠之藏。第全书卷帙浩如烟海，将来庋弆宫庭，不啻连楹充栋，检玩为难。惟摛藻堂，向为宫中陈设书籍之所，牙签插架，原按四库编排。朕每憩此观书，取携最便。着于全书中撷其菁华，缮为《荟要》。其篇式一如全书之例，盖彼极其博，此取其精，不相妨而适相助，庶缥缃罗列，得以随时浏览，更足资好古敏求之益。著总裁于敏中、王际华专司其事。书成，即以此旨冠于《荟要》首部，以代弁言。钦此。①

可知，《四库全书荟要》纂修的直接意图是为乾隆皇帝"随时浏览"之用。乾隆皇帝在《题摛藻堂》（戊戌）中亦言："复于应钞之中，

---

① 中国第一历史档案馆：《纂修四库全书档案》，上海古籍出版社1997年版，第108页。

择其尤精者，录为《荟要》，列架弄摛藻堂内，以备临憩阅览。此堂原为御花园贮书之所，己巳秋，即命以经史子集四部分置，并有诗，盖已为之兆矣。"① 所谓"以备临憩阅览"，亦指明《四库全书荟要总目提要》的编纂是直接为乾隆皇帝"阅览"服务的。由于摛藻堂"原为御花园贮书之所"，故而，纂修《四库全书荟要总目提要》是面向包括乾隆皇帝在内的特定读者群。《四库全书荟要联句（有序)》（庚子）曾指出："绎酌史炊经之义，相期理见根源；预吹笙鼓瑟之欢，共勉言无枝叶。戒之在得，余方切瞻仰，而惟凛持盈；择焉必精，尔尚体力行，而益勤数典。"并注曰："皇祖于康熙末年曾命南书房翰林拟宝文以进，众皆拟延龄永庆诸吉祥语。因指示'戒之在得'四字，镌成大小宝，御笔每押用之。今偶一瞻仰，深悟斯言，所该甚大。帝王持盈保泰之意，亦不外是。我子孙所当奕世钦承耳。"② 可见，《四库全书荟要》的编纂是为延续清廷的统治，以便"子孙所当奕世钦承"。而且，《四库全书荟要》纂修完成后，一份储于宫中摛藻堂，一份储于圆明园味腴书室，两处皆是面向皇子与宫中人员的官方藏书之所；故而，《四库全书荟要》的阅读对象主要是乾隆、皇子、各大臣等彼时的上层统治者。在这种情况下，《四库全书荟要总目提要》与《四库全书总目》二者虽皆为"稽古右文，聿资治理"的政统服务，然《四库全书荟要总目提要》以"取其精"而优于《四库全书总目》的"极其博"，多有不同之处（说详下）；甚至，《四库全书荟要总目提要》的言语选择与内容纂修，必然要更加靠近政统思想及为其统治策略服务。

同时，乾隆皇帝亦曾多次入摛藻堂以观《四库全书荟要》丛书，如乾隆四十六年（1781）题诗言："含经堂左厢，《荟要》个中藏。

① 陈垣著，陈智超编：《四库全书纪事诗》，载《陈垣四库学论著》，商务印书馆2012年版，第319页。

② 陈垣著，陈智超编：《四库全书纪事诗》，载《陈垣四库学论著》，商务印书馆2012年版，第321—322页。

四库贯今古，万签贮缥缃。虽云粹精秘，尚自浩汪洋。六部天人备，千秋治乱详。百家纯与驳，诸集否和臧。元以钩而获，腴其味则长。宁输二酉富，只为万几忙。那得闲无事，于斯枕葄偿。"①所谓"那得闲无事，于斯枕葄偿"，就是乾隆皇帝入摛藻堂进行《四库全书荟要》阅读的记载。又，乾隆四十七年（1782）题诗言"《荟要》收四库，味腴沃一心。六经言与行，诸史古和今。子已分粹驳，集犹资斟酌。如云踰尝鼎，厓略在精寻"，言其观《荟要》以"精寻"的阅读体验。另据题《味腴书屋》（癸卯）一诗所言："全书浩渊海，荟要聚魁殊。个里足真味，于焉饫道腴。惟余励宵旰，那解辨精粗。一例束高阁，芸编笑负孤。"②所言"个里足真味，于焉饫道腴"云云，就是乾隆皇帝于味腴书屋阅读《四库全书荟要》时的欢愉心情与丰硕体会。不过，由于史料的匮乏，现今已无法深入还原乾隆皇帝阅读《荟要》的详细过程；但乾隆皇帝以"宵旰"概括其阅读《四库全书荟要》时的勤奋，仍可见及《四库全书荟要》对乾隆皇帝了解历代文治思想与学术源流的重要作用。同时，这也不妨碍我们基于乾隆皇帝的阅读过程以探讨《四库全书荟要》及《四库全书荟要总目提要》的书籍史意义。从上引《御制诗》可知，此类阅读意图主要是"千秋治乱详"，并进一步了解"百家纯与驳，诸集否和臧"的情形。《四库全书荟要总目提要》的纂修不仅对文献的版本选用与文本誊录要求极为严格，乾隆三十八年（1773）十月十八日《多罗质郡王永瑢等奏议添派覆校官及功过处分条例折》就指出："此次恭进缮写《荟要》各种书内，经我皇上几余偶阅，即指出错字二处。臣等承办之总裁及分校、誊录，疏漏之咎，实无可辞。仰蒙圣恩不加谴责，实深戚悚。"③这也是乾隆对《四库全书荟要》

---

① 乾隆：《味腴书室八韵》，载陈垣著，陈智超编《陈垣四库学论著》，商务印书馆2012年版，第338页。

② 陈垣著，陈智超编：《陈垣四库学论著》，商务印书馆2012年版，第319—341页。

③ 中国第一历史档案馆：《纂修四库全书档案》，上海古籍出版社1997年版，第167页。

进行"亲为评咏"的阅读实例。而且，选入的文献必然要以反映历代政教得失为主，且应是便于乾隆皇帝及皇子等人从中快速寻求相关历史经验与教训，最终利于统治政策的制定与推行。对此，乾隆皇帝曾说："全成四库尚需时，要帙粹抄今崴斯。摘藻先陈真是速，味腴继贮亦非迟。有如尝鼎一脔美，只傲储编二酉奇。稽古右文缅祖训，牗民迪世有深资。"① 直接指明《四库全书荟要总目提要》的主要意图是"缅祖训"以"有深资"。正如乾隆四十三年（1778）五月二十六日《上谕》所言"朕博搜载籍，特命诸臣纂辑《四库全书》，弆藏三阁，又择其尤精者为《荟要》，分储大内及御园，用昭美备"，知其编纂目的包含"用昭美备"，以此齐备历代学术思想的衍变主流。

在上述思想的指导下，《四库全书荟要》有关文献的收录标准与《四库全书荟要总目提要》的提要纂修，均十分注重甄别政教意义之于彼时统治的正面启迪者，亦重视凸显清代圣朝气象，乃至美化乾隆皇帝的书籍文献。比如，《四库全书荟要总目提要》经部总目叙云："自《录》《略》以来，首重经训，莫之能易焉。名儒传习，代不乏人，演绎涵泳，日益浩富。矧以我朝列圣修明，综群言而衷一是，使六籍奥旨，炳焕万古，以为经世致理之本，又非徒以诵说解诂而已也。皇上典学懋修，于诸经义训，既皆有所发明，布在海宇，乃者蒐罗群籍，登之四库，复诏荟其精要，插架禁中。凡所编辑，慎之又慎。"② 就是以"矧以我朝列圣修明"的实际政统需要与"综群言而衷一是"的学术源流清理为指导，以符合乾隆皇帝所谓"典学懋修"的思想。因此，此处所言"经世致理"，体现了试图满足乾隆皇帝治国、为文过程中寻求历史教训与理论指导的迫切需求，从而对乾隆皇帝所谓"于焉适枕葄，亦欲励尊行。设曰资摘藻，犹非

---

① 于敏中等：《国朝宫史正续编》，学生书局1965年版，第2367页。
② 江庆柏等整理：《四库全书荟要总目提要》，人民文学出版社2009年版，第101页。

识重轻"①，进行呼应。所谓"励尊行"与"识重轻"，强调对历代圣贤优秀品行举止的一种承继，以便察言观行，随时依历史经验进行当下策令的调整。

二　"圣人所必察"与《四库全书荟要总目提要》"小说家类"作品遴选

现以《四库全书荟要总目提要》"小说家类"提要为中心，并以《四库全书总目》相关提要进行比较，以便进一步分析《四库全书荟要总目提要》"经世致理"的纂修思想及与《四库全书总目》的异同。

《四库全书荟要总目提要》"小说家类"作品遴选凡7部，包括王嘉《拾遗记》、任昉《述异记》、刘义庆《世说新语》、段成式《酉阳杂俎》、王定保《唐摭言》、孙宪光《北梦琐言》、陆游《老学庵笔记》。上述作品主要是明代之前的小说。据乾隆皇帝《四库全书荟要联句（有序）》所言："经史以逮乎子集，折衷于列圣之谟；周秦以及乎元明，大备于本朝之典。"② 可知《四库全书荟要总目提要》采录文献的时限往往集中于明代之前。究其原因，在于认为"元明"时期的典籍亦备见于"本朝"，故多可忽略。而据《老学庵笔记》提要前的"臣谨案"所言："张衡《西京赋》曰：'小说九百，本自虞初。'然初所著《周说》九百四十三篇，惟见于《汉志》，自隋以来皆不著录，则其佚久矣。踵而为之者，代不乏人，卮言丛说，其流寖广，谨编择如右。古者街谈巷议，必有稗官主之，其用意盖与瞽献诗、工诵箴等。虽有丝麻，毋弃菅蒯，其言虽小，可以喻大者，固圣人所必察矣。"③ 此文可以当作《四库全书荟总

---

① 陈垣著，陈智超编：《陈垣四库学论著》，商务印书馆2012年版，第319页。

② 陈垣著，陈智超编：《陈垣四库学论著》，商务印书馆2012年版，第321页。

③ 江庆柏等整理：《四库全书荟要总目提要》，人民文学出版社2009年版，第337—338页。

目提要》"小说家类"小序而观。据序中所言,《四库全书荟要总目提要》"小说家类"纂修之意即"固圣人所必察",明确将"小说家类"的功用等同于"瞽献诗、工诵箴"。另据《国语·周语》所言:"防民之口,甚于防川。川壅而溃,伤人必多,民亦如之。是故为川者决之使导,为民者宣之使言。故天子听政,使公卿至于列士献诗,瞽献典(曲),史献书,师箴,瞍赋,蒙诵,百工谏,庶人传语,近臣尽规,亲戚补察,瞽、史教诲,耆、艾修之,而后王斟酌焉,是以事行而不悖。民之有口也,犹土之有山川也,财用于是乎出;犹其有原隰衍沃也,衣食于是乎生。口之宣言也,善败于是乎兴。行善而备败,所以阜财用、衣食者也。夫民虑之于心而宣之于口,成而行之,胡可壅也? 若壅其口,其与能几何?"① 据此,"瞽献诗、工诵箴"的传统,使得普通百姓可借"百工谏"之介传达民意,以使君王可以见得失与体察民情,最终"斟酌"以促政行。因此,《四库全书荟要总目提要》"小说家类"提要将小说家言与"瞽献诗、工诵箴"相等同,实系意图通过所选小说作品起到类似"瞽献诗、工诵箴"之类的裨益时政的作用,以从"小说家言"中见治国大道,从而对彼时统治者有所启迪。不过,因历代小说源流实繁以至于"厄言丛说",故而,可见及"喻大"者并不多。这就是《四库全书荟要总目提要》"小说家类"仅甄录《拾遗记》等七部作品的根本原因。

而将《四库全书荟要总目提要》"小说家类"小序与《四库全书总目》"小说家类"小序相比,可知:一是《四库全书总目》关注"小说家类"作品在历代的源流演变,从而将"小说家类"作品分为"叙述杂事""记录异闻"及"缀辑琐语"三派;而《四库全书荟要总目提要》"小说家类"小序则以"其流寖广"等语,略微带过。二是《四库全书总目》关注"小说家类"作品"诬谩失真、

① 左丘明撰,韦昭注:《国语》,上海古籍出版社 2015 年版,第 6—7 页。

妖妄荧听"的内容书写，且将"小说家类"作品的功用细分为"寓劝戒、广见闻、资考证"三类，从而以学术评价的方式予以定位①；而《四库全书荟要总目提要》因主要面向彼时宫廷人士，故其在"小说家类"小序中，直接突出"固圣人所必察"的政教意义。虽说《四库全书总目》"小说家类"小序亦强调"猥鄙荒诞、徒乱耳目者，则黜不载"的教化意义，但它不仅面向乾隆皇帝等宫廷人士，而且主要面向"天下"士人，以便"嘉惠学林"。这就决定了《四库全书总目》"小说家类"小序有关小说作品的实际用途与功用强调，并不比《四库全书荟要总目提要》"小说家类"小序来得直接与突出，从而导致二者有关具体作品的提要撰写内容与书写方式多有差异。正如江庆柏所言："《荟要总目》小序则更注重于将小说家著作看作为一种考察社会、了解民情的工具，如果说《总目》小序突出了知识性的话，《荟要总目》小序则突出了其功能性。《总目》的整个表述没有《荟要总目》明白清楚。"② 具体说来，《四库全书荟要总目提要》"小说家类"的作品甄选意图，又可细分为以下两大类。

（一）"属文之用""怡神悦目"与《四库全书荟要总目提要》"小说家类"作品的意义导向之一

《四库全书荟要总目提要》有关《拾遗记》提要指出："绮《序》称：'文起羲、炎以来，事迄西晋之末'。然第九卷记石虎燋龙至石氏破灭，则事在穆帝永和六年之后，入东晋久矣。绮亦约略言之也。嘉书盖仿郭宪《洞冥记》而作，历代词人取材不竭，亦刘勰所谓'事丰奇伟，辞富膏腴，无益经典，而有助文章'者欤？《虞初》九百，汉人具著于录。此本既六朝旧笈，今亦存备采掇焉。"③ 就强调《拾遗记》作为"历代词人取材不竭"的"有助文章"之用。但是，

---

① 永瑢等：《四库全书总目》，中华书局1965年版，第1182页。
② 江庆柏：《〈四库全书荟要〉研究》，凤凰出版社2018年版，第639—640页。
③ 江庆柏等整理：《四库全书荟要总目提要》，人民文学出版社2009年版，第332页。

《四库全书总目》在《四库全书荟要总目提要》的基础上，指出《拾遗记》"其言荒诞，证以史传皆不合。如皇娥宴歌之事，赵高登仙之说，或上诬古圣，或下奖贼臣，尤为乖迕。绮录亦附会其词，无所纠正"①。就从知识讹误与诬妄的角度予以鄙薄。二者直接阅读对象的差异，导致《四库全书总目》对《拾遗记》的价值评判甚于对此书流传接受过程的考察；《四库全书荟要总目提要》则试图指出此书对于乾隆皇帝等人识别历代人文典故的"助文章"之用。如果说《四库全书荟要总目提要》对《拾遗记》"助文章"之用的强调仍不够明显的话，那么，《四库全书荟要总目提要》对《述异记》的强调就更为明显，云："晁公武《读书志》曰：'昉家藏书三万卷，天监中采辑先世之事，纂新述异，皆时所未闻，将以资后来属文之用，亦博物之意。《唐志》以为祖冲之所作，误也。'此书大抵取诸小说而成。……但其中桃都天鸡事，温庭筠《鸣埭歌》用之；燕昭王为郭隗筑台事，白居易《六帖》引之。则其书殆亦可资多识也。"②《四库全书荟要总目提要》引用《郡斋读书志》之语，认为《述异记》可为后人写作的素材来源，亦可据此以广闻见，袭为文章典故、文采之用。而《四库全书总目》对《述异记》的关注重点仍旧转到"此书之剽《文选注》"③之类的知识讹误与作者诚信等学风问题。

据此而言，由于《四库全书总目》形成了一种依彼时政统需要而建构的隐含文献价值区分，进而进行文献秩序与社会秩序建构的评价体系与认识视角④，故而，《四库全书总目》"小说家类"提要的侧重点及其关注内容，必然会靠向相应的政教思想与现实需求，

---

① 永瑢等：《四库全书总目》，中华书局 1965 年版，第 1207 页。
② 江庆柏等整理：《四库全书荟要总目提要》，人民文学出版社 2009 年版，第 333 页。
③ 永瑢等：《四库全书总目》，中华书局 1965 年版，第 1214 页。
④ 温庆新：《文献价值区分与〈四库全书总目〉的学术批评体系》，《图书馆建设》2018 年第 6 期。

从而更加关注"小说家类"作品诸如"诬谩失真、妖妄荧听"等内容书写及其负面意义。虽然《四库全书荟要总目提要》在《唐摭言》提要中亦指出此书"殊失其真"①的缺陷，但其更关注此书之于阅读者的借鉴意义，甚至"谈助"之用。比如，《四库全书荟要总目提要》认为《世说新语》所记"上起后汉，下迄东晋，皆轶事琐语，足为谈助"②。可以说，《四库全书荟要总目提要》对"属文之用"的强调，其实是为乾隆皇帝等人"临憩阅览"的消遣行为服务的，希冀借此"临憩阅览"培养皇子等其他人士"好古敏求"的阅读习惯与品行养成。对此，《四库全书荟要总目提要》"杂艺"小序曾说："前史志艺术者条目猥繁，至于博弈杂戏，罔不备载，抑亦鲜所别择矣。孔子言'为之犹贤乎已'，正为'无所用心'者极加针砭，岂徒使游戏之辈得所藉口哉？惟夫涉略文艺，可以怡神悦目，涤除俗虑，为益良厚，故曰艺也而进乎道。"③可见，并不是所有"博弈杂戏"之类的作品皆可被著录于《荟要》中。所谓消遣娱乐的作品，主要是那些"可以怡神悦目，涤除俗虑，为益良厚"的作品。因此，《四库全书荟要总目提要》对消遣娱乐的强调，是在相关作品具有"涤除俗虑，为益良厚"的基础上而延展的，以便实现"怡神"与"正心"并重的效用。据此看来，基于此类编纂策略下的书籍遴选与归并，才能满足乾隆皇帝所谓"以备临憩阅览"的需求，从而获得"腴其味则长"的愉悦感，以便保证在整个阅读过程中形成"个里足真味"的精神享受与思想陶冶。

（二）人心、风俗、言行教化与《四库全书荟要总目提要》"小说家类"作品的意义导向之二

在《四库全书荟要总目提要》"小说家类"提要中，显著体现

---

① 江庆柏等整理：《四库全书荟要总目提要》，人民文学出版社 2009 年版，第 336 页。
② 江庆柏等整理：《四库全书荟要总目提要》，人民文学出版社 2009 年版，第 334 页。
③ 江庆柏等整理：《四库全书荟要总目提要》，人民文学出版社 2009 年版，第 342 页。

"固圣人所必察"之纂修意图者，当属对"小说家类"作品之于人心、时风及其教化意义的关注。因此，人心、风俗及言行教化，成为《四库全书荟要总目提要》"小说家类"作品意义的另一重要导向。比如，《四库全书荟要总目提要》有关《唐摭言》提要言："是书述有唐一代贡举之制特详，多史志所未及。其一切杂事亦足以觇名场之风气，验士习之淳浇。法戒兼陈，可为永鉴，不止小说杂家，但记异闻已也。据定保自述，盖闻之陆扆、吴融、李渥、颜荛、王溥、王涣、卢延让、杨赞图、崔籍若等所谈云。"①《四库全书总目》相关提要大体同于《四库全书荟要总目提要》，唯将《四库全书荟要总目提要》所言"不止小说杂家，但记异闻已"一句，改作"不似他家杂录，但记异闻已也"②。在《四库全书荟要总目提要》中，《唐摭言》虽入录于"小说家类"，但其考订价值是"多史志所未及"，从而具有高于史志诸多作品的史料价值之处；甚至存在类于"小说家类"其他作品却又不尽相同的特点，故而称其为"不止小说杂家"。而《四库全书总目》改为"他家杂录"，显然是从"记异闻"的角度进一步贬低此书的史料价值，最终归入"小说家类"以明确定性。《四库全书荟要总目提要》之所以将其归入"小说家类"，恐系因为此书"记异闻"的内容；但此类"异闻"是可以"觇名场之风气，验士习之淳浇"，故具有"法戒兼陈，可为永鉴"的劝诫意义。这就具备满足乾隆皇帝所谓"临憩阅览"时"味腴沃一心"的消遣娱乐与"识重轻"的教化启迪等双重需求。而《四库全书总目》最终意图是面向"天下"以便"嘉惠学林"，从而实现"世道"与"牖民"的政教意图，故必须剔除或弱化相关作品中的消遣成分，以至于将《四库全书荟要总目提要》定位的"小说杂家"改为"小说家类"中的"他家杂录"，以作部类区分与价值设

---

① 江庆柏等整理：《四库全书荟要总目提要》，人民文学出版社 2009 年版，第 336 页。
② 永瑢等：《四库全书总目》，中华书局 1965 年版，第 1186 页。

级。同时，由于《四库全书荟要总目提要》将"小说家类"作品定位为"天子听政"、观察民风的重要窗口，故而，对历代"风气"与"士习"的识别，将有助于清代统治者对清代类似"风气"与"士习"的察觉与预估。这就是"励尊行"与"识重轻"等思想对《四库全书荟要总目提要》编纂思路与作品甄选的典型影响。

又如，《四库全书荟要总目提要》有关《北梦琐言》提要指出："（此书）所载皆唐及五代时士大夫逸事。每条多载某人所说，以示征信。虽诠次微伤丛碎，实可资史家考证之助。宋李昉等编《太平广记》采掇尤多。"①《四库全书总目》相关提要则改为："所载皆唐及五代士大夫逸事，每条多载某人所说，以示有征，盖用《杜阳杂编》之例。其记载颇猥杂，叙次亦颇冗沓，而遗文琐语，往往可资考证。故宋李昉等编《太平广记》，多采其文。晁公武《读书志》载光宪《续通历》十卷，辑唐及五代事以续马总之书，参以黄巢、李茂贞、刘守光、按巴坚，吴、唐、闽、广、吴越、两蜀事迹。太祖以所记多不实，诏毁其书。而此书未尝议及，则语不甚诬可知矣。"②据此，《四库全书荟要总目提要》关注《北梦琐言》有关"唐及五代时士大夫逸事"的记载，而《四库全书总目》则关注相关记载的"猥杂"内容与"冗沓"叙述。二者侧重点的不同，正好说明从《四库全书荟要总目提要》之"励尊行"与"识重轻"的纂修思想演变至《四库全书总目》之"稽古右文，聿资治理"的编纂指导，对相关书目进行采进文献的意义归纳及批评话语选择、价值定位、关注内容，皆产生了深远影响。

甚至，相较《四库全书荟要总目提要》更多关注"小说家类"作品之于风俗人心的积极意义而言，《四库全书总目》更多强调"小说家类"作品之于风俗人心的负面影响。如《四库全书荟要总

---

① 江庆柏等整理：《四库全书荟要总目提要》，人民文学出版社 2009 年版，第 337 页。
② 永瑢等：《四库全书总目》，中华书局 1965 年版，第 1188 页。

目提要》有关《酉阳杂俎》提要言:"史称其(段成式)博学强记,多奇篇秘籍。是书足以征之。然语多浮诞,如谓马燧既立勋业,常有陶侃之意,殊为诬妄。至其《诺皋记》载诸鬼神荒怪之事,益无足论矣。……其篇名如《天咫》《玉格》《贝编》之类,名皆奇僻,而《诺皋记》尤为难解。吴曾《能改斋漫录》以为诺皋,太阴神名,出葛洪《抱朴子》,然其为成式本意与否,亦无可考矣。"①《四库全书荟要总目提要》虽然指出《酉阳杂俎》"语多浮诞"的缺陷,但不否认其"足以征之"的文献价值;而所谓"诸鬼神荒怪之事",仅系批判此书的"无足论"。《四库全书总目》有关提要则改为:"其书多诡怪不经之谈、荒渺无稽之物,而遗文秘籍,亦往往错出其中。故论者虽病其浮夸,而不能不相征引。自唐以来,推为小说之翘楚,莫或废也。其曰《酉阳杂俎》者,盖取梁元帝赋'访酉阳之逸典'语。二酉,藏书之义也。其子目有曰'诺皋记'者,吴曾《能改斋漫录》以为诺皋太阴神名,语本《抱朴子》,未知确否。至其《贝编》《玉格》《天咫》《壶史》诸名,则在可解不可解之间,盖莫得而深考矣。"②就将《酉阳杂俎》定位为"多诡怪不经之谈、荒渺无稽之物"之流,从教化意义否定此书的存在价值乃至史料价值。这种评判紧紧围绕"诬谩失真、妖妄荧听"而展开,最终必然否认含有此等内容之文献的存在价值与流传意义。

要言之,《四库全书总目》"凡例"及"小说家类"小序对"小说家类"作品的内涵、特征及意义进行了诸如"叙述杂事""记录异闻""缀辑琐语""猥鄙荒诞,徒乱耳目"等关键词式的体系建构与内涵限定③,使得《四库全书总目》不单单关注"小说家类"作品的知识信息,而且关注相关知识信息之于"聿资治理"的重要意

---

① 江庆柏等整理:《四库全书荟要总目提要》,人民文学出版社 2009 年版,第 335 页。
② 永瑢等:《四库全书总目》,中华书局 1965 年版,第 1214—1215 页。
③ 温庆新:《〈四库全书总目〉的书目控制实践研究》,《西南民族大学学报》(人文社会科学版) 2019 年第 5 期。

义。而纂修《四库全书荟要总目提要》时，并未如《四库全书总目》如此系统强化，更多时候是强调、遴选某一或某类或可资"谈助"，或见"士习"，或见"遗事"，或资考证的作品；对上述作品的评判，亦集中于资考证或见得失的方面。比如，《四库全书荟要总目提要》认为《老学庵笔记》所记多"轶闻旧典，往往足备考证"，亦多"记载不诬，有稗史传多矣"①，而不以"猥鄙荒诞"之类话语进行品评。正如《四库全书荟要联句》（庚子）所言"周官卜筮备蘉荆，功罩仁寿言皆择。术厕形名道所轻，辨囿丛谈搴似稗"一诗的"注解"所言："小说起于汉代，存之亦足以广见闻。今录《拾遗记》《述异记》《世说新语》《酉阳杂俎》《唐摭言》《北梦琐言》诸书"②，知"广见闻"的功用是《荟要书目》挑选"小说家类"作品的首要标准。由此，《四库全书荟要总目提要》所选七部小说作品，主要从资"谈助"、裨考证、见"时风"与"士习"、补阙闻等方面展开选录与品评，从而兼顾相关作品的消遣意味与教化意图。而不论是消遣娱乐还是政教意义，一反一正，皆属于"圣人所必察"的考虑范围。但消遣意味不在"聿资治理"的主要考量范围，亦不利于普通大众及士夫阶层收归人心以利于统治等思想的养成，故而，《四库全书总目》有关提要予以弱化、鄙薄，甚至批判相关作品消遣成分的不良影响。上述所言，大概是造成《四库全书荟要总目提要》与《四库全书总目》相关提要同中有异的根本原因。而此类异同之见，不单单局限于"小说家类"作品，亦见于二者有关其他部类及作品的品评中。相关例子极多，不再一一列举。

---

① 江庆柏等整理：《四库全书荟要总目提要》，人民文学出版社 2009 年版，第 338 页。
② 陈垣著，陈智超编：《陈垣四库学论著》，商务印书馆 2012 年版，第 330 页。

第三章 政教视域与《四库全书总目》 小说观念的还原

学界近些年来逐渐重视对《四库全书总目》文学批评理论及思想的研究，取得了丰硕成果。对《四库全书总目》子部"小说家类"的一系列探讨就属个中典型。这些研究有助于深入了解《四库全书总目》小说观念及小说批评理论，亦有助于更好地推进中国古代小说史的撰写。然而，由于古今小说观念的差异与研究思路、方法的不得当，学界对《四库全书总目》子部"小说家类"所涉小说观念及小说文类批评思想的探讨，仍未臻一致，故有继续深入的必要。

第一节 政教与《四库全书总目》小说观念的核心表达

从清代正统思想与政教意图切入，有助于客观还原《四库全书总目》有关小说观念的内涵表达，细致探讨《四库全书总目》如何通过"小说家类"学术批评，展开文化机制与话语体系的建构，以历史的眼光去观察，借此客观还原清代政教视域下的小说批评思路与意见生成。

一 "以今度古"的概念式推导与"以古还古"的客观式 描述

所谓小说观念是指对于小说的普遍本质或基本属性的理性认识，

应回答"小说是什么""小说做什么"乃至"小说怎么做"等问题，涵盖小说本体论、小说功用论及小说创作论。据此，探讨《四库全书总目》的小说观念，就必须回答《四库全书总目》子部"小说家类"中的"小说"指的是什么（即回答哪些作品可归入及其基本属性等）、主要做什么（即回答有什么主要功用及其社会启迪意义）等内容。检视学界对《四库全书总目》小说观念的探讨，虽有多种研究思路与方法，但归而言之，主要有"以今度古"的概念式推导与"以古还古"的客观式描述两种。前者以今人的小说观念为基点，寻求《四库全书总目》中符合今人小说观念各种要素的证据；所谓今人小说观念主要受西方小说观念的影响，以为小说应具有一定长度的、虚构的、故事的等要素。后者主要通过尽可能全面地收集《四库全书总目》有关"小说"的符号化表达及彼时社会有关"小说"所进行的各项活动等方式，采用文献学与文艺学相结合等研究方法，对《四库全书总目》所揭示的小说观念进行客观描述，"以古还古"。

两者相较而言，"以今度古"的概念式推导研究方法，似更受学界青睐。如季野《开明的迂腐与困惑的固执——〈四库全书总目提要〉小说观的现代观照》一文，认为《四库全书总目》划分史书与小说的标准是"真实的程度与事件的大小"，否定"对小说艺术描写方式"，同时其对《四库全书总目》有关小说功能作用、社会影响等方面亦有详论，故其认为"不能简单地指责《四库全书总目提要》观念迂腐、保守，要将其与中国古代小说创作的实际情况结合起来进行分析"。显然，季文是以今人的小说观念作为探讨基点，虽已注意到"以今度古"的某些局限①，但仍旧无法摆脱概念式推导模式的禁锢。凌硕为《论〈四库全书总目提要〉的小说观》则认

① 季野：《开明的迂腐与困惑的固执——〈四库全书总目提要〉小说观的现代观照》，《小说评论》1997 年第 4 期。

为："古代的小说本身就包含议论的成分，《提要》将过去小说家类中议论成分比较多的书转到杂家类，使小说担负起更为纯粹的叙事功能。它又将一些过去杂史类中的书转到小说家类，明确了小说的补史功能。它提出小说既要作史书的参证，又要保持其独立的属性，不能用史书的标准来要求它。"① 这种从目录学视域讨论《四库全书总目》小说观念的研究思路，值得肯定；但其标明"小说观"，并未深入探讨《四库全书总目》对小说本体论、小说功用论等言说情形及其因由，似为缺憾。再如，韩春平《〈四库全书总目〉的小说观及其原因探析》一文的基本研究思路同凌文，指出《四库全书总目》将不合史学体例的书目划入子部"小说家类"，"客观上承认了小说不同于史学的特性，肯定了其文体的独立性"；并在分析《四库全书总目》"寓劝诫"等特点的基础上，认为《四库全书总目》一定程度上对小说文体的虚构性、独立性等特征的肯定。② 韩文立脚点亦是西方式的小说观念，存在"以今度古"之嫌。故而，韩文虽涉及《四库全书总目》所言小说家创作应客观公允的探讨，然其探讨方法及其结论的客观性是可商榷的。虽然学界的探讨结论同中有异，有其合理之一面；但此类讨论主要通过《四库全书总目》的例证来说明今人的小说观念，是从概念到概念的推导，而非还原《四库全书总目》产生的历史语境及其存在因由，不以实证主义史学所强调的"如实地说明历史"为目的，亦不以"以古还古"为基点，难免隔靴搔痒。

不过，从目录学视域演变的视角探讨《四库全书总目》小说观念的论述，仍有可取之处。采用归纳方法探讨《四库全书总目》小说观念时，若能与揭示《四库全书总目》的文化内涵、话语体系等

① 凌硕为：《论〈四库全书总目提要〉的小说观》，《江淮论坛》2004 年第 4 期。

② 参见韩春平《〈四库全书总目〉的小说观及其原因探析》，《贵州文史论丛》2007 年第 1 期。

相结合，将有助于深入探讨古今小说观念的异同之处。于此用力甚勤者当属王齐洲，所撰《论欧阳修的小说观念》①《在子史之间寻找位置——史志著录所反映的中国传统小说观念》②《学术之小说与文体之小说——中国传统小说观念的两种视角》③ 等文，已注意从传统目录学的演变情形出发，分析比对历代史志目录对"小说"的本体论、功用论表达，尝试说明《四库全书总目》小说观念的内涵及其缘由，所论颇为中肯（说详下）；然对《四库全书总目》历史语境的分析，似稍嫌不够。因此，本节将在王文研究的基础上，作进一步探讨。

众所周知，文学观念属于意识形态，它首先存在于古人的脑中，其次才能被记录，然后得以流传。依据符号学的观点：人是符号化的动物，"符号化的思维和符号化的行为是人类生活中最富于代表性的特征，并且人类文化的全部发展都依赖于这些条件"④。据此，探讨古人小说观念只能借助古人所存留的活动符号与观念符号加以进行。也就是说，这种探讨既包括见诸文字的文学主体的观念表达，又包括文学主体所进行的与"小说"相关的活动。文学主体的不同反映着认识的差异（包括文学创作主体与文学接受主体，从而构成文学主体的两极），代表不同阶层或文化模式对文学观念的不同认知。这种认知发生在一定的时间与空间中，反映在一定历史时期内主体对客体的认识。从这个角度讲，古代小说观念本质上是历史的而不是当下的，对古代小说观念的探讨应具有一定的历史维度。应以历史的眼光去观察、历史的观念去理解、历史的方法去研究及历史的态度去评价。从古至今，人们对小说观念的认识一直在变化，

---

① 参见王齐洲《论欧阳修的小说观念》，《齐鲁学刊》1998 年第 2 期。

② 王齐洲：《在子史之间寻找位置——史志著录所反映的中国传统小说观念》，《国学研究》第 10 卷，北京大学出版社 2002 年版。

③ 王齐洲：《学术之小说与文体之小说——中国传统小说观念的两种视角》，《上海大学学报》（社会科学版）2013 年第 3 期。

④ ［德］恩斯特·卡西尔：《人论》，上海译文出版社 1985 年版，第 35 页。

唯有"以古还古",采用史料、实证等历史学研究方法,在弄清古代小说观念所显现出来的主要现象的基础上,进一步探讨这些小说现象与当时政治、经济、文化等背景之间的关系,建立具体的历史语境,尊重古人并以"理解之同情",实现"如实地说明历史"等目的,从而正确地评价《四库全书总目》的小说观念。

二　政教作用与《四库全书总目》小说观念的核心内涵

《四库全书总目》子部"小说家类"小序云:

> 张衡《西京赋》曰:"小说九百,本自虞初。"《汉书·艺文志》载:"《虞初周说》九百四十三篇。"注称"武帝时方士",则小说兴于武帝时矣。故《伊尹说》以下九家,班固多注依托也。然屈原《天问》,杂陈神怪,多莫知所出,意即小说家言。而《汉志》所载《青史子》五十七篇,《贾谊新书·保傅篇》中先引之,则其来已久,特盛于虞初耳。迹其流别,凡有三派:其一叙述杂事,其一记录异闻,其一缀辑琐语也。唐宋而后,作者弥繁,中间诬谩失真、妖妄荧听者固为不少,然寓劝戒、广见闻、资考证者,亦错出其中。班固称:"小说家流,盖出于稗官。"如淳注谓:"王者欲知闾巷风俗,故立稗官,使称说之。"然则博采旁搜,是亦古制,固不必以冗杂废矣。今甄录其近雅驯者,以广见闻。惟猥鄙荒诞、徒乱耳目者,则黜不载焉。①

以诸子、方士来梳理小说源头,此举是承继《汉书·艺文志》的观点,从而认为"小说家流,盖出于稗官"等属于"古制"而不能"以冗杂废"。这种对小说性质的基本看法亦不出《汉书·艺文志》左右。

《汉书·艺文志》诸子略大序云:"诸子十家,其可观者九家而

_____

① 永瑢等:《四库全书总目》,中华书局 1965 年版,第 1182 页。

已。皆起于王道既微，诸侯力政，时君世主，好恶殊方，是以九家之术，蜂出并作，各引一端，崇其所善，以此驰说，取合诸侯。其言虽殊，辟犹水火，相灭亦相生也。仁之与义，敬之与和，相反而皆相成也。《易》曰：'天下同归而殊途，一致而百虑。'今异家者各推所长，穷知究虑，以明其指，虽有蔽短，合其要归，亦《六经》之支与流裔。使其人遭明王圣主，得其所折中，皆股肱之材已。仲尼有言：'礼失而求诸野。'方今去圣久远，道术缺废，无所更索，彼九家者，不犹瘉于野乎？若能修六艺之术，而观此九家之言，舍短取长，则可以通万方之略矣。"① 可知《汉书·艺文志》著录诸子是从"时君世主"的统治需要出发的，从政教的角度来评论各家学说及其学术价值的，即肯定那些能够满足"时君世主"统治服务的各种思想学说和政教主张。《汉书·艺文志》对诸子略中任何一家的序说，都是对其学术价值的判断，而非对其文体价值的判断。这些学说，对学者而言是学术，对君主而言则是"南面之术"，或说是政教之术。② 可见，《汉书·艺文志》诸子略著录"小说家"及关于"小说家"序说的最重要立足点是为政教服务，即是说《汉书·艺文志》著录的小说家的小说亦以从政干禄为目的。无论是黄老道家或武帝时方士，其所编纂的小说大多为"持此秘术，储以自随；待上所求问，皆常具也"。如虞初是方士，《虞初周说》是虞初为备皇上顾问而准备的"秘书"。③ 唯因"稗官"在当时并非指某一实际官职，而是指卿士之属官或指县乡一级官员之属官，对政教作用有限，往往被当作小家珍说而剔除于"可观者"之列。④ 应该说，《汉书·

---

① 班固：《汉书》，中华书局 1997 年版，第 1746 页。
② 参见王齐洲、屈红梅《汉人小说观念探赜》，《南京大学学报》（哲学·人文科学·社会科学）2011 年第 4 期。
③ 参见王齐洲《〈汉书·艺文志〉著录之〈虞初周说〉探佚》，《南开学报》（哲学社会科学版）2005 年第 3 期。
④ 参见王齐洲、伍光辉《"稗官"新诠》，《南京大学学报》（哲学·人文科学·社会科学）2013 年第 3 期。

艺文志》对小说家的学术定位与其著录的小说家作品有直接关系，对小说家的定义正是根据其所著录作者和作品的实际加以归纳总结而得出的。因此，《汉书·艺文志》不是因为先有小说家称谓才称其作品为小说，而是先有了小说称谓才称其作者为小说家。

《汉书·艺文志》对小说基本属性的定位，多被《四库全书总目》承继。《四库全书总目》子部总序云："自'六经'以外立说者，皆子书也。其初亦相淆，自《七略》区而列之，名品乃定。其初亦相轧，自董仲舒别而白之，醇驳乃分。"[1] 尔后论及儒家、兵家等十四类的标准，如言："儒家尚矣。有文事者有武备，故次之以兵家。兵，刑类也，唐虞无皋陶，则寇贼奸宄无所禁，必不能风动时雍，故次以法家。民，国之本也；谷，民之天也，故次以农家。本草、经方，技术之事也，而生死系焉；神农、黄帝，以圣人为天子，尚亲治之，故次以医家。重民事者先授时，授时本测候，测候本积数，故次以天文算法。以上六家，皆治世者所有事也。"[2] 即是说，《四库全书总目》所分儒家、兵家、法家、农家、医家、天文算法、术数、艺术、谱录、杂家、类书、小说家、释家、道家等十四类，是从经世致用的角度出发、以政教作用由大到小进行划分的，并以之为政教之术。其所言"稗官所述，其事末矣，用广见闻，愈于博弈，故次以小说家"，系基于经世致用之"事"大小而言。又，子部"小说家类"小序援引如淳"王者欲知闾巷风俗"等语，此类表达亦基于政教作用而言。正如张舜徽《四库全书总目叙讲疏》所言"子部之有小说，犹史部之有史钞也"，又说："小说一家，固书林之总汇，史部之支流，博览者之渊泉，而未可以里巷琐谈视之矣。"[3] 故《四库全书总目》子部"小说家类"作品的首要存在形态是以政

---

[1]　永瑢等：《四库全书总目》，中华书局1965年版，第769页。
[2]　永瑢等：《四库全书总目》，中华书局1965年版，第769页。
[3]　张舜徽：《四库提要叙讲疏》，学生书局2002年版，第175—176页。

教为核心内涵的学术。这与《汉书·艺文志》所言，并无二致。

那么，《四库全书总目》子部"小说家类"作品及"小说家类存目"作品是如何进行政教作用的表述？据"今甄录其近雅驯者"等语，则《汉书·艺文志》归纳总结小说属性的方式，亦被《四库全书总目》承继，则"四库馆臣"即是通过挑选小说作品等举动进行有关小说观念的表达。换句话说，《四库全书总目》对小说观念本质的表达是彼时政治环境、文化体制、知识体系等历史语境主导下重新对小说作品进行归纳得出的：其首先肯定小说作品的存在现象，然后进行小说本质的表达。从上引子部"小说家类"小序所言"惟猥鄙荒诞、徒乱耳目者，则黜不载焉"等语，知《四库全书总目》挑选小说作品是以教化意图为主导进行的。又，子部"小说家类二"案语云："纪录杂事之书，小说与杂史最易相淆，诸家著录亦往往牵混。今以述朝政军国者入杂史，其参以里巷闲谈、词章细故者，则均隶此门。"① 可见，《四库全书总目》认为小说所发挥的政教作用当是朝政军国之外的"里巷闲谈"与"词章细故"之流的导向作用，且偏向于教化人心、观察风俗之一面。乾隆四十六年（1781）十一月初六内阁奉上谕所言"朕辑《四库全书》，当采诗文之有关世道人心者"，可证。也就是说，《四库全书总目》认为子部"小说家类"作品的核心内涵是民间有关国家政事的各种批评意见，执行的是政教意图。这在具体作品的提要中多有体现，如《教坊记》提要言："令钦此书，本以示诫，非以示劝。"又如《夷坚支志》提要言："其中诗词之类，往往可资采录；而遗闻琐事，亦多足为劝戒，非尽无益于人心者。小说一家，历来著录，亦何必拘于方隅，独为（洪）迈书责欤？"② 又如《青泥莲花记》提要言："自谓'寓维风于谐末，奏大雅于曲终'，然狭斜之游，人情易溺，惩戒尚不可挽回。

---

① 永瑢等：《四库全书总目》，中华书局 1965 年版，第 1204 页。
② 永瑢等：《四库全书总目》，中华书局 1965 年版，第 1213 页。

鼎祚乃捃摭琐闻，谓冶荡之中，亦有节行，使倚门者得以藉口，狎邪者弥为倾心，虽意主善善从长，实则劝百而讽一矣。"① 等等。《四库全书总目》突出此类小说作品的劝诫或示诫作用，此举正是强调人心与风俗导向的积极意义。《夷坚支志》等被著录，而《青泥莲花记》仅以存目示之，原因即于此。因此，诲淫诲盗的作品往往被否定，如"小说家类存目"所载《云斋广录》《后集》提要言："其书大致与刘斧《青琐高议》相类。然斧书虽俗，犹时有劝戒，此则纯乎诲淫而已。"② 据此，《四库全书总目》认为小说可以写"俗"或示"俗"，但不可无益人心，小说应承担起教化民众的政治作用。故而，政教作用的大小是《四库全书总目》对子部"小说家类"作品进行学术价值评判的主要标准。在《四库全书》中，子部"小说家类"作品与"小说家类存目"作品的区别在于二者政教作用的不同。也就是说，是否含有政教成分，是《四库全书总目》对子部"小说家类"作品进行本质界定的最基本要素。

从这个角度讲，《四库全书总目》子部"小说家类"小序所提出的小说流派，即叙述杂事、记录异闻与缀辑琐语三派，除了指出子部"小说家类"作品不同流派叙述方式的差异外，同时也是对这三种小说流派的学术价值与书写内容的精练概括。在"四库馆臣"看来，叙述杂事为主的小说其价值是可与杂史等同的，唯侧重点不同而已，"寓劝戒"成为此类小说的主要价值所在。而记录异闻为主的小说主要价值在于"广见闻"，缀辑琐语为主的小说主要价值在于"资考证"。这就是《四库全书总目》从政教作用出发对小说的书写内容与学术价值所做的概括。值得注意的是，《四库全书总目》所言小说三流派，其所承担的教化作用并非单一的。如记录异闻为主的小说并非仅仅包含"广见闻"，亦有"寓劝戒""资考证"等方面的

---

① 永瑢等：《四库全书总目》，中华书局 1965 年版，第 1235 页。
② 永瑢等：《四库全书总目》，中华书局 1965 年版，第 1228 页。

作用。例如《独醒杂志》提要言："书中多纪两宋轶闻，可补史传之阙，间及杂事，亦足广见闻。"① 又如，《山海经广注》提要言："卷首冠《杂述》一篇，亦涉冗蔓。然掎摭宏富，多足为考证之资。"又说："至应劭《汉书注》以下十四条，则或古本有异，亦颇足以广见闻也。"② 因此，《四库全书总目》小说观念的核心内涵可归结为以政教为核心价值的小说，其强调小说的书写内容主要包含叙述杂事、记录异闻与缀辑琐语三类。至于对这三种书写内容如何进行区分，《四库全书总目》进一步提出了真与实、有征与无征等标准。如，《东南纪闻》提要言："大旨记述近实，持论近正，在说部之中，犹为善本。"又如《穆天子传》提要文末案语云："《穆天子传》旧皆入起居注类。徒以编年纪月，叙述西游之事，体近乎起居注耳。实则恍惚无征，又非《逸周书》之比。以为古书而存之可也，以为信史而录之，则史体杂，史例破矣。今退置于小说家，义求其当，无庸以变古为嫌也。"③ 等等。然《四库全书总目》所言征实的出发点为"四库馆臣"所处的清代，其时去古已远而难免以"今"（清）度古。此举所造成的影响，正如王齐洲所言："用'真''信'和'有征''无征'的标准来区分宋以后的历史著作和小说作品，也许还算合理；而用它来衡量唐前特别是先秦著述，就有点圆凿方枘了。因为先秦作者的思维方式和'真''信'概念与后人相距太远，语言文化背景又极不相同，把古人奉若神明而今人暂时还不理解的东西指为虚妄，将神话传说一律斥为荒诞，也不是最佳解决方案。"④ 不过，这种"自我作古，变易刘、班以来之旧例，可谓率尔操觚者矣"⑤ 的做法，正说明《四库全书总目》的转变带有特定的历史语

① 永瑢等：《四库全书总目》，中华书局 1965 年版，第 1200 页。
② 永瑢等：《四库全书总目》，中华书局 1965 年版，第 1205 页。
③ 永瑢等：《四库全书总目》，中华书局 1965 年版，第 1205 页。
④ 王齐洲、王丽娟：《学术之小说与文体之小说——中国传统小说观念的两种视角》，《上海大学学报》（社会科学版）2013 年第 3 期。
⑤ 余嘉锡：《四库提要辨证》，中华书局 1965 年版，第 1121 页。

境，是基于当时统治需求进行的。

《四库全书总目》所言"真""信"和"有征""无征"等标准，其实质亦受经世致用及教化意图的左右。据子部"小说家类"小序所言"失真""妖妄荧听"及"徒乱耳目"等语，则人心教化作用是《四库全书总目》判断小说作品"真""信"等成分的主要标准，"真""信"归根结底在于是否表达人心之"诚"。故而，小说作品中语涉神怪、虚妄成分等现象多遭"四库馆臣"的批评，深言神怪、虚妄的作品多被加以剔除。这从被当作"小说之最古者"《山海经》不免被批为"书中序述山水，多参以神怪"，即见一斑。也就是说，"四库馆臣"所言"真""信""诚"是基于当时政教需要而设定的。因此，政教作用既是《四库全书总目》小说观念本体论的核心内涵，亦是其功用论的基础。这就导致"四库馆臣"挑选子部"小说家类"作品时主要以相关作品"可采者"（即教化作用大小）来衡量的，而非从作者身份及其职责进行考量。（此与《汉书·艺文志》有别）如认为小说作品资考证、广见闻等成分多且裨益教化则予以著录，资考证、广见闻等成分少但尚不违人心的小说作品则存目以示。例如《耆旧续闻》提要言"虽丛谈琐语，间伤猥杂，其可采者要不少也"[1]，得以被肯定。而如《簪云楼杂记》提要所言"是编杂记琐闻，多涉语怪。其足资考证者，惟述魏忠贤养女任氏冒称明熹宗皇后张氏一事耳"[2]，可考成分少而仅以存目。"四库馆臣"虽以小说作品内容是否关乎教化为主要挑选标准，然在此基础上，在具体挑选过程中亦有以"体裁"或"体例"律之者。如《南唐近事》提要文末案语云："偏霸事迹，例入'载记'，惟此书虽标'南唐'之名，而非其国记，故入之小说家，盖以书之体例为断，不以

---

① 永瑢等：《四库全书总目》，中华书局 1965 年版，第 1201 页。
② 永瑢等：《四库全书总目》，中华书局 1965 年版，第 1232 页。

书名为断，犹《开元天宝遗事》不可以入史部也。"① 又，《菽园杂记》提要言："是编乃其（陆容）札录之文，于明代朝野故实，叙述颇详，多可与史相考证。旁及谈谐杂事，皆并列简编。盖自唐宋以来，说部之体如是也。"② 又如，子部小说家存目类《飞燕外传》提要文末案语云："此书记飞燕姊妹始末，实传记之类，然纯为小说家言，不可入之于史部。与《汉武内传》诸书，同一例也。"③ 从这个角度讲，《四库全书总目》进行小说观念的表达时，对子部"小说家类"作品的归纳仍带有些许的文体判断意味，以便最终"俾以类从"。

　　要之，据《四库全书总目》子部总序与子部"小说家类"小序，并佐以子部"小说家类"作品提要与"小说家类存目"作品提要，可知《四库全书总目》子部"小说家类"的首要存在形态是学术，政教作用不仅成为《四库全书总目》论述小说本质的最基本要素，而且是其探讨小说功用的最核心表达；不仅成为小说作品的最主要书写内容，而且规定了具体作品入围的主要标准，并限定了小说作品的"体裁"与"体例"。《四库全书总目》子部"小说家类"小序所谓"叙述杂事""记录异闻""缀辑琐语"与"寓劝戒""广见闻""资考证"等语，均围绕政教作用展开。也就是说，《四库全书总目》从彼时统治所需之意图出发，执行小说接受主体（而非创作主体）的官方意图，将小说当作一种政教之术，进行学术价值评判的。因此，子部"小说家类"小序不仅清晰回答了"小说是什么"的本质论，亦界定了"小说做什么"的功用论。正是因为《四库全书总目》将小说作为一种学术存在，故其对小说的文体判断意味并非清晰显示。从这个角度讲，《四库全书总目》小说观念的核心内涵是政教。在此基础上，《四库全书总目》才关心诸如补史、考辨

---

① 永瑢等：《四库全书总目》，中华书局 1965 年版，第 1188 页。
② 永瑢等：《四库全书总目》，中华书局 1965 年版，第 1204 页。
③ 永瑢等：《四库全书总目》，中华书局 1965 年版，第 1216 页。

等其他方面的功用。（例证极多，不一一列举）就此而言，这与西方的小说观有着本质之别。作为传统小说观念的集大成"官方"表达，《四库全书总目》小说观念代表了彼时正统文化对小说的基本定位。因此，深入分析此类表达的文化机制、知识体系等历史语境，这将是探讨《四库全书总目》小说观念的价值所在。

三　《四库全书总目》小说观念形成的历史语境

众所周知，《四库全书》是乾隆皇帝以"稽古右文，聿资治理"① 为编纂指导，倾一朝之力，力采当时全国书籍，历十余年而成的大型丛书；其根本目的是乾隆皇帝期以通过贯彻"寓禁于征"政策消除彼时反清思想，整顿人心，并宣扬文治盛世局面，以维护清朝统治。由永瑢、纪昀等领衔主持编纂的《四库全书总目》，约于乾隆五十四年（1789）由武英殿首次刊印。换句话说，《四库全书总目》编纂于清朝加强文化钳制、禁锢思想之时。统治者不仅通过兴"文字狱"、舆论引导等方式钳制当时的异端思想，又通过编纂《四库全书》之举查禁书籍，消除历代典籍所含不利于政权统治的思想成分，从历史的高度诠释满族入主中原的正统性。统治者试图通过政治权力的干预来解构传统经典作品，以维护自身统治利益；而且，通过撰写某类作品与某类存目作品提要的方式重构经典作品，或从彼时的文治需要出发置换传统经典作品的思想成分（如挖改、删节、抽毁历代典籍等），以之为彼时的思想标杆，达到文化层面与思想价值层面一统的目的。也就是说，政教成为彼时核心的政治话语，是彼时学者们著书立说时知识结构的主体部分，最终成为彼时价值评判体系的主要标准。这种现象的出现是彼时统治阶级进行上述文化活动的必然结果。当此类文化活动用于政治目的时，则属政教之术；当它用于学界指导时，又属学术思想。清代中期通过大兴"文字狱"

---

① 永瑢等：《四库全书总目》卷首，中华书局1965年版，第1页。

等方式加强文化专制与中央集权的控制，钳制异端思想，进行舆论控制，这说明当时的"政（权）"与"教（权）"并未趋于合一。统治着试图通过上述之举收拢人心、维护教权，从而达到维护政权统治的目的。因此，《四库全书总目》所言的政教作用实为统治者从当时政权统治的需要出发所提出的或希望达到的文化钳制目的；较之《汉书·艺文志》而言，《四库全书总目》对政教作用的本质规定含有更多的理想色彩，或者说是一种期望意图。这就导致《四库全书总目》论述"四部"，乃至具体某类作品的核心内涵时主要侧重于对叙述对象本质论、功用论的界定，以期给统治阶级提供对当时缙绅士子、市井愚民进行思想引导的典范作品。《四库全书总目》对子部"小说家类"作品与"小说家类存目"作品的叙述即是恪守上述原则，相关论述的主体思路亦即围绕小说作品的品质与精神启迪意义进行的。也就是说，《四库全书总目》小说观念本质与功用的主体内容及其表述方式将会是唯一的，且主体内容表达将会是集中突出的。这就是"四库馆臣"所言重新挑选子部"小说家类"作品"无庸以变古为嫌"的根本原因。

现以乾隆朝的小说、戏曲查禁之事为例，略加说明。康熙《圣祖实录》卷二五八曾记载："朕惟治天下，以人心风俗为本，欲正人心、厚风俗，必崇尚经学，而严绝非圣之书，此不易之理也。近见坊间多卖小说淫词，荒唐俚鄙，殊非正理；不但诱惑愚民，即缙绅士子，未免游目而蛊心焉。"[1] "治天下以人心风俗为本"亦是乾隆朝统治的基本理念，乾隆三年（1738）曾颁布政谕云："查淫词小说，原为风俗人心之害，故例禁綦严。"[2] 之后，乾隆皇帝多次颁布禁演淫词小说、戏曲的禁令，禁止八旗子弟出入梨园、官员豢养歌

---

[1] 王利器辑录：《元明清三代禁毁小说戏曲史料（增订本）》，上海古籍出版社1981年版，第27页。

[2] 王利器辑录：《元明清三代禁毁小说戏曲史料（增订本）》，上海古籍出版社1981年版，第42页。

童，并对地方官员查禁不利的情形做出相应处罚①，尤其是查禁《说岳全传》等事关民族主义的小说，查禁《水浒传》等宣扬农民起义的小说及《辽海丹忠录》《剿闯小说》等"时事小说"甚严，其根本目的为保持八旗子弟"习俗纯朴"的品行，为清朝的正统性正名，根除市井愚民起义反抗的"效尤之志"。② 在统治者看来，说部小说的典范当如"大旨记述近实，持论近正"的《东南纪闻》之流，内容纯雅、思想裨益政教。然彼时市面上流传的说部小说，大多属于"诲淫""诲盗"的作品，所起的作用大多是喧淫靡乐之类，这些逐渐成为普通大众的社会生活的主体，必然不利维护统治思想的同一性；更甚者，使得八旗子弟"不复知有满族旧习"③，危及统治的基础。因此，统治者必然对当时所有违碍统治利益与人心风俗的书籍传播、娱乐休闲等文化生产活动严加管制。从这个角度讲，《四库全书总目》所言小说的"真"与"信""有征"与"无征"等情形，实为统治者基于当时维护统治的需要，从"正人心"与"厚风俗"的角度对小说内容做出的规定，有直接的现实针对性。

尤其是，当时禁书有更直接的目的，即为查禁反清复明的书。乾隆三十九年（1774）八月乾隆皇帝曾谕旨两江、两广各省督抚言："明季末造野史者甚多，其间毁誉任意，传闻异词，必有诋触本朝之语，正当及此一番查办，尽行销毁，杜遏邪言，以正人心而厚风俗，断不宜置之不办。此等笔墨妄议之事，大率江浙两省居多，其

---

① 案：乾隆三年（1738）颁布政谕有言："或地方官奉行不力，日久法弛，致向来旧书，至今销毁不尽；甚至收卖各种，公然叠架盈箱，列诸市肆，租赁与人，供其观看。若不并行申禁，不但旧板又复刷印，且新板接踵刊行，实非拔本塞源之计。应再通行直省督抚，转饬该地方官，凡民间一应淫词小说，除造作刻印，定例已严，均应照旧遵行外。凡有收存旧本，限文到三个月，悉令销毁。如过期不行销毁者，照买看例治罪。其有开铺租赁与人者，照市卖例治罪。至该管官员，查定例：'如有违禁造作刻印者，不行查出，一次，罚俸六个月；二次，罚俸一年；三次，降一级调用'等语，失察久经定有处分。"［王利器辑录：《元明清三代禁毁小说戏曲史料（增订本）》，上海古籍出版社1981年版，第42页。］
② 参见王利器辑录《元明清三代禁毁小说戏曲史料（增订本）》，上海古籍出版社1981年版，第42—46页。
③ 《大清高宗纯皇帝实录》，中华书局1986年版，第844页。

江西、闽粤、湖广，亦或不免，岂可不细加查核？"① 乾隆四十六年
（1781）四月江西郝硕上奏："遵经传谕各戏班，将戏本内事涉明季
及关系南宋、金朝故事扮演失当者，严行禁除外，所有缴到各戏本，
派员查核。"② 因此，《四库全书》曾大力抽毁、禁毁明末清初刊印
的与之相关的众多书籍（学界多有研究，不赘）。《四库全书总目》
子部"小说家类"作品及"小说家类存目"作品中成书于明末清初
的作品大多难逃此厄。例如"小说家类存目一"《避暑漫笔》提要
言"是编皆掇取先进言行可为师法、及近代风俗浇薄可为鉴戒者，
胪叙成篇。其书成于万历中。当时世道人心，皆极弊坏，修发愤著
书，故其词往往过激云"③。又如《玉剑尊闻》提要言"取有明一代
轶闻、琐事，依刘义庆《世说新语》门目，分三十四类而自为之注，
文格亦全仿之"，然"皆狂谬之词，学晋人放诞而失之者，其注尤多
肤浅"等。④ 从学术变迁的内在理脉看，明人著述的疏妄学风、游戏
笔调，多为"四库馆臣"所诟；而从政治服务的经世需求看，明人
著述的语怪倾向、违碍内容，当为统治者所批判，故统治者以政教
作用律之更甚。据此，基于"正人心""厚风俗"等目的，统治阶
级一方面对市面上流通的通俗说部小说进行查禁，以达到统一市井
愚民思想的目的；另一方面通过编纂《四库全书》以禁毁、抽毁、
批判缙绅士子所作的小说作品，通过《四库全书总目》实现钳制缙
绅士子思想的目的。前者侧重于对具体说部小说作品的查禁，后者
所言则含有理论规范、以儆效尤之意。据当时对通俗说部小说查禁
的目的，反观《四库全书总目》有关子部"小说家类"的表达，可
知围绕政教展开的维护统治利益之举，成为统治阶级试图通过政治
权力干预建立以收归教权为目的的文化机制的具体语境。这种文化

---

① 中国第一历史档案馆编：《纂修四库全书档案》，上海古籍出版社 1997 年版，第 240 页。
② 《查办戏剧违碍字句案》，故宫博物院文献馆编《史料旬刊》1931 年第 22 期。
③ 永瑢等：《四库全书总目》，中华书局 1965 年版，第 1223 页。
④ 永瑢等：《四库全书总目》，中华书局 1965 年版，第 1225 页。

机制是以"正人心、厚风俗"、消除异端思想为其建构内涵的，从而形成以政教为核心的话语体系与表达范式。《四库全书总目》子部"小说家类"核心内涵的表达正是其中的重要一环，即通过剔除小说作品中不利政权统治的思想成分，并对小说作品内容与书写范式进行官方意志的规范，实现禁锢异端思想以维护政权稳定之目的。

　　大致而言，《四库全书总目》子部"小说家类"核心内涵形成于乾隆朝为维护统治利益、钳制异端思想的语境中，其核心表达主要为当时的统治需求服务，执行文治教化之用，故其小说观念的表达带有浓厚的学术政治化与思想政教化倾向。这种观念不仅带有学术之论，又含有价值之论。也就是说，《四库全书总目》小说观念的生成路径及其意义指向，是在清代政统的现实需求下将清代统治者所欲图赋予"小说"的某种社会作用带入《四库全书总目》的编纂中，是从特定文教环境对清代政统思想等客观存在的社会事实所做的回应；以至于《四库全书总目》建构的小说观念，是在清代统治阶级心中理想的习俗、世界观、社会观作用下而形成的小说观念。这种观念主要面向被统治阶层的意义导向，决定了其所建构的小说内涵将不会是归纳普通大众心中理想的小说观念，亦非彼时或此前社会所流传小说作品中所蕴含的实际观念，而是一种以政教统治先行，带有彼时诸多官方烙印的，且是被有意建构的小说观念。它回答的是清代统治阶级的需求，以便有效限定"小说家类"在清代社会演变过程中的角色作用。因此，据历代史志视域下小说观念的演变情形看，尽管《四库全书总目》小说观念含有承继历代史志传统之一面，如关注小说的体用问题，但其对小说政教作用的强化表达，对小说本体论、功用论所做的限定，与之前的史志有别，甚至有着更为直接的现实针对意义。《四库全书总目》小说观念相关表达也不同于西方文艺理论视野下以具有一定长度的、虚构的、故事的等为基本要素的现代小说观念。从《四库全书总目》小说观念形成的历史维度看，中国古代小说的发展在相当程度上受历代文治背景的影响，从而被纳入当时的正统文化中，并发挥着"正人心、厚风俗"之类的政教作用。历朝历代文治背景的变化，对历代史志小说观念的影响是不言而喻的。学界进行中国古代小说观念史的研究应基于不同历史时期的政教传统，以历史的眼光去观察，历史的观念去理解，历史的方法去研究，方能触及不同历史时期小说观念的实际内涵，从而客观地、科学地建构历代小说观念史。

第二节 《四库全书总目》所言"小说之体"的文类含义

近今学者在探讨《四库全书总目》小说观念的同时，往往采用西方文艺理论有关"小说"的文体内涵、文体风格及文体意义等视角，来探讨《四库全书总目》"小说家言"的文体价值。如周秋良认为："如果说，从古代小说创作史来看中国小说文体的独立表现为唐传奇的'有意而为'；那么可以说，小说文体独立的理论论述则直到《总目》的'小说家言'之别是一家才初步完成。并且其标举荒诞，强调故事性，突出文采的认识，使得'小说家言'之体与现代意义上的'小说'文体存在天然的相通性。"[①] 这种"以西律中"的思路成为学界探讨《四库全书总目》"小说家类"文体意义的主要手段。那么，此举对认识《四库全书总目》"小说家类"文体意义的商讨有着怎样影响呢？现以《四库全书总目》所言"小说之体"为探讨对象，从传统目录学分类的人伦秩序与政教意图、类名设定原则，尝试分析《四库全书总目》"小说家类"提要所隐含的文类表述。

一 《四库全书总目》所言"小说之体"的认知视角

综观《四库全书总目》"小说家类"提要可知，"四库馆臣"往

---

① 周秋良：《〈四库全书总目〉中"小说家言"的文体价值》，《中国文学研究》2017年第3期。

往多频次使用"小说体""小说之体"及"小说之本色"等关键词，对小说的内涵与特征进行论述。如《四库全书总目》有关《菽园杂记》提要言"是编乃其（陆容）札录之文，于明代朝野故实，叙述颇详，多可与史相考证。旁及谈谐杂事，皆并列简编。盖自唐宋以来，说部之体如是也。"[1] 此类关键话语在先于《四库全书总目》而成的《四库全书简明目录》（乾隆三十九年至乾隆四十六年，1774—1781）中，体现得尤为显著。如《四库全书简明目录》有关《朝野佥载》提要言"其书记唐代轶事，多琐屑猥杂，然古来小说之体，大抵如此"[2]；又，《中朝故事》提要言"上卷记君臣事迹、朝廷制度；下卷则杂陈神怪，纯为小说体矣"[3]；又，《张氏可书》提要言"（张知甫）生北宋末年，犹及见汴都全盛，故于徽宗时朝廷故事，记载特详，往往意存劝戒。其杂以神怪诙谐，虽不出小说之体，要其大旨，固《东京梦华》之类也"[4]；又，《菽园杂记》提要指出"多记明代朝野故实，多可以参证史传。其杂以诙嘲鄙事，盖小说之体。惟考辨古义，或有偏驳，存而不论可矣"[5]；等等。那么，是不是可以说包含猥杂或神怪的内容，亦包含考证之用的作品，就属于"小说体"呢？《四库全书简明目录》有关《乐郊私语》提要曾指出："（该书）所记轶闻琐语，多类小说；记赵孟坚事，尤失实。"[6] 可知并不是由于作品中包含"轶闻琐语"之类的内容就可认定属于"小说家言"，而是以相关作品中所写"轶闻琐语"的征信价值、书写方式与"小说家类"的源流演变、文化特质是否存在相似之处而加以认定的。

据前所引，"四库馆臣"在表达"小说（之）体"时，往往强

---

① 永瑢等：《四库全书总目》，中华书局1965年版，第1204页。
② 永瑢等：《四库全书简明目录》，上海科学技术文献出版社2016年版，第377页。
③ 永瑢等：《四库全书简明目录》，上海科学技术文献出版社2016年版，第379页。
④ 永瑢等：《四库全书简明目录》，上海科学技术文献出版社2016年版，第387页。
⑤ 永瑢等：《四库全书简明目录》，上海科学技术文献出版社2016年版，第390页。
⑥ 永瑢等：《四库全书简明目录》，上海科学技术文献出版社2016年版，第390页。

调"多琐屑猥杂"的内容、"杂陈神怪"的言说方式，甚至带有"旁及谈谐杂事，皆并列简编"等目录分类特征。学界曾指出："古代书目类别结构的层次之分不仅是形态上的而且是意义上的。类别层次凝聚着汉族人的历史情感并融入了丰富的文化含义，表明纳入书目的所有文献都是处于有条件、有规则的联系之中的，相应地，目录系统本身也具备了有条理、可理解的性质。"① 上引诸多例证亦可见及"四库馆臣"提出的"说部之体"或"小说（之）体"，不仅仅是强调"小说家类"作品隐含"谈谐杂事""轶闻琐语"等内容与"杂陈神怪"之类的书写方式、行文特征，更是强调隐含相关小说作品其间的"大旨"及其文化含义，意即批判相关作品"杂陈神怪诙谐"而忽视"意存劝诫""参证史传"等价值。此类强调往往是基于对"小说家类"的历史出处与"稗官"职责而引申的源流叙述模式。也就是说，这种提要叙述模式促使"四库馆臣"基于目录学部类设置的源流追溯，进一步从"小说家类"作品的产生缘起与演变过程等角度加以分析。故而，"四库馆臣"对具体小说作品的提要进行表述时，紧紧围绕《四库全书总目》"小说家类"小序所谓"班固称：'小说家流，盖出于稗官。'如淳注谓：'王者欲知闾巷风俗，故立稗官，使称说之。'然则博采旁搜，是亦古制，固不必以冗杂废矣。今甄录其近雅驯者，以广见闻。惟猥鄙荒诞、徒乱耳目者，则黜不载焉"② 等"古制"，强调"小说家流，盖出于稗官"的认知视角，以此剖析后世小说作品在衍变过程中之所以出现"小说之体"的根源。比如，《四库全书简明目录》有关《开元天宝遗事》提要指出："小说家言，得诸委巷，不能一一责以必实也。"③甚至，"四库馆臣"不仅仅是从"得诸委巷"的文献出处来认定相

---

① 傅荣贤：《中国古代目录学研究》，知识产权出版社 2017 年版，第 223 页。

② 永瑢等：《四库全书总目》，中华书局 1965 年版，第 1182 页。

③ 永瑢等：《四库全书简明目录》，上海科学技术文献出版社 2016 年版，第 380 页。

关作品是否具有"小说家类"的品性，而且从"委巷流传"的情况认定相关作品在历代流传时的实际用途，以此决定是否归入"小说家类"中。比如，《四库全书简明目录》有关《穆天子传》提要就说："（该书）所纪周穆王西行之事，为经典所不载，而与《列子·周穆王篇》互相出入。知当时委巷流传，有此杂记。旧史以其编纪月日，皆列起居录中，今改隶小说，以从其实。"① 也就是说，"四库馆臣"从"稗官小说"的源流梳理，试图据此强调小说观念与小说文体特性具有超越时空的属性，同时具有特殊学术流派的共性。

需要指出的是，从《汉书·艺文志》认为包括"小说家类"在内的"九流十家"属于"《六经》之支与流裔。使其人遭明王圣主，得其所折中，皆股肱之材已"② 起，《汉书·艺文志》的类名命名处理往往从某一特定文治环境所形成的特有行为方式切入，归纳出"九流十家"（或诸子百家）为达到特定政教意图而形成的特定言说行为及其相应的言辞表达样式，进行溯本追源；而后在"以类相从"原则的指导下总结相应言辞表达样式的文类形态，并统而命名。③ 而从《庄子·杂篇·外物》所谓"夫揭竿累，趣灌渎，守鲵鲋，其于得大鱼难矣，饰小说以干县令，其于大达亦远矣，是以未尝闻任氏之风俗，其不可与经于世亦远矣"④ 起，"小说"作为一个"类名"的指称，不仅包含与诸如"道家"（《庄子》所指就是强调"小说"与"道家"的不同）等其他"大达"相对的学说，亦强调了"小说"与其他"大达"本质有别的言论行为及其言辞方式，从而带有一定程度的文体分类意识。到《汉书·艺文志》所谓"小说家流，盖出于稗官"，亦是指明"小说"作为一种具有特定政教意图的行

---

① 永瑢等：《四库全书简明目录》，上海科学技术文献出版社 2016 年版，第 391 页。

② 班固：《汉书》，中华书局 1997 年版，第 1746 页。

③ 参见温庆新《阅读史视域下中国古典目录学主体建构理路关照》，《西南民族大学学报》（人文社会科学版）2018 年第 9 期。

④ 郭庆藩：《庄子集释·杂篇》卷 9，中华书局 1961 年版，第 925 页。

为方式的集合体，它是与"街谈巷语"等品评政教得失的普遍化社会行为、"道听途说"的政教方式相联系的；但"街谈巷语"的行为方式也可以谈论"儒家""道家"等其他诸子学说所涉及的内容，而不仅仅只是谈论"小说家"的小道内容，以至于时人混淆"以类相从"背后言语的"所指"内容，甚至引发言语"寓指"范围的讨论。从这个角度讲，"以类相从"的命名原则，往往会产生"为例不纯"的矛盾，从而导致后世之人不断对此前的文类类名进行修正，或重新挑选其所认为的作品以归入其试图改变的部类中。据此而言，"四库馆臣"对"小说家类"出于"稗官"之"古制"的肯定，其实就是对"小说家类"所言"街谈巷语"等"涉及与朝政得失相关之庶人言论"① 的认同，亦是"士传言"之"古制"的延续。《史记·周本纪》曾说"百工谏，庶人传语"，同书"集解"引韦昭所言："庶人卑贱，见时得失，不得言，传以语士。""正义"亦曰："庶人微贱，见时得失，不得上言，乃在街巷相传语。"② 此处明确记载"士传言"的"古制"梗概。而在"古制"的约束下，由此形成了"稗官小说"采用杂以俳谐言语、口头调笑等难免带有夸张式的表演手段进行"传言"的固定化言说特征与寓意方式。《四库全书总目》有关"小说家类"的"改隶"或"退置"行为，就是一种依清代政教需求与传统书目类名分类原则对"为例不纯"进行修正的行为，最终引发重视"小说家类"书写"体例"的探讨。这种讨论就成为《四库全书总目》所言"小说之体"的主要认知视角。

二 "先道后器"与《四库全书总目》"小说之体"的内涵及特质

在重视"小说家类"书写"体例"的推动下，"四库馆臣"对

---

① 王齐洲、李平：《曹植诵俳优小说发覆》，《学术研究》2013 年第 5 期。
② 司马迁著，裴骃集解，司马贞索隐，张守节正义：《史记》，《二十五史》，上海古籍出版社、上海书店 1986 年版，第 106 页。

"小说之体"的"本色"及一般特征，做出了明确的形式认定。《四库全书简明目录》有关《大唐传载》提要指出："其间及诙嘲琐语，则小说之本色也。"①《四库全书总目》相关提要则言："间及于诙谐谈谑及朝野琐事，亦往往与他说部相出入。"② 此类表述就是从"稗官小说"的形成与"俳优小说"紧密相关的认知展开评判，认为以"俳优"手法来进行言语思想的表述，是"小说家类"作品形成"诙嘲琐语"之"本色"的重要原因。在此类认知的推动下，"四库馆臣"在强调小说"本色"的同时亦注意从"稗官之习"的角度展开具体小说作品的品评。如《四库全书简明目录》有关《东斋记事》提要即言："其中间涉语怪，不免稗官之习。"③ 可见，"稗官之习"与"诙嘲琐语"的表述就成为"四库馆臣"基于"小说家类"源流衍变的认知视角而形成的对小说之本色及一般特征的一种形式认定。

此举使得"四库馆臣"对于哪些作品能够著录于"小说家类"中，有了较为明确的认识。比如，《四库全书简明目录》有关《南部新书》提要言："所记皆唐时故实，兼及五代。多采轶闻琐语，而朝章国典，因革损益，亦杂载其间。故虽小说家言，而不似他书之侈谈迂怪。"④ 明确了"轶闻琐语"与"朝章国典"等内容在"小说家类"作品中的重要区别。《四库全书总目》相关提要进一步指出："是书乃其（钱易）大中、祥符间知开封县时所作。皆记唐时故事，间及五代，多录轶闻琐语，而朝章国典，因革损益，亦杂载其中。故虽小说家言，而不似他书之侈谈迂怪，于考证尚属有裨。"⑤ 就明确"录轶闻琐语"是"小说家类"作品的书写方式与内容特色。而

① 永瑢等：《四库全书简明目录》，上海科学技术文献出版社 2016 年版，第 378 页。
② 永瑢等：《四库全书总目》，中华书局 1965 年版，第 1185 页。
③ 永瑢等：《四库全书简明目录》，上海科学技术文献出版社 2016 年版，第 382 页。
④ 永瑢等：《四库全书简明目录》，上海科学技术文献出版社 2016 年版，第 381 页。
⑤ 永瑢等：《四库全书总目》，中华书局 1965 年版，第 1189 页。

"小说家类"所包含的"朝章国典"，虽然进一步强化了相关小说作品"资考证"的价值，却非"小说家类"作品常态化的主导性特征。因此，《四库全书简明目录》在《南唐近事》提要中，指出："所记皆琐语碎事。疑文宝裒集遗文，以朝廷大政为《江表志》，以其余文为此编。一为史体，一为小说体也。"而后"四库馆臣"加"谨案"，言："偏霸事迹，例入载记。惟此书虽标南唐之名，而非其国记，故入之小说家。盖以书之体例为断，犹《明皇杂录》不可以入史部也。"①《四库全书总目》所言"案语"内容大体同于《四库全书简明目录》。此处所谓"史体"与"小说体"的表述，就明确了书写"朝章国典"等对国家政统的有利及其可信程度，应当成为"史体"的主要书写重点与言说方式；而"琐语碎事"的内容与"裒集遗文"的方式，是"小说家类"惯用的书写"体例"。这种区分主要根据传统目录学"先道后器"的分类原则而定。

据研究，传统目录学的类名编排标准之一，往往是依"从大到小的带有演绎性质的排列，章学诚称为先道后器"②。章学诚曾于《校雠通义·补校汉艺文志》指出："'形而上者谓之道，形而下者谓之器'，善法具举，本末兼该，部次相从，有伦有脊，使求书者可以即器而明道，会偏而得全。……部次先后，体用分明，能使不知其学者，观其部录，亦可了然而窥其统要，此专官守书之明效也。充类求之，则后世之仪注，当附《礼》经为部次。"并说："就诸子中掇取申、韩议法家言，部于首条，所谓道也。其承用律令格式之属，附条别次，所谓器也。……岂有读著录部次，而不能考索学术源流者乎？"③ 也就是说，传统目录学往往将言"道"之书先列于说"器"之书前，以此明确书籍之"道"的功用与"器"的功用，最

---

① 永瑢等：《四库全书简明目录》，上海科学技术文献出版社2016年版，第380页。
② 傅荣贤：《中国古代目录学研究》，知识产权出版社2017年版，第234页。
③ 章学诚著，叶瑛校：《文史通义校注》，中华书局1985年版，第994—997页。

终实现"道器合一"。《四库全书总目》"子部总叙"就说："自'六经'以外立说者，皆子书也。其初亦相淆，自《七略》区而列之，名品乃定。其初亦相轧，自董仲舒别而白之，醇驳乃分。其中或佚不传，或传而后莫为继，或古无其目而今增，古各为类而今合，大都篇帙繁富。可以自为部分者，儒家之外有兵家、有法家、有农家、有医家、有天文算法、有术数、有艺术、有谱录、有杂家、有类书、有小说家，其别教则有释家、有道家，叙而次之，凡十四类。儒家尚矣。有文事者有武备，故次之以兵家。兵，刑类也。唐虞无皋陶，则寇贼奸宄无所禁，必不能风动时雍，故次以法家。民，国之本也；谷，民之天也；故次以农家。本草经方，技术之事也，而生死系焉。神农、黄帝，以圣人为天子，尚亲治之，故次以医家。重民事者先授时，授时本测候，测候本积数，故次以天文算法。以上六家，皆治世者所有事也。百家方技，或有益，或无益，而其说久行，理难竟废，故次以术数。游艺亦学问之余事，一技入神，器或寓道，故次以艺术。以上二家，皆小道之可观者也。诗取多识，易称制器，博闻有取，利用攸资，故次以谱录。群言岐出，不名一类，总为荟粹，皆可采撷菁英，故次以杂家。隶事分类，亦杂言也，旧附于子部，今从其例，故次以类书。稗官所述，其事末矣，用广见闻，愈于博弈，故次以小说家。以上四家，皆旁资参考者也。"[1] 所谓"名品乃定"就是指出不同类别书籍的内容、体例及意义有别。其将儒家首列，强化儒家之于治国之道的重要性；而后次以法家，强调治理国家之法则的重要性。由此，"四库馆臣"将儒家、兵家、法家、农家、医家、天文算法归为"治世者所有事"，而将谱录、杂家、类书、小说家归为"旁资参考"，显然蕴含严格道器之分的思想，以强调"器或寓道"的书籍价值及其意义层次，最终实现利于政教统治的意图。

---

① 永瑢等：《四库全书总目》，中华书局1965年版，第769页。

据此，"四库馆臣"区分"史体"与"小说体"之异同，亦是道器排列的分类思想作用的结果。尤其是，《四库全书总目》"杂史类"小序指出："（杂史类）大抵取其事系庙堂，语关军国，或但具一事之始末、非一代之全编，或但述一时之见闻、只一家之私记，要期遗文旧事，足以存掌故，资考证，备读史者之参稽云尔。若夫语神怪，供诙嘲，里巷琐言，稗官所述，则别有杂家、小说家存焉。"① 所谓"语神怪，供诙嘲，里巷琐言，稗官所述"云云，不单单是强调文献的内容与书写，更是对不同类别文献之意义与功能的强调。换句话讲，对"事系庙堂，语关军国"与"里巷琐言，稗官所述"的区分，就是贯彻先道后器的类名设定原则。前者可为治国之道服务，后者是为治国之道的效果进行验证与纠偏的。可见，"四库馆臣"对"小说体"之"义例"的强调，应该是建立在对"小说体"之意义的认知上。这种情况集中表现在"四库馆臣"对"小说家类"作品之"近正"意义的突出，并以"近正"作为对"小说体"进行价值等级划分的标准。如《四库全书简明目录》认为《国史补》"在唐、宋说部中，最为近正"②，即是此类。综观《四库全书总目》可知，"四库馆臣"多次以"近正"展开相关作品的名品定位。如《贾氏谈录》提要所言："他如兴庆宫、华清宫、含元殿之制，淡墨题榜之始，以及院体书、百衲琴、澄泥研之类，皆足以资考核，较他小说固犹为切实近正也。"③ 又，《司马法》提要："然要其大旨，终为近正，与一切权谋术数迥然别矣。"④ 又，《东南纪闻》提要："然大旨记述近实，持论近正，在说部之中犹为善本。"⑤ 又，《席上腐谈》提要："大旨皆不出道家，而在道家之中持论独为近正。

---

① 永瑢等：《四库全书总目》，中华书局1965年版，第460页。
② 永瑢等：《四库全书简明目录》，上海科学技术文献出版社2016年版，第377页。
③ 永瑢等：《四库全书总目》，中华书局1965年版，第1188页。
④ 永瑢等：《四库全书总目》，中华书局1965年版，第836页。
⑤ 永瑢等：《四库全书总目》，中华书局1965年版，第1202页。

由其先明儒理，故不惑方士之诡说也。"① 等等。所谓"近"，《说文解字》言："附也。从辵斤声。"② 故与人之行走行为有关。《洪范》曾说："是训是行，以近天了之光。"③ 由此，"四库馆臣"所谓"近正"当是认为相关作品所写内容能够用于政统，且行文规范、言说方式征实而符合道统与政统所需，带有浓厚的人伦秩序意图。"小说家类"作品达此标准者少，实在是由于"里巷琐言，稗官所述"而难免流于诙谐之论。

也就是说，"小说"与"载记"的区别，仍在于猥杂诙谐的特点上。《四库全书简明目录》有关《归田录》提要所言"多记朝廷旧事，及士大夫谐谑之言。自序谓以李肇《国史补》为法，而小异于肇者，不书人之过恶也"④，即是典型之例。"谐谑之言"就不符合"近正"的特征，亦不合人心教化之正面意义。然而，"四库馆臣"亦有将记录"朝章国典"的作品归入"小说家类"中。如《四库全书简明目录》有关《萍洲可谈》（朱彧）提要言："是书多述其父所闻见。又彧初与苏轼兄弟游，后乃隙，末党附舒亶、吕惠卿，故与熙宁、元祐之际，颇有意抑扬。然所记朝章国典、土俗民风，皆颇足以资考证。"⑤ 关于此条提要的理解，应该把重点首先放在"四库馆臣"认为朱彧因党争而"有意抑扬"时人的做法，其次应该注意朱彧"多述其父所闻见"的资料来源。由此，虽然《萍洲可谈》含有"朝章国典、土俗民风"，但有关内容的来源与叙述笔法导致了该书所载唯有作为"资考证"的参考，而不能作为绝对凭据。故而，"四库馆臣"认为"小说家类"作品含有"朝章国典"之类的内容，并将其与"载记"、史志相区别，原因就在于认为"小说家

---

① 永瑢等：《四库全书总目》，中华书局 1965 年版，第 1253 页。
② 许慎撰，段玉裁注：《说文解字注》上册，凤凰出版社 2015 年版，第 136 页。
③ 陈戍国点校：《四书五经》上册，岳麓书社 2014 年版，第 248 页。
④ 永瑢等：《四库全书简明目录》，上海科学技术文献出版社 2016 年版，第 382 页。
⑤ 永瑢等：《四库全书简明目录》，上海科学技术文献出版社 2016 年版，第 386 页。

类"的相关作品往往带有"诙嘲琐语"或抑扬太甚的"稗官之习"。比如,《四库全书简明目录》认为《桯史》"所载南北宋事,凡一百四十余条,多足补正史之遗。虽颇及诙嘲琐语,然大旨亦多寓劝惩"①,虽然指出了《桯史》"多寓劝惩",却"颇及诙嘲琐语",难免带有"小说本色";故而,于体例而论,当入"小说家类"中。

由此可见,考察"四库馆臣"评判"小说家类"作品的考订价值时,应首先注意其是否从"稗官之习"或"小说本色"的角度对相关小说作品进行价值定位。在这种情况下,"四库馆臣"所言"小说家类"作品的"资考证"特征,往往指向可资参考且不能作为考辨的最主要依据或征信相对有限等方面。比如,《四库全书简明书目》有关《高斋漫录》提要指出:"是书虽卷帙寥寥,而所述朝廷典制及士大夫言行,往往可资法戒。其品诗文、供谐戏者,亦皆有理致可观。"② 所谓"可资法戒",不单单包含效法之意,亦有劝诫之意。而《四库全书总目》有关提要亦言:"宋曾慥撰。慥有《类说》,已著录。《类说》自序,以为小道可观,而归之于资治体,助名教,供谈笑,广见闻。其撰述是书,亦即本是意。上自朝廷典章,下及士大夫事迹,以至文评、诗话,诙谐、嘲笑之属,随所见闻,咸登记录。中如给舍之当服赪带,不历转运使之不得为知制诰,皆可补史志所未备。其征引丛杂,不无琐屑,要其可取者多,固远胜于游谈无根者也。"③ 所谓"随所见闻,咸登记录",就降低了此书文献来源的可靠程度,因此,虽有助于"资治体,助名教,供谈笑,广见闻",但也是"可取者多",而非皆可取。

这样看来,"稗官之习"与"诙嘲琐语"的关注内容与书写方式,就成为"四库馆臣"以"小说之体"的方式展开相关作品提要

---

① 永瑢等:《四库全书简明目录》,上海科学技术文献出版社 2016 年版,第 388 页。
② 永瑢等:《四库全书简明目录》,上海科学技术文献出版社 2016 年版,第 386 页。
③ 永瑢等:《四库全书总目》,中华书局 1965 年版,第 1197 页。

书写的逻辑切入点与品评重点，从而对"小说家类"具体作品提要的意义表述形成明确导向。如《四库全书简明目录》有关《先进遗风》提要言："所录皆明代名臣言行，大抵严操守、砺品行、存忠厚者居多。又多居家行己之事，而朝政不及焉。其意似为当时士大夫讽也。"① 就属此类。也就是说，"四库馆臣"区分"轶闻琐语"与"朝章国典"时，并不简单局限于上述两种内容的差异，而是对文献区分背后的"纲纪"人伦秩序的强化。因此，所谓"小说体"或"小说家言"的文体形态与文体价值表述，都要符合此类表述之于建构人伦秩序，进而建构政教统治秩序的需求。这是"四库馆臣"对类目及其含义进行价值区分的延续。比如，《四库全书总目》有关《大唐新语》提要言："所记起武德之初，迄大历之末，凡分三十门，皆取轶文旧事有裨劝戒者。前有《自序》，后有《总论》一篇，称昔荀爽纪汉事可为鉴戒者，以为汉语，今之所记，庶嗣前修云云。故《唐志》列之杂史类中。然其中谐谑一门，繁芜猥琐，未免自秽其书，有乖史家之体例。今退置小说家类，庶协其实。"② 将《大唐新语》退置于"杂史类"中，不仅仅是此书与"史家之体例"的一般做法有别，更在于此书所包含"繁芜猥琐，未免自秽其书"的内容，违背了"杂史类"小序所谓"大抵取其事系庙堂，语关军国"的类目特征与功能要求。

综上所述，《四库全书总目》有关"小说之体"的内涵表述依旧是以政教思想为内核而展开的。"四库馆臣"对"小说之体"所做的"本色"说明，主要是从"小说家类"形成的历史传统与清代的文治需求两方面加以展开的，从而以是否带有诸如"琐屑猥杂"的内容、"杂陈神怪"的言说方式及"旁及谈谐杂事，皆并列简编"的分类特征等"稗官之习"，作为界定"小说之体"内涵的标准。

---

① 永瑢等：《四库全书简明目录》，上海科学技术文献出版社 2016 年版，第 390 页。

② 永瑢等：《四库全书总目》，中华书局 1965 年版，第 1183 页。

同时，"四库馆臣"以传统目录学"先道后器"的类名设定原则，对"小说家类"与"杂史""载记""杂家"等其他类别进行了本质区分与类别规范；甚至基于古人著书所普遍使用的"义例"原则及其学术规范，来进一步界定"小说之本色"的特质。正如明人胡应麟所言"小说，子书流也，然谈说理道或近于经，又有类注疏者；纪述事迹或通于史，又有类志传者。他如孟棨《本事》、卢瓌《抒情》，例以诗话、文评，附见集类，究其体制，实小说者流也"[①]，虽然可以从"小说家类"作品中窥见其间的多种特征，但从部类"体制"就可以对具体小说作品进行辨别、归置，甚至淡化与"体制"主要特征不相干的其他特征。"四库馆臣"的相关归并，亦属此类。这种从传统目录学的部类体例来梳理"小说之体"的文类内涵，由于并不是对"小说之体"进行严格的思想、内容及形式限定，而是以一种"举其略"的示范作品加以说明。由此，在上述"小说之体"主要特征进行规范的情况下，对于"小说家言"的虚构性、文辞华章等特征的评判，则非"小说家类"进行类别设定与作品归并的主要标准。也就是说，《四库全书总目》"小说家类"的文类特征是一种确定性表述或概述性表述，而非限定性表述。

三 《四库全书总目》所言"小说之体"的意义

需要指出的是，《四库全书总目》强调"小说之体"之"琐屑猥杂"内容、"杂陈神怪"言说方式，虽说带有一定的文体区分意味，但此类文体区分是建立在《四库全书总目》突出小说政教功用的基础上的，以一种符合统治所需的知识结构将彼时世面上所存形式多样的小说作品进行有效归并，从而为时人提供符合彼时政统所需的典范作品。换句话讲，从清代特定政教需求归纳、规范小说的知识内涵与价值导向，成为《四库全书总目》小说观念形成的重要

---

① 胡应麟：《少室山房笔丛》，上海书店出版社 2009 年版，第 283 页。

基础；此举是一种杂糅小说本体论、小说功用论及小说价值论的观念生成视角，且以官方权威来颁行天下，是以"官学"约束来限定、规范时人在"官学"知识体系之外的其他探索，最终以相应的知识谱系来展开小说作品的内涵、价值及形式的限定与规范。这种认知完全不同于以西方历史语境与知识谱系为基础而形成的以故事、虚构为主要元素的小说观念，更不可能产生以小说本体论的审美、形式来建构相应小说观念的文化土壤。更何况，"四库馆臣"对"小说家类"所谓虚构的论述，是建立在是否有利于政统需求、风俗教化等基础上的。①此类以"官学"约束体系而形成的小说观念及其批评思想，能够与文人士夫进行小说评点的文人化倾向，乃至与彼时小说评点者的民间观照视角及其结论进行对比，以便从"官学"体系与民间视角等多方面建构清代小说批评史迹。

我们探讨《四库全书总目》所言"小说之体"的文类内涵与文体意义时，应该充分注意到受政教语境与传统目录学知识体系双重限制的"小说"文类观与西方文艺理论视域下的"小说"文类观，二者有着本质之别。应该说，传统目录学的学术批评范式，往往采用"类例既分，学术自明"的做法。它是一种类似于今人所谓"历史性文类"的做法。也就是说，从历代相关作品的演变过程中，归纳、总结相关作品的共通特性及其在历史文化脉络中所起的共同作用，从中甄别出相关作品对该时期政教统治所起的积极意义与所带来的消极影响，以作为正面启迪的典型与反面批判的对象。此举与借用规律的名义提炼出相关文类之名的做法，即先圈定某些关键词，以此作为相关文类的形式、语言、内容及价值导向的主导性特征，最终促使所提炼的文类趋向显性化与定格化，二者亦有本质之别。探讨中国古代小说观念的"近代转向"或"现代转型"，无疑都存

---

① 参见温庆新《试论政教视域下的〈四库全书总目提要〉小说观念》，《图书馆工作与研究》2015 年第 10 期。

在类似的思维矛盾。也就是说，以西方文艺理论视域下"小说观"的本质特征，如虚构或荒诞、形式、文采、故事及叙事等，来评判基于中国古代特殊的文治背景与政教传统下形成的、隐含传统目录学特殊的知识体系与知识结构的小说观念，无疑是隔靴搔痒的。据此，上文指出有学者认为"小说文体独立的理论论述则直到《总目》的'小说家言'之别是一家才初步完成。并且其标举荒诞，强调故事性，突出文采的认识，使得'小说家言'之体与现代意义上的'小说'文体存在天然的相通性"等观点，亦存在相似的认知误区。

那么，《四库全书总目》所言"荒诞"，是否就是西方文艺理论视域下的"荒诞"之意呢？西方学者使用"荒诞"一词时，往往认为："荒诞：1.〔音乐〕不和谐。2. 不合乎理性或不恰当；现代用法中指明显地悖于情理，因而可笑愚蠢。"① 甚至认为"'荒诞'在现代文化语境中的凸显，来源于人类对日常生活的体验以及对生存价值的追寻"，从而在关注人之生存境遇的同时，体现于审美领域是"将丑怪和支离破碎的艺术形式搬上美学舞台，并用戏拟、反讽的手法来表现离奇的生活情境"，最终"彻底逃离了现实主义手法的束缚，以荒诞的艺术手法来表现世界的荒诞，从而使现实生活的抽象思考富有了象征意义"②。而从《四库全书总目》的编纂意图与成书语境看，其所言"荒诞"并非是对"人之生存境遇"与"荒诞的艺术手法"进行关注，而是从历代的文治教化需求与政统思想等角度，强调采录文献及其价值导向应与彼时政统思想相合拍，以剔除采录文献中不利于政统需求的文本内容并限定相关作品的意义导向。这种做法限制了对"人之生存境遇"的关注，否定了"悖于情理"的书写，强调的是历代政统需求与传统目录学知识体系对相关文献知识结构、意义导向的钳制。上引《四库全书总目》采用"先道后

---

① ［英］阿诺德·P. 欣奇利夫：《论荒诞派》，李永辉译，昆仑出版社1992年版，第1页。

② 李琳：《"荒诞"的多维解读》，《东岳论丛》2009年第3期。

器"作为类名排序的做法，就体现了此类思想。同时，学者认为《四库全书总目》"小说家类"所言"事件本身的虚妄，也即今天所说的虚构性"①，亦存在不区分所使用话语在中西方各自语境下的具体含义等情况。显然，《四库全书总目》所使用的"虚妄"，并非等同于虚构，而是与"猥鄙荒诞"等词汇紧密相连，强调采录文献所隐含荒诞、怪诞内容及其书写方式不利于民心"向善"的政统需求，从而带有强烈的褒贬色彩。而西方文艺理论视域下的虚构是被当作"小说"（novel）的"同义词"，它源于拉丁词"fingo"，意指"制造"或"赋予形式"，往往与想象、创造、非现实的、不可靠等词汇相联系，甚至被认为"可指任何与存在于我们心灵之外的无定形的变化相对立的心理结构"②。

可见，由于中西方文化语境的差异，乃至进行西方文学批评话语翻译时由于企图便利而套用汉语中的相关词汇进行西方术语的翻译，使得今人有关"荒诞"的认知是一种源于西方文化语境的"荒诞"诠释；而对中国历代文治环境下使用"荒诞"一词的认知却不明确，从而导致今人使用"荒诞"一词与"荒诞"在古人笔下的意义指向，既相混淆亦相包含。这种词汇使用方式，最终导致今人进行中、西文体比较研究时，认为"荒诞"内涵与形式具有古今中外相通或一致看法，而忽略了其间的差异性。对虚构一词的使用，亦然。据此而言，不管是使用"荒诞"、虚构还是文采等西方文艺理论视域下以之为"小说"文体主要特征的相关词汇，若是不能注意到具体语境下的使用方式与内涵指向，就无法得出"存在天然的相通性"或"现代转型"的论述过程及其结论，也无法有效进行古今中外"小说"批评的融通研究与比较分析。由此看来，我们应基于中

---

① 张进德：《〈四库全书总目〉"小说家类"价值发微》，《明清小说研究》2012 年第 4 期。

② ［英］罗吉·福勒：《现代西方文学批评术语词典》，袁德成译，四川人民出版社 1987 年版，第 102—105 页。

国古代的文治思想、知识体系、话语传统及使用情形等方面，综合分析古人使用诸如"戏曲小说"①或"小说之体"等话语的意义区间，而后才能进行诸如"现代转型"之类的比较研究。因此，回归清代的文教语境与《四库全书总目》的知识分类体系，全面还原《四库全书总目》所言"小说之体"的文类含义及其意义导向，以古还古。此举将有助于深入探讨清人有关"小说"的认知意见及其时代必然性，进而有效纠正近今学界在古代小说的观念研究、文体分析及文化诠释过程中某些过于"西化"的研究思路及由此形成的认识偏差。但可以从中、西方不同文化语境与政教背景看待小说作品的两种认知视角，深入比对中、西方有关小说概念内涵、认知视角及批评理念的异同情形。

第三节 《四库全书总目》对明代小说的评骘及因由

要深度还原《四库全书总目》小说观念的历史意义，则须从清代"四库馆臣"对具体小说的批评实践及其意见生成环节中，加以细化讨论。清代"四库馆臣"在"小说家类"中对明代小说作品进行了诸多评判，系《四库全书总目》小说批评理论及小说观念的重要体现，有其重要意义。因此，从《四库全书总目》的编纂背景及对明代学术的批判意见切入，结合传统目录学的知识结构，梳理《四库全书总目》对明代小说的评骘及其因由，有助于进一步挖掘传统目录学知识结构对《四库全书总目》小说批评的影响。

一 《四库全书总目》评判明人小说的典型特征与意图

在《四库全书总目》"小说家类"中，所著录的明人小说作品

---

① 温庆新：《"戏曲小说"与〈也是园藏书目〉对"通俗小说"的设类及意义》，《江西师范大学学报》（哲学社会科学版）2018 年第 3 期。

凡 6 部，存目的明人小说作品有 110 余部。为何《四库全书总目》会将多数明代小说作品抽毁或禁毁、存目呢？清代"四库馆臣"对明人小说的评骘具有怎样的典型特征呢？

（一）评判明人小说是《四库全书总目》批评明代士风、学风及学术的重要环节

检视《四库全书总目》，随处可见清代"四库馆臣"对明代学术，尤其是明代史学与经学的鄙薄性意见。比如，《易义古象通》（魏濬）提要言"明自万历以后，经学弥荒，笃实者局于文句，无所发明；高明者骛于元（玄）虚，流为恣肆"①；《通鉴纲目前编》（南轩）提要亦言"有明一代，八比盛而古学荒，诸经注疏，皆以不切于时文，庋置高阁，故杂采类书，以讹传讹，至于如此"②；又，《右编》（唐顺之）提要云："盖明自万历以后，国运既颓，士风亦佻，凡所著述，率窃据前人旧帙，而以私智变乱之"③，等等。据此，清代"四库馆臣"多鄙薄明季士风的轻佻与学风的蹈空，致使明代学术的价值存有诸多缺憾。这也是清代"四库馆臣"对明代学术的整体看法。所谓"杂采类书，以讹传讹"，深刻道出明人著书立说的疏落与随意态度，从而导致明人喜纂野乘、私史却多不足以征等诸多弊病。

对此，清代"四库馆臣"归纳了明人著书所存在的几大问题：一是繁简不当、详略未得。如认为薛应旂所撰《宋元资治通鉴》"文繁而事复"，又说"所纪元事，尤为疏漏。惟所载道学诸人，颇能采据诸家文集，多出于正史之外。然杂列制诰、赠言、寄札、祭文，铺叙连篇，有同家牒"④。又，认为朱国祯撰《大政记》"编年记载，

① 永瑢等：《四库全书总目》，中华书局 1965 年版，第 32 页。
② 永瑢等：《四库全书总目》，中华书局 1965 年版，第 434 页。
③ 永瑢等：《四库全书总目》，中华书局 1965 年版，第 512 页。
④ 永瑢等：《四库全书总目》，中华书局 1965 年版，第 434 页。

繁简多有未当，殊乏史裁"①，雷礼撰《明大政记》"所记多采撮《实录》，详略未能得中，异同亦鲜能考据"②。二是认为所言往往怪诞不足信，近小说家无稽之语。如认为薛应旂《宋元资治通鉴》往往"引用说部，以补正史之阙者，又不辩虚实，徒求新异"，故所援引多"小说家无稽之语"。③ 又，认为朱谋㙉撰《邃古记》"杂引诸书以为目"，"所引多纬书荒诞之说，既非信史，又鲜异闻"。④ 又，认为陆相撰《阳明先生浮海传》"是书专纪王守仁正德初谪龙场驿丞，道经杭州，为奸人谋害，投水中。因飘至龙宫，得生还之事。说颇诡诞不经。……盖文人之好异久矣。"⑤ 不一而足。据此可知，明代文人好异以至于著书多含作伪之弊。三是所援引多滥载琐碎，不得著书章法要领与体例规范。如认为李濂撰《祥符文献志》"所录皆明一代之人，而至于盈十七卷。时弥近则易详，亦时太近则易滥，固志乘之通病耳"⑥。又如，认为喻均、刘元卿合撰《江右名贤编》"（该书）门类太多，颇涉琐碎，又所载有明一代人物，尤为泛滥"⑦，认为焦竑撰《献征录》"是书采明一代名人事迹"，又说"自洪武迄于嘉靖，搜采极博，然文颇泛滥，不皆可据。又于引据之书或注或不注，亦不免疎略"⑧。上述所引诸多例子及其相关认识，大体较详尽指出了明代学术客观存在的若干问题，所言有其中肯之一面。

在这种情况下，《四库全书总目》评骘明代小说时，往往将其置于对明代学风与士风的批判之中，关注明代学风与士风对明人小说

---

① 永瑢等：《四库全书总目》，中华书局1965年版，第435页。
② 永瑢等：《四库全书总目》，中华书局1965年版，第434页。
③ 永瑢等：《四库全书总目》，中华书局1965年版，第434—435页。
④ 永瑢等：《四库全书总目》，中华书局1965年版，第456页。
⑤ 永瑢等：《四库全书总目》，中华书局1965年版，第539—540页。
⑥ 永瑢等：《四库全书总目》，中华书局1965年版，第553页。
⑦ 永瑢等：《四库全书总目》，中华书局1965年版，第558页。
⑧ 永瑢等：《四库全书总目》，中华书局1965年版，第558—559页。

编纂的影响，着重注意明代小说所写是否具有征信价值。且在评判过程中，多含鄙薄之意。这种评判意见多见于"小说家类存目"中。

其一，批判明代小说的编纂多喜剽窃他书。如"四库馆臣"在《东园友闻》（不著撰人名氏）提要中言："所录皆宋元间事，核检其文，即剽剟孙道易《东园客谈》，改题此名也。"① 对何良俊所撰《世说新语补》之提要言："于汉晋之事全采《世说新语》，而摭他书以附益之。本非补《世说新语》，亦无《世说补》之名。凌濛初刊刘义庆书，始取《语林》所载，削去与义庆书重见者，别立此名，托之世贞。盖明世作伪之习，绖从而信之，殊为不考。然绖《序》字句鄙倍，词意不相贯属，疑亦出书贾依托。"② 又如，《燕山丛录》（徐昌祚）提要言："（此书）亦剽掇之学也。"③ 在"四库馆臣"看来，明代小说编纂的剽窃之风，致使明代小说多杂而无体，颇为混乱。这种做法与上引批判明代史学编纂"率窃据前人旧帙，而以私智变乱之"相类，故而仅以"存目"而录。

其二，认为明代小说多"失真"、不足征信。如上引《宋元资治通鉴》"小说家无稽之语"。又如，《双溪杂记》（不著撰人名氏）提要指出：是书所记"正、嘉之间，则自任其私，多所污蔑，不可尽据为实录"，又说"记中于廷和与泽诋诬尤甚。至于大礼一事，曲徇世宗之意，悉归其过于廷和，尤非定论矣"④。严格意义上讲，这种批判主要基于具体作品的学术价值而言，强调学术的"公器"意义，故而主张论者应公正立说。正如"四库馆臣"在杜大珪《名臣碑传琬炎集》提要中，针对杜大珪处理史实时"去取殊为未当"所做的评判："盖时代既近，恩怨犹存。其所甄别，自不及后世之公。此亦事理之恒，贤者有所不免，固不能独为大珪责矣。"又，在尹直《謇

---

① 永瑢等：《四库全书总目》，中华书局1965年版，第1218页。
② 永瑢等：《四库全书总目》，中华书局1965年版，第1222页。
③ 永瑢等：《四库全书总目》，中华书局1965年版，第1231页。
④ 永瑢等：《四库全书总目》，中华书局1965年版，第1219页。

斋琐缀录》提要中所言："是书所载多明代掌故，于内阁尤详，于同时仕宦黜陟、恩怨报复之由，亦颇缕悉。而好恶之词，或所不免。"①所谓"恩怨犹存""贤者有所不免"云云，可知学者著书立言虽说难免含己见，但仍旧不得违背学术公正的原则。

其三，批判明代小说喜语神怪、采奇异之事。如《方洲杂言》（张宁）提要言："是书所述皆见闻琐屑之事。于登第梦兆，记之尤详，颇近猥杂。"又如，黄瑜《双槐岁抄》提要言："其书首尾贯串，在明人野史中颇有体要。然亦多他书所载，无甚异闻。至于神怪报应之说，无关典故者，往往滥载，亦未免失于裁剪矣。"②知清代"四库馆臣"认为《双槐岁抄》多神怪报应之说以至于出现"诬谩失真、妖妄荧听"。这种角度一直贯穿于子部"小说家类"的评骘之中。③而将《双槐岁抄》等同于"野史"，已道出明代小说作品与明季野史、私史编纂之间的紧密关系。据此，《四库全书总目》以为明代小说不足征信的原因，既有明代小说编纂者多喜剽窃他书等不良学风的影响，亦受明代小说编纂者"自任其私"、挟公济私等不良士风的影响，又因明代小说多喜语神怪、采奇异之事。

（二）指出明代史部作品与明代"小说家类"作品间的纠葛及互通情形

清代"四库馆臣"认为，某些明修史书所写往往"体杂说部"、类于"小说家类"所言。同时，以为明代不少小说作品亦含有明代史书的体例特征与编纂要求，从而具有一定的考订参考。一是认为明修史书所载"体杂说部""类传奇演义"，存有稗官小说的特征。如在"史部编年类存目"中，指出沈越的《嘉隆两朝闻见纪》一

---

① 永瑢等：《四库全书总目》，中华书局 1965 年版，第 1218 页。
② 永瑢等：《四库全书总目》，中华书局 1965 年版，第 1218—1219 页。
③ 案，如（元）杨瑀《山居新语》提要言"其书皆记所见闻，多参以神怪之事，盖小说家言"（明）李本固《汝南遗事》提要言"多涉神怪仙鬼，不免为小说家言"，即证（永瑢等：《四库全书总目》，中华书局 1965 年版，第 1203、1223 页）。

书："所附案之文，如五元臣皆不利之类，亦体杂说部。"① 在"史部传记类存目"中，认为徐缙芳《精忠类编》"编次颇无条理，而异感类中如疯魔行者骂秦桧、胡迪入冥之类，尤类传奇、演义。飞之忠烈，自与日月争光，不假此委巷之谈，侈神怪以相耀也"②；认为焦竑《熙朝名臣实录》"各传中多引《寓圃杂记》及《琐缀录》诸书，皆稗官小说，未可征信。又或自序事，或仅列旧文，标其书目，于体裁亦乖。所附李贽评语，尤多妄诞，不足据为定论也"③。二是认为不少明代小说作品所录"可与史传相参"，如在"小说家类"中，认为叶盛《水东日记》"是书记明代制度及一时遗文逸事，多可与史传相参"，以为该书于"朝廷旧典，考究最详"，可与史传"取长弃短，固未尝不可资考证也"④。认为陆容《菽园杂记》："是编乃其札录之文，于明代朝野故实，叙述颇详，多可与史相考证。"⑤这种认可，正是子部"小说家类"小序所言"资考证"的典型体现。而"体杂说部"、类于"小说家类"或"可与史传相参"云云，就含有从传统目录学的分类体系与部类设置标准等切入的意味。上述对《嘉隆两朝闻见纪》《精忠类编》《熙朝名臣实录》等的批判，就是从书籍编纂体例的角度对所录之书进行史学思想与考订价值评骘的依据。因为此类书籍多与稗官小说相纠葛，所以学术价值有限而归入"存目"类中。由此可见，清代"四库馆臣"对明代小说的评判十分注意对明代小说的编纂体例与成书方式，乃至由此带来的书籍编纂意义等方面的讨论。

而明代史书与明代小说作品互相纠葛的缘由，当与明代著述多喜杂采他书，甚或剽窃他处而不加考订或调整等粗疏学风，存有很

----

① 永瑢等：《四库全书总目》，中华书局 1965 年版，第 434 页。
② 永瑢等：《四库全书总目》，中华书局 1965 年版，第 542 页。
③ 永瑢等：《四库全书总目》，中华书局 1965 年版，第 559 页。
④ 永瑢等：《四库全书总目》，中华书局 1965 年版，第 1203—1204 页。
⑤ 永瑢等：《四库全书总目》，中华书局 1965 年版，第 1204 页。

大关系。比如，宋端仪所撰《立斋闲录》："是编杂录明代故事，自太祖吴元年迄于英宗天顺，皆采明人碑志、说部为之，与正史间有牴牾。体例亦冗杂无绪。"① 所言"采明人碑志、说部为之"，正是明代小说作品（包括子部文言小说与通俗小说②）的重要成书方式。这种做法与明代史书编修时"杂采类书"乃至"窃据前人旧帙，而以私智变乱之"等做法，本质趋一。唯明代史书编修多杂采自类书、旧志，而明代小说则采自"碑志"甚至"说部"作品。故而，明代此类史书编修时的文献依据与结论可靠程度，略高于明代小说作品。不过，这种做法恰恰表明：从明代学脉与学风的演变实际看，"四库馆臣"已深刻把握了明代小说创作与野史、家乘之间千丝万缕的关系。明代小说取材于杂史、家乘的做法，使其所言一定程度上具有可资考证、裨益风教的价值。但我们应该看到，明代小说的征信价值往往是有限的。正如《四库全书总目》子部"小说家类二"所载案语所言："纪录杂事之书，小说与杂史最易相淆。诸家著录，亦往往牵混。今以述朝政军国者入杂史；其参以里巷闲谈，词章细故者，则均隶此门。《世说新语》古俱著录于小说，其明例矣。"③ 可见，"小说家类"所言并非偏向"朝政军国"，而是以"里巷闲谈，词章细故"为主。所言"其明例矣"，亦是从传统目录学的部类设置与作品著录标准切入的。在"四库馆臣"看来，由于明代学风的粗疏致使明代小说的编纂往往蹈空不实，故而，"可资考证"的价值远远不如其他朝代所编纂的小说作品。

（三）评骘明人小说的标准与意图皆围绕政教思想而展开

据"小说家类"小序所言："张衡《西京赋》曰：'小说九百，

---

① 永瑢等：《四库全书总目》，中华书局 1965 年版，第 1219 页。

② 案，《四库全书总目》亦有对明代通俗章回小说的评判，主要从征信价值与风俗人心两方面对通俗章回小说加以展开，认为通俗章回小说多系"坊肆不经之书"（参见温庆新《从目录学角度谈〈四库全书总目〉不收通俗小说的缘由》，《图书馆工作与研究》2017 年第 11 期）。

③ 永瑢等：《四库全书总目》，中华书局 1965 年版，第 1204 页。

本自虞初.'《汉书·艺文志》载：'《虞初周说》九百四十三篇.'
注称'武帝时方士'，则小说兴于武帝时矣。故《伊尹说》以下九
家，班固多注依托也。然屈原《天问》，杂陈神怪，多莫知所出，意
即小说家言。而《汉志》所载《青史子》五十七篇，《贾谊新书·
保傅篇》中先引之，则其来已久，特盛于虞初耳。迹其流别，凡有
三派：其一叙述杂事，其一记录异闻，其一缀辑琐语也。唐宋而后，
作者弥繁，中间诬谩失真、妖妄荧听者固为不少，然寓劝戒、广见
闻、资考证者，亦错出其中。班固称：'小说家流，盖出于稗官.'
如淳注谓：'王者欲知闾巷风俗，故立稗官，使称说之.'然则博采
旁搜，是亦古制，固不必以冗杂废矣。今甄录其近雅驯者，以广见
闻。惟猥鄙荒诞、徒乱耳目者，则黜不载焉。"① 所谓"寓劝戒、广
见闻、资考证"，就是强调"小说家类"应该裨益政教意图以利于统
治。"诬谩失真、妖妄荧听"就是强调"小说家类"作品不得妨碍
风俗人心向善。这种思想就是从经世致用的角度出发强调小说的政
教作用。可以说，《四库全书总目》"小说家类"所言"叙述杂事"
"记录异闻""缀辑琐语"及"寓劝戒""广见闻""资考证"等语，
均围绕政教作用展开。《四库全书总目》以"正人心""厚风俗"等
为具体指导重新挑选"小说家类"作品，以期给统治阶级提供对当
时缙绅士子、市井愚民进行思想引导的典范作品。此举形成于乾隆
朝为维护统治利益、钳制异端思想的语境中——乾隆三年（1738）
就曾颁布政谕云："查淫词秽说，最为风俗人心之害，故例禁綦严。"②
因而，它是统治者试图通过政治权力的干预，建立以政教为核心的
文化机制与话语体系的重要一环。③

---

① 永瑢等：《四库全书总目》，中华书局 1965 年版，第 1182 页。
② 王利器辑录：《元明清三代禁毁小说戏曲史料（增订本）》，上海古籍出版社 1981 年
版，第 42 页。
③ 参见温庆新《试论政教视域下的〈四库全书总目提要〉小说观念》，《图书馆工作与
研究》2015 年第 10 期。

在这种思想的指导下，"四库馆臣"评骘明代小说时，首先强调明代小说作品所写是否含有符合彼时政教思想的成分。比如，评耿定向《先进遗风》所载："明代名臣遗闻琐事，大抵严操守、砺品行、存忠厚者为多。盖明自嘉靖以后，开国敦庞之气日远日漓，士大夫怙权营贿，风尚日偷，定向陈先进懿行以救时弊，故所纪多居家行己之细事，而朝政罕及焉。"① 其所认可《先进遗风》收录"严操守、砺品行、存忠厚"作品之举，突出所录作品的匡时意义以满足彼时的统治需要，就是强调小说作品政教意义的一种典型。又如，评潘士藻《闇然堂类纂》言"是书以所闻见杂事分类纂叙，大抵皆警世之意"，又说"时当明季正风俗彫弊之时，故士藻所录，于骄奢横溢，备征果报，垂戒尤切，盖所以针砭流俗也"②。评谈修《避暑漫笔》言："是编皆掇取先进言行可为师法，及近代风俗浇薄可为鉴戒者，胪叙成篇。其书成于万历中，当时世道人心，皆极弊坏。修发愤著书，故其词往往过激云。"③ 亦是此类。然而，明代小说作品大多未能达到上述的思想高度，因此，"小说家类"所录明代小说作品仅六部，余者或退置于"小说家类存目"或进行禁毁。同时，"四库馆臣"在"小说家类存目"中对明代小说作品的评骘，往往鄙薄明代小说作品不能够全面反映政教思想，而仅是若干作品一定程度上带有政教思想的成分。如孙道易《东园客谈》退入"小说家存目"的缘由，在于"其书皆录名人嘉言懿行及近代闻见诸事"，但多据"当时友朋所书辑之"④，以至于可靠程度略小等。

据此而言，《四库全书总目》评判明代小说的政教思想时，除了从书籍的编纂体例与目录学分类体系切入外，主要是基于政教思想的匡时意义而言。同时，为突出论述明代小说的政教思想，《四库全

---

① 永瑢等：《四库全书总目》，中华书局 1965 年版，第 1204 页。
② 永瑢等：《四库全书总目》，中华书局 1965 年版，第 1222 页。
③ 永瑢等：《四库全书总目》，中华书局 1965 年版，第 1223 页。
④ 永瑢等：《四库全书总目》，中华书局 1965 年版，第 1218 页。

书总目》又通过强调明人小说的征信与考证价值予以展开。典型者除上引实例外，"小说家类存目"提要中多认为其所收录的明代小说，仅具有若干征信或考订成分，从而导致考订价值有限。如认为《双槐岁钞》"多他书所载，无甚异闻"，认为《寓圃杂记》"多摭拾琐屑，无关考据"，认为祝允明《野记》"可信者百中无一"[1]，等等。之所以会有如此评价，是因为《四库全书总目》认为明代小说的撰写来源与依据多为稗官与杂说，意即对"小说家类"作品的再次或多次杂抄、更改，以至于不足为凭。如评皇甫录《近峰闻略》"于稗官杂说，采摭颇繁，而考证全疏，舛谬亦复不少"，评罗凤《延休堂漫录》所载"皆杂取小说，不足征信"[2]。同时，《四库全书总目》认为明人小说的撰者好稗官小说，以至于此类作品撰述过程中多未注明出处。如认为宋雷"好博览史传、乘载、稗官小说之书"，以至于《西吴里语》所引不注出处，"多涉荒诞"而"不尽可信"[3]。这种评骘思路亦是基于传统目录学不同部类之间的区别而言。

要之，《四库全书总目》对明人小说的评骘，不论是针对小说作者的评判，抑或针对小说作品的批判，都可见及政教意图的作用。

二　《四库全书总目》评骘明人小说的缘由及启示

学界讨论《四库全书总目》有关明季士风、学风与学术现象的评判时，大多以为此类评判受乾嘉时期考据学思想的影响甚深，以至于清代"四库馆臣"多以严谨姿态予以鄙薄。又或者从历代经学史与史学史的角度，讨论明季学术在历代经学史或史学史演进过程中的诸多问题与缺陷，从而以为清代"四库馆臣"所论颇为中肯。

然而，当我们从传统目录学的体系建构及其演进史迹切入，可

---

① 永瑢等：《四库全书总目》，中华书局1965年版，第1219页。
② 永瑢等：《四库全书总目》，中华书局1965年版，第1220页。
③ 永瑢等：《四库全书总目》，中华书局1965年版，第1222页。

以发现清代"四库馆臣"的评判虽然带有以"清"度"明"的否定倾向，但其对明代学术的评判亦有中肯之论。如《易义古象通》提要言："明自万历以后，经学弥荒，笃实者局于文句，无所发明；高明者骛于虚无，流为恣肆。"又如上引《古周易订沽》提要所言："有明一代，八比盛而古学荒，诸经注疏，皆以不切于时文，庋置高阁，故杂采类书，以讹传讹，至于如此。"不过，此类评判视角与目的首先要符合康、乾时期的政教意图以维护彼时的政权统治。而《四库全书总目》践行上述思想的通常做法，就是剔除含有不合彼时政统所需的"异端"作品，或者剔除并批判不利于风俗人心向善的作品。前者如评王廷相《雅述》时所言"此书则颇多乖戾"，"过于摆落前人，未免转成臆断。如谓人性有善有恶，儒者亦不计与孔子言性背驰与否，而曰孟子言性善，是弃仲尼而尊孟子矣。况孟子亦自有言不善之性者，何独以性善为名云云。是其所见，与告子殆无以异。又谓人生而静，天之性也；感于物而动，性之欲也。此非圣人语。然则圣人之动，亦皆欲而非天耶？是又不以情言欲，直以私言欲，无怪其并性善而疑之矣。至谓雷搏击成声乃物之所为，但非人间可得而见，尤涉于小说家神怪之言。廷相以诗名一时，而持论偏驳乃尔。盖宏、正以前之学者，惟以笃实为宗；至正、嘉之间，乃始师心求异。然求异之初，其弊已至于如此。是不待隆、万之后始知其决裂四出矣。"可见，清代"四库馆臣"以为学者撰述时的持论应中肯，更应遵守儒家思想等传统。所谓"尤涉于小说家神怪之言"，系批评《雅述》所言荒诞不经，以至于不合儒家经典。换句话讲，《四库全书总目》"小说家类"所录系不太切合儒家经典，含有异端、怪异思想成分的作品。后者如"小说家类"小序所谓"诬谩失真、妖妄荧听者""今甄录其近雅驯者，以广见闻。惟猥鄙荒诞、徒乱耳目者，则黜不载"之流。对《先进遗风》《闇然堂类纂》《避暑漫笔》等明代小说的评骘意见，亦可佐证。可见，清代"四库馆臣"认为任何违背政教思想的地方，皆应详细指明，以正视听。

从这个角度讲，清代"官学"约束下的《四库全书总目》批判理念与具体措施，必然紧紧围绕政教意图。更何况乾隆三十九年（1774）八月，曾乾隆皇帝谕示云："各省进到书籍，不下万余种，并不见奏及稍有忌讳之书。岂有裒集如许遗书，竟无一违碍字迹之理？况明季末造野史者甚多，其间毁誉任意，传闻异词，必有诋触本朝之语，正当及此一番查办，尽行销毁，杜遏邪言，以正人心而厚风俗，断不宜置之不办。"① 而为有效践行上述政教意图，《四库全书总目》所采取的措施主要是从传统目录学的评价体系与知识结构为基，展开对明代具体小说作品的评骘。

首先，《四库全书总目》"小说家类"的主要评判视角之一，即是注意所录书籍的"体例""体裁"。比如，对宋人小说叶绍翁《四朝闻见录》提要言"今核其体裁，所评良允"②，周密《癸辛杂识》提要亦言"与所作《齐东野语》大致相近，然《野语》兼考证旧文，此则辨订者无多，亦皆非要义。《野语》多记朝廷大政，此则琐事、杂言居十之九，体例殊不相同。故退而列之小说家，从其类也"③。可见《癸辛杂识》之所以著录于"小说家类"，是因为所言多"琐事杂言"，且"体例"与史书有别。又如，认为明人小说黄瑜《双槐岁钞》"首尾贯串，在明人野史中颇有体要"④，认为《立斋闲录》"体例冗杂无绪"，认为祝允明《前闻纪》"散无统纪，大抵于所为《野记》中别撮为一书，而小更其次第"⑤，认为李默《孤树裒谈》"例则编年，体则小说"⑥ 等。据此可知，《四库全书总目》认为"小说家类"作品与史书是相通的，对《双槐岁钞》的评骘即证。这种相通之处不仅体现在二者皆具有政教思想与考订价值，亦

---

① 中国第一历史档案馆：《纂修四库全书档案》，上海古籍出版社 1997 年版，第 240 页。
② 永瑢等：《四库全书总目》，中华书局 1965 年版，第 1201 页。
③ 永瑢等：《四库全书总目》，中华书局 1965 年版，第 1201 页。
④ 永瑢等：《四库全书总目》，中华书局 1965 年版，第 1219 页。
⑤ 永瑢等：《四库全书总目》，中华书局 1965 年版，第 1219 页。
⑥ 永瑢等：《四库全书总目》，中华书局 1965 年版，第 1221 页。

因为二者的著述体例多所相类，甚至相互包含。如若某一书籍虽"体例"与诸如传记、杂史、编年等其他部类相类，但据政教思想的价值大小即可进行部类区分与归并。如认为凌迪知《名世类苑》："叙述名臣，类乎传记。而断裂分隶，非人自为传。又兼及神异、诙谐、定数之类，体杂小说，故附之小说家焉。"① 又如，上引评骘《先进遗风》《闇然堂类纂》《避暑漫笔》等明代小说时意图矫正"当时世道人心"以"警世"，认为此类小说的编纂意图与体例原本类于史书，但作品编纂者所言尚乏中肯之论，难免偏激，以至于类同"小说家类"。从表层现象看，《四库全书总目》时而以政教意图为主导进行部类设置与作品归并，时而又以"体例""体裁"等角度予以区分，似乎有相矛盾之处。然据上引述，不难见及《四库全书总目》往往以"体例""体裁"对具体作品进行价值判断，进而进行部类归并的评判视角。这其实是对传统目录学分类体系与评判方法的继承，属于方法论层面的使用。在这种评判视角的推进下，《四库全书总目》以政教意图为主导的做法，属于价值观层面的运用。二者并不矛盾，而是相互补充，最终形成《四库全书总目》多维的评价标准及立体的评价体系。

其次，《四库全书总目》"小说家类"的内涵判断及对明代小说的评骘，亦是对传统目录学的承继。其所言"今以述朝政军国者入杂史；其参以里巷闲谈，词章细故者"，成为《四库全书总目》区分小说与杂史的主要标准。虽说小说与杂史二者的内容与体例有别，然而如此区分的最终意图实系为科学地进行部类设置与客观地进行作品归并。此亦是一种目录学的评判视角。比如，《四库全书总目》评判具体明代小说作品时，所言"居家行己之细事"（《先进遗风》提要）、"琐事杂言居十之九"（《癸辛杂识》提要）、"多委巷之谈"

---

① 永瑢等：《四库全书总目》，中华书局 1965 年版，第 1221 页。

（《野记》提要）① 等语，均是上述区分标准的具体体现。而据所录之书的书写内容作为作品归并置类的标准，进而区分不同书籍的类别。这种做法就是传统目录学所惯用与擅长的。这种思路与做法，即是对《汉书·艺文志》所言"小说家者流，盖出于稗官。街谈巷语，道听途说者之所造也。孔子曰：'虽小道，必有可观者焉，致远恐泥，是以君子弗为也。'然亦弗灭也。闾里小知者之所及，亦使缀而不忘。如或一言可采，此亦刍荛狂夫之议也"等内容的承继。此举主要强调"小说家类"所写"街谈巷语，道听途说者"而非"述朝政军国"，突出此类内容的政教意义。也就是说，《四库全书总目》对"小说家类"的总体评价与对具体小说作品的归并，总体上是以《汉书·艺文志》所确立的传统为据。这种传统就是一种目录学视域下的学术判断结论。由此可见，《四库全书总目》对明代小说的评骘，严格依据目录学体系的评判方法与结论加以展开的，即区分不同部类的编纂体例、编纂思想，以此作为对具体作品归并与评骘的主导性意见。

换句话讲，从清代朝廷编纂《四库全书总目》的政教意图及"四部"的学术价值大小不一等情形看，《四库全书总目》对明季学术的评判依旧严格恪守传统目录学的评价守则。而对这种评判视角的强化，使得《四库全书总目》在康乾文治背景的要求下，更加突出政教意义、征信价值对于"小说家类"的重要性，以此作为区分不同部类的重要标准。在这种评价视角的作用下，《四库全书总目》对明代小说作品的认可度并不太高。因为《四库全书总目》对明代学术、士风及学风已在总体上予以否定。从这个角度讲，我们大可不必苛责《四库全书总目》对明季学术的批判与鄙薄。而应该注意到，《四库全书总目》的编纂缘由与部类设置标准，决定了其对任何时期的学术评判，以及对某一或某类具体收录作品或存目作品、禁

---

① 永瑢等：《四库全书总目》，中华书局1965年版，第1219页。

毁作品的评判，都要符合目录学的编纂传统。当然，这其中的批判与鄙薄，因评判对象的不同而难免程度不一。然而，其间的主要依据标准，则当趋一。要言之，《四库全书总目》以政教意图为指导，关注明代粗俗学风与不良士风对明代小说编纂的影响。为贯彻以政教为核心的文化机制与话语体系的要求，清代"四库馆臣"往往从"体例""体裁"出发，展开对小说作品的价值判断与征信评判，进而进行部类归并。这种做法是对传统目录学分类体系与评判方法的承继。然明代小说多杂采他书甚或剽窃他处，仅若干作品带有政教思想的成分，以至于多遭鄙薄。这就导致《四库全书总目》"小说家类"所录明代小说作品仅六部，余者或退置于"存目"或进行禁毁。

那么，《四库全书总目》进行明代小说的评骘，有何重要启示意义？我们知道，学界现今对明代小说的认识主要从明人的札记文献、明代小说序跋、小说作者的谈论与小说作品所写、小说评点作品等角度切入，分析明人的小说观念以及探讨明代小说的文体特征、批评理论、接收与传播等内容。但学者似乎较少探讨目录学视域下的明代小说传播、接受及其历史意义。而据前所述可知，《四库全书总目》从政教意图与征信价值切入，将对明代小说的评判置于明代学风、士风及学术的评判视域下考察，主要关注明代小说的政教意义、征信及考订价值，强调明代小说的政教功用与著书体例，否定明代小说作品中神怪鬼神的叙述内容与娱乐审美功用，从而将明代小说纳入彼时的价值评判体系中加以考察。这些内容多为学者所忽略，应该引起注意。同时，对明代小说的考察若能基于彼时的文治背景、学术评价体系等角度加以展开，或许所论更能接近明代小说的演变实际，方能予以合理评骘。

第四节 《四库全书总目》不录通俗小说的目录学缘由

有关《四库全书总目》不收通俗小说之举，历来是学界关注的热点之一。学界往往以为清代中叶通俗小说，乃至通俗文学已广为流传，"四库馆臣"对这种现象不能不有所注意并予以著录，然而，为《四库全书总目》何会付之阙如呢？甚至不少学者批评"四库馆臣"思想保守、抱残守缺，乃至用正统观念排斥通俗文学的做法有待商榷。相关讨论众说纷纭。众所周知的是，明清书目逐渐注意对《三国志通俗演义》《水浒传》《西游记》等通俗小说进行著录，试图将此类通俗小说纳入代表传统知识体系的目录学中进行相应的知识分类与价值定位。虽然学界对此类现象已有过一些探讨，但罕有学者从传统目录学的知识结构探讨明清书目著录通俗小说的历史意义。而包括《四库全书总目》在内的清中叶以前书目，亦罕有进行通俗小说的著录，清代后期的各类书目则突破此前藩篱而对通俗小说进行广泛著录。这种演变情形对通俗小说的批评思想有何触动？对通俗小说在传统目录学知识体系中的"尊体"推进是否有本质影响呢？前面已详细讨论钱曾《也是园藏书目》专列"通俗小说"小类的缘由与意义，此处围绕目录学的知识视域，从中、西目录学的知识结构与理论的不同切入，结合《四库全书总目》的编纂背景，进一步申说《四库全书总目》不收通俗小说的文化必然性。

一　《四库全书总目》有关通俗小说的论断

采用经、史、子、集"四分法"排列的《四库全书总目》虽然不收录通俗小说，但在《四库全书总目》所收（或存目）之书前所附相关书籍的提要中，仍有若干提及《水浒传》《三国志通俗演义》等通俗小说之处，如"史部别史类存目"《季汉五志》提要、"传记类存目四"《东林点将录》提要、"子部杂家类存目五"《文海披沙》提要、"杂家类存目五"《梅花草堂笔谈》《二谈》提要、"类书类存目二"《朱翼》提要等。据此可知，有关通俗小说的评论主要见于存目书的提要中。"四库馆臣"往往认为这些存目书，多搪摭诸书而不可信,荒谬甚多。如《季汉五志》提要认为此书所记"荒谬尤多"①。又如,《文海披沙》提要认为谢肇淛所撰是书"皆其笔记之文。偶拈古书,借以发议",而"大抵调意轻儇,不出当时小品之习"以至于有碍风俗人心。又,《梅花草堂笔谈》提要认为是书"所记皆同社酬答之语,间及乡里琐事。辞意纤佻,无关考证"②。又,《朱翼》提要认为是书"多引释典道书,殊乏别择,甚至采及《水浒传》,尤庞杂不伦,实与朱子之学南辕北辙也"③。上述认为《季汉五志》《文海披沙》等书不足以征信的原因,往往是这些书籍的援引之据不足(即多所征引《水浒传》等通俗小说)为凭或因写作者的随意发挥而致。

(一)征信价值、风俗人心与《四库全书总目》对通俗小说的批判

在这种思想的介入下,"四库馆臣"提及通俗小说时,亦多据以征信价值与风俗人心的角度予以鄙薄,且有关意见的品评趋向颇为相似。如《文海披沙》提要言:"'曹娥碑'一条,据《三国演义》为说,不知传奇非史也。"④《季汉五志》提要更是直接批判:"至于《三国演义》乃坊肆不经之书,何烦置辨。"⑤《梅花草堂笔谈》《二谈》提要认为:"《二谈》轻佻尤甚。如云《水浒传》何所不有,却无破老一事。"及上引《朱翼》提要所言"甚至采及《水浒传》,尤庞杂不伦"等。据此而言,"四库馆臣"认为《三国志通俗演义》等通俗小说所言往往不知为凭,尤其是"坊肆不经之书"一语,认为通俗小说虽因书坊所刊而广为流传,但往往不能切合"经典"。此处将《三国志通俗演义》定位为"传奇"而非"史"书,已表明"四库馆臣"对此书的经世价值与征信价值的贬低。此即"四库馆

---

① 永瑢等:《四库全书总目》,中华书局 1965 年版,第 459 页。
② 永瑢等:《四库全书总目》,中华书局 1965 年版,第 1100 页。
③ 永瑢等:《四库全书总目》,中华书局 1965 年版,第 1173 页。
④ 永瑢等:《四库全书总目》,中华书局 1965 年版,第 1103 页。
⑤ 永瑢等:《四库全书总目》,中华书局 1965 年版,第 459 页。

臣"于《三国志补注》提要所言"稗官小说，累牍不休，尤诞谩不足为据"①的具体体现。同时，《东林点将录》提要云"其书以《水浒传》晁盖、宋江等一百八人天罡、地煞之名，分配当时缙绅，今本阙所配孔明、樊瑞、宋万三人，盖后人传写佚之"②，鄙薄是书参考《水浒传》排座次与列绰号的做法。这种评价其实已注意到《水浒传》等通俗小说对当时社会的广泛影响，以至于士人学子不自觉地予以借鉴。然因"四库馆臣"以为《水浒传》等通俗小说所言亦多不经之谈，故而"四库馆臣"对此类通俗小说影响的强调主要体现于有碍"风俗人心"等方面。甚至，"四库馆臣"在《玉剑尊闻》提要中指出："（该书）取有明一代轶闻琐事，依刘义庆《世说新语》门目，分三十四类而自为之注，文格亦全仿之。然随意钞撮，颇乏持择。如李贽尝云：宇宙内有五大部文章，汉有司马子长《史记》、唐有《杜子美集》、宋有《苏子瞻集》、元有施耐庵《水浒传》、明有《李献吉集》之类，皆狂谬之词，学晋人放诞而失之者。"③ 更是以"狂谬之词"来否定《水浒传》，此即"四库馆臣"尤为鄙薄通俗小说的不良社会影响之另一典例。

上述所言"四库馆臣"对通俗小说的评判意见及评价标准，与《四库全书总目》对子部"小说家类"的评价方式与标准设定，并无二致。综观《四库全书总目》子部"小说家类"的小序及对具体作品的评价意见，大略可知："四库馆臣"往往将子部"小说家类"所录小说作品当作一种以政教作用为核心内涵的学术，子部"小说家类"小序所言"叙述杂事""记录异闻""缀辑琐语"及"寓劝戒""广见闻""资考证"等语均围绕政教作用展开。《四库全书总目》以"正人心""厚风俗"等为具体指导重新挑选"小说家类"

---

① 永瑢等：《四库全书总目》，中华书局1965年版，第404页。
② 永瑢等：《四库全书总目》，中华书局1965年版，第559页。
③ 永瑢等：《四库全书总目》，中华书局1965年版，第1225页。

作品，以期给统治阶级提供对当时缙绅士子、市井愚民进行思想引导的典范作品。① 显然，"四库馆臣"对通俗小说（即今人所谓的章回小说）的评价标准与对子部"小说家类"的评价并无二致，并不因小说文体形态的不同而区别对待。总的来说，《四库全书总目》从征信价值与风俗人心两视角，对通俗小说是批判、排斥的。需要指出的是，"四库馆臣"对通俗小说的鄙薄态势，甚于对子部"小说家类"作品的批判。这从"四库馆臣"对《三国志通俗演义》"坊肆"来源的鄙薄，即见一斑。这种对源于民间的通俗文学的鄙视态度，一定程度上导致了《四库全书总目》不收通俗文学。②

（二）"四库馆臣"将通俗小说归入"传奇"类之举的含义

尤需辩证的是，"四库馆臣"对通俗小说的称呼往往以"传奇"待之。如称《三国志通俗演义》为"传奇非史"。又如，《筠廊偶笔》《二卷》提要（卷一百二十九子部三十九）亦称《醒世恒言》为"传奇"，即《醒世恒言传奇》③。众所周知，在历代史志与其他公私书目中，"传奇"本是部类下的一种小目；该目所收的作品往往涵盖今人所谓戏剧、戏曲、通俗小说、文言小说等多类作品。然而，历代士人多将"传奇"理解为专记"奇异"之事，认为此类作品所言往往含有怪异、虚构的内容而不足为凭。如宋人晁公武《郡斋读书志》著录唐末陈翰所编《异闻集》小说时，注云："以传记所载唐朝奇怪事，类为一书。"④ 又如，明人胡应麟《少室山房笔丛》卷三六"二酉缀遗中"言："凡变异之谈，盛于六朝，然多是传录舛讹，未必尽幻设语。至唐人乃作意好奇，假小说以寄笔端。"⑤ 清人章学诚《文史通义·诗话》亦言"小说出于稗官，委巷传闻琐屑，

① 参见温庆新《试论政教视域下的〈四库全书总目提要〉小说观念》，《图书馆工作与研究》2015 年第 10 期。
② 案，其中的主要原因还在于"四分法"及传统知识结构等因素，说详下。
③ 永瑢等：《四库全书总目》，中华书局 1965 年版，第 1109 页。
④ 晁公武：《郡斋读书志》，北京现代出版社 1987 年版，第 671 页。
⑤ 胡应麟：《少室山房笔丛》，上海书店出版社 2009 年版，第 371 页。

虽古人亦所不废。然俚野多不足凭，大约事杂鬼神，报兼恩怨，《洞冥》《拾遗》之篇，《搜神》《灵异》之部，六代以降，家自为书。唐人乃有单篇，别为传奇一类。大抵情钟男女，不外离合悲欢"，并注云"专书一事始末，不复比类为书"等。① 所引皆强调"传奇"作品作意好奇等特点。而至迟自宋时，"传奇"一词，又指代民间流行技艺之一种。耐得翁《都城纪胜》"瓦舍众伎"条曾说："说话有四家：一者小说，谓之银字儿，如烟粉、灵怪、传奇。说公案，皆是搏刀赶棒，及发迹变泰之事。"② 又，周密《武林旧事》卷六"诸色伎艺人"条言"诸宫调传奇"③。据此而言，宋时"传奇"原为说唱文学"小说"之一种，主要搬演对象往往是一人或一事，内容大多是奇异逸闻之流，往往带有幻设、虚构成分。从某种意义上讲，上述认识已将"传奇"作为一种专门的伎艺门类对待，带有文类类名的特征。故而，章学诚又说："小说歌曲传奇演义之流，其叙男女也，男必纤佻轻薄，而美其名曰才子风流；女必冶荡多情，而美其名曰佳人绝世。"④ 最终将"传奇"与"小说""歌曲"及"演义"等说唱伎艺相等而观。"四库馆臣"在《精忠类编》提要中，认为此书"编次颇无条理，而异感类中如疯魔行者骂秦桧、胡迪入冥之类，尤类传奇演义"⑤，所谓"类传奇演义"云云，亦是作如是观。

据此推言，"四库馆臣"认为通俗小说与"小说"之下的"传奇"一样，皆是源自民间的通俗文艺，故而将两者并举。因此，"四库馆臣"在王圻《续文献通考》提要中对是书将《琵琶记》《水浒传》等通俗作品归入"经籍类"之举批判尤甚，认为：《琵琶记》《水浒传》所著录往往不可信，"空为后来论者之所议"，又说"王

---

① 章学诚著，叶瑛校注：《文史通义校注》，中华书局1985年版，第560页。
② 耐得翁：《都城纪胜》，中国商业出版社1982年版，第11页。
③ 周密：《武林旧事》，山东友谊出版社2001年版，第126页。
④ 章学诚著，叶瑛校注：《文史通义校注》，中华书局1985年版，第561页。
⑤ 永瑢等：《四库全书总目》，中华书局1965年版，第542页。

圻《续文献通考》以《西厢记》《琵琶记》俱入经籍类中，全失论撰之体裁，不可训也"。① 就是将戏曲、通俗小说统称"传奇"的典例。在"四库馆臣"看来，不论是《三国志通俗演义》等通俗小说抑或是《琵琶记》等戏曲作品，所言往往存在虚构成分，不利于"正人心"与"厚风俗"，不合当时统治者试图通过政治权力的干预建立以政教为核心的文化机制与话语体系之意图。

二 《四库全书总目》不收通俗小说的目录学视域考察

上述所言学者评判《四库全书总目》有关通俗小说论断的种种意见，原本无可苛责。但是，若能从"四库馆臣"所处时期的历史语境出发，就不难发现学者的认识往往是以近代由西方传入的目录学分类思想臆测传统目录分类思想的结果。

（一）政教秩序、人伦道德与传统书目的文献意义

事实上，综观历代目录学的演变历程，除了晁瑮《宝文堂书目》"子杂"类、周弘祖《古今书刻》上编"都察院"、高儒《百川书志》卷六"史部·野史"、王圻《续文献通考·经籍考》"传记类"等若干书目著录少量通俗小说作品之外，大部分目录学著述并未予以著录。② 而且上述所言著录通俗小说的书目多系私家藏目，主要著录《三国志通俗演义》《水浒传》《西游记》等一二作品，而非当时流行的通俗小说的大部分。这些书目并不将通俗小说归入"小说家类"或"传奇"中，往往是以"野史"类，或"子杂"类，或"传记类"待之。此举试图将通俗小说的发展纳入传统目录学已有的体系当中，而非急于进行变革。像钱曾《也是园藏书目》（卷十）将"《旧本罗贯中水浒传》二十卷"归入"通俗小说"专类的做法，毕

---

① 永瑢等：《四库全书总目》，中华书局1965年版，第1807页。
② 参见温庆新《明代传抄之习与藏书家之编目——以对章回小说的著录为例》，《图书馆杂志》2018年第9期。

竟是个别现象；不过，钱曾的"通俗小说"分类是置于"戏曲小说"之类下进行的，仍旧是一种对说唱伎艺的进一步细分而已。① 应该说，晁瑮、高儒等私人藏书家原本就藏有通俗小说的若干版本，故而，包括"四库馆臣"在内的历代目录学家并非不曾注意到彼时通俗小说盛行的事实，而是传统目录学分类思想（不论是"七分法"抑或是"四分法"）与时人的知识结构，限制了那些非关政教与不合考证的通俗小说作品被予以著录、置类的可能。

众所周知，传统目录学家一般以刘歆、刘向父子所著《七略》为目录学史的发端，并往往以汉人班固《汉书·艺文志》所体现的学术思想为基准而对书目进行部类设置，梳理学术源流，建构目录体系。然而，不论是《七略》还是《汉书·艺文志》，并不是一般图书目录的汇编，它们奠定了传统目录学著述的知识结构与理论体系，同时形成了传统目录学家希冀通过文献著录与分类对历代政治制度、思想、学术等进行"辨章学术，考镜源流"的特有文献观念。由于《汉书·艺文志》是在《七略》的基础上"删其要"而成的，故下文以《汉书·艺文志》为例进行申述。

《汉书·艺文志》开篇即言：

> 昔仲尼没而微言绝，七十子丧而大义乖。故《春秋》分为五，《诗》分为四，《易》有数家之传。战国从衡，真伪分争，诸子之言纷然肴乱。至秦患之，乃燔灭文章，以愚黔首。汉兴，改秦之败，大收篇籍，广开献书之路。迄孝武世，书缺简脱，礼坏乐崩，圣上喟然而叹曰："朕甚闵焉！"于是建藏书之策，置写书之官，下及诸子传说，皆充秘府。②

---

① 参见钱曾《也是园藏书目》，《丛书集成续编》第 5 册，台北新文丰出版公司 1988 年版，第 88 页。

② 班固：《汉书》，中华书局 1997 年版，第 1701 页。

据此可知，《汉书·艺文志》希冀能承继孔子微言大义的余绪，以"辨章学术"，从中甄别出利于政教的学术与思想。"诸子之言纷然看乱"，显然有违于此。"建藏书之策，置写书之官，下及诸子传说，皆充秘府"的目的系为规避"礼坏乐崩"的局面，亦是为有效维护当时的政权统治。这就对书目学著述进行了编纂意图与价值归宿的有效界定。同时，《六艺略》大序，言："六艺之文：《乐》以和神，仁之表也；《诗》以正言，義之用也；《礼》以明体，明者著见，故无训也；《书》以广听，知之术也；《春秋》以断事，信之符也。五者，盖五常之道，相须而备，而《易》为之原。故曰'《易》不可见，则乾坤或几乎息矣'，言与天地为终始也。至于五学，世有变改，犹五行之更用事焉。"① 以阴阳五行作为建构文献体系的指导思想，并以《乐》《诗》《礼》等具体书籍作为建构思想体系过程中的具体纲目，从而实现天地纲常的有效同一。其间，可以发现具体书籍文献作为中间环节在《汉书·艺文志》建构学术体系时所起的特殊作用。这种思想实系"文以载道"的典型。换句话讲，在《汉书·艺文志》中，每种书籍的主要作用及所代表的天道与纲常含义，往往是特定的。如《书》是"广听，知之术"，往往与政令、制度有关；故《汉书·艺文志》"书略"小序又言："书者，古之号令。号令于众，其言不立具，则德受施行者弗晓。"② 对《书》的内容、形式及功用作了本质的规定。又如，《礼》"以明体，明者著见"是对人伦道德的规定，故《汉书·艺文志》"礼略"小序援引《易经》"有夫妇父子君臣上下，礼义有所错"，认为"礼经三百，威仪三千"。③正所谓"伦理无爽，则圣意不坠"④，则其所蕴含的政教秩序、人伦道德之意图，已然显现。所谓"至于五学，世有变改，犹五行之更

---

① 班固：《汉书》，中华书局 1997 年版，第 1723 页。
② 班固：《汉书》，中华书局 1997 年版，第 1706—1707 页。
③ 班固：《汉书》，中华书局 1997 年版，第 1710 页。
④ 黄霖汇编：《文心雕龙汇评》，上海古籍出版社 2005 年版，第 66 页。

用事"，表明以文献进行天道与人世的勾连时，最终目的在于是否有利世运（包括政治、思想、学术等诸多方面）的运转。尤其是，《汉书·艺文志·诸子略》大序指出："诸子十家，其可观者九家而已。皆起于王道既微，诸侯力政，时君世主，好恶殊方，是以九家之术，蜂出并作，各引一端，崇其所善，以此驰说，取合诸侯。"① 所言"时君世主"，就是《汉书·艺文志》编纂的最终意图。这种做法实已对传统书目学的体系建构及理论指导，作了形而上的本体论设定。对此，清人章学诚《校雠通义·原道》所谓"由刘氏（案：即刘歆、刘向父子）之旨，以博求古今之载籍，则著录部次，辨章流别，将以折衷六艺，宣明大道，不徒为甲乙纪数之需，亦已明矣。"② 所谓"折衷六艺，宣明大道"，深刻道出《七略》《汉书·艺文志》编纂时以政教秩序为主导的做法。

由于后世目录学著述大多以《七略》《汉书·艺文志》为尊，以至于自《隋书·经籍志》直至《四库全书总目》等历代史志、公私书目，大都将政教秩序、人伦道德作为编纂目录学著述的指导思想与价值归宿。只是由于历代史志、公私书目编纂时的背景、目的意图及编纂者的学识素养、时限等诸多主客观因素的限制，并不是所有的目录学著述都明确反映这一点。③ 而乾隆三十七年（1772）曾下谕，指出编纂《四库全书总目》的目的在于"羽翼经训，垂范方来"，以"稽古右文，聿资治理"，④《四库全书总目》部类小序撰写时多援引《汉书·艺文志》为据（如子部"小说家类"小序等）；佐以上述"四库馆臣"以是否符合政教意图进行部类设置与作品归

---

① 班固：《汉书》，中华书局 1997 年版，第 1746 页。

② 章学诚著，叶瑛校注：《文史通义校注》，中华书局 1985 年版，第 952 页。

③ 参见温庆新《晁瑮〈宝文堂书目〉的编纂特点——兼论明代私家书目视域下的小说观》（《孝感学院学报》2011 年第 5 期），《精编细分的"账簿式"书目：〈赵定宇书目〉发覆》（《图书与情报》2015 年第 1 期），《试论政教视域下的〈四库全书总目提要〉小说观念》（《图书馆工作与研究》2015 年第 10 期）等文。

④ 永瑢等：《四库全书总目》卷首，中华书局 1965 年版，第 1 页。

并的行为，可见《四库全书总目》亦以政教秩序、人伦道德作为编纂的指导思想与价值归宿。

（二）政教秩序、人伦道德对传统目录学家知识结构与编目的影响

这种以政教秩序、人伦道德作为编目时的指导思想与价值归宿，严格限制了传统目录学家的知识结构与对文献意义的表达。也就是说，传统目录学家编目的方法、依据与实际操作，都要符合编目的终极意图。而历代书目学著述（发肇于《汉书·艺文志》）所确立的书籍次序及其隐含的文治教化意义，致使具体文献的功用往往被固定化、类别化。每类文献的内在结构与主题归旨，亦趋于稳定。从现代知识构成及文献关系图来看，不论知识构成的结构多么高级、知识的文献关系多么复杂，知识的构成及背后的思想终归要服从于知识的"资源出处"（Occurrence）、"文献关系"（Association）与"主题"（Topic）"三位一体"的多方演绎。一般来说，"'主题'可以是任何一个抽象或具体的概念，具体化为一个个词；'关系'则把互相关联的'主题'连结起来，而'主题'的'资源出处'则指向包含该主题的资源实体。主题图提供了一种描述概念及概念间关系，并将概念与相关资源实体链接起来的机制"[①]。从这个角度讲，当传统目录学家将文献建构体系的指导思想限定于政教秩序、人伦道德时，不论采用"七分法"还是"四分法"，抑或是独创的其他分类体系，目录学著述中部类与部类之间的关系皆应服从于政教秩序、人伦道德的"主题"。尤其是，采用以经部为首、史部次之的"四分法"，将推崇儒家经典著述与强化史书"究天人之际，通古今之变"的理念，展现得尤为明显。这又反过来限制传统目录学家对书目部类设置与秩序的变动，从而使目录分类体系趋于固定。

在这种情况下，传统目录学家不会考虑文献受众的接受与反应，

---

① 吴雯娜：《基于元数据、叙词表与主题图的数字图书馆知识组织》，《情报学报》2006年第10期。

更多的时候是通过设置一定的文献收录准则与排列方式，强制文献受众接受其所设定的"主题"，试图以政教秩序等内容实现对文献受众的指引或控制。在具体文献中，与"主题"不相关的其他内涵与功用，就会被目录学家有意无意地忽略或排斥。这种思想经过长时间的演变与积淀后，致使传统目录学家在进行具体文献的归并时，已养成一定的思维定式：针对具体文献的递藏（来历与版本）、性质、内容、该文献对政教及学术的影响，乃至文献编纂者的里籍、生平及写作意图等方面，进行源流甄别与价值评定。这就是目录学家所谓"类例既分，学术自明"（《通志·校雠略》）的典型，从而形成了传统目录学家特有的知识结构。换句话讲，具体文献只是传统目录学家意图实现政教秩序、引导（或控制）文献受众过程中的重要一环。具体文献的政教价值与归并、置类行为，往往受该目录学著述的编纂"主题"所限。通俗而言，以政教秩序、人伦道德为"主题"而构建的目录学体系，往往要服从于统治阶层"时君世主"的意图。那些与目录学家编目时的政教秩序、人伦道德不合的作品，哪怕这些作品已蔚为大观甚至影响深远，也必将一直徘徊于传统目录学体系之外。

（三）《四库全书总目》不录通俗小说的目录学缘由

经历了宋、元、明、清多时期的发展与积淀，彼时通俗小说，乃至通俗文学的发展蔚为大观，不仅数量众多，且影响甚广。对此，钱大昕曾指出："古有儒、释、道三教，自明以来，又多一教曰小说。小说演义之书，未尝自以为教也，而士大夫、农、工、商贾无不习闻之，以至儿童妇女不识字者，亦皆闻而如见之，是其教较之儒、释、道而更广也。释、道犹劝人以善，小说专导人以恶。奸邪淫盗之事，儒、释、道书所不忍斥言者，彼必尽相穷形，津津乐道，以杀人为好汉，以渔色为风流，丧心病狂，无所忌惮。子弟之逸居无教者多矣，又有此等书以诱之，曷怪其近于禽兽乎！世人习而不察，辄怪刑狱之日繁，盗贼之日炽，岂知小说之中于人心风俗者，已非一朝一夕之故也。有觉世牗民之责者，亟宜焚而弃之，勿使流播。"① 认为通俗小说对士、农、工、商，乃至普通百姓的影响已然与儒、释、道三教比肩；然而，钱大昕以为这种影响主要是"专导人以恶"，故应当"勿使流播"。

对于这种现象，清廷统治者已多有察觉，以至于康熙五十三年（1714）康熙皇帝不得不下谕礼部言："近见坊间多卖小说淫词，荒唐俚鄙，殊非正理；不但诱惑愚民，即缙绅士子，未免游目而蛊心焉。所关于风俗者非细。应即通行严禁。"② 在康熙皇帝看来，这些"坊间小说淫词"影响的对象不仅包括"愚民"等黎民百姓，缙绅士子亦未能幸免，不利于"风俗"向善。雍正二年（1724），雍正皇帝下诏云："凡坊肆卖一应淫词小说，在内交与都察院等衙门，转行所属官弁严禁，务搜版书，尽行销毁；有仍行造作刻印者，系官革职，军民杖一百，流三千里。市卖者杖一百，徒三年；买看者杖一百。该管官弁，不行查出，按次数分别议处，仍不许借端出首讹诈。"③ 乾隆三年（1738），乾隆皇帝亦颁布政谕，云："查淫词秽说，最为风俗人心之害，故例禁綦严。"④ 从康熙、雍正、乾隆的政谕看，对通俗小说的查禁已然上升到清廷为之颁布相应政令的高度（暂且不论这些政令的实行效果）。也就是说，康乾时期为巩固政权统治，实施了一些查禁通俗小说的文化政策，将此当作彼时政治视域中的重要事件，对通俗小说予以定性。从康、乾时期的文治背景看，通俗小说所体现的特点及影响，与《四库全书总目》以"稽古右文，聿资治理"为编纂指导

---

① 钱大昕著，陈文和主编：《嘉定钱大昕先生全集》第9册，江苏古籍出版社1997年版，第272页。

② 王利器辑录：《元明清三代禁毁小说戏曲史料（增订本）》，上海古籍出版社1981年版，第27页。

③ 王利器辑录：《元明清三代禁毁小说戏曲史料（增订本）》，上海古籍出版社1981年版，第32页。

④ 王利器辑录：《元明清三代禁毁小说戏曲史料（增订本）》，上海古籍出版社1981年版，第42页。

显然是相矛盾的。这种对通俗小说的否定态势，表明"四库馆臣"认为通俗小说有违《四库全书总目》以政教秩序、人伦道德为"主题"而构建的目录学体系。据此，不论是《四库全书总目》子部"小说家类"小序所谓"今甄录其近雅驯者，以广见闻。惟猥鄙荒诞、徒乱耳目者，则黜不载"①，还是以"坊肆不经之书"批判通俗小说，皆是以上述所言政教背景及目录著述编纂"主题"，进行评判的结果。清廷已然将通俗小说排除于彼时正统文化之外。

在这种情况下，"四库馆臣"既不可能进行通俗小说的收录，更不会为通俗小说设置专类。《四库全书总目》有关通俗小说的论断，只能服从于康乾时期的文治要求与《四库全书总目》所预设的"主题"。其所受的鄙薄也就难免颇深。更甚者，"四库馆臣"在总结历代目录学著述时，对违背目录学著述的编纂思想与价值归宿（即政教秩序与人伦道德）的任何举动都会进行批判。显例则是上引"四库馆臣"认为《续文献通考》将《水浒传》《西厢记》《琵琶记》归入"经籍类"的做法"全失论撰之体裁"，对《续文献通考》随意变动历代书目编纂体例的做法进行否定。由于传统书目的体例设置背后往往蕴含相关的政教秩序、价值判断与人伦道德等内涵，因此此类否定意见其实就是"四库馆臣"对历代目录学的组织体系及知识结构予以恪守的表现。这就是《四库全书总目》不收通俗小说，乃至不录通俗文学的本质原因。

事实上，历代正史《艺文（经籍）志》子部"小说家类"的分类指导，一直延续着《汉书·艺文志》将"小说"当作一种为政教服务的学术等思想。这种思想进一步拉高了通俗小说进行正史《艺文（经籍）志》的门槛。② 作为清代最重要的官修书目，《四

---

① 永瑢等：《四库全书总目》，中华书局 1965 年版，第 1182 页。
② 参见王齐洲、谷文彬《正史〈艺文（经籍）志〉著录小说名实辨》，《江汉论坛》2015年第 3 期。

库全书总目》所体现的"小说观"亦是延续《汉书·艺文志》有关论断①，亦是延续《汉书·艺文志》开创的"四分法"。这些方面的综合，使得《四库全书总目》必然要恪守历代目录学著述以政教秩序、人伦道德为主要编纂思想与价值归宿等传统，并由此限制了"四库馆臣"的知识结构与编目实践。更何况这种做法本身就是康乾时期文治教化的集中体现。可以说，对上述目录学体系的恪守结果是：通俗小说不可能进入历代史志、官修书目的文化视域中，即使私家藏目有所著录亦只能寄身于其他类目之下，而不可能获得独立的文类意义。这种做法与西方目录学著述随图书市场的流通、形式演变等变化而调整目录部类的做法，迥然有别。明乎此，我们也就能大致理解：为何近代西方目录学思想传入中国之初，彼时目录学家多数只能采用西方的目录体系进行通俗小说的著录，而依旧无法在传统目录学著述中为通俗小说安置合适的名目！此类举动多系时人未能深刻理解传统目录学著述的编纂思想与分类体系的典型。今人拔高通俗小说的文类地位并苛责《四库全书总目》的做法，亦是未能深谙传统目录学分类体系的典型反应。

总而言之，《四库全书总目》从征信价值、风俗人心两方面对通俗小说进行批判，不仅认为通俗小说多系"坊肆不经之书"，更是未对通俗小说进行著录。此举系《四库全书总目》对以政教秩序、人伦道德为编纂思想与价值归宿的传统目录学体系的承继。这种目录学体系限定了传统书目的部类设置、书籍归并及其所隐含的文治意义，以至于每类书籍的内在结构及主题归旨渐趋固定化。在这种情况下，已被清代统治者定性为"最为风俗人心之害"的通俗小说，不仅不合彼时基于政教意图建立话语机制的文治背景与《四库全书总目》"稽古右文，聿资治理"的编纂意图，而且有碍以政教秩序、

① 参见温庆新《试论政教视域下的〈四库全书总目提要〉小说观念》，《图书馆工作与研究》2015 年第 10 期。

人伦道德为"内核"的《四库全书总目》分类体系及书籍归并标准。甚至，清代统治者对通俗小说的评判基调，由此导致当时士大夫对通俗小说的阅读与品评多有所顾忌。比如，作为宗室的爱新觉罗·弘旿（1743—1811）在评永忠《因墨香得观红楼梦小说吊雪芹三绝句》时，加眉批言："此三章诗极妙，第《红楼梦》非传世小说，余闻之久矣，而终不欲一见，恐其中有碍语也。"① 此处的"碍语"，有学者认为是"绮语"，但亦有不少学者认为是指《红楼梦》所写抄家之事等政治上的敏感内容。② 不论是作"绮语"解还是政治违碍解，都严重违背了"风俗人心之害"与"稽古右文，聿资治理"的要求，因此，导致当时之人并不能轻易"见之"，乃至以"恐其中有碍语"来评述有关《红楼梦》闻而未见的根源。此类言语之中不难见及当时之人在阅读通俗小说时的自我压抑心态与敏感的时局观。

---

① 一粟编：《古典文学研究资料汇编·红楼梦卷》，中华书局 1974 年版，第 10 页。

② 参见牟润孙《从〈红楼梦〉研究说到曹雪芹的反理学思想》，载《海遗杂著》，香港中文大学出版社 1990 年版，第 216—217 页。

第四章　文献价值区分与《四库全书总目》
"小说家类"学术批评

　　所谓文献价值区分，即对文献的知识信息进行价值区分与内涵建构，是指古典书目进行部类设置与作品归并之前，往往会对所收文献进行知识、意义、类别及谱系等方面的预判，以强调书目的部类内涵与所收具体文献皆能切合彼时政教需求的意义指归与文献排列秩序，最终形成一套既可进行图书整理的技术体系，又隐含文教所需的知识信念等严谨的分类体系。而文献价值区分的展开途径，主要包含文献书写内容的谱系归并及其价值区分、文献生产主体的身份区别两方面。也就是说，古典书目一方面通过文献的现实地位与政教意义来区分文献的价值，另一方面则通过对文献生产主体进行区分以实现区分文献价值的目的。这两种方式成为《四库全书总目》进行文献价值区分的最主要也是最常用的手段。这也是以《四库全书总目》为中心探讨古典书目与政治权力之关联性的主要方式。此处首先探讨文献价值区分对《四库全书总目》建构学术批评体系的影响；而后以"小说家类"为例，进一步分析文献价值区分如何推动《四库全书总目》学术批评的运行。

第一节　文献价值区分与《四库全书总目》
学术批评体系之构建

综观学界对《四库全书总目》学术批评思想与批评体系的探讨，主要集中于对《四库全书总目》分类体系、辨伪方式、目录价值、辑佚标准、纂修思想，乃至对某类或某一作品的著录标准、思想内容与价值意义等方面。同时，学界往往从《四库全书总目》编纂的政教意图切入，指出《四库全书总目》学术批评体系的建构方式与目的，皆是为实现"正人心而厚风俗"之类的"稽古右文，聿资治理"① 等政教意图，即便是探讨《四库全书总目》的学术批评方法，亦仅限于纯粹的方法论层面。罕有学者从文献本身特有的知识结构与价值内涵的角度，探讨《四库全书总目》的文献观念与分类体系对其学术批评体系建构的影响。尤其是基于古典书目的价值预设传统与文献价值区分等角度探讨《四库全书总目》的学术批评体系，学界几无涉及。而这些则是探讨古典书目集大成的《四库全书总目》的批评体系时，无法回避的话题。

一　古典书目的价值预设与《四库全书总目》学术批评的文献原则

古典书目的分类并非简单的知识论存在，而蕴含着浓烈人伦彝常的价值论意义。因而，当古典书目通过分类来建构其文献秩序与展现文献的意义时，它并不是简单的形式逻辑的区分，亦非纯粹的西方学科体系的科类设置。中国古代目录每置一种部类，往往有着特殊的文教价值与道德意义。甚至，当不同时期的不同目录学家对

① 永瑢等：《四库全书总目》，中华书局 1965 年版，第 1 页。本节下引《四库全书总目》，皆据此版，除有必要，不再一一注明。

同一部类的类名指称及具体书籍归并，呈现出不一致的看法时，往往代表不同时期的政教意图及不同目录学家的个人经验，对相关书籍在当时所应当也必须承担的社会"功用"，提出了新的要求。这就确立了此类书籍在当时文治教化中的实际地位及其相应的文献价值。① 故而，古典书目进行部类设置与书籍归并时，往往对所录书籍的价值意义进行了预设，并对所录书籍的实际功用与现实地位也做出了相应限定。

（一）古典书目的价值预设传统

早在汉代，班固《汉书·艺文志》"总序"所言："每一书已，（刘）向辄条其篇目，撮其指意，录而奏之。"② 就道出刘向作《七略》时，对其所校录书籍的"指意"与内容已作了提炼与限定，并通过"奏之"方式，即借统治者之口进行符合彼时政教所需的强化推行。这种做法为班固《汉书·艺文志》及后来的书目所遵行。《隋志·经籍志》经部"总序"也说："夫经籍也者，机神之妙旨，圣哲之能事，所以经天地，纬阴阳，正纪纲，弘道德，显仁足以利物，藏用足以独善，学之者将殖焉，不学者将落焉。大业崇之，则成钦明之德，匹夫克念，则有王公之重。其王者之所以树风声，流显号，美教化，移风俗，何莫由乎斯道？"③ 指出统治阶层"正纪纲，弘道德"与"美教化，移风俗"的主要手段，即是以经籍化人，这也是古代"学之者"通向"圣哲"的主要途径。在这种思想的指导下，《隋志·经籍志》进行部类设置与书籍归并时的做法，即"挹其风流体制，削其浮杂鄙俚，离其疏远，合其近密，约文绪义，凡五十五篇，各列本条之下，以备《经籍志》。虽未能研几探赜，穷极幽

---

① 参见温庆新《民族文化本位视域下的古典目录学理论建构——傅荣贤〈中国古代目录学研究〉读后》，《国家图书馆学刊》2018 年第 2 期。
② 班固：《汉书》，中华书局 1997 年版，第 1701 页。
③ 魏征等：《隋书》，中华书局 1982 年版，第 903 页。

隐,庶乎弘道设教,可以无遗阙焉"①。就是对不同书籍于政教作用的不同而进行的归并。尤其是,通过"挹其风流体制,削其浮杂鄙俚"的方式,对文献的价值进行了政统所需的删改与规范,一定程度上改变了文献的原始状态与价值导向。同时,从《汉书·艺文志》《隋志·经籍志》的编纂实情可知,古典书目尤其是历代史志目录,意图将文献著录及其目录归并展现的过程当作统治的"治之具";故而,往往根据所收文献的实际作用与现实地位作为分类与排序的主要依据。《隋志·经籍志》所谓"仁义礼智,所以治国也,方技数术,所以治身也;诸子为经籍之鼓吹,文章乃政化之黼黻,皆为治之具也"②,即是典型。同时,从《汉书·艺文志》所谓"儒家者流,盖出于司徒之官,助人君顺阴阳明教化者也"③,"道家者流,盖出于史官,历记成败存亡祸福古今之道,然后知秉要执本,清虚以自守,卑弱以自持,此君人南面之术也"④ 及 "阴阳家者流,盖出于羲和之官,敬顺昊天,历象日月星辰,敬授民时,此其所长也"⑤起,古典书目往往会突出不同类别文献及其学术思想的身份与源流。在此基础上,对此类文献的主体内涵与价值意义进行主导性限定或圈设,从而实现学术批评的目的。这就是古典书目"通过组织文献、考辨学术的现实层次,致力于追问文献体系与学术体系背后的政教人伦价值"等"申明大道"传统的具体实践。⑥

上述做法,实系古典书目通过文献价值区分来引导相关文献切合政统所需之举的典型体现。也就是说,古典书目分类时的价值内涵预设,就已决定了相关书目通过对文献整理、归并及著录来展现文献学术价值的实践方式。古典书目往往通过具体文献的收集、整

---

① 魏征等:《隋书》,中华书局 1982 年版,第 908—909 页。
② 魏征等:《隋书》,中华书局 1982 年版,第 909 页。
③ 班固:《汉书》,中华书局 1997 年版,第 1728 页。
④ 班固:《汉书》,中华书局 1997 年版,第 1732 页。
⑤ 班固:《汉书》,中华书局 1997 年版,第 1734 页。
⑥ 参见傅荣贤《中国古代目录学研究》,知识产权出版社 2017 年版,第 62—63 页。

理、著录等方式，通过归并的过程，向世人直观地展示具体书籍的学术价值。在此基础上，通过对同一类别的书籍进行以时为序的编排，清晰还原该类别书籍在不同时期与不同人群中的接受情形，进而梳理其间的学术演变脉络。由此而言，古典书目的价值预设，实际上是根据不同时期的文教需求，不断对所录文献的内涵进行规范化识别与诠释。这种预设之举，并非基于严密的科学准则，亦非着眼于诸如形式、逻辑、体态等外部形态。而是古代"文以载道"观念在书目领域的集中展现，使得古典书目更加注重文献的文本系统与知识系统背后的意义讨论。

（二）文献价值的规范表述与《四库全书总目》学术批评的文献原则

所谓文献价值的规范表述，是指古典书目不仅会对具体部类的内涵与形式做出符合彼时政统所需的限定与规范，而且强调所录具体文献应该切合当时的政统需求，甚至有意弱化、限定乃至批判具体文献中与彼时政统不合的内容与形式。

众所周知，《四库全书》以"稽古右文，聿资治理"为编纂指导。乾隆皇帝曾指出，编纂《四库全书总目》系为"抄录传观，用光文治"，"俾艺林多士，均得殚见洽闻，以副朕乐育人才、稽古右文之至意"[1]。清代统治者试图通过编纂《四库全书》，整合"天下"文献，统一思想，甚至借此消除历代典籍所含不利于政权统治的成分，从历史的高度诠释满族入主中原的正统性。[2] 同时，统治者试图通过政治权力的干预，解构并重构传统经典，使其所重构的经典作品得以成为彼时的思想标杆，最终实现通过文化一统维护自身的统治利益。在这种思想的主导下，《四库全书总目》对文献价值的内涵与形式，均需做出规范化的表述，以排斥"异端之思"。

---

① 中国第一历史档案馆：《纂修四库全书档案》，上海古籍出版社1997年版，第1768页。
② 参见温庆新《试论政教视域下的〈四库全书总目提要〉小说观念》，《图书馆工作与研究》2015年第10期。

首先，对不同书籍所承担的教化作用进行区分。如经部"易类"小序言："圣人觉世牖民，大抵因事以寓教，《诗》寓于风谣，《礼》寓于节文，《尚书》《春秋》寓于史，而《易》则寓于卜筮，故《易》之为书，推天道以明人事也。"① 这种区分的主要展开方式，即是上述所言对某类文献的价值，进行政统所需的删改与规范。《四库全书总目》子部"总序"所言，即是此类思想的又一实践。言："自'六经'以外立说者，皆子书也。其初亦相淆，自《七略》区而列之，名品乃定。其初亦相轧，自董仲舒别而白之，醇驳乃分。其中或佚不传，或传而后莫为继，或古无其目而今增，古各为类而今合，大都篇帙繁富。可以自为部分者，儒家之外有兵家、有法家、有农家、有医家、有天文算法、有术数、有艺术、有谱录、有杂家、有类书、有小说家，其别教则有释家、有道家，叙而次之，凡十四类。儒家尚矣。有文事者有武备，故次之以兵家。兵，刑类也。唐虞无皋陶，则寇贼奸宄无所禁，必不能风动时雍，故次以法家。民，国之本也；谷，民之天也；故次以农家。本草经方，技术之事也，而生死系焉。神农、黄帝，以圣人为天子，尚亲治之，故次以医家。重民事者先授时，授时本测候，测候本积数，故次以天文算法。以上六家，皆治世者所有事也。百家方技，或有益，或无益，而其说久行，理难竟废，故次以术数。游艺亦学问之余事，一技入神，器或寓道，故次以艺术。以上二家，皆小道之可观者也。诗取多识，易称制器，博闻有取，利用攸资，故次以谱录。群言岐出，不名一类，总为荟粹，皆可采撷菁英，故次以杂家。隶事分类，亦杂言也，旧附于子部，今从其例，故次以类书。稗官所述，其事末矣，用广见闻，愈于博弈，故次以小说家。以上四家，皆旁资参考者也。二氏，外学也，故次以释家、道家终焉。"② 可见，《四库全书总目》

---

① 永瑢等：《四库全书总目》，中华书局1965年版，第1页。
② 永瑢等：《四库全书总目》，中华书局1965年版，第769页。

对具体部类的价值区分，先是本于"治世者所有事"的不同作用而区分了儒、兵、法等六家；而后从"游艺亦学问之余事"的角度，区分了术数、艺术等四家。这就是通过文献价值的区分，来实现梳理学术派别与脉络衍变的典型。

其次，通过文献生产主体的区分实现文献价值的区分，从而对不同文献的价值内涵进行合理规范。《四库全书总目》从"外学"的角度区分了释家、道家两类文献，强调释道文献之于文治教化的作用，有别于儒家、小说家等其他小类。这种做法其实是对文献生产主体进行区分的典型。从某种意义讲，《四库全书总目》对儒、兵、农等的区分，也是对此类文献的生产主体进行了社会角色的划分与归并，从而达到区分不同类别文献价值的目的。因而，当通过文献生产主体区分实现文献价值区分之后，《四库全书总目》以此梳理各家的学术源流，并据此进行内涵规范。意即上引的限定"名品"。如所言"稗官所述，其事末矣，用广见闻，愈于博弈，故次以小说家"，则是强调"小说家类"文献的价值指向应与"广见闻"有关。这就通过具有明确的话语导向，最终达到规范文献价值的意图。

当然，《四库全书总目》进行文献价值预设时，必然会对文献的主体价值，进行符合彼时政统所需的规范。这是对此前书目价值预设传统的另一承继。如子部"儒家类"小序所言："古之儒者，立身行己，诵法先王，务以通经适用而已，无敢自命圣贤者。王通教授河汾，始摹拟尼山，递相标榜，此亦世变之渐矣。迨托克托等修《宋史》，以道学、儒林分为两传。而当时所谓道学者，又自分二派，笔舌交攻。自时厥后，天下惟朱、陆是争，门户别而朋党起，恩仇报复，蔓延者垂数百年。明之末叶，其祸遂及于宗社。惟好名好胜之私心不能自克，故相激而至是也。圣门设教之意，其果若是乎？今所录者，大旨以濂、洛、关、闽为宗，而依附门墙、藉词卫道者，则仅存其目，金谿姚江之派，亦不废所长。惟显然以佛语解经者，则斥入杂家。凡以风示儒者，无植党，无近名，无大言而不惭，无空谈而鲜用，则庶几孔、孟之正传矣。"① 所谓"今所录者，大旨以濂、洛、关、闽为宗"，即是区分文献生产主体；"无植党，无近名，无大言而不惭，无空谈而鲜用"，即是对"儒家类"文献的价值进行主导性规范的典型。这方面的证据极多，不再一一列举。

综述之，虽然中国古代学术的存在与演变，首先且直接体现为文献记录，然而，以目录、版本、校勘、辑佚为主体内容的文献学面向"天下"文献时，对"天下"文献的辨惑裁定、分类聚合、提要勾玄，表面上看是一种文献的整理，实际上隐含着围绕文献整理而展开学术批评、建构学术脉络的深层次意图。② 而其中的目录分类，则是文献学建构文献的学术价值与批评思想的主要话语体系，也是重要的表现形式。因而，古典书目的价值预设，就是古典书目进行学术批评的文献原则。而通过文献生产主体的区分实现文献价值区分，则是古典书目建构学术批评体系的最主要方式。这在"古代学术集大成"的《四库全书总目》中，体现得尤为明显。

二　文献价值区分与《四库全书总目》学术批评体系的运行

那么，文献价值区分如何推动《四库全书总目》学术批评体系的构建？对《四库全书总目》学术批评的话语使用、对象选择与体系运行，又会带来怎样的影响？

（一）文献生产主体的归并与《四库全书总目》学术批评对象的筛选

《四库全书总目》首先通过对文献生产主体进行归并来筛选学术批评对象，以奠定批评体系开展的前提。自刘向《七略》"条其篇目，撮其指意"起，古典书目就包含"目"与"叙"两部分。因此，古典书目不仅要对书籍进行部类归并，更是形成了"部类有小

---

① 永瑢等：《四库全书总目》，中华书局 1965 年版，第 769 页。
② 参见傅荣贤《中国古代目录学研究》，知识产权出版社 2017 年版，第 115—122 页。

序，书名下有解题"① 的重要编纂体例与品评方式。《四库全书总目》即属此类。《四库全书总目》的总序、部类小序及解题的"叙"说，即是其进行文献生产主体区分的主要手段。不过，由于文献价值的展示方式不一、具体文献切合政统所需情形的不同，《四库全书总目》对文献生产主体的区分方法与学术批评对象的筛选方式，又有多种形态。

一是为确立"稽古右文、聿资治理"所需的道统，《四库全书总目》强调应充分发挥儒家思想与儒家著述的作用，而后才是兼顾诸子百家中有益于政教者。这从上引"儒家类"小序，即见一斑。《四库全书总目》认为"无植党，无近名，无大言而不惭，无空谈而鲜用"，才是儒家的核心特征，也是彼时政统确立的理论指导。而"王通教授河汾，始摹拟尼山，递相标榜"等做法，已改变儒者"立身行己，诵法先王，务以通经适用而已"的本质；后世"以佛语解经者"，更是偏离儒家的原始教义。故而，此类著述或不足以提倡，或置入他类中，从而完成"儒家类"的对象筛选。可以说，子部小类的排列顺序，是《四库全书总目》区分不同类别文献所承担的教化作用与现实地位的典型方式，意即在是否有利于文治教化、征信考订及启迪人心等方面的作用上，由儒家、兵家到小说家、释家、道家，次序是由重要到次要的递减，且不可变更。推而广之，《四库全书总目》经部、史部的小类类名与排序，亦可作此观。

二是从彼时政统的现实需求出发，《四库全书总目》对明人文献区别对待。乾隆四十一年（1776）十一月十七日上谕，云："前因汇辑《四库全书》，谕各省督抚遍为采访，嗣据陆续送到各种遗书，令总裁等悉心校勘，分别应刊、应钞及存目三项，以广流传。第其中有明季诸人书集，词意抵触本朝者，自当在销毁之列。节经各督抚呈进，并饬馆臣详晰检阅。朕复于进到时亲加披览，觉有不可不为

---

① 张舜徽：《中国文献学》，华中师范大学出版社 2004 年版，第 101 页。

区别甄核者。如钱谦益在明已居大位，又复身事本朝，而金堡、屈大均则又遁迹缁流，均以不能死节，腼颜苟活，乃托名胜国，妄肆狂狺，其人实不足齿，其书岂可复存？自应逐细查明，概行焚弃，以励臣节而正人心。若刘宗周、黄道周，立朝守正，风节凛然，其奏议慷慨极言，忠尽溢于简牍，卒以身殉国，不愧一代完人。……以上诸人所言，若当时能采而用之，败亡未必若彼其速。是其书为明季丧乱所关，足资考镜，惟当改易违碍字句，无庸销毁。又彼时直臣如杨涟、左光斗、李应升、周宗建、缪昌期、赵南星、倪元璐等，所有书籍，并当以此类推。即有一二语伤触本朝，本属各为其主，亦只须改酌一二语，实不忍并从焚弃，致令湮没不彰。"① 从乾隆的言论看，所谓"有明季诸人书集，词意抵触本朝者"云云，强调"明季诸人"作为文献知识与价值的创作主体，与彼时政统思想的背离。所言"本属各为其主"，更是强调作为前朝旧臣的明代知识阶层所撰书籍的价值应在重点查禁之列。这就是甄别文献生产主体的作者身份以实现文献价值区分的典型。这种身份区分由此导致《四库全书总目》对明人文献多呈鄙薄态势，最终影响对明人文献的客观定位与价值评判（说详下）。

三是从教化功用的角度，对文献进行道与器的区分。除上述从"治世者所有事"区分儒、兵等六家，从"游艺亦学问之余事"区分术数、艺术等四家之外，典型之例则是对西学文献的区分及著录。据考证，《四库全书总目》共收录西学著述凡 27 种，存目 13 种。② 这些著述集中于史部"地理类"与子部"天文算法类""杂家类"中。如南怀仁《坤舆图说》、熊三拨《泰西水法》、徐广启《农政全书》等。正如《四库全书总目》"凡例"所言："外国之作，前史罕

---

① 永瑢等：《四库全书总目》卷首，中华书局 1965 年版，第 3—4 页。
② 霍有光：《从〈四库全书总目提要〉看乾隆时期官方对西方科学技术的态度》，《自然辩证法通讯》1997 年第 5 期。

载，然既归王化，即属外臣，不必分疆绝界。故木增、郑麟趾、徐敬德之属，亦随时代编入焉。"① 所谓"既归王化，即属外臣"，是强调西学文献有助于从"器"的角度为"王化"提供参考。比如，《寰有铨》提要所言"欧逻巴人天文推算之密，工匠制作之巧，实逾前古；其议论夸诈迂怪，亦为异端之尤。国朝节取其技能，而禁传其学术，具存深意"②。就道出《四库全书总目》从"道艺并重"之"艺"的角度肯定西学科技知识，强化"以资参考"的"中体西用"思想。

综述之，《四库全书总目》不论是通过禁毁、抽毁、改易、存目、刊刻，抑或是"部序"论说、提要考辨等方式展开对象筛选时，皆是围绕文献生产主体的归并而言。而《四库全书总目》进行文献生产主体的归并之举，又紧紧围绕是否符合彼时政统所需的价值预设原则加以展开。这就使得《四库全书总目》学术批评体系的运行，不可避免要受到《四库全书总目》限定文献生产主体介入方式的影响。

（二）限定文献生产主体的介入方式与《四库全书总目》学术批评体系的运行

乾隆三十八年（1773），刘统勋、于敏中等人论争如何编修《四库全书》后达成协议，指出："古人校定书籍，必缀以篇题，诠释大意"，又说"但现今书籍，较之古昔日更繁多，况经钦奉明诏，访求著录者，自必更为精博"，"俟各省所采书籍全行进呈时，请敕令廷臣详细校定，依经史子集四部名目，分类汇列，另编目录一书，具载部分卷数，撰人姓名，垂示永久，用昭策府大成，自轶唐宋而更上矣"③。这个意见得到乾隆皇帝肯定，认为可以"即令承办各员将

---

① 永瑢等：《四库全书总目》，中华书局 1965 年版，第 17 页。
② 永瑢等：《四库全书总目》，中华书局 1965 年版，第 1081 页。
③ 中国第一历史档案馆：《纂修四库全书档案》，上海古籍出版社 1997 年版，第 54 页。

书中要旨隐括，总叙崖略"①。据此，《四库全书总目》编纂之初就试图通过廷臣校定来"诠释大意"。而"要旨隐括，总叙崖略"的做法，即是"四库馆臣"依彼时政统所需重新对文献进行筛选、删改、限定的具体实践。《四库全书总目》"凡例"所谓"四部之首，各冠以总序，撮述其源流正变，以挈纲领。四十三类之首亦各冠以小序，详述其分并改隶，以析条目"②，即予以贯之。这就使得被校定的书籍，其文献价值的展现并非是一种自然流露的状态，而是经过了有意筛选。这种筛选又使得通过应刊、应钞及存目等方式存留的文献的价值展现，实际上转化成了《四库全书总目》编纂意图的集中体现。因而，通过主动介入的方式，被著录的具体文献展现自身学术时，就被迫转成了体现《四库全书总目》所需的学术思想。

据此看来，"四库馆臣"在清代政教意图的指导下，通过应刊、应钞、存目或提要考辨等方式，确立了符合彼时政教意图与学术批评体系的文字表达与文本内涵。并以此所确立的文本，作为文献自身学术价值的主要呈现载体，从而通过禁毁、抽毁、删改、刊行或提要的方式，对已确立的文献载体进行强制传播。也就是说，《四库全书总目》确立了一种与彼时官方意志保持一致、且系可控的文字系统，传递已经过筛选的文献及其意义，试图使此类文献能够快速、多元地传递开来。这种传播是以具有强制性的政治权力与具有主导性的思想体系为基础的。其所要实现的意图，是通过已进行价值规范的《四库全书》（即"官定"文本），把文献的作者意图、文本内涵与当时的政教思想相联系，从而有意引导文献对读者所产生的影响与当时的政教思想相合拍，建构符合彼时政统所需的文本语义系统。凡此种种，皆是《四库全书总目》所言"正人心而厚风俗"的文献价值所在。

---

① 中国第一历史档案馆：《纂修四库全书档案》，上海古籍出版社1997年版，第56页。
② 永瑢等：《四库全书总目》，中华书局1965年版，第18页。

换句话讲，《四库全书总目》通过强制介入的方式，重新对文献的文本形式进行限定、对文献的文本内涵进行规范，以此引导读者进行文本阅读时的关注重点，从而有意限定或蒙蔽文献本身的作者意图，甚至违背或改变作者的原意，弱化文献传播过程中的作者功用，乃至规避文献作者的原本撰写意图。借此在文献的传播过程中，形成一种既能栖身于具体文本之中，又可独立于"作者"之外的官方权威式的文本语义系统，管束读者自由诠解文献的发挥空间。同时，从文献传播的载体形式看，《四库全书总目》的禁毁、抽毁或删改、刊行，是其试图通过控制文献传递的载体形式来表达官方意志的具体操作，从而达到限定或控制读者的接受范围。这也是清代官方学术批评体系的建构原则与实践依据。它使得被纳入彼时政统视域下考量的书籍的意义生成，并不为文献本身的文本语言符号系统，或相应印刷形式的符号系统所决定，而是由彼时的政教思想、文化建设需要所决定。在此基础上，既然文献的价值已受限定，以此展开文献归并与文献阐述的过程，就是彼时统治阶层对文献的内容、意义重新进行体系建构的过程。

典型之例一，则是对明人文献的筛选与批评。由于《四库全书总目》对明代文献区别对待，故往往从清代政统需求出发，通过否定明代士风、学风的粗俗来批驳明人文献。如《易义古象通》提要言："明自万历以后，经学弥荒，笃实者局于文句，无所发明；高明者骛于元（玄）虚，流为态肆。"①《通鉴纲目前编》提要亦言："有明一代，八比盛而古学荒，诸经注疏，皆以不切于时文，庋置高阁，故杂采类书，以讹传讹，至于如此。"②又，《右编》提要云："盖明自万历以后，国运既颓，士风亦佻，凡所著述，率窃据前人旧帙，

① 永瑢等：《四库全书总目》，中华书局1965年版，第32页。
② 永瑢等：《四库全书总目》，中华书局1965年版，第434页。

而以私智变乱之。"① 据此可知，《四库全书总目》多鄙薄明代士风的轻佻与学风的蹈空，致使明代学术的价值存有诸多缺憾。这也是《四库全书总目》对明代学术的整体看法。所谓"杂采类书，以讹传讹"，深深道出明人著书立说的疏落与随意态度。这导致明人喜撰野乘、私史却又多不足于征信等诸多弊病。此类批评意见，紧紧围绕"以励臣节而正人心"而展开，成为《四库全书总目》进行明人文献刊刻、删改、存目及评判的标准。可以说，正是因为乾隆皇帝曾指出"明季末造，野史甚多，其间毁誉任意，传闻异词，必有诋触本朝之语"，故而，其所指示的方针："正当及此一番查办，尽行销毁，杜遏邪言，以正人心而厚风俗。断不宜置之不办。"② 这使得明人文献被大量销毁与删改。再如，《四库全书总目》查禁了数量众多的明人小说，如《说岳全传》等事关民族主义的小说，《水浒传》等宣扬农民起义的小说，《辽海丹忠录》《剿闯小说》等"时事小说"；其根本目的是为保持八旗子弟"习俗纯朴"的品行，为清朝的正统性正名，根除市井愚民起义反抗的"效尤之志"③。此类做法不仅弱化了明人文献的传播载体与传播渠道，而且从政统与道统的需求出发，以清代的"官学"规范限定彼时有关明人文献的品评意见与批评方式。

　　典型之例二，则是对通俗小说的鄙薄与弃录。《四库全书总目》有关通俗小说的品评者，如《文海披沙》提要指出："'曹娥碑'一条，据《三国演义》为说，不知传奇非史也"，《季汉五志》提要直接批判《三国演义》"乃坊肆不经之书，何烦置辨"，《梅花草堂笔谈》《二谈》提要亦认为："《二谈》轻佻尤甚。如云《水浒传》何

　　① 永瑢等：《四库全书总目》，中华书局1965年版，第512页。
　　② 中国第一历史档案馆：《纂修四库全书档案》，上海古籍出版社1997年版，第239—240页。
　　③ 王利器辑录：《元明清三代禁毁小说戏曲史料（增订本）》，上海古籍出版社1981年版，第42—46页。

所不有，却无破老一事"，《朱翼》提要认为该书"采及《水浒传》，尤庞杂不伦"等。据此，《四库全书总目》认为《三国演义》等通俗小说所言往往不足为凭，尤其是"坊肆不经之书"云云，认为通俗小说虽因书坊所刊而广为流传，但往往不能切合"经典"。① 这就是批判通俗小说的生产、流通等环节，并不符合彼时的政统需求；以"庞杂不伦"为由展开对文献生产主体的审查，从而否定通俗小说的内容书写与政教价值。意即否定了通俗小说的文本语义系统与相应的印刷形式，批判通俗小说有碍"风俗人心"而予以罢黜。

要之，通过文献生产主体的区分实现文献价值区分，进行文献价值体系的归并与删改，限定文献本身的原始意义，剔除不合彼时政教所需的内容，建构一种带有彼时政统所需与官方色彩的文献收储原则。这些成为《四库全书总目》学术批评展开的主要方式，也是《四库全书总目》学术批评体系有效运行的强力保障。这种官方学术批评体系视域下的文献品评视角，使得《四库全书总目》所颁行的书籍在政治权力的强化下，得以成为彼时各个阶层，尤其是士大夫阶层的主要进身之阶，与日常生活不可或缺的精神来源。这也是《四库全书总目》对相关文献的意义进行判定的主导性依据，从而实现文化与思想领域的严控目的。

第二节　文献价值区分与《四库全书总目》"小说家类"学术批评的开展

既然古典书目通过对文献进行价值区分引导文献切合政统所需的价值预设传统，成为《四库全书总目》建构学术批评体系的文献原则。在此基础上，《四库全书总目》以"稽古右文，聿资治理"

---

① 参见温庆新《从目录学角度谈〈四库全书总目〉不收通俗小说的缘由》，《图书馆工作与研究》2017 年第 11 期。

为指导，在彼时政治权力的保证与强化下，通过对文献生产主体的归并来筛选学术批评对象，并通过限定文献生产主体的介入方式实现学术批评体系的运行，最终确立清代书目的"官学"体系与品评机制。那么，这种文献价值区分是如何促使《四库全书总目》对具体部类与作品展开深入品评呢？对《四库全书总目》探讨某一具体部类的学术价值及其批评体系又会产生怎么影响呢？兹以《四库全书总目》"小说家类"学术批评为例，予以深入剖析。

一　价值区分的流派叙述与《四库全书总目》小说批评范式的确立

《四库全书总目》"小说家类"小序，指出：

> 张衡《西京赋》曰："小说九百，本自虞初。"《汉书·艺文志》载："《虞初周说》九百四十三篇。"注称"武帝时方士"，则小说兴于武帝时矣。故《伊尹说》以下九家，班固多注依托也。然屈原《天问》，杂陈神怪，多莫知所出，意即小说家言。而《汉志》所载《青史子》五十七篇，《贾谊新书·保傅篇》中先引之，则其来已久，特盛于虞初耳。迹其流别，凡有三派：其一叙述杂事，其一记录异闻，其一缀辑琐语也。唐宋而后，作者弥繁，中间诬谩失真、妖妄荧听者固为不少，然寓劝戒、广见闻、资考证者，亦错出其中。班固称："小说家流，盖出于稗官。"如淳注谓："王者欲知闾巷风俗，故立稗官，使称说之。"然则博采旁搜，是亦古制，固不必以冗杂废矣。今甄录其近雅驯者，以广见闻。惟猥鄙荒诞、徒乱耳目者，则黜不载焉。①

---

① 永瑢等：《四库全书总目》，中华书局1965年版，第1182页。

据此，《四库全书总目》"小说家类"首先承继了班固《汉书·艺文志》所总结的"小说家流盖出于稗官"等认知意见，进而从"稗官"的身份地位及其教化意义等角度，展开对"小说家类"的学术定位与价值预设。意即从"知间巷风俗"的角度指出"小说家流盖出于稗官"之"古制"，与《史记·周本纪》所谓"百工谏，庶人传语"的"士传言"制度相类，是一种"涉及与朝政得失相关之庶人言论"①。正是由于《四库全书总目》对"小说家类"的生成、演变及其身份职责有着较为明确的认识，使得《四库全书总目》对"小说家类"学术批评意见的涵括，不可避免地紧紧围绕政教意图而展开。这种追溯源流的言说方式，使得《四库全书总目》首先以学术之一种的身份来定位"小说家类"及其相关作品，② 进而以政教思想来反观"小说家类"在历代的衍变情形，以便挖掘"小说家类"具体作品在历代的演变及其教化功用的承担情形。同时，由于清代特殊的文治环境与教化需求，使得《四库全书总目》对"小说家类"的政教意图在先贤所言"知间巷风俗"的基础上，必然进一步予以细化与强调。在此类思想的作用下，《四库全书总目》重新考察了"小说家类"作品在历代的衍变情形，最终将其细分为"叙述杂事""记录异闻"及"缀辑琐语"三大流派。这种论述方式就是一种建构某一部类学术源流与思想内核的流派叙述方式，最终有效确立起《四库全书总目》"小说家类"学术批评的核心范式。

而上述所言的流派叙述方式，与乾隆皇帝于乾隆三十七年（1772）正月初四《上谕》所提出的进行书籍编纂应"沿流溯流、一一征其来处"，颇有直接的关联。《四库全书总目》"凡例"亦言："四部之首各冠以总序，撮述其源流正变，以挈纲领。四十三类之首，亦各

---

① 王齐洲、李平：《曹植诵俳优小说发覆》，《学术研究》2013 年第 5 期。
② 参见温庆新《试论政教视域下的〈四库全书总目提要〉小说观念》，《图书馆工作与研究》2015 年第 10 期。

冠以小序，详述其分并改隶，以析条目。如其义有未尽，例有未该，则或于子目之末，或于本条之下，附注案语，以明通变之由。"① 由此，《四库全书总目》所形成的流派叙述方式，不仅仅要概述某一部类的源流正变，更应起到"以挈纲领"的作用，最终有利于"明通变之由"。而"明通变之由"的凸显，并非简单强调理顺某一部类在不同时期的演变分合情形，而是意图有效说明该部类相关演变的前因后果及其在历代所承担的文治教化价值，最终为《四库全书总目》把握相关部类的历史、源流、内涵及功用等论述服务。故而，《四库全书总目》"凡例"又说此举可"并蒙皇上指示，命从屏斥，仰见大圣人敦崇风教，厘正典籍之至意"②，最终实现"阐圣学、明王道"③ 的终极意图。

据此而言，"小说家类"小序所言"叙述杂事""记录异闻"及"缀辑琐语"三类，就带有顺序不可逆的特性。也就是说，与其他类别相比，"小说家类"的主要历史功用与内容书写范围，主要是摒弃国政大事之外的"闾巷小知"。而此类"闾巷小知"依据书写内容的差异特征，又可分为"杂事""异闻"及"琐语"三大内容。这三大内容的主导性功用就分别是"寓劝戒""广见闻"及"资考证"三种，呈现出对应关系。当然，"四库馆臣"在"小说家类"小序中对小说功用的圈定主要是一种概述式言语，并非是非此即彼的固定式言语。因此，我们可以发现，"四库馆臣"对具体小说作品进行品评时，虽或指出某一部小说主要属于"叙述杂事"，但对该小说的价值判断并不局限于"寓劝戒"之中，往往同时强调"广见闻"或"资考证"等其他功用。比如，《鉴戒录》提要言："其书多记唐及五代间事，而蜀事为多，皆近俳谐之言。各以三字标题，凡六十六

---

① 永瑢等：《四库全书总目》，中华书局 1965 年版，第 18 页。
② 永瑢等：《四库全书总目》，中华书局 1965 年版，第 18 页。
③ 永瑢等：《四库全书总目》，中华书局 1965 年版，第 19 页。

则。赵希弁《读书后志》以为辑唐以来君臣事迹可为世鉴者，似未睹其书，因其名而臆说也。……今观所记，如'徐后事'一条所载王承旨诗，《后山诗话》以为花蕊夫人作。'蜀门讽'一条所载向瓒嘲蒋炼师诗，《南唐近事》以为庐山道士，其语大同小异，犹可曰传闻异词。'鉴冤辱'一条，全剿袭《殷芸小说》，东方朔辨怪哉虫事，已为附会；'鬼传书'一条，不知《水经注》有梁孝直事，更属粗疏。至'逸士谏'一条，称昭宗何后荒于从禽，考《新唐书·后妃列传》，昭宗奔播岐、梁间，后侍膳，无须臾去。《旧唐书》亦云，后于蒙尘薄狩之中，尝侍膳御，不离左右，安得有畋游之事？且昭宗寄命强藩，不能自保，又安能纵后畋游，恒至六十里外？殊为诬诞。'灌铁汁'一条，称秦宗权本不欲叛，乃太山神追其魂，以酷刑逼之倡乱，是为盗贼借口，尤不可以训。特以其为五代旧书，所载轶事遗文，往往可资采掇，故仍录之小说家焉。"[1]"四库馆臣"虽然以"轶事遗文"待之，但却以"殊为诬诞"及"资采掇"等词汇来多方限定此书的价值。可见，"小说家类"小序的流派叙述模式带有鲜明、强烈的价值区分色彩。"四库馆臣"试图以此类带有价值区分的流派叙述方式，来满足"时君世主"的教化意图与现实需求，最终实现以目的意图先行之方式来限定"小说家类"学术批评的展开方式、品评重点及作品价值定位、思想内涵圈定，以便对品评方式、过程展开乃至价值定位，予以多角度、全方位的管控。

二　流派叙述模式与《四库全书总目》对具体小说作品的批评

上述所言《四库全书总目》"小说家类"流派叙述的固化模式，对具体小说作品的品评产生了诸多影响。同时，"四库馆臣"

---

① 永瑢等：《四库全书总目》，中华书局 1965 年版，第 1187—1188 页。

往往据以某一言说讨论或固定词汇，对相关小说作品首先予以作品定位与思想定性，并以此对相关小说作品的知识信息展开价值品评。其最终结果虽然对相关小说作品的品评思路与评判意见十分清晰，然而，相关评论多少偏离了具体作品文本内容与流传实际之一面。

比如，《四库全书总目》有关《西京杂记》提要言：

旧本题晋葛洪撰。洪有《肘后备急方》，已著录。黄伯思《东观余论》称此书中事皆刘歆所说，葛稚川采之。其称余者，皆歆本文云云。今检书后有洪跋，称其家有刘歆《汉书》一百卷。考校班固所作，殆是全取刘氏。有小异同固所不取，不过二万许言。今钞出为二卷，名曰《西京杂记》，以补《汉书》之阙云云。伯思所说，盖据其文。案《隋书·经籍志》载此书二卷，不著撰人名氏。《汉书·匡衡传》颜师古注称今有《西京杂记》者，出于里巷，亦不言作者为何人。至段成式《酉阳杂俎》"广动植"篇，始载葛稚川就上林令鱼泉问草木名，今在此书第一卷中。张彦远《历代名画记》载毛延寿画王昭君事，亦引为葛洪《西京杂记》。则指为葛洪者实起于唐，故《旧唐书·经籍志》载此书，遂注曰晋葛洪撰。然《酉阳杂俎》"语资"篇别载庾信作诗用《西京杂记》事，旋自追改，曰此吴均语，恐不足用。晁公武《读书志》亦称江左人或以为吴均依托，盖即据成式所载庾信语也。今考《晋书·葛洪传》，载洪所著有《抱朴子》、神仙、良吏、集异等传、《金匮要方》《肘后备急方》并诸杂文，共五百余卷，并无《西京杂记》之名，则作洪撰者自属舛误。特是向、歆父子作《汉书》，史无明文。而以此书所纪与班书参校，又往往错互不合。如《汉书》载文帝以代王即位，而此书乃云文帝为太子。《汉书》载广陵王胥、淮南王安并谋逆自杀，而此书乃云胥格猛兽陷脂死，安与方士俱去。

《汉书·杨王孙传》即以王孙为名，而此书乃云名贵，似是故谬其事，以就洪跋中小有异同之文。又歆始终臣莽，而此书载吴章被诛事，乃云章后为王莽所杀，尤不类歆语。又，《汉书·匡衡传》匡鼎来句，服虔训鼎为当，应劭训鼎为方，此书亦载是语，而以鼎为匡衡小名。使歆先有此说，服虔、应劭皆后汉人，不容不见，至葛洪乃传，是以陈振孙等皆深以为疑。然庾信指为吴均，别无他证。段成式所述信语，亦未见于他书，流传既久，未可遽更。今姑从原跋，兼题刘歆、葛洪姓名，以存其旧。其书，诸《志》皆作二卷，今作六卷。据《书录解题》，盖宋人所分，今亦仍之。其中所述虽多为小说家言，而摭采繁富，取材不竭。李善注《文选》，徐坚作《初学记》，已引其文。杜甫诗用事谨严，亦多采其语，词人沿用数百年，久成故实，固有不可遽废者焉。①

此文首先强调《西京杂记》"出于里巷"的身份及其编纂过程，以此考辨《西京杂记》的作者问题，并引出"以此书所纪与班书参校，又往往错互不合"等书籍内容的征实与可信程度。所谓"庾信指为吴均，别无他证。段成式所述信语，亦未见于他书，流传既久，未可遽更"云云，即在一定程度上限定了对此书"资考证"价值的认可；然而，"未见于他书"云云，又使得此书所载诸多典故具有传世以备为一说的价值，以至于后世多加援引而不可废弃。虽说"四库馆臣"最终认可《西京杂记》"词人沿用数百年，久成故实，固有不可遽废"的考订价值，但此类认知并不完全由于此书所写确实存在"资考证"之一面，而是由认可此书"多为小说家言"而引申的对该书中"摭采繁富，取材不竭"等丰富的知识信息的连带式肯定。也就是说，《四库全书总目》首先以"出于里巷"对《西京杂记》

① 永瑢等：《四库全书总目》，中华书局 1965 年版，第 1182 页。

进行定位，强调"小说家类"的学缘出身①，而后采用"小说家言"的指导思想，来评判此书是否属于"叙述杂事""记录异闻"及"缀辑琐语"之一或多种；在此基础上，才进行或"寓劝戒"或"广见闻"或"资考证"的知识定位与信息分类的，从而将提要的论说重点集中于"资考证"之上。此类思路就是遵循作者身份鉴定→作品内容价值→作品身份定位→作品存留与否的论述模式。

又如，有关《大唐新语》提要言：

> 唐刘肃撰。《唐书·艺文志》载此书三卷，注曰元和中江都主簿。此本结衔乃题登仕郎守江州浔阳县主簿，未详孰是也。所记起武德之初，迄大历之末，凡分三十门，皆取轶文旧事有裨劝戒者。前有《自序》，后有《总论》一篇，称昔荀爽纪汉事可为鉴戒者，以为汉语，今之所记，庶嗣前修云云，故《唐志》列之杂史类中。然其中"谐谑"一门，繁芜猥琐，未免自秽其书，有乖史家之体例。今退置小说家类，庶协其实。是书本名《新语》，《唐志》以下诸家著录并同。明冯梦祯、俞安期等因与李垕《续世说》伪本合刻，遂改题曰《唐世说》，殊为臆撰。商濬刻入《稗海》，并于肃自序中增入"世说"二字，益伪妄矣。《稗海》又佚其卷末《总论》一篇，及"政能

① 案，《四库全书总目》"小说家类"中，随处可见"四库馆臣"以"出于里巷"或"委巷相传"首先定位相关小说作品。如《开元天宝遗事》提要亦言："晁公武《读书志》曰：蜀亡，仁裕至镐京，采摭民言，得《开元天宝遗事》一百五十九条，分为四卷。洪迈《容斋随笔》则以为托名仁裕，摘其中舛谬者四事：一为姚崇在武后时已为宰相，而云开元初作翰林学士；一为郭元振贬死后十年，张嘉贞乃为宰相，而云元振少时，宰相张嘉贞纳为壻；一为张九龄去位十年，杨国忠始得官，而云九龄不肯及其门；一为苏颋为宰相时，张九龄尚未达，而云九龄览其文卷，称为文阵雄师。所驳诘皆为确当。然苏轼集中有《读开元天宝遗事》四绝句，司马光作《通鉴》亦采其中张象指杨国忠为冰山语，则其书实在二人以前，非《云仙散录》之流，晚出于南宋者可比。盖委巷相传，语多失实，仁裕采摭于遗民之口，不能证以国史，是即其失。必以为依托其名，则事无显证。"（永瑢等：《四库全书总目》，中华书局1965年版，第1187页。）就是从"委巷相传"批评《开元天宝遗事》"语多失实"，终致考订价值与传世意义有限。

第八"之标题，亦较冯氏、姚氏之本更为疏舛。今合诸本参校，定为书三十篇。《总论》一篇，而复名为《大唐新语》，以复其旧焉。①

此条提要首先对《大唐新语》的部类归属进行定位，其次从部类"体例"的角度进行合适的类别归并，而后对该书的内容与价值进行考辨，以便客观评判该书的流布情形与存世意义。也就是说，"四库馆臣"首先从"史家之体例"来分析"《唐志》列之杂史类"的失当之处，从而以"繁芜猥琐"的关键词来重新归并该书，并列于"小说家类"之下。而"四库馆臣"对此书进行的"繁芜猥琐"之派别圈定，属于事先做出价值评判的思路，以至于"庶协其实"以下的考订与评判，紧紧围绕"繁芜猥琐"而展开。当然，"四库馆臣"并不单单从此书的内容来批评此书所存在"繁芜猥琐"的特点，更是从此书在历代的流传情况予以批判。换句话讲，冯梦祯、俞安期等人的删改，进一步加重了此书"伪妄"的成分。基于上述认识，"四库馆臣"最终做出了"皆取轶文旧事有裨劝戒者"的价值定位。这种认知就与"小说家类"小序所谓"资考证"，相合拍。"自秽其书"云云，其实是一种否定式的定位品评。据此而言，被"四库馆臣"归入"缀辑琐语"之一派中的小说作品，往往与"妖妄""猥琐""臆断"等词汇相联系，成为《四库全书总目》的批判对象。

再如，有关《玉堂丛语》提要言：

明焦竑撰。竑有《易筌》，已著录。是编仿《世说》之体，采撷明初以来翰林诸臣遗言往行，分条胪载。凡五十有四类，而终以讐隙。案，朱国桢《涌幢小品》曰：焦弱侯率直任真，

① 永瑢等：《四库全书总目》，中华书局1965年版，第1183页。

元子初出阁，定讲官六人，癸未则郭明龙，丙戌唐抑所、袁玉蟠、萧元圃、全元洲，己丑则弱侯。太仓相公谓宜择其近而易晓者勒一书进览。无何，太仓去国，诸公不复措意，惟弱侯纂《养正图说》一册。郭闻之不平，曰："当众为之，奈何独出一手？"后其子携归，刻于南中，送之寓所。正在案堆，陈矩适至，取去数部呈御览。诸老大恚，谓由他途进图大拜。又载其序吕坤《闺范》，郑国泰乞取添入"后妃"一门，众大哗，谓郑氏著书，弱侯交结作序云云。竑作是书，以讐隙终篇，盖感此二事，借以寓意。然陈矩为司礼太监、郑国泰为贵妃之侄，何以二书适入二人之手，俱得进于宫禁？当时物议，实有其因，未可尽委之排挤也。①

从此条提要所谓"采摭明初以来翰林诸臣遗言往行，分条胪载"云云，知"四库馆臣"主要将《玉堂丛语》归入"叙述杂事"之中，以便突出书中相关内容"寓劝戒"或"广见闻"的价值。然而，"四库馆臣"对此书的评判，却非聚焦于"终以讐隙"的文本内容，反而集中于焦竑撰写是书的缘起、过程及意图。"四库馆臣"援引朱国桢《涌幢小品》的相关内容，是为了力图证明焦竑"借以寓意"的私人目的，致使此书带有党争排斥异己的明确意图。这种做法违背了清代统治者所提出的"觉世牖民"等"治之具"的书籍教化意图，更是对明清士人品行的鄙薄，以强调此书所言不利于清代统治者进行收拢士人民心之意。因此，"四库馆臣"对焦竑之举所做的"未可尽委之排挤"等定性，就是对明人著书立说之一般做法的否定。这样看来，虽然"四库馆臣"将《玉堂丛语》归入"叙述杂事"之中，但却将此书当作"寓劝戒"的反面教材。

这种以作者身份定位来涵盖、胁迫及规范具体作品之价值与思

---

① 　永瑢等：《四库全书总目》，中华书局 1965 年版，第 1223 页。

想的做法，在评价明清之人所撰的小说作品中，随处可见。如有关《今世说》提要言：

> 国朝王晫撰。晫有《遂生集》，已著录。是书全仿刘义庆《世说新语》之体，以皆近事，故以今名。其分类亦皆从旧目，惟除自新、黜免、俭啬、谗险、纰漏、仇隙六类，惑溺一类，则择近雅者存焉。其中刻画摹拟，颇嫌太似，所称许亦多溢量。盖标榜声气之书，犹明代诗社余习也。至于载入己事，尤乖体例。徐喈凤《序》引汉黄宪为说，然《天禄阁外史》本王逢年之伪书，乌足据乎？"文学门"中载吴百朋以殹、鄩二字问吴任臣，任臣对以殹也同本秦权古文、鄩许同本《说文长笺》，百朋叹服。案，殹字出秦权是矣，然《说文》自有殹字，注曰："击中声"。惟赵宧光《说文长笺》以《说文》也字训义不雅，改从秦权，以殹字代也字，不得举一遗一也。《说文》有鄦字，即鄩字也。注甫侯所封，在颍川，今通作许。其正作鄦字者，则见《史记·郑世家》鄦公恶郑于楚，注：许灵公也。是其字见于正史。任臣以为出《说文长笺》，殊不得其本。晫遽以为博洽而记之，亦为不考。信乎空谈易而征实难也。[①]

"四库馆臣"从"标榜声气之书，犹明代诗社余习"等角度，批判《今世说》存世价值的有限性。从"载入己事，尤乖体例"的"体例"范式，批判《今世说》与"小说家类"书写"闾巷风俗"等内容的偏差，以至于出现以"己事"挟裹对历史的客观描述等现象。这种做法不仅违背了清代统治者所谓"稽古右文，聿资治理"的现实需求，更是不利于"正纪纲，弘道德"与"美教化，移风俗"的教化需求，更无法达到"风示儒者"与"嘉惠士林"的意图。故

---

① 永瑢等：《四库全书总目》，中华书局1965年版，第1226页。

而，这种对作品作者的身份定位与道德品评先行的方式，使得"四库馆臣"对相关作品的定位，必然出现以政教意义为先导、以教化需求做先行的品评思路。也就是说，"四库馆臣"不仅对小说作者进行身份定位与品行评判，亦往往以此展开对相关小说作品的价值定位与意义限定。这种思路所形成的品评意见，往往导致"四库馆臣"流于"空谈易而征实难"之类的否定性论断。而此类论断往往是"小说家类"小序所言"寓劝戒"或"广见闻"或"资考证"等清代统治者希冀"小说家类"作品所应具有的或承担的主要功用之反面案例。甚至，"四库馆臣"为了促使其人认可其在提要中的评判意见，不惜抓住《今世说》所写若干史实、文字学术考辨的失误，从而将此类失误归结为"皭邅以为博洽而记之，亦为不考"的学风粗俗之一面。也就是说，"四库馆臣"往往从明代学风、士风的粗俗角度，批评明人著书立说的芜杂、偏颇、私心及其危害性。① 具体到对明代小说的品评时，"四库馆臣"一方面延续基于明代学风与士风予以宏观涵括的思路，另一方面又从"小说家类"小序所提出的"叙述杂事""记录异闻"及"缀辑琐语"等流派叙述模式予以具体品评，以便最终"甄录其近雅驯者，以广见闻，惟猥鄙荒诞"的相关作品及其传世意义。故而，"四库馆臣"以《今世说》含有"自新、黜免、俭啬、谗险、纰漏、仇隙六类、惑溺一类"等"近雅者"，方可留存于"存目"之中。

他如在"小说家类存目"中，有关《客座赘语》提要言："是书所记皆南京故实及诸杂事，其不涉南京者不载。盖亦《金陵琐事》之流。特不分门目，仍为说部体例耳。虽颇足补《志乘》之阙，而亦多神怪琐屑之语。至前闻纪异一百条，全录旧文，取充卷帙，尤

---

① 案，有关《四库全书总目》对明人著述的批判方式、意见及成因的分析，参见温庆新《试论〈四库全书总目〉对明代小说的评骘与缘由》[《扬州大学学报》（人文社会科学版）2018 年第 3 期]。

为无取矣。"① 又，有关《蓟桐载笔》提要言"是书因奉使册封途中
所作，故取义于蓟桐。所载皆嘉言善行，然多涉因果。其四公厚德
解等篇，体近于戏。卷首列贺登极一表，贺惠王升位一启，尤不伦
也"②；又，有关《金华杂识》提要言"是编乃其为金华教谕时所
作。杂采轶文逸事，以补地志所未备。如潘良贵与陈瓘实非同母，
无瓘父借妾生子事。良贵父有子六人，亦非晚年乏嗣。辨周密《癸
辛杂识》之误，亦间有考证。然多采小说神怪之语，自秽其书，则
贪多嗜奇之过也"③ 等。皆是围绕"神怪琐屑""多涉因果""多采
小说神怪之语"等语而展开，从而对相关小说作品的文献价值进行
了定性与区分，以至于对相关作品的总体评价不高。

要而言之，"小说家类"小序所提出的"叙述杂事""记录异
闻"及"缀辑琐语"等小说流派，与"寓劝戒，广见闻，资考证"
等小说价值的差异区别，使得"四库馆臣"对具体小说作品的身份
鉴定、价值归类及内容品评，皆围绕此类流派叙述模式展开，从而
对具体小说作品的文献价值在宏观认知的基础上，能够深入展开细
致品评，以此限定、规范相关小说作品的文献价值与意义导向。

---

① 永瑢等：《四库全书总目》，中华书局1965年版，第1223页。
② 永瑢等：《四库全书总目》，中华书局1965年版，第1223页。
③ 永瑢等：《四库全书总目》，中华书局1965年版，第1223页。

第五章　书目控制与《四库全书总目》及"小说家类"的学术批评

　　所谓现代书目控制论，主要是采用控制论的原理，依照一定的编目原则、技术手段对以信息控制为基础的文献进行模拟、调节及控制，从而将相关文献信息筛选、浓缩成书目信息，以便在全世界范围内实现书目数据互换与文献共享。它包括文献源控制、完善书目存储系统、完善书目检索体系、确保书目反馈渠道的畅通等内容，是"以文献作为控制对象，以书目作为控制手段，以存贮和检出所需的特定文献为目的的一种控制行为"①。学界对现代书目控制理论与方法已进行了颇多有意义的探讨，如详细分析有关书目控制的研究现状②、从网络信息组织的角度分析书目控制方法的实践意义③、探讨信息时代的书目控制研究方法④、从社会控制论视角探讨作为文献控制论一部分的书目控制问题⑤，等等，但对中国古典书目演变过程中的书目控制理念与实践的研究，则相对匮乏。有鉴于此，我们拟对《四库全书总目》的书目控制理念与实践进行研究，期以探讨

---

　　① 王岩：《书目控制的含义及实用性研究》，《中国图书馆学报》1992 年第 4 期。

　　② 参见徐美莲《我国书目控制的现状与发展》，《大学图书馆学报》2000 年第 5 期。

　　③ 参见曹文娟《书目控制方法在网络信息组织中的应用》，《图书情报工作》2003 年第 11 期。

　　④ 参见彭斐章、邹瑾《数字环境下的书目控制研究》，《图书馆论坛》2005 年第 6 期。

　　⑤ 参见蒋永福、孟越《社会控制论视角的文献控制论述略》，《大学图书馆学报》2016 年第 3 期。

现代书目控制理论与中国古典目录学书目控制理念之间的异同，丰富现代书目控制理论的实践价值，借此探讨书目控制视域下《四库全书总目》"小说家类"学术批评的历史意义。

第一节　征书与《四库全书》的文献信息来源管控

由于文献信息以信息为中心，包括信息本身与信息载体（图书、版本、目录、档案）两方面，因此文献信息不仅是把文献作为物质载体来获得信息与知识，而且包含信息生产与流通时的社会环境、政治环境等方面。从这个角度讲，文献信息源是对文献从生产、流通、利用到管理等诸多方面进行管控与限制，从而保证文献的信息交流与利用环节在某一特定环境或意图下得以顺利开展。在这个过程中，如何管控文献信息的来源、如何利用文献的具体信息、如何保证文献信息的社会传播效果，就成为文献信息管理的重中之重。基于此，本节试图从征书的角度分析《四库全书》有关文献信息来源的管控举措。

据乾隆三十七年（1772）正月初四《上谕》所言："朕稽古右文，聿资治理，几余典学，日有孜孜。因思策府缥缃，载籍极博。其钜者，羽翼经训，垂范方来，固足备千秋法鉴；即在识小之徒，专门撰述，细及名物象数，兼综条贯，各自成家，亦莫不有所发明，可为游艺养心之一助。是以御极之初，即诏中外搜访遗书；并命儒臣校刊十三经、二十二史，遍布黉宫，嘉惠后学；复开馆纂修《纲目三编》《通鉴辑览》及三通诸书。凡艺林承学之士，所当户诵家弦者，既已荟萃略备。第念读书，固在得其要领，而多识前言往行，以蓄其德，惟搜罗益广，则研讨愈精。……今内府藏书，插架不为不富，然古今来著作之手，无虑数千百家，或逸在名山，未登柱史，正宜及时采集，汇送京师，以彰稽古右文之盛。"① 可知，《四库全

---

① 中国第一历史档案馆：《纂修四库全书档案》，上海古籍出版社1997年版，第1页。

书总目》编纂的直接意图是"稽古右文",以利于"垂范方来"。这也是《四库全书总目》进行书目控制的主导思想与主要意图。正是因为传统目录学著述往往带有"著录部次,辨章流别,将以折衷六艺,宣明大道"等建构文献秩序的内在要求,使得自刘歆《七略》起而形成的传统书目重视学缘与职事的部类设置标准,亦需服从于"宣明大道"的政教需求。① 由此,《四库全书总目》的书目控制实践,必然要围绕如何"宣明大道"的道统建构与"稽古右文"的政统实需两方面展开,且首先体现于对文献信息传播源头的管控上。

一　征书与"四库馆阁"改善文献收藏现状的举措及效果

从某种意义讲,通过颁布政令向"天下"征书时,对于收录何种书籍、不录何种书籍,乃至查禁、抽毁、挖改何种书籍,种种举措对彼时书籍文献信息的控制效果多有不同。通过下诏征书令,调取、个人进呈、地方采进等手段收拢民间的藏书及对《永乐大典》的残存文献进行辑佚整理,此举一方面减少了彼时社会上数量众多的文献与版本的流通范围,另一方面有助于对彼时"天下"文献的数量、类别及内容、价值做出相应判断与进行部类归并,从而改善相关文献的收藏情形,最终实现对文献的有效管控与利用。

乾隆三十八年(1773)三月二十九日《上谕》言:"昨以各省采访遗书,奏到者甚属寥寥,已明降谕旨,详切晓示,予以半年之限,令各督抚等作速妥办矣。遗籍珍藏,固随地俱有,而江浙人文

---

① 案,章学诚《原道》曾说:"刘歆《七略》,班固删其《辑略》而存其六。颜师古曰:'《辑略》谓诸书之总要。'盖刘氏讨论群书之旨也。……其叙六艺而后,次及诸子百家,必云某家者流,盖出古者某官之掌,其流而为某氏之学,失而为某氏之弊。其云某官之掌,即法具于官,官守其书之义也。其云流而为某家之学,即官司失职,而师弟传业之义也。其云失而为某氏之弊,即孟子所谓'生心发政,作政害事',辨而别之,盖欲庶几于知言之学者也。由刘氏之旨,以博求古今之载籍,则著录部次,辨章流别,将以折衷六艺,宣明大道,不徒为甲乙纪数之需,亦已明矣。"(章学诚著,叶瑛校注:《文史通义校注》,中华书局1985年版,第952页。)

渊薮，其流传较别省更多，果能切实搜寻，自无不渐臻美备。闻东南从前藏书最富之家，如昆山徐氏之传是楼，常熟钱氏之述古堂，嘉兴项氏之天籁阁、朱氏之曝书亭，杭州赵氏之小山堂，宁波万（范）氏之天一阁，皆其著名者，余亦指不胜屈。并有原藏书目，至今尚为人传录者，即其子孙不能保守，而辗转流播，仍为他姓所有。第须寻原竟委，自不至湮没人间。纵或散落他方，为之随处踪求，亦不难于荟萃。又闻苏州有一种贾客，惟事收卖旧书，如山塘开铺之金姓者，乃专门世业，于古书存佚原委，颇能谙悉。又湖州向多贾客书船，平时在各处州县兑卖书籍，与藏书家往来最熟。其于某氏旧有某书，曾购某本，问之无不深知。如能向此等人善为咨询，详加物色，因而四处借抄，仍将原书迅速发还，谅无不踊跃从事。至书中即有忌讳字面，并无妨碍，现降谕旨甚明。即使将来进到时，其中或有诞妄字句，不应留以疑惑后学者，亦不过将书毁弃，转谕其家不必收存，与藏书之人并无干涉，必不肯因此加罪。至督抚等经手汇送，更无关碍，又何所用其疑畏乎？朕平日办事光明正大，可以共信于天下，高晋等尤所深知。而其所隶州郡，藏书什倍于别省，征访之事，更当向其责成。"①

之后，乾隆三十七年（1772）至乾隆四十三年（1778），清廷又多次颁布征书令。但最初征书的效果并不佳，使得乾隆皇帝发出"唐宋以来名家著作，或旧版仅存，或副稿略具，卓然可传者，竟不概见"② 之类的感慨。商人马裕等办事人员及藏书家往往产生"心存畏惧，又惮将善本远借"③ 的心态，最终影响了征书的进呈。甚至，各省督抚及办事人员在征集文献过程中，往往存在"承办之员

① 中国第一历史档案馆：《纂修四库全书档案》，上海古籍出版社1997年版，第70—71页。

② 中国第一历史档案馆：《纂修四库全书档案》，上海古籍出版社1997年版，第67—68页。

③ 中国第一历史档案馆：《纂修四库全书档案》，上海古籍出版社1997年版，第92页。

从中扣留缺少，及胥吏等藉端需索"①的现象。这不仅打压了藏书家进呈书籍的积极性，更是导致相关书籍从藏书家转入另一私人之手（即承办之员、胥吏等），进一步阻碍相关文献的流通与整理。最后，乾隆皇帝不得不对进书有贡献者提出嘉奖措施，以此彰显其"共信于天下"的意图。如对鲍士恭、范懋柱、汪启淑、马裕等进书五百种以上者"赏《古今图书集成》各一部，以为好古之劝"，对周厚堉、蒋曾莹、吴玉墀、孙仰曾、汪汝瑮、纪昀、励守谦、汪如藻等进书百种以上者"赏给内府初印之《佩文韵府》各一部，俾亦珍为世宝，以示嘉奖"②。总体而言，通过各省督抚的多次搜访、购求与藏书家的私人进呈，甚至委托书籍商贾代为查访等措施，清代统治阶级对彼时"天下"文献试图予以全面收罗。

　　由于私人藏书家在书籍的庋藏条件与人员投入方面，与政府藏书机构相比具有先天的劣势，容易散佚。因此，乾隆皇帝所谓"辗转流播，仍为他姓所有"，深刻道出私家藏书机构对文献保存与文化传承的脆弱面。从这个角度讲，收归"天下"文献而庋藏于"四库馆阁"中，不仅能够改善庋藏条件，亦能够充分发挥国家财力、物力以维持对书籍的保护，更能够集合国家的士夫才人以便对相关书籍进行校勘、清理，从而在对"天下"文献进行收藏、清理的同时，有效地梳理文献中蕴含的思想寓意、价值意蕴及其学术源流。不过，乾隆皇帝对藏书量丰富的江南私人藏书家提出了调取与进呈要求，此举一方面警示了彼时的所有私人藏书家，另一方面试图规避藏书家因所藏之书违碍情况的处罚措施，以便促使文献的征集能够顺利展开。不论是调取、个人进呈还是地方采进，均导致被收归含有"违碍"内容的文献存在被禁毁、抽毁的风险，从而有效限定不合清代统治需求、政教思想与道德规范的文献的流通。

---

① 中国第一历史档案馆：《纂修四库全书档案》，上海古籍出版社1997年版，第116页。
② 中国第一历史档案馆：《纂修四库全书档案》，上海古籍出版社1997年版，第211页。

大约从乾隆三十九年（1774）八月始，清代统治者开始减缓大规模的征书活动，转而对所征集的文献及彼时流通的文献进行"违碍"审查，并上折开列诸多查禁的书单。如乾隆三十八年（1773）十二月初六《军机大臣奏戎英在四库全书处具呈献书请严查其家片》，奏明对戎英"藏匿不法字迹"进行调查；乾隆三十九年八月初五《寄谕各督抚查办违碍书籍即行具奏》开始查禁"诋触本朝"的书籍，"如有关碍者，即行撤出销毁"，明确指出"其或字义触碍者，亦当分别查出奏明，或封固进呈，请旨销毁"①。这就使得"凡列士林者，稍有人心，亦断不敢明知忌讳，故为收藏"②。此举就从政治权力的角度，强制改变了"天下"文献的庋藏格局，进一步限定"天下"文献的流通数量与流传范围。据乾隆皇帝《上谕》所言："朕令各督抚查办应行销毁书籍，原因书内或有悖理狂诞者，不可存留于世，以除邪说而正人心，是以旧人著作尚且应查，岂有现在刊行者转置不问之理？"③可知，乾隆时期的文献查禁就是面对古往今来的"天下"所有文献，包括野史稗乘、奏疏杂纂、碑铭、戏曲小说等。清代统治者查禁的重点，并非文献本身的知识讹误或学术思想；而是通过对所涉书籍"责任伦理"作用的强调，对书籍进行道德方面的审查。所谓"正人心而厚风俗"，就是其查禁的借口与展开的方式，最终意图就难免上升到"彰稽古右文之盛"等统治策略的高度。④从时人怕担责与惹祸端的心理恐惧角度看，凡此种种措施必然严重限制时人对查禁书籍的收藏、刊刻及品评，甚至迫使时人减少尚未被征收与查禁书籍的流通频率。这场历时近20年的查禁书籍

---

① 中国第一历史档案馆：《纂修四库全书档案》，上海古籍出版社1997年版，第239—240页。

② 中国第一历史档案馆：《纂修四库全书档案》，上海古籍出版社1997年版，第252页。

③ 中国第一历史档案馆：《纂修四库全书档案》，上海古籍出版社1997年版，第741—742页。

④ 参见温庆新《阅读史视域下纂修〈四库全书〉的历史意义》，《天府新论》2018年第3期。

运动，人为地改变了彼时文献收藏的格局，更是限定了时人对文献的诠解空间，形成了时人传抄、刊刻及阅读文献时以《四库全书》之"官定"文本为准的局面。

二 对采进文献的处置措施

首先，乾隆三十九年（1774）七月十八日《寄谕四库全书处总裁各省进到遗书及翰林院贮书不许私携出外》，对"近日总裁等有欲添派别衙门人员，至翰林院翻检书籍，逐日点查收发者"提出批评，要求"纂修等领办之书，即于册内填注，仍每日稽查，毋许私携出外"，并提出"如查该纂修仍有违禁私带之事，即回明总裁参劾。若该提调代为徇隐，经总裁等查出，将该提调一并查参"等处罚措施。[①] 同时，对遗失相关文献者进行"罚俸"或"降级"，以便改变"四库馆臣"之"率意从事"的态度。[②] 此举从政令角度对"四库馆臣"提出了相关约束，一定程度上保证了对采进文献的有效整理。

其次，在办理采进书后，"四库馆臣"往往要对进入馆阁的书籍进行处理与定性，甚至安排编修进程。"正总裁"于敏中在乾隆三十八年（1773）六月初九《手札》中，曾言："接字悉种种，《吴中旧事》改入子部小说家极为妥合，武英殿东库书自须先办，仆于马书未到时，早已言之，可即回明王大人即行酌办，勿致诸公旷日再三。"[③] 就对"四库馆臣"不积极处理馆阁事务进行提示，同时对《吴中旧事》的部类归并进行确定。又，乾隆三十八年六月初三《手札》说："《汉秘葬经》《吴中旧事》《全碧故事》三种，并谕皆非要书，毋庸刊刻，则《吴中旧事》亦无须再行缮进，即在应抄之列，亦止须缓办。再检阅此书所感，并非前贤嘉言懿行，不过诗话、说

---

① 中国第一历史档案馆：《纂修四库全书档案》，上海古籍出版社 1997 年版，第 227 页。
② 中国第一历史档案馆：《纂修四库全书档案》，上海古籍出版社 1997 年版，第 229—230 页。
③ 于敏中：《于文襄手札》（第 5 通），国立北平图书馆 1933 年版。

部之类，似不应附于史部，应请再酌。”① 进一步从“嘉言懿行”的
角度确定书籍归并的标准。这种做法是符合乾隆三十七年（1772）
正月初四《上谕》所言“稽古右文，聿资治理”与“多识前言往
行，以蓄其德”等思想的。不过，正如学界所指出的：“纂修官对所
办之书写出提要稿，提出处理意见（包括应刊、应抄、应存及毋庸
存目四种）。若是最终定为应抄、刊之书，还要对其作进一步的校
勘、整理。”② 因此，这种处理方式促使“四库馆臣”在编纂过程
中，在总体上符合清廷官方思想的基础上，对具体书籍的评判与部
类归并就有讨论的弹性空间。如于敏中在乾隆三十八年（1773）七
月廿六日《手札》中，指出：“抄本五种已收到，应刊、应抄须详定
为嘱。阅酌定散篇条例，妥协周详。”③ 此类办事意见，即便于“四
库馆臣”通过“退置”或“增补”等方式对具体文献的部类归并、
思想内容及政教价值重新进行归类与限定。

再次，处置采进文献，要求相关人员在记录、誊录文献的过程
中，应注意版本的挑选、誊录的准确及对相关文献知识、思想的可
靠把握。如于敏中在乾隆三十八年八月初八《手札》中，言：“接
来札悉种种，誊录之事，若再有更张，即易招物议，幸已安帖，然
所办究未老到，恐仍不免口舌耳。此次进呈各书，一日之间，承
（皇）上指出两错。书签之错，尤其显而易见者，此后务须留心。至
《折狱龟鉴》内错处，当切告承办《永乐大典》诸公各宜加意；若
再经指斥，即削色矣。至承办《全书》及《荟要》分校诸公，当请
其到署，以此切致之，各宜经意，毋留错误之迹，日后取咎。总祈
慎之又慎为嘱。”④ 可见，于敏中对进呈文献从誊录、提要及校勘等
诸多方面，都进行了严格要求。又如，于敏中乾隆三十八年八月初

---

① 于敏中：《于文襄手札》（第4通），国立北平图书馆1933年版。
② 张升：《四库全书馆研究》，北京师范大学出版社2012年版，第65—66页。
③ 于敏中：《于文襄手札》（第22通），国立北平图书馆1933年版。
④ 于敏中：《于文襄手札》（第25通），国立北平图书馆1933年版。

八《手札》指出："《南宋两朝纲目》已奉御题，其前后倒置，目内尚觉无妨，纲内则断乎不可，已与大农面言。今将全书寄回，即可查酌加按，恐别本亦有类此者，似须一并查酌，或系抄辑时舛错，亦未可知也。"① 即是对收入《四库全书》史部"编年类"的《南宋两朝纲目》（十六卷）进行版本传抄与知识讹误审查的典型。当然，"四库馆臣"对收入文献的知识审查与价值评判，大多能做到实事求是的客观评判。如于敏中乾隆三十九年（1774）六月初五《手札》言："《弇州四部稿》书非不佳，但卷帙太繁，且究系专稿，抄录太觉费事，存目亦不为过。但题辞内不必过贬之也。"② 即是个中典型。

正如于敏中在乾隆三十九年七月初一《手札》中所言："顷接李少司（即李友棠）定札，以《水经注》尚有可商，不可不酌，求其是。愚学殖浅薄，不敢轻议，且相隔甚远，尤难彼此折衷，此事知东原（即戴震）深费苦心，且向曾探讨及此，自当有所根据，其中或尚有应行酌定者，不妨再为复核。……圣主稽古右文，凡事集思广益，今访求遗书，嘉惠后学，往往一字一义，询及刍荛。我辈钦承恩命，岂可不仰体圣衷，虚公斟酌，以期无负委任，尚敢稍存成见乎？"③ 据"我辈钦承恩命，岂可不仰体圣衷"等语看，"四库馆臣"之所以如此详细地对征集而来的文献与收入《四库全书》的处置情形进行详细探讨，显然是严格贯彻乾隆皇帝提出的"稽古右文，聿资治理"等指导思想。而为了有效践行"稽古右文"的政治目的与"嘉惠后学"的教化意图，这两方面的综合致使"四库馆臣"在进行文献处理时不得不审慎为之。所谓"学殖浅薄，不敢轻议，且相隔甚远，尤难彼此折中"，就是"四库馆臣"以客观、公正

---

① 于敏中：《于文襄手札》（第 26 通），国立北平图书馆 1933 年版。
② 于敏中：《于文襄手札》（第 29 通），国立北平图书馆 1933 年版。
③ 于敏中：《于文襄手札》（第 34 通），国立北平图书馆 1933 年版。

对待进呈文献思想与知识的严谨态度。"尚敢稍存成见乎"云云，更是基于实事求是的原则加以考辨与撰写提要的体现。

最后，清廷对进呈书籍的传抄格式、纸张、刊刻、刷印、装潢等方面，都提出了严格要求。乾隆三十八年（1773）十月二十八日《管四库全书刊刻等事务金简奏酌办活字书版并呈套板样式折》，曾言："今闻内外汇集遗书已及万种，现奉旨择其应行刊刻者，皆令镌版通行，此诚皇上格外天恩、加惠艺林之至意也。但将来发刊，不惟所用版片浩繁，且逐部刊刻亦需时日，臣详细思维，莫若刻做枣木活字套版一分，刷印各种书籍，比较刊版工料，省简悬殊。臣谨按御定佩文诗韵详加选择，除生僻字不常见于经传者不收集外，计应刊刻者六千数百余字。此内虚字以及常用之熟字，每一字加至十字或百字不等，共需十万余字，又豫备小注应刊之字，亦照大字每一字加至十字或百字不等，需五万余字。大小合计不过十五万余字，遇有发刻一切书籍，只须将槽版照底本一摆，即可刷印成卷。倘其间尚有不敷应用之字，豫备木子二千个，随时可以刊补。其书页行款大小式样，照依常行书籍尺寸刊作木槽版二十块，临时按底本将木字检校明确，摆置木槽版内，先刷印一张，交与校刊翰林处详校无误，然后刷印。"① 这就是对文献的版刻、字体及纸张等"物质形态"进行统一管控的表现。又如，分校官胡予襄于《江湖小集》的四库抄校本中，曾加"按语"曰："本书系四库馆稿本，内中多馆臣墨笔校注，或提示抄写格式，以符《四库》之体例。"② 可见，《四库全书》对抄写格式、笔墨要求等其他版本"物质形态"的要求，亦颇为严厉。

当对采进书籍进行调查、整理、传抄、刊刻及提要撰写完毕后，

---

① 中国第一历史档案馆：《纂修四库全书档案》，上海古籍出版社1997年版，第177页。
② 台湾"国家图书馆"特藏组编：《"国家图书馆"善本书志初稿》集部第4册，台湾"国家图书馆"1999年版，第46页。

清代统治者必然进入对《四库全书》流传的深度管控阶段。

三　对《四库全书》传播过程与时人阅读来源的管控

从文献的传播途径看，中国古代文献的传递方式主要是人际传播。由于古代的文献收藏机构除了内府、都察院、国子监等政府藏书机构外，主要集中于私人藏书家与诸如藩府等藏书机构之中。然而，历代的藏书机构往往无法满足时人的文献阅读需求。甚至，由于文献记录手段的滞后，导致历代文献传播及其活动的展开，主要通过互借、传抄或交换等途径展开——明清私人藏书家的图书扩充，很大程度上是抄自内府等朝廷机构或私人藏书家之间的互抄。① 孙庆增《藏书记要》第三则"钞录"曾总结道："书之所以贵钞录者，以其便于诵读也。历代好学之士，皆用此法。所以有刻本，又有钞本，有底本。底本便于改正，钞本定其字划，于是钞录之书，比之刊刻者更贵且重焉。况书籍中之秘本，为当世所罕见者，非钞录则不可得。又安可以忽之哉！从未有藏书之家而不奉之为至宝者也。"② 正是由于抄书对书籍流通的重要性，因此，如何获知书籍信息以便传抄，就显得十分重要。对此，清代著名藏书家曹溶在《流通古书约》中，指出："今酌一简便法，彼此藏书家，各就观目录，标出所缺者，先经注，次史逸，次文集，次杂说。视所著门类同，时代先后同，卷帙多寡同，约定有无相易，则主人自命门下之役，精工缮写，校对无误，一两月间，各赍所钞互换。此法有数善，好书不出户庭也，有功于古人也，己所藏日以富也，楚南燕北皆可行也。敬告同志，鉴而听许。"③ 然而，不管"各赍所钞互换"如何进行，所抄书籍的来源往往是官方的藏书机构。因此，清廷在纂修完《四库

---

① 参见温庆新《明代传抄之习与藏书家之编目——以对章回小说的著录为例》，《图书馆杂志》2018 年第 9 期。

② 孙庆增：《藏书记要》，古典文学出版社 1957 年版，第 38 页。

③ 曹溶：《流通古书约》，广陵书社 2008 年版，第 97—98 页。

全书》且关闭"四库馆阁"之后,就不得不采取相关措施以推进其所编纂定稿的《四库全书》顺利流布开来,以便"稽古右文"。故而,清廷后又设"七阁",允许时人入阁阅读、传抄——《清史稿·艺文志》曾说:"高宗继试鸿词,博采遗籍,特命辑修《四库全书》,以皇子永瑢、大学士于敏中等为总裁,纪昀、陆锡熊等为总纂,与其事者三百余人,皆极一时之选,历二十年始告成。全书三万六千册,缮写七部,分藏大内文渊阁、圆明园文源阁、盛京文溯阁、热河文津阁、扬州文汇阁、镇江文宗阁、杭州文澜阁。命纪昀等撰《全书总目》,著录三千四百五十八种,存目六千七百八十八种,都一万二百四十六种。"① 此举就从书籍来源的角度,保证了时人抄书的底本来源,进一步有效推动"官定"书籍的权威性。

据研究,清代私人藏书家与士大夫,不乏有从"四库馆阁"与"七阁"抄书的实例。彼时士大夫亦多有希冀从中窥探未见之书的迫切心情。章学诚在《为毕制军与钱辛楣宫詹论续鉴书》中,曾指出:"今兹幸值右文盛治,四库搜罗,典章大备,遗文秘册,有数百年博学通儒所未得见而今可借钞于馆阁者,纵横浏览,闻见广于前人。"② 所谓"纵横浏览,闻见广于前人"云云,表露出章学诚希冀借以"四库馆阁"进行学术研究的迫切心情。正是由于"四库馆阁"能见到古今中外的"天下"文献,使得诸多"四库馆臣"在纂修《四库全书》的过程中,往往进行私录抄出,以为珍贵秘籍。如"协勘官"程晋芳《勉行堂文集》卷4《书春秋分纪后》,言:"癸巳之春,设《四库全书》馆,马氏书大半进馆中,余乃得见之矣。亟命钞胥录之,三月而毕。覃溪翁学士亦钞焉。"又,同书卷5《周官新义跋》,云:"《周官》旧二十二卷。此吾友周书沧从《永乐大典》录出者,得十六卷,而《地官》《夏官》缺焉。……余与书沧、孔荭

---

① 赵尔巽等:《清史稿》,中华书局1977年版,第4219页。
② 章学诚著,仓修良编:《文史通义新编》,上海古籍出版社1993年版,第653页。

谷各抄一本，嗣是永清令周筤谷属钞一本，而陈上舍竹厂又钞焉。"①
可见，程晋芳经常私录《四库全书》馆中的孤本书籍，并借以他人
传抄，以此扩充所抄书籍的流通范围。又如，卢文昭《十三经注疏
正字跋》指出："是书八十一卷，嘉善浦君（镗）所订，仁和沈秋
园先生（廷芳）复加审定，录而藏之。其子南雷礼部（世炜）上之
四库馆。大兴翁覃溪太史（方纲）从馆中钞出一本，余获见之。前
有叙录，称所见有监本，有监本脩板，有陆氏闽本，有毛氏汲古阁
本。今惟监本脩板及毛氏本行世。故就此二本之误正焉。"② 据此，
"纂修官"翁方纲亦曾从"四库馆阁"抄录《十三经注疏正字》一
书。卢文昭据此所见，从而对此书的版本、文字、校勘进行了诸多
考辨。

需要指出的是，当采录文献被确定且经过核查、校勘及纂定提
要后，往往需要一个誊录的环节。进行誊录的人员既可以由"四库
馆臣"举荐，亦可以"投考"或从顺天乡试落榜生中选取、通过朝
贡从贡生中选取、恩赐等多种形式。③ 据《国朝书人辑略》所载：
"四库书馆方开，天下寒畯奔走求试誊录，期满得以丞簿进身。"④
由于入选的誊录人员往往可以借此"议叙得官"与"丞簿进身"，
因此，彼时学子文人争先欲为"四库馆阁"的誊录人员。同时，"四
库馆阁"所需的誊录人员，往往要具备一定知识修养的青年才俊。
乾隆三十八年（1773）六月初二《巡视南城监察御史胡翘元奏请停
纂修提调等官自行保举誊录等事折》曾指出："此项誊录，俱是自备
资斧效力行走，其能书者，不皆有力，其有力者，不尽能书。今保
举之途一开，其能书而无力者，固不得与其数，而有力不善书者，

---

① 程晋芳著，魏世民校点：《勉行堂诗文集》，黄山书社 2012 年版，第 763、781—782 页。

② 参见卢文弨《抱经堂文集》卷 8，商务印书馆 1935 年版，第 107 页。

③ 参见张升《四库全书馆研究》，北京师范大学出版社 2012 年版，第 222—244 页。

④ 张维骧纂：《清代毗陵名人小传稿》卷 4 "钱伯坰"条，常州旅沪同乡会 1944 年版，第 21 页。

既须雇倩书手，又先多一保举之费，未免竭蹶从事。"① 就要求胜任誊录的学人既要有读书思辨能力，又能胜任体力劳作。由于管理问题，馆阁中数量众多的誊录者在负责誊抄书籍的同时，往往出现了冒名顶替誊录者、请人代抄等"佣书"现象。而"佣书"之举使得当时"四库馆阁"的许多稿本、抄本或禁毁书籍，得以被代抄者见及或抄出。如孙星衍《五松园文稿》卷1《孙忠愍侯祠堂藏书记》所载："尝应试入都，佣书四库馆，所见书益宏多。"② 再如，李文藻《六月十五日出都留别，钦州冯伯求、季求、历城周书昌，次伯求见赠韵二首》云："两月住京华，与君无暂闲。借抄中秘籍，手少倩为艰。同好周柱史，插架高难攀。万卷不满意，持录愁攒颜。四库写未半，积债如层山。怜我二三子，怅怅岐路间。同出国西门，书簏光烂斑。所遗尚几种，将行复欲还。终日停轸语，未过卢沟关。好古苦无力，此情不能删。望君登要津，刊布传通阛。"③ 官至桂林府同知的李文藻所言"四库写未半，积债如层山"，表明当时京城"佣书"费用并不低。而所谓"借抄中秘籍，手少倩为艰"，表明彼时京城的抄手因被雇去抄书的机会之多以至于抄手难求。从这个角度讲，"所遗尚几种，将行复欲还"云云，表明时人从"四库馆阁"抄出的文献数量是颇为可观的，而且透露出彼时士大夫希冀抄遍"四库馆阁"文献的强烈愿望。

而对这种几乎在当时是公开的普遍现象，"佣书"早已引起乾隆皇帝的注意。乾隆四十四年（1779）二月初六《谕嗣后四库馆效力年满议叙人员着严加考试分别核办》，云："此项在馆人员，虽系自备斧劻（效）力，而议叙实不免过优，殊非慎重名器之道。朕原因四库全书卷帙浩繁，既办一大事，即不能计及小节，略予从优，

---

① 中国第一历史档案馆：《纂修四库全书档案》，上海古籍出版社1997年版，第124页。

② 孙星衍：《五松园文稿》卷1，《丛书集成初编》，商务印书馆1936年版，第6页。

③ 李文藻著，栾绪夫注：《岭南诗集注》，大连海事大学出版社1994年版，第233—234页。

非不知其中有些微小弊也。但恩施固当令均沾，而录叙亦不宜太滥，况人多即流品混淆，自当明示区别。嗣后此项议叙人员，着照部议，汇齐五十名奏请考试一次。惟是伊等写书时大率倩人代缮，其本人字画未必悉能工楷。将来考试时，着派出阅卷大臣稍为宽取，不必照正考之例过于精核，以示格外体恤之意。其有不到及倩人代作诸弊，仍着照部议严察。钦此。"① 由于入馆"誊录"人员的主要目的并非誊抄书籍，而是借此"议叙得官"；故而，乾隆皇帝就此提出考核誊录人员的举措，从而限定誊录人员的作弊之举。虽说此类做法并不一定会收到良好效果，但从"四库馆阁"的管理角度而言，它依旧会从政治权力的角度稍加规范誊录人员的品性与"佣书"的现象。也就说，对时人从"四库馆阁"的"佣书"进行管理，能够进一步从文献流通的角度限定非定稿"官本"《四库全书》或相关稿本、抄本的严重外流。

而当"四库馆阁"关闭之后，《四库全书》的底本、稿本、定版及《四库全书存目书》等书籍，仍多遭"四库馆臣"私录而出。② 据上所引，时人从"四库馆阁"抄录书籍时，往往关注版刻、文字、内容等书籍的"物质形态"。这不仅促使相关书籍得以流传开来，更可见及从"四库馆阁"录书之风的习见，甚至成为一种时尚。不过，尽管时人所录之书有部分书籍后来被禁毁、抽毁，但进献到"四库馆阁"的书籍多数是经过统治阶层与"四库馆臣"的筛选、整理及排序。总体而言，通过"四库馆阁"的相关编纂，清代统治者对当时"天下"文献的传播源头进行了有效管控。

甚至通过设立"七阁"，使得书籍文献的整合、利用、传播及书籍意义的生成途径，得以靠向系统化、有序化。也就是说，整合藏书与阅读的机构，能够使文献传播与文献的知识体系、思想价值以

---

① 中国第一历史档案馆：《纂修四库全书档案》，上海古籍出版社1997年版，第1000页。
② 参见吴哲夫《四库全书纂修之研究》，台北故宫博物院1990年版，第266页。

系统、有序、全面的形式向全社会开放。尤其是到"七阁"阅读、抄写的士大夫与学子们，就必须服从"七阁"对文献从内容、形式、版本、文字到排序、思想、学术、知识等的多方面限定。如时人对"七阁"文献的"钞阅"，要"随时存记档册，点明帙数，不许私携出院，致有遗缺。如所抄之本，文字偶有疑误，须行参校者，亦令其识明某卷、某页、某篇，汇书一单，告之领阁事，酌派校理一员，同诣阁中，请书检对"①。这就从图书档案管理的角度，对时人的阅读过程进行登记、对时人所阅读的文本进行记录，以便保证时人的阅读过程、观感及知识吸收，与清廷的编纂意图及《四库全书》所呈现出来的知识内容保持一致。甚至后世学人因曾入"七阁"观书，以至于进行书籍的刊刻时多据以"七阁"所藏《四库全书》作为底本，加以梓行。曾国藩（1811—1872）于咸丰九年（1859）正月作《圣哲画像记》时，指出："及为文渊阁直阁校理，每岁二月，侍从宣宗皇帝入阁，得观《四库全书》。其富过于前代所藏远甚，而存目之书数十万卷，尚不在此列。呜呼！何其多也。虽有生知之姿，累世不能竟其业，况其下焉者乎？故书籍之浩浩，著述者之众，若江海然，非一人之腹所能尽饮也，要在慎择焉而已。余既自度其不逮，乃择古今圣哲三十余人，命儿子纪泽图其遗像，都为一卷，藏之家塾。后嗣有志读书，取足于此，不必广心博骛，而斯文之传，莫大乎是矣。"② 可知，曾国藩首先感慨"四库馆阁"藏书之丰，其次通过多次入阁阅读而对古今书籍有所了解，再次慎择"古今圣哲三十余人"的事迹加以概述，以为家族教育之本。此例足以表明"七阁"藏书对于扩充时人阅读视野与思想形成的重要性。而后曾国藩刊刻《船山遗书》时，曾托刘韫斋（崑）从文渊阁抄写有关底本，云："王船山先生《书经稗疏》三本、《春秋家说序》一薄本，系托刘韫

---

① 中国第一历史档案馆：《纂修四库全书档案》，上海古籍出版社1997年版，第527页。
② 曾国藩：《曾国藩诗文集》，岳麓书社2015年版，第289页。

斋先生在京城文渊阁抄出者。尔可速寄欧阳晓岑丈处，以便续行刊刻。"① 再如，常熟藏书家张金吾《爱日精庐藏书志》就载有大量从"文渊阁传抄"的书籍，此系"七阁"成为近代私人藏书家扩充自身藏书的又一有力证据。明清私人藏书家往往通过传抄书籍来扩充自家藏书，但从私人藏书家到另一私人藏书家的传抄，往往受到藏书孤本、残本及藏书家敝帚自珍等心态的影响而导致传抄的质量与数量存在诸多局限；而"颁之天下"的"七阁"文献使得私人藏书家往往能够获知平时无法寓目的珍本或善本文献，从而扩大私人藏书家传抄书籍的来源，以至于颇受近代私人藏书家的青睐，进而进行大量传抄实践。这表明"七阁"藏书逐渐成为后人进行书籍阅读与刊刻的重要来源。此类传抄之举背后的意义，在于时人对文献版本的选择已不可避免受到作为"官定"文本《四库全书》的多方面影响。这就进一步保证清代统治者对时人阅读的管控效果。

不过，从另一个角度讲，《四库全书》通过"七阁"向社会开放，使得清代的政府藏书布局逐渐从封闭走向开放，能够充分利用藏书机构的平台以最大限度地促使"官定"文本文献的社会传播及其传播效果的最大化，从而产生良好的传播效果与积极作用，最终推动以规范学术谱系、预设特定道德标准与价值标准为内核的、以利于彼时政统所需的"官学"规范体系，得到良好的宣传与实践，实现效果最优化。鲁迅在《病后杂谈之余——关于"舒愤懑"》中，指出："现在不说别的，单看雍正乾隆两朝的对于中国人著作的手段，就足够令人惊心动魄。全毁，抽毁，剜去之类也且不说，最阴险的是删改了古书的内容。乾隆朝的纂修《四库全书》，是许多人颂为一代之盛业的，但他们却不但捣乱了古书的格式，还修改了古人的文章；不但藏之内廷，还颁之文风较盛之处，使天下士子阅读，永不会觉得我们中国的作者里面，也曾经有过很有些骨气的人。（这

---

① 曾国藩：《曾国藩全集》第 21 册，岳麓书社 2011 年版，第 384 页。

两句，奉官命改为'永远看不出底细来。'）。"① 鲁迅对《四库全书》的文献钳制效果、时人被迫接受现象的辛辣讽刺，正好从侧面说明了《四库全书》的"官学"规范体系对后世的巨大影响，以至于鲁迅发出"清人纂修《四库全书》而古书亡，因为他们变乱旧式，删改原文"② 的感叹。而"变乱旧式，删改原文"，就是清代统治阶级确立"官定"文本的主要手段，也由此限定了后世进行书籍阅读的有限选择空间。

第二节 "文献控制"与《四库全书总目》的 知识信息管控

所谓"文献控制"，是基于社会对人的行为与知识认知进行约束的视角，探讨政治领域、社会领域、经济领域等方面对文献的生产、消费、传播与受授、利用等行为或活动进行控制的理论；最终意图是实现对文献的知识信息控制，规范文献的生产、消费及利用等各个环节的相关活动。从社会控制论角度看，进行"文献控制"的目的是使文献信息的生产、消费、传播与受授、利用等行为或活动有利于社会秩序的维护与思想领域的趋一，从而保障社会大众的利益与国家的有序统治。③ 从"文献控制"角度探讨《四库全书总目》的知识信息控制环节，分析《四库全书总目》的编纂如何通过政令、删改、抽毁及思想、价值引导等手段对采进文献的知识信息进行有效管控，将有助于进一步认识《四库全书总目》的书目控制实践。

---

① 鲁迅：《鲁迅文集》第 2 卷，吉林大学出版社 2009 年版，第 65 页。
② 鲁迅：《鲁迅文集》第 2 卷，吉林大学出版社 2009 年版，第 67 页。
③ 蒋永福、孟越：《社会控制论视角的文献控制论述略》，《大学图书馆学报》2016 年第 3 期。

一　删改、抽毁文献内容与对文献知识信息的有效控制

《四库全书总目》往往通过一定的标准（包括价值规范、学术思想、人伦道德及政教意图），有选择地记录并梳理历代学术与知识的演变情形，以此收入《四库全书》中，或进行《四库全书存目丛书》的著录，从而限定时人及后世对具体文献的价值定位与文化、思想等方面的内涵解读。

对此，乾隆四十一年（1776）十一月十六日《上谕》已明言："前因汇辑四库全书，谕各省督抚，遍为采访。嗣据陆续送到各种遗书，令总裁等悉心校勘，分别应刊、应钞及存目三项，以广流传。第其中有明季诸人书集，词意抵触本朝者，自当在销毁之列。节经各督抚呈进，并饬馆臣详悉检阅，朕复于进到时，亲加披阅，觉有不可不为区别甄核者。如钱谦益在明已居大位，又复身事本朝，而金堡、屈大均则又遁迹缁流，均以不能死节，腼颜苟活，乃托名胜国，妄肆狂狺，其人实不足齿，其书岂可复存？自应逐细查明，概行毁弃，以励臣节而正人心。……以上诸人所言，若当时能采而用之，败亡未必若彼其速。是其书为明季丧乱所关，足资考镜，惟当改易违碍字句，无庸销毁。又彼时直臣如杨涟、左光斗、李应昇、周宗建、缪昌期、赵南星、倪元璐等，所有书集，并当以此类推。即有一二语伤触本朝，本属各为其主，亦只须改酌一二语，实不忍并从焚弃，致令湮没不彰。至黄道周另有《博物典汇》一书，不过当时经生家策料之类，然其中纪本朝事迹一篇，于李成梁设谋基害，具载本末，尤足征我朝祖宗行事正大光明，实大有造于明人，而彼转逞狡谋阴计，以怨报德。伏读《实录》，我太祖高皇帝以七大恨告天，师直为壮，神戈所指，肇造鸿基，实自古创业者所莫及。虽彼之臣子，亦不能变乱黑白，曲为隐讳，存其言并可补当年纪载所未备。因命馆臣酌加节改，附载《开国方略》后，以昭征信。近复阅江苏所进应毁书籍内，有朱东观编辑《崇祯年间诸臣奏疏》一卷，

其中多指言明季秕政，渐至瓦解而不可救，亦足取为殷鉴。虽诸疏中多有乖触字句，彼皆忠于所事，实不足罪，惟当酌改数字，存其原书，使天下万世，晓然于明之所以亡，与本朝之所以兴。俾我子孙永念祖宗缔造之艰难，益思兢兢业业，以祈天而永命。其所裨益，岂不更大，又何必呕毁其书乎！又若汇选各家诗文，内有钱谦益、屈大均辈所作，自当削去，其余原可留存，不必因一二匪人，至累及众。或明人所刻类书，其边塞、兵防等门，所有触碍字样，固不可存，然只须删去数卷，或删去数篇，或改定字句，亦不必因一二卷帙，遂废全部。他若南宋人书之斥金，明初人书之斥元，其悖于义理者，自当从删，涉于诋詈者，自当从改，其书均不必毁。使无碍之书，原听其照旧流行，而应禁之书，自不致仍前藏匿，方为尽善。着四库馆总裁等，妥协查办，黏签呈览，候朕定夺。并将此通谕中外知之。钦此。"①

据此可知：清代统治者通过对"词意抵触本朝者"的明代文献进行销毁，并发布"明人所刻类书，其边塞、兵防等门，所有触碍字样，固不可存，然只须删去数卷，或删去数篇，或改定字句，亦不必因一二卷帙，遂废全部"等编纂指导，使得时人及后世无法完整、全面地见识明代文献的整体特征、思想内涵及知识谱系。甚至以"抵触本朝""征我朝祖宗行事正大光明""曲为隐讳"等核心词汇，来限定对相关文献的褒贬倾向与评判重点。从这个角度讲，不论是应刊、应钞及存目，抑或是应刊之前的"节改""改定字句"等举动，完全是为了塑造清代政权统治在思想领域中的合法性、在认知观念上的必然性、在行动表现上的深刻性、在情感倾向上的共鸣性。也就是说，清代统治者试图塑造清代统治者开基创业的艰辛与统治者勤劳艰辛的正面形象（所谓"太祖高皇帝以七大恨告天，

① 中国第一历史档案馆：《纂修四库全书档案》，上海古籍出版社 1997 年版，第 552—554 页；又，永瑢等：《四库全书总目》卷首，中华书局 1965 年版，第 3—4 页。

师直为壮，神戈所指，肇造鸿基，实自古创业者所莫及"），同时从事物衍变的因果角度塑造清廷取代明朝的合法性（所谓"当时能采而用之，败亡未必若彼其速。是其书为明季丧乱所关，足资考镜"）。而为了消除上述做法的突兀，清代统治者通过修改"南宋人书之斥金，明初人书之斥元"等历史上其他易代之际的文献及其知识信息，最终从历史演变的角度塑造清廷取代明朝的必然性。这种做法的最终目的，是"俾我子孙永念祖宗缔造之艰难""并将此通谕中外知之"之类的警示意义。而所谓"易违碍字句""节改""酌改数字，存其原书""删去数卷，或删去数篇，或改定字句"云云，就是"四库馆臣"对"天下"文献进行知识管控的具体手段。

典型之例，即如对《通鉴纲目续编》的抽毁与挖改。乾隆四十七年（1782）十一月初八《军机大臣等奏将发下〈通鉴纲目续编〉拟改各字黏签呈览等事片》，根据乾隆四十七年十一月初七乾隆皇帝的批示"《御批通鉴纲目续编》内《发明》《广义》各条，于辽、金、元三朝时事多有议论偏谬及肆行诋毁者。《通鉴》一书关系前代治乱兴衰之迹，至纲目祖述麟经，笔削惟严，为万世公道所在，不可稍涉偏私"，上折言："臣等将发下《通鉴纲目续编》，遵照皇上阅定二册，于各册内悉心酌核，谨将拟改各字用黄签注明黏贴，并于书头黏签标识，恭呈御览。"① 甚至，乾隆四十七年十一月初八《寄谕河南巡抚李世杰向宋荦子孙查明〈御批通鉴纲目续编〉板片》，言："现在武英殿并未存有是书板片，是否系宋荦当日刊刻，其板片仍存伊家？着传谕李世杰转饬地方官即向其家子孙查明原板。如仍在伊家，即检齐解交武英殿，仍严饬胥役人等毋得藉端滋扰。"② 就试图收回《御批通鉴纲目续编》的"板片"，以便从印刷源头杜绝未行

---

① 中国第一历史档案馆：《纂修四库全书档案》，上海古籍出版社 1997 年版，第 1675—1677 页。

② 中国第一历史档案馆：《纂修四库全书档案》，上海古籍出版社 1997 年版，第 1678 页。

挖改的《通鉴纲目续编》再遭刊印流传。而后，清廷又多次下诏查明《御批通鉴纲目续编》"板片"的储存情况。乾隆四十八年（1783）三月二十三日《军机大臣奏遵旨查明挖补填写〈通鉴纲目续编〉情形片》，言："遵旨查得尚书房所办挖补填写《通鉴纲目续编》，宫内各处陈设十二部，俱已填写交进；圆明园、三山、热河、盘山等处陈设共三十二部，现在挖补；其武英殿库贮九十四部，内已写得十二部，由军机处发交各省十部，尚存二部；又尚书房现在填写八部，其余七十四部现在陆续挖补。所有发过各省分，谨开单呈览。谨奏。"① 由此，清代统治者试图在全国范围内对所存《通鉴纲目续编》进行收回与挖改，以便彻底肃清乾隆皇帝所谓该书"稍涉偏私"对当朝统治的不良影响。乾隆四十八年三月二十四日《寄谕各省督抚务须实力妥办更正〈通鉴纲目续编〉仍于年终汇奏》更是进一步明言："前因披阅《御批通鉴纲目续编》，内《发明》《广义》各条，于辽、金、元三朝时事，多有议论偏谬及肆行诋毁之处，特交诸皇子及军机大臣量为删润改补，黏签呈览，并遇便发交直省督抚各一部，令其照本抽改。现在将次办竣，陆续颁发，各该督抚等务须实力妥办，总在不动声色，使外间流传之本一体更正，不致遗漏，亦不得滋扰。至各该省自接奉颁发原书后，遵照抽改，共若干部，仍着各该督抚于年终汇奏一次，以凭查核。将此遇便各传谕知之。钦此。遵旨寄信前来。"② 所谓"务须实力妥办，总在不动声色，使外间流传之本一体更正，不致遗漏"，已明确强调对文献知识内容及其价值意义的严格管控，而且是一种试图消除相关管控引发社会不良影响的暗地里推行措施。可见，清代统治者多次颁布政令，在全国范围内对《通鉴纲目续编》的挖改，就是清代统治者对文献的知识信息进行控制或有效引导的典型缩影。这就得以保障其所颁布抽

---

① 中国第一历史档案馆：《纂修四库全书档案》，上海古籍出版社1997年版，第1716页。
② 中国第一历史档案馆：《纂修四库全书档案》，上海古籍出版社1997年版，第1717页。

毁、挖改的文献及其知识信息，具备与清代统治意图相一致的良好社会传播效果。

据此而言，正如《四库全书总目》"凡例"所指出的："御题顾宪成《泾皋藏稿》，示炯戒于东林，诚洞鉴情伪之至论也。我国家文教昌明，崇真黜伪。翔阳赫耀，阴翳潜消，已尽涤前朝之敝俗。然防微杜渐，不能不虑远思深。故甄别遗编，皆一本至公，铲除畛域，以预消芽蘖之萌。至诗社之标榜声名，地志之矜夸人物，浮辞涂饰，不尽可凭，亦并详为考订，务核其真。庶几公道大彰，俾尚论者知所劝戒。"① 清代统治阶级往往基于利于统治的立场，从书籍的"板片"到内容、思想及相关知识信息的生产、消费、传播及利用等环节，通过禁毁、抽毁、查收等方式全方位进行管控，以此成为《四库全书总目》知识信息控制的主要手段。

二 对明代文献的禁毁与书籍的思想整合、价值重构

在清代统治者眼中，彼时存在数量众多的明人著述已经导致时人缅怀"明代""故国"等思绪的泛滥。甚至有明一代及由明入清的"遗民"中撰写了数量众多的史书及文学作品，不断总结明代史迹，宣扬明代社会思潮，以至于导致清代社会弥漫着"乐谈明代事，乐读明人书，感慨兴亡，图谋复明"的"明史热"②，影响了清代社会的思想导向，危及清廷的统治。在这种情况下，通过查禁明人书籍，阻断时人阅读明代书籍及其所形成的有关明季历史的认知意见与价值评判来源，就成为清代统治者通过征集"天下"文献来纂修《四库全书》时，禁毁危及统治基础与价值体系等文献的合理借口，亦是查禁的根本意图。

---

① 永瑢等：《四库全书总目》，中华书局 1965 年版，第 18 页。
② 何宗美等：《〈四库全书总目〉的官学约束与学术缺失》，人民文学出版社 2017 年版，第 432 页。

乾隆五十二年（1787）六月十一日《礼部尚书纪昀奏沥陈愧悔并恳恩准重校赔缮文源阁明神宗后诸书折》，云："伏查四库全书，虽卷帙浩博，其最防违碍者多在明季、国初之书。此诸书中经部违碍较少，惟史部、集部及子部之小说、杂记，易藏违碍。以总目计之，不过全书十分之一二。当初办之时，或与他书参杂阅看，不能专意研寻；或因誊录急待领写，不能从容磨勘，一经送武英殿缮写之后，即散在众手，各趋功课，臣无从再行核校。据今李清、阎若璩二书推之，恐其中似此者尚或不免。现在虽奉旨派员详校，但诸书杂阅不能专力于明季、国初，又兼校讹字、脱文、偏旁、行款及标记译语，亦不能专力于违碍。至交臣核定，臣惟查所签之是非，其所未签更不能遍阅，恐终不免尚有遗漏。臣中夜思维，臣虽年过六旬，而精力尚堪校阅，且诸书曾经承办，门径稍熟，于违碍易于查检。不揣冒昧，仰恳皇上天恩，予臣以悔罪自赎之路，准将文源阁明神宗以后之书，自国朝列圣御纂、皇上钦定及官刊、官修诸编外，一概责臣重校。凡有违碍即行修改，仍知会文渊、文津二阁详校官画一办理，臣俱一一赔写抽换，务期完善无疵。臣断不敢少有回护，致他日再蒙圣鉴指出，自取重诛。"[①] 据此，清代统治者试图查禁的是"明季、国初之书"，涉及文献除"国朝列圣御纂、皇上钦定及官刊、官修诸编外"的所有书籍，尤以"史部、集部及子部之小说、杂记"为重点。虽然纪昀指出查禁的重点集中于"违碍"方面，但其实更多是一种通过删改、抽毁知识信息达到价值重构与思想建构，从而实现警示时人的意图。上引《四库全书总目》"凡例"所谓"防微杜渐，不能不虑远思深。故甄别遗编，皆一本至公，铲除畛域，以预消芽蘖之萌。至诗社之标榜声名，地志之矜夸人物，浮辞涂饰，不尽可凭，亦并详为考订，务核其真。庶几公道大彰，俾尚论者知所劝戒"，即可见及清代统治者试图借机警示明季党争的

---

① 中国第一历史档案馆：《纂修四库全书档案》，上海古籍出版社1997年版，第2024页。

意图，以"防微杜渐"，利于统治。从这个角度讲，"四库馆臣"批评明季文献"防微杜渐""矜夸人物""浮辞涂饰"云云，皆是为"示炯戒"的政治意图服务。这就使得时人对明代文献的认识形成诸如"浮辞涂饰"与"不真"的知识印象，对明代文献所蕴含的知识信息也就不可避免地会产生批评，从而在一定程度上促使清代学人对明代文献与学术的评价，往往要紧跟清代统治阶级的官方意志，甚至加以附和。这就是《四库全书总目》通过对文献知识信息的重构与建构来引导时人认知与阅读的主要方式。

典例之一，对李贽及其著述的评判。清代统治者在征集"天下"文献的过程中，李贽著述多次被列入"应毁书目"名单中。乾隆四十二年（1777）八月初四《浙江巡抚三宝奏续交应毁书籍折》指出李贽的《李氏文集》"立说多有乖僻"、《李氏遗书》"语涉乖僻"，①乾隆四十二年八月二十二日《两江总督高晋奏续缴违碍书籍板片折》称《焚书》为"违碍书"②，乾隆四十三年（1778）四月初十《湖广总督三宝等奏四次查获应毁各书折》再次查获《藏书》《焚书》③，乾隆四十三年十月初四《湖广总督三宝等奏六次查获应毁各书折》又一次查获《藏书》《焚书》。④ 如此频繁地查禁李贽书籍，而《四库全书》却列入"存目"书籍中。当作何解呢？"四库馆臣"此举是借"存目"的提要来批评李贽其书与其人，试图有效降低李贽对时人的影响力。首先，《四库全书总目》不仅试图塑造李贽书籍"乖僻"与异端的形象。如《续藏书》提要云："（李）贽所著《藏书》，为小人无忌惮之尤。是编又辑明初以来事业较著者若干人，以续前书之未备。其书分《开国名臣》《开国功臣》《逊国名臣》《靖难功

---

① 中国第一历史档案馆：《纂修四库全书档案》，上海古籍出版社 1997 年版，第 649 页。
② 中国第一历史档案馆：《纂修四库全书档案》，上海古籍出版社 1997 年版，第 693 页。
③ 中国第一历史档案馆：《纂修四库全书档案》，上海古籍出版社 1997 年版，第 815—816 页。
④ 中国第一历史档案馆：《纂修四库全书档案》，上海古籍出版社 1997 年版，第 913—914 页。

臣》《内阁辅臣》《勋封名臣》《经济名臣》《理学名臣》《忠节名臣》《孝义名臣》《文学名臣》《郡县名臣》诸目。因自记其本朝之事，故议论背诞之处比《藏书》为略少。然冗杂颠倒，不可胜举。如一刘基也，既列之《开国名臣》，又列之《开国功臣》。一方孝孺也，既列之《逊国名臣》，又列之《文学名臣》。经济本无大小，安见守令设施不足以当经济，乃于《经济名臣》外别立《郡县名臣》。又王祎殉节滇南，不入之《忠节传》中，而列之《开国名臣》内。种种踳驳，毫无义例，总无一长之可取也。"① 所谓"冗杂颠倒""种种踳驳，毫无义例"，就从著书体例与内容征信等角度全面批判《藏书》。"总无一长之可取"云云，更以一种空前严厉的口吻为此书加以定性。其次，"四库馆臣"试图向世人展现李贽为人的"异端"形象。"四库馆臣"在提要中随处可见描写李贽好发"讥笑"的举动，如《易筌》提要言："史称（焦）竑讲学以罗汝芳为宗，而善耿定向、耿定理及李贽，时颇以禅学讥之，盖不诬云。"② 又如，《藏书》提要云："贽书皆狂悖乖谬，非圣无法。惟此书排击孔子，别立褒贬，凡千古相传之善恶，无不颠倒易位，尤为罪不容诛。其书可毁，其名亦不足以污简牍。特以贽大言欺世，同时若焦竑诸人，几推之以为圣人，至今乡曲陋儒，震其虚名，犹有尊信不疑者。如置之不论，恐好异者转矜创获，贻害人心。故特存其目，以深暴其罪焉。"③ 此处就是以"大言欺世"来向世人宣传李贽的为人与为学，试图以"狂悖乖谬，非圣无法"来塑造李贽的"异端"形象，从而阻断李贽的"虚名"及其影响力。据此而言，《四库全书总目》此类言语从表面上看属于一种平实的客观描述，但它所形成的知识信息往往导向李贽的"异端"形象，从而以描述代替批判来塑

---

① 永瑢等：《四库全书总目》，中华书局 1965 年版，第 455 页。
② 永瑢等：《四库全书总目》，中华书局 1965 年版，第 60 页。
③ 永瑢等：《四库全书总目》，中华书局 1965 年版，第 455 页。

造李贽的不良形象，最终实现借以警示"至今乡曲陋儒"的教化意图。

典例之二，对钱谦益及其著述的批判。上引乾隆皇帝认为钱谦益之流"遁迹缁流，均以不能死节，腼颜苟活，乃托名胜国，妄肆狂猖，其人实不足齿，其书岂可复存"等语，就是试图对钱谦益的变节行为进行鄙薄。所谓"励臣节而正人心"，即是通过"忠义"的角度降低钱谦益的品格，从而对彼时士人形成警示意义。《四库全书总目》"集部总叙"指出："文人词翰，所争者名誉而已，与朝廷无预，故其患小也。然如艾南英以排斥王、李之故，至以严嵩为察相，而以杀杨继盛为稍过当。岂其扪心清夜，果自谓然？亦朋党既分，势不两立，故决裂名教而不辞耳。至钱谦益《列朝诗集》，更颠倒贤奸，彝良泯绝。其贻害人心风俗者，又岂鲜哉！今扫除畛域，一准至公。明以来诸派之中，各取其所长，而不回护其所短。盖有世道之防焉，不仅为文体计也。"①《明诗综》提要进一步指出："至钱谦益《列朝诗集》出，以记丑言伪之才，济以党同伐异之见，逞其恩怨，颠倒是非，黑白混淆，无复公论。"②据此，"四库馆臣"将钱谦益《列朝诗集》所写归入"颠倒贤奸，彝良泯绝"之流，试图从"朋党"论争的角度否定《列朝诗集》的相关内容。所谓"有世道之防"云云，即是清代统治者基于特定政治立场，从清代政治统治的需要对《列朝诗集》进行有意的官方"误读"。这种"误读"并非是基于文献文本的知识错误而言的，而是对文献文本的价值内涵进行划分，以便从文献的价值内涵等角度限定该文献知识信息的可信度，并试图从"贻害人心风俗"的角度降低该文献的学术品格。③

---

① 永瑢等：《四库全书总目》，中华书局 1965 年版，第 1267 页。
② 永瑢等：《四库全书总目》，中华书局 1965 年版，第 1730 页。
③ 参见温庆新《文献价值区分与〈四库全书总目〉的学术批评体系》，《图书馆建设》2018 年第 6 期。

由此可见,《四库全书总目》对钱谦益及其著述的评判,采用了通过鄙薄人品与学品从而拉低钱谦益相关著述的价值品格等方式,以最终限定对钱谦益相关著述知识方面的挖掘。结合对李贽的评判方式及意见,可知《四库全书总目》对明代文献的禁毁,属于清代统治者进行文化宏观管控与意识整体引导的一部分。它试图通过官方的有意"误读",形成清代统治阶级对相关文献进行思想整合与价值重构的态势,从而建构彼时统治所需的知识体系,限定时人对相关文献的知识解读、意义阐发的发挥空间。

第三节 提要、排序与《四库全书总目》文献意义表征的规范

作为社会控制架构与政统组织系统的重要组成部分,清代统治者编纂《四库全书》之后紧接着纂修《四库全书总目》《四库全书简明目录》等书目,除了集聚文献以防散佚、整理学术以便于总结与利于学子之外,更是隐含期以通过文献及其思想意蕴的控制,达到社会规范、道德圈定、思想钳制及精神引导等意图。而作为诉诸文字的《四库全书总目》更是以提要形式将具体文献及其思想意蕴的相关方面进行了规范表述与思想引导,并通过官方政治权力予以强制推行。这不仅会影响时人的社会心理与价值观念,更是向时人提供一种符合彼时官方意志的行为规范与价值标准,从而最终影响时人的社会活动与舆论走向,达到社会的稳定与发展。这种做法也是中国古代政权有序运行的常用手段。它试图在"政统"之外,建立一套利于统治的思想学说与意识体系,以便从社会舆论与学术流变等角度论证彼时政统的合法性。在这个过程中,通过对各种文献的有意引导、批判及阐释、张扬等方式,就可以从学术运作的角度进一步予以可靠的保障。从这个角度讲,《四库全书总目》就是清代统治者试图对文献知识体系、思想意蕴及其影响趋向进行规范化、

体系化整合的最主要手段。

一　删整提要稿与限定文献意义表征的可能导向

就传统书目提要的思想意蕴与表述方式而言，即属于一种基于思想与信息双重视角的价值管控。《四库全书总目》提要的撰写体例，就隐含对书目的标准、内容、意义、表现形式及影响的多方关注。比如，《四库全书总目》"凡例"所谓"四部之首，各冠以总序，撮述其源流正变，以挈纲领。四十三类之首亦各冠以小序，详述其分并改隶，以析条目。如其义有未尽，例有未该，则或于子目之末，或于水条之下，附注案语，以明通变之由"。就是强调对四部内涵、小类源流衍变及其意义、具体作品的存在价值等进行综合概括。《四库全书总目》"凡例"又说："圣贤之学主于明体以达用，凡不可见诸实事者，皆属卮言。儒生著书，务为高论，阴阳太极，累牍连篇，斯已不切人事矣。"就强调应当以利于"文教昌明"为目的，从而"崇真黜伪"。[①] 此类表述对采进文献的意义导向作了明确限定。

尤其是在多次磨合、商讨撰写提要时的内容斟酌与细节处理中，通过进行采进文献内容与思想的总结，以此实现文献价值的意义管控。于敏中《手札》曾详细记载此类商讨的过程与细节。比如，其指出："至《汉魏丛书》《津逮秘书》所收各部，尊意虽转四库而不必归总，所见亦是。但须于各部散见处提要内叙及《丛书》《秘书》一语，而于辑《总目》时集部内存两书总名，而注其分系之故，似为两得"，就对如何尽可能准确、全面地处理所收文献散见各处时的提要撰写原则进行指导。再如，指出："又阅《提要》内《宝真斋法书赞》有'朱子储议一帖'云云数句，与此书无大关系，而储议事尤不必举以为言，因节去另写，将原篇寄还。嗣后遇此等处，宜

---

① 永瑢等：《四库全书总目》，中华书局 1965 年版，第 18 页。

留意斟酌。"① 就是对提要内容进行商讨的典型。于敏中甚至要求"四库馆臣"在提要撰写过程中，应做到"沿流溯源，一一征其来处"②。于敏中又指出："筱塘所校《鹖冠子》可为尽心，其各条内有应斟酌者俱已写出，□其有一条，则竟驳去，未知当否？并酌。足下同为酌定之。愚所阅四条止一条相合，今复捡寄筱塘，嘱其更加详勘。"③ "各条内有应斟酌"即是要求《四库全书总目》提要撰写应注意知识表达的内容准确与形式规范。据黄燕生研究，总纂官纪昀对提要稿的删改内容，包括："对提要稿文字的修改""对书写格式提出要求""对分类及排列次序的重新条理""增补条目""删削条目""对提要的修改"等多方面。比如，纪昀曾在故事类作品《通典》的提要中，加"眉批"曰"以下俱十八字写"，强调对提要的抄写格式进行规范。④ 据此，《四库全书总目》的提要撰写首先要求纂修官做到合符彼时的政统需求，从而将提要的内容表述与形式要求有机统一起来。甚至，乾隆皇帝曾下诏对《四库全书总目》提要纂修出现的知识讹误、判断不确等现象，提出了整改意见（说详上）。此举进一步规范了提要稿撰写者的言行，使得他们必须严格依据彼时的政教思想展开提要撰写。

在这种思想的指导下，《四库全书总目》的提要定稿一般会在纂修官校稿意见上进行统合。其所统合的思路就是删除与彼时政统需求不合的内容，甚至在进行采进文献知识信息考辨的基础上，最终形成政教意义先行的文献信息观，从而以彼时政教思想与需求胁迫对采进文献知识信息的品评，进而对采进文献进行价值定性与归类。比如，作为《四库全书总目》提要纂修重要参考的《翁方纲纂四库

---

① 于敏中：《于文襄手札》（第 11 通），国立北平图书馆 1933 年版。
② 中国第一历史档案馆：《纂修四库全书档案》，上海古籍出版社 1997 年版，第 1 页。
③ 于敏中：《于文襄手札》（第 15 通），国立北平图书馆 1933 年版。
④ 参见黄燕生《校理〈四库全书总目〉残稿的再发现》，《中华文史论丛》1991 年第 48 辑。

提要稿》，在"小说家类"《高坡异纂》提要中，加"谨案"言："所记皆怪异事。高坡者，其所居京邸里名也。前有嘉靖壬辰仲秋自序。或存目。"① 可知翁方纲主要就《高坡异纂》的内容，进行"所记皆怪异事"的客观陈述。《四库全书总目》有关提要却指出："是编乃志怪之书。前有自序，谓高坡者京邸之寓名。案明张爵《坊巷前胡同集》：东城有高坡胡同，盖即所居也。钱希言《狯园》称杨仪礼部素不信玄怪之谈，因闻王维贤亲见仙人骑鹤事，始遂倾心，著有《高坡异纂》行于世。然书中所记，往往诞妄。如黄泽为元末通儒，赵汸之所师事，本以经术名家，而仪谓刘基入石壁得天书，从泽讲授，真可谓齐东之语。至谓织女渡河，文曲星私窥其媒狎，织女误牵文曲星衣，上帝丑之，手批牵牛颊，伤眉流血，竟公然敢于侮天矣。小说之诞妄，未有如斯之甚者也。"② 所谓"书中所记，往往诞妄"，已非翁方纲所谓"怪异"的知识陈述，而是转向价值评判先行的思路。所言"公然敢于侮天"，就是对该书离经叛道等内容的批判。

《四库全书总目》提要纂修之所以形成此类意见，是因为自"凡例"至部类大、小叙均明确了采进文献知识信息的意义表征范围与形式体现方式，从而要求"四库馆臣"的提要撰写应围绕相关要求展开，以此形成相应的内容书写与形式规范。比如，"凡例"就指出："《山海经》《十洲记》，旧入地理类；《汉武帝内传》《飞燕外传》，旧入传记类。今以其或涉荒诞、或涉鄙猥，均改隶小说。"③ 以"荒诞""鄙猥"为关键词来限定"小说家类"作品的学术价值。"小说家类"小序进一步指出："迹其流别，凡有三派，其一叙述杂事，其一记录异闻，其一缀辑琐语也。唐、宋而后，作者弥繁。中

---

① 翁方纲著，吴格整理：《翁方纲纂四库提要稿》，上海科学技术出版社 2005 年版，第654 页。

② 永瑢等：《四库全书总目》，中华书局 1965 年版，第 1229 页。

③ 永瑢等：《四库全书总目》，中华书局 1965 年版，第 16—18 页。

间诬谩失真，妖妄荧听者固为不少，然寓劝戒，广见闻，资考证者亦错出其中。班固称小说家流盖出于稗官，如淳注谓王者欲知闾巷风俗，故立稗官，使称说之。然则博采旁搜，是亦古制，固不必以冗杂废矣。今甄录其近雅驯者，以广见闻，惟猥鄙荒诞，徒乱耳目者则黜不载焉。"① 所谓"猥鄙荒诞，徒乱耳目者则黜不载"，就是对"小说家类"作品之于政教思想正面启示意义的否定，从而形成《四库全书总目》重点关注相关作品之"真""妄"的书写内容及其意义。而且，试图以政教思想为依，将"小说家类"作品的价值分为"寓劝戒，广见闻，资考证"三类；这三类价值之于彼时的政统需求及意义，是呈递减且不可变序的知识排序。凡此种种，皆是《四库全书总目》对采进文献的知识信息进行意义限定的表现。

二 部类排序与《四库全书总目》的知识体系确立

顺序是图书馆组织中最为重要的原则之一。只有通过有序化管理，才能掌握文字所记载的知识及相关意义。因此，作为"七阁"图书庋藏顺序与知识体系的本源，《四库全书总目》的书籍排序及相应的思想体系，不可避免要依据一定的标准进行部类排序。这既是对传统目录学知识结构的承继，同时也是清廷依据彼时政统需求进行部类变序的结果。

乾隆皇帝曾于《文源阁记》中指出："文之时义大矣哉！以经世，以载道，以立言，以牖民，自开辟以至于今，所谓天之未丧斯文也。以水喻之，则经者文之源也，史者文之流也，子者文之支也，集者文之派也。流也、支也、派也，皆自源而分。集也、子也、史也，皆自经而出。故吾于贮四库之书，首重者经，而以水喻文，愿溯其源。"② 这种确立以经学为首的文献知识体系，其核心指导是"以经世，以

---

① 永瑢等：《四库全书总目》，中华书局 1965 年版，第 1182 页。

② 中国第一历史档案馆：《纂修四库全书档案》，上海古籍出版社 1997 年版，第 2722 页。

载道，以立言，以牖民"。可见，《四库全书总目》对部类的含义与现实意义重新作了规范。这种新规范被"四库馆臣"加以严格恪守。于敏中于乾隆三十八年（1773）七月初一《手札》中指出："经部本多于他种，如果义有所取，铨解十得三四，即不可弃，虽稍微滥亦无碍。若肤浅平庸及数见不鲜者，则在所屏耳。"① 就是强调对于部类类别的设置应该从书籍之"义"着手。所谓"肤浅平庸及数见不鲜"云云，则针对所收文献的思想内容与文教价值而言。也就是说，虽然"四分法"是传统书目的重要分类体系，《四库全书总目》亦予以承继；但《四库全书总目》承继的同时，则更强调"四分法"背后的文献秩序，进而强化文献秩序赖以指导与凸显的教化秩序，从而实现相应的社会秩序。据此而言，《四库全书总目》不仅注重"著录部次，辨章流别"的学术源流衍变，而且甚是强调"折衷六艺，宣明大道"的文献秩序。这种秩序的确立，是以为彼时政统服务的"经世"思想为主导，从而建构符合此类政统意图的学术体系，用以"载道"；在此基础上，保留或传承与上述"经世"思想、"载道"学说相符的文献著述，以此实现"牖民"的统治目的。从这个角度讲，清代统治者对经史子集的"四部"排序意见，即是试图建立一种时人必须遵守的知识体系，以此形成相应的知识信仰。这就是以部类排序进行知识谱系及其知识结构控制的体现。

在上述思想的主导下，《四库全书总目》在部类总叙中对"四部"之于政教意义的诠解，就紧紧围绕乾隆皇帝所言而展开。比如，"经部总叙"指出："经禀圣裁，垂型万世，删定之旨，如日中天，无所容其赞述。所论次者，诂经之说而已"，强调"经者非他，即天下之公理"的思想，即是对乾隆皇帝所谓"经世"意图的强化。② 正如《四库全书萃要联句（有序）》（庚子）所指出的："首崇彝训

---

① 于敏中：《于文襄手札》（第15通），国立北平图书馆1933年版。
② 永瑢等：《四库全书总目》，中华书局1965年版，第1页。

式胶黉。（以经部为四库之冠。）经函注疏刊三代，（《十三经》注疏，定于唐者，《易》《书》《诗》《三礼》《三传》；定于宋者，《孝经》《论语》《孟子》《尔雅》。至明代刊行监本，立在学官，而文多讹脱。乾隆初命儒臣校订重刊，今分冠各经之首。）讲幄咨诹汇五英。（圣祖仁皇帝崇经典学，常命讲幄诸臣，排月进讲。采其发明精要者，汇辑成书。《易》《书》《礼》《春秋》四书，各为一编。）代有发明传御纂，（我朝列圣相承，修明经训。世祖章皇帝有御注《孝经》，圣祖仁皇帝有《周易折中》《书经、诗经、春秋传说汇纂》《孝经衍义》，世宗宪皇帝有《孝经集注》；并集经学之大成。）圣彰谟训迪儒生。（皇上右文绳武，纂辑《三礼义疏》《周易述义》《诗义折中》《春秋直解》诸书，洵为说经绳准。）"① 所谓"洵为说经绳准"，就指出"四库馆臣"对经部的判定意见以乾隆皇帝训谕为准的编纂思路。而"我朝列圣相承，修明经训"，明言纂修《四库全书总目》的意图是为发扬清朝圣明的现实需求。又，"史部总叙"指出"史之为道，撰述欲其简，考证则欲其详"，故而，只要有助于展示圣贤之道、以推行彼时政统意图的各种"有裨于正史者，固均宜择而存之"②；此即围绕"载道"而言。又，"子部总叙"所谓"自六经以外立说者，皆子书也"，紧紧围绕子部作品的"立言"性质展开。如认为儒家、兵家、法家、农家、医家、天文算法等六家，围绕"治世者所有事"而立说；认为术数、艺术、杂家、小说家等四家，围绕器物谱录、荟萃群言、用广见闻等方面而立说，具有"旁资参考"的功用。"集部总叙"认为为文不应"笔舌相攻"而致"乱及国事"，亦不应以此沽名钓誉而致"贻害人心风俗"；故而，认为集部作品的意图是："盖有世道之防焉，不仅为文体计也"，强

---

① 陈垣著，陈智超编：《四库全书纪事诗》，载《陈垣四库学论著》，商务印书馆 2012年版，第 323 页。

② 永瑢等：《四库全书总目》，中华书局 1965 年版，第 397 页。

调"世道之防"以助"牖民"。具体到类别小序时，亦以乾隆皇帝
所言为类别内涵设定的依据。如易类小序言："圣人觉世牖民，大抵
因事以寓教。"① 将易类作品当作"觉世牖民"的重要达成方式，又
如，书类小序指出"书以道政事，儒者不能异说也"②，强调书类作
品对历代政教史实的客观记录等。

　　总纂官纪昀在《济众新编·序》中指出："余校录《四库全书》
子部，凡分十四家，儒家第一，兵家第二，法家第三，所谓礼乐兵
刑，国之大柄也。农家、医家，旧史多退之于末简，余独以农居四，
而其五为医家。农者民命之所关，医虽一技，亦民命之所关，故升
诸他艺术上也。"③ 据此，《四库全书总目》对子部小类的排序是以
"国之大柄"为先、次及"民命之所关"，而后才是"诸他艺术"。
这种以利于经世致用为先的部类排序，不仅严格体现乾隆皇帝所谓
"以经世，以载道，以立言，以牖民"的文献秩序设定意图，亦使得
《四库全书总目》四十余篇提要叙录对每一小类的价值内涵、思想内
容及其在清代政教需求中的实际地位，均作了有效说明与界定；同
时，此类说明或界定，将《四库全书总目》所建构的知识体系的主
要架构及体系内部各部分架构之间的相互关系，统合得有理有序，
每一小类之间的界限亦相对分明。

　　甚至，将《四库全书荟要总目提要》与《四库全书总目》的子
部小类排列顺序进行比较，亦可见及部类排序与知识价值导向之间
的紧密关系。《四库全书荟要总目提要》子部小序分别是："儒家
类""法家类""纵横家类""兵家类""医家类""农家类""数术
类""墨家类""道家类""杂家类""小说家类""考证类""杂艺
类""类书类"，《四库全书总目》子部小类小序则是："儒家类"

---

① 永瑢等：《四库全书总目》，中华书局 1965 年版，第 1 页。
② 永瑢等：《四库全书总目》，中华书局 1965 年版，第 89 页。
③ 纪昀：《济众新编》，载袁树珊撰《四库存目子平汇刊·8》，华龄出版社 2015 年版，
第 272—273 页。

“兵家类”“法家类”“农家类”“医家类”“天文算法类”“术数类”“艺术类”“谱录类”“杂家类”“类书类”“小说家类”“释家类”“道家类”。就“小说家类”与“类书类”的排序先后而言，颇能说明从知识信息论到知识价值论的变更之于清代统治者对文献及其知识效用进行定位的重要性。由于《四库全书荟要》直接为乾隆皇帝“随时浏览”之用，故而强调的是知识信息的可靠性及其征实意义，故而，《四库全书荟要总目提要》称“类书类”为：“逢文思缵绪，述作彬彬，或类以事，或类以字，或类以韵，莫不包括今古，纪纲群籍，所以导斯世以宏达之学者，亘古为昭矣。”[1] 强调“类书类”能够通过“纪纲群籍”来“导斯世以宏达之学者”。但除了可以导“宏达之学者”，亦会影响非“宏达之学者”的引用，从而造成不良的书籍接受效应，故此处仅是认为“类书类”具有一定参考价值。此类参考价值就不如《四库全书荟要总目提要》称“小说家类”时的定位：“古者街谈巷议，必有稗官主之，其用意盖与瞽献诗、工诵箴等。虽有丝麻，毋弃菅蒯，其言虽小，可以喻大者，固圣人所必察矣”[2]，从而将“小说家类”与“瞽献诗、工诵箴”等补差时政的意义相联系。因此，《四库全书荟要总目提要》将“小说家类”排于“类书类”之前。而《四库全书总目》强调“类书类”的存古与考证价值，云：“此体一兴，而操觚者易于检寻，注书者利于剽窃，转辗裨贩，实学颇荒。然古籍散亡，十不存一，遗文旧事，往往托以得存。”[3] 所谓“遗文旧事，往往托以得存”，其定位就高于《四库全书总目》对“小说家类”所言“今甄录其近雅驯者，以广见闻。惟猥鄙荒诞、徒乱耳目者，则黜不载焉”的价值评判。[4] 故而，

---

① 江庆柏等整理：《四库全书荟要总目提要》，人民文学出版社 2009 年版，第 346 页。
② 江庆柏等整理：《四库全书荟要总目提要》，人民文学出版社 2009 年版，第 337—338 页。
③ 永瑢等：《四库全书总目》，中华书局 1965 年版，第 1141 页。
④ 永瑢等：《四库全书总目》，中华书局 1965 年版，第 1182 页。

《四库全书总目》改而将"类书类"列于"小说家类"之前。这种变化正好说明《四库全书总目》对各种类别的知识品性与知识意义的评价标准越来越明确，评价结果也越来越严厉，相关知识体系的建构亦将相应地严谨起来。

需要指出的是，上述所言清代统治者对书籍部序的强调，突出具体类别书籍的文教意义，使得"四库馆臣"对采进文献的品评重点，往往集中于门户之见（如诗类小序认为收录的作品应"以消融数百年之门户"为准）、诬妄臆说、猥杂不纯（如兵家类小序）、失真沽名、考辨不确、征实无稽等方面。这就形成"四库馆臣"对采进文献的知识信息与价值意义的认识是：不仅将采进文献的知识信息当作认识历代文教思想与学术演变的一种工具，而且将相关知识信息当作建构彼时现实需求的一种手段。更甚者，将通过对采进文献知识信息的挖掘、限定与解构、重构，以此扩展到整个社会领域的所有知识范畴中，进一步限定时人及后人对代表传统学术演变体系之《四库全书总目》的知识性质与内容的挖掘、知识结构与功能的变更、知识效用与价值的转化，最终实现限定时人有关知识认知的视角；甚至，限定并规范以知识信息进行社会问题、政统秩序、学术源流、立言论说等知识效用表达的发挥空间。这就有效保证了清代统治者以《四库全书》《四库全书总目》建立知识认知的视角、方式、意义等的延续性，以便对相关知识体系进行管控、保护，规范知识的生产、消费及创新的空间。这会导致时人不得不以此作为认知事物、学术及社会的唯一合法有效的切入点。此举必然促使时人对清代统治者所确立的"官学"规范及"官学"体系，有着足够深入的了解与严格遵守的必要。清代统治者借此进一步调配彼时知识生产与利用的途径，改善清代社会有关文献流通的不可控现状，从而保证不为彼时统治者认可的非规范知识的流传与再生。从这个角度讲，以目录学方式展开传统学术流变的考察，与清代统治者重新诠释目录学的社会价值、部类秩序及学术流变的做法相结合，促使时人在清代政统权力的压迫下，最终半自愿半强迫或将就地接受相关知识体系与价值，形成了基于《四库全书总目》的文献秩序与社会秩序为主导的知识信仰。

第四节　书目控制与《四库全书总目》
"小说家类"的批评实践

从《四库全书总目》"小说家类"作品的底本来源、关键词式品评方式及清代统治者的查禁之举对《四库全书》"小说家类"作品流通的影响等角度，可细致分析书目控制思想对《四库全书总目》"小说家类"学术批评与"小说家类"作品历史命运的影响。

一　底本来源与《四库全书总目》"小说家类"的文献信息源管控

《四库全书总目》"小说家类"共收录小说作品319种。这些作品的主要来源包括朝廷机构馆藏、地方大吏进呈、私人藏书家进呈等多种。具体情况，列表如下：

底本来源	书名
内府藏本	"小说家类"：《西京杂记》《世说新语》《朝野金载》《大唐新语》《刘宾客嘉话录》《因话录》《教坊记》《幽闲鼓吹》《云溪友议》《玉泉子》《北梦琐言》《儒林公议》《渑水燕谈录》《嘉佑杂志》《青箱杂记》《龙川（略志、别志）》《后山谈丛》《孙公谈圃》《画墁录》《东轩笔录》《候鲭录》《泊宅编》《道山清话》《枫窗小牍》《过庭录》《玉照新志》《投辖录》《闻见前录》《清波杂志》《清波别志》《遂昌杂录》《（南村）辍耕录》《山海经》《神异经》《拾遗记》《搜神记》《搜神后记》《桂苑丛谈》《宣室志》《稽神录》《太平广记》《睽车志》《博物志》《述异记》《酉阳杂俎》 "小说家类存目"：《汉杂事秘辛》《飞燕外传》《残本唐语林》《玉堂漫笔》《金台记》《太平清话》《括异志》《云斋广录》《五色线》《异闻总录》《仙佛奇踪》《牡丹荣辱志》《东坡问答录》《渔樵闲话》《埤雅广要》《广谐史》（明陈邦俊编）

续表

底本来源	书名
永乐大典本	"小说家类":《金华子》《贾氏谈录》《东斋记事》《珍席放谈》《唐语林》《萍洲可谈》《高斋漫录》《张氏可书》《步里客谈》《东南纪闻》《江淮异人录》 "小说家类存目":《燕丹子》《峡山神异记》《笑海丛珠》《古今谚》（宋周守忠）、《滑稽小传》《笑苑千金》《醉翁滑稽风月笑谈》《玉堂诗话》
两江总督采进本	"小说家类":《唐国史补》《癸辛杂识（前集、后集、续集、别集）》《先进遗风》《穆天子传》《海内十洲记》 "小说家类存目":《农田余话》《碧里杂存》《螭头密语》《明世说新语》《庭闻州世说》《陆氏集异记》《录异记》《广夷坚志》《见闻纪训》《逸史搜奇》《博物志补》（明游潜）
江苏巡抚采进本	"小说家类":《次柳氏旧闻》《大唐传载》《南唐近事》《王文正笔录》《四朝闻见录》《山海经广注》《汉武故事》《汉武帝内传》《汉武洞冥记》《异苑》《续齐谐记》《还冤志》《集异记》《博异记》《甘泽谣》《续博物志》 "小说家类存目":《大业拾遗记》《海山记》《迷楼记》《开河记》《丁晋公谈录》《笔记》（明连镶）、《玉堂丛语》《琅嬛史唾》《独异志》《剑侠传》
浙江巡抚采进本	"小说家类":《洛阳缙绅旧闻记》《剧谈录》《分门古今类事》《清异录》《鸡肋编》《鉴戒录》《闻见后录》 "小说家类存目":《冀越集记》《可斋杂记》《前闻记》《病逸漫记》《西吴里语》《明朝典故辑遗》《清夜录》《樊川丛话》《西台漫记》《闇然堂类纂》《西山日记》《管窥小识》《西峰淡话》《兰畹居清言》《云间杂记》《读史随笔》《今世说》《秋谷杂编》《汉世说》《龙城录》《续夷坚志》（金元好问）、《耳抄秘录》《快雪堂漫录》《狯园》《王氏杂记》《燕山丛录》《芙蓉镜孟浪言》《雷谱》《史异纂》《有明异丛》《瓠剩》《（瓠剩）续编》《鄩署杂抄》《十处士传》《古今文房登庸录》《居学余情》《广滑稽》《小窗（自纪、艳纪、清纪、别纪）》
河南巡抚采进本	"小说家类":《挥麈（前录、后录、第三录、余话）》 "小说家类存目":《异林》（明朱睦）
江西巡抚采进本	"小说家类": "小说家类存目":《世说新语补》《闻见集》《高坡异纂》《矩斋杂记》
两淮盐政采进本	"小说家类":《玉壶野史》《独醒杂志》《水东日记》《杜阳杂编》 "小说家类存目":《至正直记》《双溪杂记》《孤树裒谈》《蓊桐载笔》《避暑漫笔》《癸未夏抄》《明遗事》《笻竹杖》《幽怪录》《续幽怪录》《青琐高议（前集、后集）》《效颦集》《志怪录》（明祝允明）、《西樵野记》《佑山杂说》《古今奇闻类记》《二酉委谈》《耳新》《敝帚轩剩语》《四明龙荟》《谈谐》（宋陈日华）、《谐史集》（明朱维藩）、《豆区八友传》《笔史》（清杨忍本）、《青泥莲花记》

227

底本来源	书名
安徽巡抚采进本	"小说家类"：《瓠不瓠录》《何氏语林》 "小说家类存目"：《病榻遗言》《明语林》《耳谈》
福建巡抚采进本	"小说家类"： "小说家类存目"：《峤南琐记》
山东巡抚采进本	"小说家类"： "小说家类存目"：《客途偶记》《陇蜀余闻》《皇华纪闻》
湖南巡抚采进本	"小说家类"： "小说家类存目"：《明逸编》
兵部侍郎纪昀家藏本	"小说家类"：《明皇杂录》《开元天宝遗事》《涑水记闻》《归田录》《墨客挥犀》《随隐漫录》《山房随笔》 "小说家类存目"：《续世说》
副都御史黄登贤家藏本	"小说家类"：《唐摭言》 "小说家类存目"：《见闻录》《玉堂荟记》
两淮马裕家藏本	"小说家类"：《云仙杂记》《甲申杂记》《闻见近录》《随手杂录》《默记》《乐郊私语》 "小说家类存目"：《迩训》《汝南遗事》《文章善戏》《古今寓言》
编修程晋芳家藏本	"小说家类"：《南窗记谈》 "小说家类存目"：《昨梦录》《朝野遗记》《三朝野史》《东园友闻》《石田杂记》《苹野纂闻》《孝经集灵》《谐史》（旧本题宋沈俶）、《拊掌录》《清异续录》（明李琪枝）
左都御史张若淮家藏本	"小说家类"：《湘山（野录、续录）》 "小说家类存目"：《玉剑尊闻》
编修汪如琭家藏本	"小说家类"： "小说家类存目"：《贻清堂日抄》
编修汪如藻家藏本	"小说家类"：《夷坚支志》 "小说家类存目"：《谈薮》《养疴漫笔》《过庭纪余》
编修励守谦家藏本	"小说家类"： "小说家类存目"：《春风堂随笔》《知命录》《溪山余话》《愿丰堂漫书》《砚北丛录》《香奁四友传》
大学士英廉购进本	"小说家类"： "小说家类存目"：《蚓庵琐语》《冥报录》《旷园杂志》《述异记》（题东轩主人）、《果报见闻录》《信征录》《见闻录》（清徐岳）、《簪云楼杂记》《板桥杂记》

续表

底本来源	书名
浙江鲍士恭家藏本	"小说家类"：《中朝故事》《南部新书》《孔氏谈苑》《铁围山丛谈》《国老谈苑》《北窗炙輠录》《桯史》《耆旧续闻》《山居新语》《菽园杂记》《前定（录、续录）》《唐阙史》《开天传信记》《陶朱新录》 "小说家类存目"：《月河所闻集》《方洲杂言》《双槐岁钞》《野记》《近峰闻略》《客座赘语》《谈纂》《前定录》《才鬼记》《六语》（明郭子章）
浙江范懋柱家天一阁藏本	"小说家类"：《松窗杂录》《钱氏私志》《归潜志》 "小说家类存目"：《翠屏笔谈》《幽居录》《东园客谈》《寒斋琐缀录》《立斋闲录》《寅圃杂记》《复斋日记》《明记略》《下陴纪谈》《延休堂漫录》《剪胜野闻》《见闻考随录》《贤识录》《吏隐录》《北窗琐语》《续玄怪录》《陆氏虞初志》《冶城客论》《开颜集》《蓬窗类记》《梨洲野乘》》
浙江朱彝尊家曝书亭藏本	"小说家类"： "小说家类存目"：《名世类苑》
浙江孙仰曾家藏本	"小说家类"： "小说家类存目"：《吴社编》
浙江吴玉墀家藏本	"小说家类"： "小说家类存目"：《见闻杂记》《金华杂识》
浙江郑大节家藏本	"小说家类"： "小说家类存目"：《林居漫录前集》《畸集》《闲窗括异志》《闻见录》（明姚宣）
通行本	"小说家类"： "小说家类存目"：《山海经释义》《燃犀集》
浙江江启淑家藏本	"小说家类"： "小说家类存目"：《古杭杂记诗集》《古今谚》（明杨慎）、《古今风谣》（明杨慎）

由上表可知，《四库全书总目》"小说家类"作品的底本来源途径凡29处。其中，属于地方官府机构采进的有10处，属于私人藏书家家藏进呈的有16处，由清代中央藏书机构整理的有1处；另有从"永乐大典"处辑录，购置彼时世面的"通行本"凡1处。而且，在私人进呈的来源中，主要是两类人：一是诸如总纂官纪昀、编修程晋芳、编修汪如瑮、编修汪如藻等"四库馆臣"及副都御史黄登贤、左都御史张若溎等彼时的朝臣；二是诸如浙江范懋柱家天一阁、浙江鲍士恭（即知不足斋藏书）、浙江孙仰曾、浙江郑大节等

江南地区的大、小私人藏书家。甚至，比较地方政府机构进呈书籍的情形可知，以江苏巡抚采进本、浙江巡抚采进本、两淮盐政采进本为最多，次为两江总督采进本，次为安徽巡抚采进本、河南巡抚采进本等。这些地方大吏与政府机构主要集中于江苏、浙江、安徽、江西等江南地区。由此看来，除却内府藏书与从《永乐大典》辑录的文献来源之外，《四库全书总目》"小说家类"作品的主要来源之处往往集中于江南地区，区域指向性颇为显著。

而对彼时江南地区的文献、文化及其社会文化活动进行严格调研与管控，当系清代统治者向江南地区索要文献的重要缘由。乾隆三十七年（1772）十月十七日《上谕》曾说："前以历代流传旧书及国朝儒林撰述，向来未登大内收藏书目者，已降旨直省督抚会同各学政通行购访，汇列书名奏闻，再令廷臣检核，行知取进。迄今几及匝岁，曾未见一人将书名录奏，饬办殊为延缓。我国家重熙累洽一百二十余年，于今文治光昭，远暨山陬海澨，所在经籑书库，藏弆甚多，采掇本非难事。其间即属家传善本，珍秘有加，然一闻稽古右文之诏，且令有司传钞副本，善为经理，当无不踊跃争先。为大吏者果能及时率属加意搜罗，自当有求必应，何至阅时既久，裒集无闻？或各督抚等因前后适遇调任，受代因循，未及悉心董率，又或疑陈编故册，非如民生国计为刻不容缓之图，因以奉行具文，徒致往返迟滞。此在远僻省分，一时或难于荟萃，至如近畿之北五省及书肆最多之江浙地方，又复从前〔何〕藉口？甚非所以体朕念典勤求之至意也。各督抚等其即恪遵前旨，饬催所属，速行设法访求，无论刊本、钞本，一一汇收备采，俟卷帙所积稍充，即开具目录，附折奏明，听候甄择移取。仍将现在作何办定章程及有无购得若干部之处，先行据实奏覆。将此于奏事之便，通谕督抚学政知之。钦此。遵旨寄信前来。"① 据此，清代统治阶级征书之初的对象选择，

---

① 中国第一历史档案馆：《纂修四库全书档案》，上海古籍出版社 1997 年版，第 5—6 页。

主要是"前以历代流传旧书及国朝儒林撰述，向来未登大内收藏书目者"。其重点关注的地方，是"近畿之北五省及书肆最多之江浙地方"。同时，乾隆多次颁诏降旨要求江南地区的官吏务必"设法访求"，要求藏书家应积极进呈。如此高频率地对江南地区提出征集文献的政治策略，并不见于对其他地区的要求之中。甚至，乾隆皇帝又说："闻东南从前藏书最富之家，如昆山徐氏之传是楼，常熟钱氏之述古堂，嘉兴项氏之天籁阁、朱氏之曝书亭，杭州赵氏之小山堂，宁波万（范）氏之天一阁，皆其著名者，余亦指不胜屈。并有原藏书目，至今尚为人传录者，即其子孙不能保守，而辗转流播，仍为他姓所有。第须寻原竟委，自不至湮没人间。纵或散落他方，为之随处踪求，亦不难于荟萃。又闻苏州有一种贾客，惟事收卖旧书，如山塘开铺之金姓者，乃专门世业，于古书存佚原委，颇能谙悉。又湖州向多贾客书船，平时在各处州县兑卖书籍，与藏书家往来最熟。其于某氏旧有某书，曾购某本，问之无不深知。如能向此等人善为咨询，详加物色，因而四处借抄，仍将原书迅速发还，谅无不踊跃从事。"① 明确对传是楼、述古堂、曝书亭、天一阁等江浙著名私人藏书家进行点名，亦即希冀或强迫江南地区的大、小私人藏书世家能够积极进呈书籍文献。上引《四库全书总目》"小说家类"收录曝书亭藏书 1 种、天一阁藏书 24 种，显然与乾隆皇帝三令五申的催促有关，也收到了显著的效果。

又如，乾隆三十八年（1773）闰三月初三《上谕》云："淮扬系东南都会，闻商人中颇有购觅古书善本弆藏者，而马姓家蓄书更富，凡唐宋时秘册遗文，多能裒辑存贮，其中宜有可观，若能设法借抄副本呈送，于四库所储，实有裨益。李质颖系翰林出身，于典籍气味尚近，且现为盐政，查办尤易为力。止须派总商内晓事之人，如江广达等，令其因亲及友，广为访借，不必假手吏胥，更可

---

① 中国第一历史档案馆：《纂修四库全书档案》，上海古籍出版社 1997 年版，第 70 页。

不致滋扰。著传谕李质颖，即遵旨妥办，查访藏书内流传已少及现在并未通行各书，向其家借出，缮录副本呈送，其原书速行给还。仍将应抄书目先行奏闻，其书即速抄出，陆续呈进，务期裒集精良，多多益善。将此由三百里传谕该盐政知之。钦此。"① 可见，清代统治者除了要求各省大吏须严加寻查江南地区所流通的书籍文献外，又要求与江南地区商人保持紧密联系的两淮盐政，"务期裒集精良"。由于彼时盐政使李质颖等人的勤力为之，"两淮盐政采进本"就成为《四库全书总目》底本的主要来源之一，亦成为"小说家类"的重要来源。这就促使"小说家类"收录"两淮盐政采进本"凡 30 种、"两淮马裕家藏本"凡 10 种，效果亦颇为显著。

由此看来，因清代统治者对作为文化渊薮的江南地区进行重点关注，使得书籍庋藏与流通颇盛的江南地区成为《四库全书总目》（包括"小说家类"在内）的重要底本来源。清代统治者此举的最终意图虽说是"稽古右文"，直接目的则是对江南地区的文化活动进行广泛了解，以便进行统治策略的制定与推行。这就是乾隆皇帝所指出的"淮扬系东南都会"之言语背后的意图所在。而《四库全书总目》"小说家类"除却"内府藏本"与"永乐大典本"两处来源外，其余的底本来源之处显然与上述所引乾隆皇帝多次颁布诏令有关，亦是上述诏令带来的结果。从这个角度看，《四库全书总目》"小说家类"作品从江南地区采进者，多数遭到查禁或销毁。比如，"浙江巡抚采进本"所收小说文献凡 48 种，收录"小说家类"中凡7 种，而录于"小说家类存目"中高达 39 种；"两淮盐政采进本"所收小说文献凡 30 种，收录"小说家类"中凡 4 种，而录于"小说家类存目"中高达 26 种；"两淮马裕家藏本"所收小说文献凡 10

---

① 中国第一历史档案馆：《纂修四库全书档案》，上海古籍出版社 1997 年版，第 72—73 页。

种，收录"小说家类"中凡 6 种，而录于"小说家类存目"亦有 4 种；"江苏巡抚采进本"所收小说文献凡 26 种，收录"小说家类"中凡 16 种，而录于"小说家类存目"亦有 10 种。这就是一种进行"小说家类"作品采进后的有效处置，以便能及时对具体小说作品进行归并与抽毁。

需要指出的是，清代统治者对江南地区的文献征集往往属于一种穷尽式的收罗，控制意图十分明显。据乾隆三十八年（1773）闰三月二十六日《浙江巡抚三宝奏查访范氏天一阁等藏书情形折》，云："浙江巡抚臣三宝谨奏，为遵旨查办遗书，恭折奏覆事。钦奉谕旨，采访遗书，经前抚臣熊学鹏购得五十六种，护抚臣布政使王亶望购得五十一种，又淳安县知县宋瑞金呈出家藏抄本旧书九种，先后开列书目，具奏在案。臣抵任后，查得浙江人文素盛，故家巨室收藏秘本必多，恐地方官不善访求，则民间自多观望，又复节次宣布明诏，切实开导，广为搜罗。旋据各属陆续呈送到局，又得一百八种。"① 就多次对宁波天一阁藏书进行收罗与进呈。又如，当两淮盐政李质颖奉旨检点盐商马裕家藏 123 种后，乾隆皇帝发现马裕所呈"多系近代人诗文等集，其于古书善本，尚不概见"，故又下谕指示："马裕家夙称善于收藏，何所存仅止于此？或原办时，尚系地方官往彼询访其家，未免心存畏惧，又惮将善本远借，故所开尚尔不精不备，亦未可知。并著李质颖善为询觅。如单外另有佳本，仍开目录续奏，以便检核借用，务期多多益善。将此谕令高晋等遵照办理，并传谕李质颖知之。"② 这种穷尽式征书，试图将江南地区所流通或庋藏的各种"善本"文献收罗殆尽。而清代统治者对从江南地区采进的文献，除少量著录于"某某类"中，余者泰半收录于"某

---

① 中国第一历史档案馆：《纂修四库全书档案》，上海古籍出版社 1997 年版，第 88 页。
② 中国第一历史档案馆：《纂修四库全书档案》，上海古籍出版社 1997 年版，第 91—92 页。

某类存目"中或遭禁毁。因此，江南地区的私人藏书家所存有的
"心存畏惧，又惮将善本远借"等心理，正是对清代统治者"寓禁于
征"之策略的忌惮。从"四库馆臣"称陈世宝《古今寓言》"其书
抄撮诸家文集中托讽取譬之作，分十二类。体近俳谐，颇伤猥杂"①，
称余永麟《北窗琐语》"殆近于无稽之谈，至所载淫词琐事，更不足
观矣"② 等言语看，藏书家们担心所藏书籍恐遭禁毁，甚至因此惹祸
上身，显然不是杞人忧天（虽然乾隆皇帝一再强调若有"违碍"之
处而不追究藏家之过）。"四库馆臣"的相关言语进一步制约了"小
说家类存目"作品进行流通的可能，更是限定了时人对相关小说作
品进行其他内容或价值品评的可能。

据此，综观《四库全书总目》"小说家类"作品诸如朝廷机构
馆藏、地方大吏进呈、私人藏书家进呈等几大来源情形，从江南地
区采进的小说作品多数录于"小说家类存目"中，以至于多数小说
作品或多或少遭到查禁、销毁或抽毁。而"小说家类"作品所录主
要以"内府藏本""永乐大典本"等彼时朝廷原有的旧藏为主体。
此类情形进一步表明，清代统治者通过对"小说家类"作品文献信
息源的管控，使得其一方面能够全面了解彼时社会所流通的小说作
品之情形，另一方面通过对江南等重点地区小说流通的调查（即
"善为咨询"与"广为访借"），最终实现对彼时世面上所通行小说
作品之思想、内容及其政教价值的初步判断与归类。再者，对彼时
社会上流行的"通行本"进行调查与采进，以更多元的渠道来广泛
展开"小说家类"的文献调查，进而全面了解彼时世面（如普通大
众、商人等）、藏书家及士大夫（即"四库馆臣"家藏本）等不同
人群所收藏与阅读小说作品的趣味、倾向。从这个角度讲，通过对
文献底本来源的清晰记录与有效归类，清代统治者能够以进呈、购

---

① 永瑢等：《四库全书总目》，中华书局 1965 年版，第 1235 页。
② 永瑢等：《四库全书总目》，中华书局 1965 年版，第 1221 页。

买或"假手吏胥"等多种措施，来收归彼时流通的多数小说作品，并做出详细的存留、删改等处理意见。甚至，从编修程晋芳所进呈的作品有 10 种收录于"小说家类存目"中、大学士英廉所购有 9 种收录于"小说家类存目"中、编修励守谦所进呈的作品有 6 种收录于"小说家类存目"中等情形，结合上述对江南采进文献的"存目"处理意见可知，清代统治者从多元渠道所聚集的小说作品，其主要目的并非便于流通，而是限制流通。而当此类限制小说作品进行流通之举，以《四库全书》的丛书性质加以定位，并以政权强制力加以推行，往往会在时人心中形成一种威慑心理，进而试图有效限定时人对相关书籍的阅读活动。可以说，"四库馆臣"通过对书籍文献的底本来源进行多方管控，不仅能够控制包含"小说家类"在内的所有部类作品的文献信息源，而且能够对具体作品在受到管控之前的流通情形有一定的认知，以便从文献的流通接受情形与"稽古右文"的政教意图两方面，对采进作品做出最合乎彼时政统需求的处理意见。

二　关键词式提要与《四库全书总目》"小说家类"的学术批评

"四库馆臣"是如何对采进"小说家类"的作品做出收录于"小说家类"或"小说家类存目"的取舍呢？"四库馆臣"又是如何对"小说家类"作品进行"杂事之属""异闻之属"及"琐语之属"的定位？这就涉及"四库馆臣"以圈定关键词的方式展开提要撰写，进而对"小说家类"作品的基本价值与知识结构进行定位、钳制的标准导向等问题。

众所周知，《四库全书总目》"小说家类"小序将历代小说作品分为"其一叙述杂事，其一记录异闻，其一缀辑琐语"三派，以"寓劝戒、广见闻、资考证"作为"小说家类"作品应具备的带有正面意义的三种主要功用，以"诬谩失真、妖妄荧听"与"猥鄙荒诞、徒乱耳目"作为"小说家类"作品所普遍存在却须加以批判的典型内容。① 上述意见是在《汉书·艺文志》《隋书·经籍志》等历代史志目录意见的基础上形成的。它既重视"小说家流，盖出于稗官"等学术源流脉络的学缘关系，亦充分考虑了"小说家类"受"王者欲知闾巷风俗，故立稗官"之职事的影响；同时，更是从"稽古右文"与"正人心而厚风俗"的清代政教需求出发，对"小说家类"作品进行诸如"真"与"妄"以及"有征"与"无征"等价值意义限定的体现。② 由此，《四库全书总目》"小说家类"作品的提要撰写，紧紧围绕"寓劝戒、广见闻、资考证"与"诬谩失真、妖妄荧听"等关键词而展开，最终限定了文献价值区分先行下有关"小说家类"作品的文献内容与知识信息的品评。③ 所谓"杂事之属""异闻之属"及"琐语之属"的区分，主要针对具体小说作品书写内容之侧重点不同而做出的。但"杂事""异闻"及"琐语"三者的顺序，显然一定程度上是对"小说家类"作品"知闾巷风俗"的侧重点进行了细分。比如，"四库馆臣"曾指出"纪录杂事之书，小说与杂史最易相淆，诸家著录亦往往牵混。今以述朝政军国者入杂史，其参以里巷闲谈、词章细故者，则均隶此门"④，从而将"参以里巷闲谈、词章细故者"归入"小说家类"之"杂事之属"。虽说"四库馆臣"亦认为"遗闻琐事，亦多足为劝戒，非尽无益于人心者"⑤，却不以为后两者如"叙述杂事"那般能够直接助力于"稽古右文"的功用。从这个角度讲，"杂事之属""异闻之属"及"琐语之属"三者，在反映"闾巷风俗"的实际作用上，以

① 参见永瑢等《四库全书总目》，中华书局 1965 年版，第 1182 页。
② 参见温庆新《试论政教视域下的〈四库全书总目提要〉小说观念》，《图书馆工作与研究》2015 年第 10 期。
③ 参见温庆新《文献价值区分与〈四库全书总目〉的学术批评体系》，《图书馆建设》2018 年第 6 期。
④ 永瑢等：《四库全书总目》，中华书局 1965 年版，第 1204 页。
⑤ 永瑢等：《四库全书总目》，中华书局 1965 年版，第 1213 页。

"杂事之属"为最；在"寓劝戒、广见闻、资考证"三种功用的实际展现上，亦以"杂事之属"为最。这就最终形成了"小说家类"作品的提要纂修基于上述若干关键词而展开的书写范式。由此看来，"四库馆臣"通过上述核心话语的圈定来强化"小说家类"作品的意义导向。而此中的意义导向又是从彼时"稽古右文，聿资治理"的社会范畴中生发的。因此，这种书写范式的展开，显然要受"寓劝戒、广见闻、资考证"等"四库馆臣"所圈定的小说功用之主导。此类主体功用的设定与彼时朝廷的统治利益息息相关，故而，"四库馆臣"展开"小说家类"的学术批评时，主要从"正人心而厚风俗"的文化范畴与"寓禁于征"的政治范畴等角度来确立"小说家类"的典型特征及其意义导向的。

同时，对于归入"杂事之属"（或归入"异闻之属"及"琐语之属"）的小说作品，到底是放置于"小说家类"中还是"小说家类存目"之中，亦主要根据具体的小说作品是否广泛体现"寓劝戒、广见闻、资考证"三种功用，是否含有"诬谩失真、妖妄荧听"与"猥鄙荒诞、徒乱耳目"等内容而具体处置。甚至，亦会根据具体小说作品的底本来源以展开。"四库馆臣"在"小说家类三"曾说："右小说家类异闻之属，三十二部，七百二十四卷，皆文渊阁著录。"[①]从而根据文渊阁旧有藏书的设置情形而予以合理安置。这种做法深切体现了"四库馆臣"对原藏于文渊阁之书的认可，其间的归并标准相较于针对外来进呈或采进文献的严格为之而言，显然要松散得多。

可以说，不论是"四库馆臣"对"小说家类"作品的主要内容与主体功用进行何种关键词式的限定，此举必然会对"小说家类"作品的收录与流传产生深远的影响，从而深切体现了"四库馆臣"从文献的生产、流通与利用、再生等"文献控制"的角度，对"小

---

① 永瑢等：《四库全书总目》，中华书局1965年版，第1213页。

说家类"作品的知识信息进行严格管控，甚至限制的普遍做法，最终的影响亦波及"四库馆臣"对具体小说作品的提要撰写——从作者里籍、生平经历到作品内容、特征、价值、意义及存留与否等诸多方面，进行品评重点的圈定、品评言语的规范及品评情感的取向，皆围绕"文献控制"的方方面面展开，以至于在批评过程中不仅词汇的使用存在格式化倾向，批评模式亦存在固定化套路。比如，品评陆容《菽园杂记》时言"核其大致，可采者较多"，评王世贞《觚不觚录》时言"所叙录，有足备史家甄择者焉"，评何良俊《何氏语林》时言"采掇旧文，翦裁镕铸，具有简澹隽雅之致"，评高晦叟《珍席放谈》时言"书中于朝廷典章制度沿革损益及士大夫言行可为法鉴者，随所闻见，分条录载"，评彭乘《墨客挥犀》时言"于宋代遗闻轶事，以及诗话文评，征引详洽，存之亦颇资参考焉"（以上作品收录于"小说家类"中）；又如，评康与之《昨梦录》时言"至开封尹李伦被摄事，连篇累牍，殆如传奇。又唐人小说之末流，益无取矣"，评赵滹《养疴漫笔》时言"是书杂记宋时琐事，末附医方数条，多捃撮他书而成"，评俞文豹《清夜录》时言"是编所记皆宋时杂事。叙次颇丛杂，亦多他书所已见"，评《东园友闻》时言"所录皆宋、元间事。核检其文，即剽剟孙道易《东园客谈》，改题此名也"（以上收录于"小说家类存目"中）等。上述所引的品评言语之表达方式，往往是某某足以征引或考辨、某某所言不足为信、某某所言涉及神怪妄诞、某某杂钞或剽窃他书而不足为凭之流。由此可见，"小说家类"小序的关键词圈定，不仅成为具体小说作品提要进行作品品评的重点，亦是品评过程中的主要言语范式，由此形成了进行具体小说作品品评时一种趋于固化的价值评价体系。这必然会进一步限定对相关小说作品于此无关涉等方面的作品解读与价值定位。

清代统治者纂修《四库全书》的主要思路是"寓禁于征"，所谓"征"是为宏奖学术、宣扬盛世，"禁"是为摒绝学术中不利于统治的因素、万世稳固。① 因此，《四库全书》所录作品之外的其他作品，显然无法进入彼时居主流地位的学术文化圈中。对"正学术"以"正人心"的强化，使得清代统治者对彼时书籍流通或查禁的标准必然紧紧围绕教化意图展开。康熙二十四年（1685），江宁巡抚汤斌曾上奏折《严禁私刻淫邪小说戏文告谕》指出："为政莫先于正人心，正人心莫先于正学术，朝廷崇儒重道，文治修明，表章经术，罢斥邪说，斯道如日中天。独江苏坊贾惟知射利，专结一种无品无学、希图苟得之徒，编纂小说、传奇，宣淫诲诈，备极秽亵，污人耳目。绣像镂版，极巧穷工，致游侠无行与年少志趋未定之人，血气摇荡，淫邪之念日生，奸伪之习滋甚。风俗陵替，莫能救正，深可痛恨！合行严禁，仰书坊人等知悉：……若仍前编刻淫词小说戏曲，坏乱人心，伤败风俗者，许人据实出首，将书板立行焚毁。其编次者、刊刻者、发卖者一并重责，枷号通衢，仍追原工价勒限另刻古书一部，完日发落。"② 由此形成了清代统治者通过整饬学术来"正人心"，最终达到"表章经术，罢斥邪说"等对书籍文献进行管理的惯用手段。而此类手段推进的前提，是清代统治者依据彼时政统所需而推行的正统学术。而后，乾隆皇帝提出的"正人心厚风俗"等思想，就是延续上述思路。这种思路就将书籍的学术价值与教化意义集中于人心教化等方面，故而，认为彼时市井之中所流行的"宣淫诲诈，备极秽亵，污人耳目"等"戏曲小说"，与彼时的正统思想有碍。更与《四库全书总目》"小说家类"所圈定的"寓劝戒、广见闻、资考证"等主流思想背道而驰。因此，"四库馆臣"对小说作品所含"诬谩失真、妖妄荧听"的批判思想，必然延续到对市井之中流行的所有"戏曲小说"作品的批判中。因此，不论康熙、雍

---

① 参见陈晓华《〈四库全书〉与十八世纪的中国知识分子》，社会科学文献出版社2009年版，第320页。

② 汤斌著，范志亭、范哲辑校：《汤斌集》卷九"严禁私刻淫邪小说戏文告谕"条，中州古籍出版社2003年版，第576页。

正、乾隆、嘉庆、道光等清代诸朝帝王如何具体查禁"戏曲小说"作品，甚至于形成严酷的处罚措施与高压的社会舆论——此类查禁不外乎是从学术价值与舆论导向两方面，予以强力批判或强制禁毁。意即从清代政教意图与正统学术思想两方面，排斥《四库全书总目》"小说家类"之外的其他小说作品，以便在彼时士人与市井之民心中形成一道传播、阅读与接受的心理障碍。

典型之例，即如乾嘉著名学者钱大昕（1728—1804），在《正俗》篇中所指出的："古有儒、释、道三教，自明以来，又多一教曰小说。小说演义之书，未尝自以为教也，而士大夫、农、工、商贾无不习闻之，以至儿童妇女不识字者，亦皆闻而如见之，是其教较之儒、释、道而更广也。释、道犹劝人以善，小说专导人以恶。奸邪淫盗之事，儒、释、道书所不忍斥言者，彼必尽相穷形，津津乐道，以杀人为好汉，以渔色为风流，丧心病狂，无所忌惮。子弟之逸居无教者多矣，又有此等书以诱之，曷怪其近于禽兽乎！世人习而不察，辄怪刑狱之日繁，盗贼之日炽，岂知小说之中于人心风俗者，已非一朝一夕之故也。有觉世牖民之责者，亟宜焚而弃之，勿使流播。内自京邑，外达直省，严察坊市有刷印鬻售者，科以违制之罪，行之数十年，必有弭盗省刑之效。或訾吾言为迂，远阔事情，是目睫之见也。"[1] 钱大昕所言"小说专导人以恶"，就是对清代统治者所谓"坏乱人心"的回应——乾隆皇帝就明确指出："近有不肖之徒，并不翻译正传，反将《水浒》《西厢记》等小说翻译，使人阅看，诱以为恶。"[2] 其所言"亟宜焚而弃之，勿使流播"，亦是对围绕小说作品是否能够"寓劝戒"而言。可以说，钱大昕所谓"小说之中于人心风俗"，代表了彼时知识界对小说作品的基本认知

① 钱大昕著，陈文和主编：《嘉定钱大昕先生全集》第9册，江苏古籍出版社1997年版，第272页。

② 参见王利器编《元明清三代禁毁小说戏曲史料（增订本）》，上海古籍出版社1981年版，第43页。

与价值定位。甚至，清中叶以降，诸多家训、乡约、书院戒训，皆将"戏曲小说"当作"戒之"的主要对象，时人更是以"人擅好小说家言作此戒之"来规训市井之民，形成了诸如"《水浒》害人心坏风俗"与"《水浒》妖言惑众不可使子弟寓目"之类的社会舆论。① 从这个角度讲，清代的禁书策略在彼时的知识群体与普通百姓中形成了一股"小说专导人以恶"的普遍认知。这种认识形成的背后，是《四库全书总目》"小说家类"提要所圈定的"寓劝戒、广见闻、资考证"与"诬谩失真、妖妄荧听"等关键词在彼时政权的主导下对时人的价值观念进行渗透的体现，由此导致了《四库全书总目》"小说家类"之外其他小说作品坎坷流传的悲惨命运——如被"四库馆臣"定性为"坊肆不经之书"的《三国志通俗演义》与《水浒传》等通俗小说②，就多次出现在清代的禁毁书目中。据此而言，《四库全书总目》"小说家类"采用关键词式的提要撰写范式，作为清代中叶以降"官学"约束体系的重要一环，对时人认知小说作品的思路、视角及意见形成，皆有着深远的影响。

上述影响就是《四库全书总目》对"小说家类"进行思想钳制、价值定性、内容限制及传播管控的典型反映。比如，作为著名的藏书家目录学家，孙星衍（1753—1818）在《廉石居藏书记》中将原收录于《四库全书总目》"道家类存目"的《（周氏）冥通记》一书，改为收录于"说部"之下（内篇卷上）。并云："《通知略》云：'纪梁隐士周子良与神仙感应事。'亦不云陶弘景撰。此本所题，当依旧本也。按：此书略似《真诰》，率皆纪梦及神怪之谈。云某日所受记书，盖如今俗扶箕致仙鬼书也。圣戒索隐行怪，传言矫诬鬼神。陶弘景学不纯而近名，乃有此等撰述。"③ 此篇提要完全

---

① 参见王利器编《元明清三代禁毁小说戏曲史料（增订本）》，上海古籍出版社 1981 年版，第 204—330 页。

② 参见永瑢等《四库全书总目》，中华书局 1965 年版，第 459 页。

③ 孙星衍：《廉石居藏书记》，上海古籍出版社 2009 年版，第 223—224 页。

有别于《四库全书总目》所谓"所记遇仙之事"而"各有考证，亦颇赅洽"①的价值定位。据此，孙星衍不仅从"杂陈神怪"的书写内容展开《（周氏）冥通记》的类别归并，更是援引孔子"索隐行怪，后世有述焉，吾不为之矣"等语，指出该书作者为了博"近名"而有违"圣人"之行径；又从"矫诬鬼神，凭虚臆造"的角度，否定该书失却"道家主于清净自持"②之旨。孙星衍此处所言"皆纪梦及神怪之谈"，与《四库全书总目》"小说家类"小序所言"杂陈神怪""记录异闻"及"中间诬谩失真，妖妄荧听"等类别内容、内涵设置，颇为相类，几乎完全是"四库馆臣"品评"小说家类"作品的惯用切入视角、常用批评话语。由此看来，关键词式的提要撰写与品评思路，已成为《四库全书总目》之后的清代目录学家开展小说学术批评的重要选择。换句话讲，从历史演变的进程看，《四库全书总目》"小说家类"学术批评中蕴含的书目控制思想，在后世的接受过程中，仍旧继续践行乾隆皇帝所谓"稽古右文"的政治目的与"嘉惠后学"的教化思想等意图，从而成为后世学者进行小说批评体系建构与批评角度切入时不可或缺的重要参考。

---

① 永瑢等：《四库全书总目》，中华书局 1965 年版，第 1258 页。
② 永瑢等：《四库全书总目》，中华书局 1965 年版，第 1241 页。

第六章 《四库全书》纂修与"小说家类"提要的阅读史意义

中国古典目录学往往通过文献价值区分来建构文献秩序，以满足历代不同文治需求。这种对阅读"文本"的物质形态、内涵与文治意义的主动式建构，涵盖了阅读活动的所有隐含作者。同时，中国古典目录学以政治权力为凭借，往往从宏观层面事先限定阅读"文本"的主体意义与阅读活动的主要过程，最终确立其建构书籍"文本"意义的学理依据与书写范式。可见，从阅读史视域探讨《四库全书》纂修的书籍史意义，可以发现清代统治者以政教意图及政治权力的主动介入，通过纂修《四库全书》确立彼时阅读的"官定"本文，限定阅读活动的文本、内容、传播渠道及意义指向，促使阅读活动靠向彼时的政教意图，试图以此实现"稽古右文，聿资治理"的目的。这就限定阅读者对文本意义的个性化"体验"，被迫全方位接受彼时的官方意志，最终建构一种清代政统所需的阅读信仰与知识谱系。此类思想在《四库全书总目》"小说家类"提要中体现得尤为明显。

第一节 阅读史视域下纂修《四库全书》的历史意义

有关阅读史的理论与实证研究逐渐引起学界关注，学者主要关注当今多样媒介与多元价值对阅读活动的影响。从阅读史视域观照中国古代书籍的编刻、文本价值及书目纂修，研究仍方兴未艾。而读者对中国古代书籍编刊影响的典例，莫过于《四库全书》的纂修。目前，学界对《四库全书》纂修研究主要集中于其纂修过程、编目思想及学术价值等方面。从阅读史视域探讨纂修《四库全书》的缘由及意义，仍较薄弱。乾隆曾指出"文之时义大矣哉！以经世，以载道，以立言，以牖民，自开辟以至于今，所谓天之未丧斯文也"，又说"礼乐之兴，必藉崇儒重道，以会其条贯。儒与道，匪文莫阐。故予搜四库之书，非徒博右文之名"①。明确提出以"文（籍）"切入，从文治道统角度对彼时各种学术进行规范与引导。这种官方意志的主动介入，导致彼时的阅读活动皆须围绕清代政教思想展开，对彼时的文献生产、消费及社会文化的衍变产生了深远影响。因此，从阅读史视域探讨《四库全书》的纂修，有助于还原《四库全书》践行乾隆皇帝"稽古右文，聿资治理"意图的路径，进而探讨其书籍史意义。

一 《四库全书》与清代统治者确立阅读活动的"官定"文本

由于清代纂修《四库全书》时，首先对所录书籍的版本来源、版刻形态、版本流变等书籍的物质形态与物质实体，进行关注、筛选；但当有关书籍被予以收录或著录于"存目丛书"时，清代统治者则更加注重书籍的文本意义，关注阅读者通过阅读的过程获取书籍的文本内容时所可能产生或接受的文本背后的意义。这种做法显然是把书籍当作一种类似于信息载体（或文本载体），从而将书籍当作是影响政治走向、社会发展、文化变革乃至人伦彝常的重要推动力，以便最终实现"稽古右文，聿资治理"的意图。乾隆皇帝曾指

---

① 中国第一历史档案馆：《纂修四库全书档案》，上海古籍出版社1997年版，第2721—2722页。

出："明季末造野史者甚多，其间毁誉任意，传闻异词，必有诋触本朝之语，正当及此一番查办，尽行销毁，杜遏邪言，以正人心而厚风俗"①。这种"正人心而厚风俗"的思想，就是注重书籍改变时人观念与进行道德整束的重要媒介。因而，从《四库全书》的收录到《四库全书总目》的编纂，清晰可见清代统治者更加注意，甚至有意引导、控制书籍意义的生成渠道及其可能结果。

为了实现上述意图，清代统治者纂修《四库全书》时，则须对书籍的文本、物质形态与阅读等三大要素，进行全面管控。其中，对阅读活动的管控尤显重要。因为阅读活动是阅读者从书籍获取文本意义的中间环节，书籍的意义也只有通过阅读活动才能最终生成。而书籍意义的生成则是书籍影响政治、社会及阅读者的最主要方式。从这个角度讲，纂修《四库全书》势必与清代统治者限定彼时阅读活动相联系。那么，清代统治者如何通过纂修《四库全书》而对彼时阅读活动进行限定呢？美国历史学家罗伯特·达恩顿曾提出阅读史的研究可从五个方面展开，即"What"（读什么）、"Where"（在哪读）、"When"（何时进行）、"Why"（为何而读）、"How"（怎么展开）②，以探讨阅读活动的读者与文本、时间、地点及周遭环境的关系，挖掘阅读活动对书籍意义生成的影响。据此而言，从阅读活动中的读者、文本及与周遭环境关系等角度看，清代统治者通过纂修《四库全书》来限定读者阅读活动的方式，亦隐含上述五种典型路径。

首先，《四库全书》作为清代中叶以降的阅读者所能够接触到的最主要的阅读文本，是清代统治者进行官方意志与文本、阅读者三方交相沟通的主要中介物。而为实现对阅读活动各个环节的管控，

---

① 中国第一历史档案馆：《纂修四库全书档案》，上海古籍出版社1997年版，第240页。

② Robert Darnton, *New perspectives on Historical Writing*, Penn：Penn State University Press, 2001, p. 177.

清代统治者试图指定《四库全书》作为彼时阅读活动的"官定"文本，并通过各种形式展开对各类书籍非关"官定"因素的审查。这种做法，并非试图以此"官定"文本作为深入挖掘读者在阅读活动中的内在自我感观，而是清代统治者以此建构文化传播价值体系的重要突破口，以便对书籍的书写内容与知识体系进行甄别、筛选。

乾隆四十一年（1776）六月初三《上谕》，曰："至于《四库》所集，多人〔间〕未见之书，朕勤加采访，非徒广金匮石室之藏，将以嘉惠艺林，启牖后学，公天下之好也。"① 这种做法虽然客观上促使当时"天下"文献得以被有效查询并刊刻——经过乾隆三十七年（1772）至乾隆四十三年（1778），全国范围内多次的大规模征书，当时的"四库馆阁"聚集了"天下"文献中的多数。这几次大规模的征书，涵盖了"历代流传旧书""历代名人洎本朝士林宿望"的"诗文专集"，以及"发挥传注，考核典章，旁暨九流百家之言，有裨实用者"，乃至"坊肆所售举业时文，及民间无用之族谱、尺牍、屏障、寿言等类"等各种文类。② 乾隆三十七年正月初四又颁布《上谕》，指出征书目的在于"稽古右文，聿资治理""其巨者羽翼经训，垂范方来"与其细者可"游艺养心之一助"。然而，透过征书而得的书籍无法立即有效践行上述意图，且"违碍本朝"者亦不在少数，不得不进行大规模清查。这就使得《四库全书》所收录之书经过了"四库馆臣"的多次"撤改""抽毁""重校"乃至重新"缮写"③，以至于多少改变了该书的原始形态与内容。可见，从"人间未见之书"的书籍原始形态，到"公天下之好"时的书籍形态与内容，二者并不完全一致。"公天下之好"时的书籍形态已是经过彼时政统意图的筛选，属于一种以彼时政教意图为指导而重构的新书籍

① 中国第一历史档案馆：《纂修四库全书档案》，上海古籍出版社 1997 年版，第 518 页。
② 中国第一历史档案馆：《纂修四库全书档案》，上海古籍出版社 1997 年版，第 1—2 页。
③ 黄爱平：《〈四库全书〉纂修研究》，中国人民大学出版社 1989 年版，第 214 页。

形态与文本特质。

其次，清代统治者试图通过纂修《四库全书》展开书籍的审查。这种审查主要是清代统治者透过"寓禁于征"的思路展开。其确立"官定"文本的方式，大略有以下几种。

一是对书籍进行道德方面的审查。清代统治者通过对所涉书籍"责任伦理"作用的强调，以强化阅读者对"官定"书籍的意义之认同，从而突出读者在阅读活动中的责任感与使命感。乾隆三十九年（1774）八月曾谕旨两江、两广各省督抚，言："明季末造野史者甚多，其间毁誉任意，传闻异词，必有诋触本朝之语，正当及此一番查办，尽行销毁，杜遏邪言，以正人心而厚风俗，断不宜置之不办。此等笔墨妄议之事，大率江浙两省居多，其江西、闽粤、湖广，亦或不免，岂可不细加查核？"[1] 此即是从"正人心而厚风俗"的角度，采用目的先行的方式进行人伦道德审查，以免"潜匿流传，贻惑后世"[2]。这种意图在《四库全书》中随处可见。如"小说家类存目"《避暑漫笔》提要，指出："是编皆掇取先进言行可为师法及近代风俗浇薄可为鉴戒者，胪叙成篇。其书成于万历中。当时世道人心，皆极弊坏，修发愤著书，故其词往往过激云。"[3] 就是从"人心"之于统治不利影响切入。也就是说，此类审查之举的背后意义在于：清代统治者试图在《四库全书》中建构一种既已进行内涵限定与意义规范的道德标准，使得此类标准能够发挥引导或介入阅读者道德观念成型之类的作用，最终以符合彼时统治所需的思想来限定阅读者道德观念的主体内涵。换句话讲，通过道德审查，清代统治者以其所需的道德观念替代或部分淹没了书籍的原始意义与道德指向，从而影响阅读者道德观念的形成。此类做法的最大影响是：

---

[1]　中国第一历史档案馆：《纂修四库全书档案》，上海古籍出版社 1997 年版，第 240 页。
[2]　中国第一历史档案馆：《纂修四库全书档案》，上海古籍出版社 1997 年版，第 239 页。
[3]　永瑢等：《四库全书总目》，中华书局 1965 年版，第 1223 页。

最终促使全国范围内的多频率、大规模、长时间的书籍查禁活动。其中，《四库全书》就剔除不录不利于人心教化的通俗文学，并极力加以贬低。① 如认为《西厢记》"使人阅看，诱以为恶"②，即是个中典型。

二是对书籍进行知识方面与形式方面的审查。这种审查主要体现在对明人书籍与通俗文学的查禁与剔除上。在清代统治者看来，"有明一代，八比盛而古学荒，诸经注疏，皆以不切于时文，庋置高阁，故杂采类书，以讹传讹，至于如此。"③ 又说："明自万历以后，国运既颓，士风亦佻，凡所著述，率窃据前人旧帙，而以私智变乱之。"④ 这就导致明人著述往往存在繁简不当、详略未得，援引多滥载琐碎，不得著书章法要领及体例规范等知识论方面的问题。如指出朱国祯《大政记》"编年纪载，繁简多有未当，殊乏史裁"⑤，认为李濂《祥符文献志》"所录皆明一代之人，而至于盈十七卷。时弥近则易详，亦时太近则易滥，固志乘之通病耳"⑥，即是此类。不过，清代统治者对书籍的知识审查，更主要体现于对所收书籍违碍清代政统思想的各种查禁；尤其是，诋毁彼时政统思想的明人诸多著述，更是遭到严厉查禁。上引乾隆皇帝所言"明季末造野史者甚多，其间毁誉任意，传闻异词，必有诋触本朝之语。正当及此一番查办，尽行销毁，杜遏邪言"，即是典型。其中，最著名的查禁案例莫过于钱谦益。钱氏被冠以"不能死节，腼颜苟活，乃托名胜国，妄肆狂狺，其人实不足齿，其书岂可复存"而被查禁。⑦ 当然，此类查禁，

---

① 参见温庆新《从目录学角度谈〈四库全书总目〉不收通俗小说的缘由》，《图书馆工作与研究》2017 年第 11 期。

② 王利器：《元明清三代禁毁小说戏曲史料（增订本）》，上海古籍出版社 1981 年版，第 43 页。

③ 永瑢等：《四库全书总目》，中华书局 1965 年版，第 434 页。

④ 永瑢等：《四库全书总目》，中华书局 1965 年版，第 512 页。

⑤ 永瑢等：《四库全书总目》，中华书局 1965 年版，第 435 页。

⑥ 永瑢等：《四库全书总目》，中华书局 1965 年版，第 553 页。

⑦ 中国第一历史档案馆：《纂修四库全书档案》，上海古籍出版社 1997 年版，第 552 页。

仍以"励臣节而正人心"为指导。尤其是，当时更是贴出"为立法劝谕饬缴伪妄书籍以期净尽以免后累事"的告示，指出："若书既违碍，并无裨益于身心，更有关于身命，亦何必存留不缴，以致贻累及身，更累及于子孙，留以贾祸。人虽下愚，断不为此。"（《奏缴咨禁书目》）① 所言亦以"违碍"与"裨益于身心"两方面展开。据此看来，清代统治者对书籍知识方面的审查，仍以道德审查的结果为评判的主导，而非简单进行纯粹意义上的知识讹误之类的审查。而对所收书籍的形式审查，主要体现于审查民间对官刻书籍的任意删改、翻刻等方面。据研究，"清代寺院藏经，是和统治者提倡刻经及颁赐密切相联系的。官刻的经书除免费颁赐各地大寺院收藏外，经版还可供各地寺院僧俗'请藏'刷印"。② 也就是说，当时若要翻印官刻书籍，是要事先"请藏"审批的。这就从书籍的物质形态与版刻源流等方面，全面规范或管控书籍的物质形态，从而进一步限定了"官定"文本的权威性。

上述做法，促使清代统治者以官方的权威性，对书籍的生产进行严格规范，并通过《四库全书》的纂修，从根本上限定阅读者阅读的文本来源。同时，以人伦彝常的形而上建构，来限定阅读文本的意义指向及运行方式，最终解决阅读者"读什么"（What）的问题。

二 清代官方意志与阅读活动的场所及文本来源

彼时阅读者能够在哪些地方阅读到"官定"文本呢？乾隆皇帝曾指出："词馆诸臣及士子等有愿睹中秘书者，俱可赴翰林院，白之所司，将底本检出钞阅，院署非禁地可比，既便于披览，于礼制亦昭慎重。"③ 自乾隆九年（1744）起，翰林院已成为纂修《四库全

---

① 邓实：《销毁抽毁书目合刊》，上海国学保存会1907年版。
② 傅璇琮、谢灼华：《中国藏书通史》下册，宁波出版社2001年版，第1002页。
③ 中国第一历史档案馆：《纂修四库全书档案》，上海古籍出版社1997年版，第2142—2143页。

书》的办公之地，收储有《永乐大典》《古今图书集成》《四库全书》等大型书籍。也就是说，清代统治者要求阅读活动的主要开展场所，是内府、翰林院等官方的藏书地。

《清史稿·艺文志》曾说："高宗继试鸿词，博采遗籍，特命辑修《四库全书》，以皇子永瑢、大学士于敏中等为总裁，纪昀、陆锡熊等为总纂，与其事者三百余人，皆极一时之选，历二十年始告成。全书三万六千册，缮写七部，分藏大内文渊阁、圆明园文源阁、盛京文溯阁、热河文津阁、扬州文汇阁、镇江文宗阁、杭州文澜阁。命纪昀等撰《全书总目》，著录三千四百五十八种，存目六千七百八十八种，都一万二百四十六种。"① 上述"七阁"是允许"词馆诸臣"钞阅的，文汇阁、文宗阁、文澜阁等"南三阁"更是面向全社会开放。乾隆四十九年（1784）二月二十一日《上谕》曾指出纂修《四库全书》目的在于："原以嘉惠士林，俾得就近抄录传观，用光文治。第恐地方大吏过于珍护，读书嗜古之士，无由得窥美富，广布流传，是千缃万帙，徒为插架之供，无俾观摩之实，殊非朕崇文典学，传示无穷之意。将来全书缮竣，分贮三阁后，如有愿读中秘书者，许其陆续领出，广为传写。全书本有总目，易于检查，只须派委妥员董司其事，设立收发档案，登注明晰，并晓谕借钞士子加意珍惜，毋致遗失污损，俾艺林多士，均得殚见洽闻，以副朕乐育人才、稽古右文之至意。"② 据此，士林学子虽说可赴"南三阁"对数量颇为可观的书籍文献，进行"抄录传观"，但其所"传写"的文本已是"用光文治"的"官定"版本。这就通过阅读活动的地点限制（即限定"Where"），进一步对阅读者的阅读行为与日常阅读内容，进行有效引导与强力钳制。

同时，综观顺治朝至光绪朝的"官学"教育措施，可以发现清

---

① 赵尔巽等：《清史稿》，中华书局 1977 年版，第 4219 页。

② 中国第一历史档案馆：《纂修四库全书档案》，上海古籍出版社 1997 年版，第 1768 页。

代统治者曾多次颁赐藏书于学官，试图通过教育的方式进一步强化"官定"文本的思想价值与学术意义。比如，顺治九年（1652）规定"嗣后直省学政，将'四子书''五经'、《性理大全》《资治通鉴纲目》《大学衍义》《历代名臣奏议》《文章正宗》等书，责成提调教官，课令生儒诵习讲解，务俾淹贯三场，通晓古今，适于世用。坊间书贾，止许刊行理学政治有益文业诸书，其他琐语淫词（辞），通行严禁。"① 就是强调以"钦定"或"颁赐"的书籍作为教育启蒙及思想规范唯一"范本"的典型。甚至，限定不利政教的书籍的传播，乾隆五十一年（1786）二月二十七日《江西巡抚何裕城奏遵旨查缴〈通鉴纲目续编〉情形折》就曾建议可以"饬取改正书板，印刷多部，派委教官一员携赴附省各乡，遍加访问，如有此书者，无论全阙，概令缴出，即时换给新本"，又说"除再多为印刷，分发各府属，一体派委教官周历询查，缴旧换新，随到随给，并出示广为晓谕，俾穷乡僻壤，无不周知，源源缴换，务期一律净尽，俟积有成数，解京销毁"②。从"缴旧换新"到"俾穷乡僻壤，无不周知，源源缴换"等举措，不外乎是从根源限定非"官定"《通鉴纲目续编》的流通，这是清廷综合各方人力、物力来不遗余力地强制推行"官定"阅读文本的体现，以便在"解京销毁"的过程中彻底消解非"官定"文本所带来的不良阅读影响。这种做法广泛体现在乾隆后期对彼时"天下"文献的查禁过程中，成为乾隆后期朝廷推行"官定"文本的最重要手段之一；此举一方面进一步从书籍流通的角度扩大"官定"文本的流传面，另一方面则强化阅读的活动场所与活动过程必须时刻处于彼时官方的管控下。

上述对阅读活动场所的要求与文本来源的限定，实系清代统治者试图对书籍的生产与流通施加影响的表现。它一定程度上限定了

---

① 昆冈、李鸿章等编修：《钦定大清会典事例》卷388，光绪二十五年（1899）重修本。
② 中国第一历史档案馆：《纂修四库全书档案》，上海古籍出版社1997年版，第1932页。

书籍的生产、流通乃至普及传播，以及玩愉功用的张扬。同时，也导致书籍的整理与相关书目的纂修，是站在与国家政治层面同一层次的高度，紧随彼时的政统意图。从清代阅读史的演变史迹看，此类做法所带来的最大影响是：促使有清一代的统治阶层、知识界与书目编纂者，依旧从彼时的政教需求出发，以传统书目的知识结构为导向，继续否定诸如已被罢黜的通俗文学、被查禁的明人文集等书籍的阅读，乃至意义的挖掘与延展（晚清以降受西方知识结构影响而改变图书分类体系的书目除外）。这就促使清代"四库馆臣"在关注阅读文本所产生的社会背景与内容特质之外，更加关注文本"边界"之外的意义，乃至强化此类被《四库全书》所录书籍在清季所应扮演的社会角色及其文化担当。

彼时的书籍查禁活动，虽然对生产、收藏乃至阅读"触碍书籍"者，提出了诸多惩罚措施。但这种查禁行为客观上激发了作为普通读者的民众的好奇与猎奇心理，仍旧收藏相关作品，进行隐性阅读。以至于这种书籍查禁活动，毋宁说是从官方层面对相关书籍的阅读活动，做了一番生动宣传。乾隆三年（1738）曾颁布的"禁淫词小说"限令曾说："凡坊肆市卖一应淫词小说，在内交八旗都统、察院、顺天府，在外交督抚等，转饬所属官，严行查禁，务将书板尽行销毁，有仍行造作刻印者，系官革职，军民杖一百，流三千里，市卖者杖一百，徒三年，该管官弁不行查出者，一次罚俸六个月，二次罚俸一年，三次降一级调用。盖淫词秽说，最为风俗人心之害，例禁綦严。"① 此类禁令虽罗列了对参与传播"淫词小说"者的详细审查与惩罚措施，然"有仍行造作刻印者"云云，则表明彼时朝廷查禁已广泛激发普通大众阅读"禁书"的兴趣。也就是说，清代统治者郑重其事地对戏曲与小说进行限定的举动，恰恰说明戏曲与小

① 王利器：《元明清三代禁毁小说戏曲史料（增订本）》，上海古籍出版社1981年版，第41页。

说在当时大行其道的实情，以至于形成一种带有普遍特征与群体共性的阅读现象。从这个角度讲，清代朝廷虽然严控阅读活动的各个环节，使得阅读者在阅读活动过程中的个性体验与心灵启悟不断受到来自官方的严控；但普通读者对于书籍政教意义之外的追逐仍屡禁不止，客观上导致了在书籍传播过程中的政教意图、文化启蒙之于读者的影响，也仍将持续下去。这就更加显现出彼时统治者纂修《四库全书》意图实现文治教化的重要性。此举使得《四库全书》的纂修意义，超越了书籍的形制、版本及生产、消费等传统书史研究的范畴，不仅具有重要的文献参考价值，更是蕴含浓烈的文化史、社会史及思想史方面的价值。

要之，清代统治者通过征书、查禁、颁赐及纂修并开放《四库全书》等多样举措，在书籍的生产、流通及传播效果等方面，以国家权力予以强制管控的方式，试图改变当时阅读者的阅读习惯、阅读行为，从而限定阅读者对所阅读文本的意义讨论。

三 《四库全书》与阅读活动的过程展开及意义指向

清代的阅读者、国家与阅读物（书籍）三者的关系，可表述为：通过书籍，清代统治者以政教意图主动介入，迫使阅读者接受彼时的官方意志，最终促使阅读活动靠向彼时的政教意图，进而对彼时乃至其后的文化传播与学术衍变施加影响。也就是说，清代统治者试图以政治强权力为保障，充分关注阅读展开过程中的知识传播效果，以便从清代政教思想与国家意志等方面对阅读活动进行有效限制。

据前所述，清代统治者将作为阅读者的士大夫阶层与普通大众的阅读行为，通过政权的强制推动与权力的支配等方式，控制书籍的生产与刊刻、文本的形态与内容，进而影响书籍的传播（包括内容传播、形式传播与传播范围、意义导向）。上引乾隆皇帝所谓"词馆诸臣及士子等有原睹中秘书者，俱可赴翰林院，白之所司，将底本检出钞阅",就明确指出士子所能接触到的书籍文本,必须以内阁或翰林院所藏为据。也就是说,清代统治者要求阅读者所阅读的文本,不得与"官定"文本存有偏差。乃至要求"翰林院及大臣官员"等知识阶层所"欲观秘书者",除须"请阅"外,在"钞阅"过程中要"随时存记档册,点明帙数,不许私携出院,致有遗缺。如所抄之本,文字偶有疑误,须行参校者,亦令其识明某卷、某页、某篇,汇书一单,告之领阁事,酌派校理一员,同诣阁中,请书检对"①。这里除了清代统治者对书籍生产的严格要求外,更是对"官定"文本内容严控的体现。这种意图的实现,得益于乾隆皇帝所提出的嘉惠士林之举。彼时统治者试图提供《四库全书》及颁赐"官定"文本,给知识群体及社会大众进行无偿阅读、抄录,鼓励民众阅读已经过审查且集中展现当时"官学思想"的《四库全书》,以最终影响阅读的发生及其所带来的知识效应、社会效应。虽说允许"将底本检出钞阅"的做法,势必会进一步扩大"官定"文本的流传范围与影响力,但此类做法也因此限定了文献的主体内涵,强化"官定"文本作为书籍流通的唯一合法性与有效性,从而试图将普通读者的阅读行为变成一种符合清代政教需求与道德规范的内省式或修炼式阅读。此举从一定程度上弱化了阅读者自身的阅读意图之于文本意义的影响。从这个角度讲,清代读者"为何而读(Why)"的文本内容与内涵、意义,必定是要符合彼时政统所需的。

此处对阅读文本的内涵限定与阅读活动的效果预判,主要是试图建立导向利于政统、惩劝教化之一面的渠道。《四库全书总目》"凡例"曾指出:"今于所列诸书,各撰为提要,分之则散弁诸编,合之则共为总目。每书先列作者之爵里,以论世知人;次考本书之得失,权众说之异同;以及文字增删、篇帙分合,皆详为订辨,巨细不遗。而人品学术之醇疵,国纪朝章之法戒,亦未尝不各昭彰瘅,

① 中国第一历史档案馆:《纂修四库全书档案》,上海古籍出版社1997年版,第527页。

用著劝惩。"① 这就对编入"总目"的书籍，进行大到"国纪朝章"，中到学术源流，小至作者爵里、文字差异的全方位考订——试图以此官方颁布的刊行本作为阅读的"指定"文本，从阅读的内容、阅读的意义等各个方面进行规范指导，最终实现惩劝的意图。换句话讲，《四库全书》是从图书的知识论内容与价值论意义两方面，限定了被阅读文本的本质特征与意义的可能指向。

在这种情况下，编排《四库全书》以成《四库全书总目》的过程，就是以国家意志进行书籍的编目，进一步实现国家意志、读者阅读与书籍传播三者的有效统一。换句话讲，《四库全书总目》是以精准的理论总结，进一步对《四库全书》乃至同类相关书籍做出示范意义的严格限定与指导。这在可看作是《四库全书总目》"总序"的"凡例"中，多有体现。如"凡例"云："文章德行，在孔门既已分科。两擅厥长，代不一二。今所录者，如龚诩、杨继盛之文集，周宗建、黄道周之经解，则论人而不论其书。耿南仲之说《易》、吴开之评《诗》，则论书而不论其人。凡兹之类，略示变通，一则表章之公，一则节取之义也。至于姚广孝之《逃虚子集》、严嵩之《钤山堂诗》，虽词华之美足以方轨文坛，而广孝则助逆兴兵，嵩则怙权蠹国，绳以名义，匪止微瑕。凡兹之流，并著见斥之由，附存其目，用见圣朝彰善瘅恶，悉准千秋之公论焉。"② 就对如何挖掘"文章"与"德行"的意义及方法提出了"论人而不论其书"与"论书而不论其人"的原则，试图剔除不利"见圣朝彰善瘅恶"的言语。又如，"凡例"云："九流自《七略》以来，即已著录。……今但就四库所储，择其稍古而近理者，各存数种，以见彼法之梗概。其所未备，不复搜求，盖圣朝编录遗文，以阐圣学明王道者为主，不以百氏杂

① 永瑢等：《四库全书总目》，中华书局 1965 年版，第 17—18 页。
② 永瑢等：《四库全书总目》，中华书局 1965 年版，第 18 页。

学为重也。"① 就明确指出《四库全书》的图书收贮标准与清单目录的展开，皆以"阐圣学明王道者为主"，从而限定非此道书籍的被收录与流通。所谓"著其见斥之由，附存其目"云云，就进一步明确罢黜相关书籍的政教缘由。甚至，乾隆皇帝要求纂修《四库全书总目》要指明"注系某朝某人所著，书中要指何在，简明开载"②。此类意见就从理论层面将清代统治者进行书籍生产、流通的指导思想展露无遗。由此可见，清代统治者试图明确《四库全书》的收储图书原则，以此对阅读者的思想认知及其过程进行干预，最终限定阅读者阅读活动的思想语境与意义导向。

需要指出的是，清代统治者并不关心谁是《四库全书》的真正阅读者。从前引乾隆三年（1738）"禁淫词小说"的限令可知，彼时统治者对购买且直接阅读的普通读者、书商等发行方（亦是一类可直接接触书籍文本的重要读者）、管理者（作为官方管理的实行者在进行书籍审查时亦需进行文本阅读）等诸多可能展开阅读活动的直接阅读者或潜在阅读者，进行管控与处罚的行为。这其实是以彼时的政教思想为主导，从宏观层面对阅读者人群作进一步限定的体现。也就是说，彼时统治阶级试图从作者、出版者、印刷者、销售者、管理者及阅读者等，诸多可能以书籍为中介物而展开交流的人群及其"交流圈"③，进行全方位管控，甚至阻隔不同人群间对于书籍文本的"阐述交流"。此类做法并非关注"作者（author）脑海中的理想读者"④，而是从彼时的社会实际出发关注当时阅读活动的潜在施行者，以此作为一种宏观审视彼时阅读活动的依据，从而促使彼时阅读者对文本的理解与阅读时的人生感悟、价值关怀皆要受限

① 永瑢等：《四库全书总目》，中华书局1965年版，第19页。
② 中国第一历史档案馆：《纂修四库全书档案》，上海古籍出版社1997年版，第2页。
③ ［英］戴维·芬克尔斯坦、阿利斯泰尔·麦克利里：《书史导论》，何朝晖译，商务印书馆2012年版，第31页。
④ 戴联斌：《从书籍史到阅读史：阅读史研究理论与方法》，新星出版社2017年版，第7页。

于彼时官方意志的禁锢。最典型的例子，莫过于乾隆十九年（1754）四月颁布《钦定学政全书》卷七《书坊禁例》"盗言宜申饬"条所言："阅坊刻《水浒传》，以凶猛为好汉，以悖逆为奇能，跳梁漏网，惩创蔑如。乃恶薄轻狂曾经正法之金圣叹，妄加赞美；梨园子弟，更演为戏剧；市井无赖见之，辄慕好汉之名，启效尤之志，爰以聚党逞凶为美事，则《水浒》实为教诱犯法之书也。查康熙五十三年，奉禁坊肆卖淫词小说。臣请申严禁止，将《水浒传》毁其书板，禁其扮演，庶乱言不接，而悍俗还淳等语。查《定例》，坊间书贾，止许刊行理学政治，有裨文业诸书，其余琐语淫词，通行严禁，违者重究。是教诱犯法之书，例禁森严。今该御史奏请将《水浒》申严禁止等语，查琐语淫词，原系例禁，应如所奏请，敕下直省督抚学政，行令地方官，将《水浒》一书，一体严禁；亦毋得事外滋扰。"① 此处所言"教诱犯法之书"，指明清代统治阶层与知识阶层忧虑市井流民阅读《水浒传》之后对彼时社会秩序、民俗道德及风气习气的反面影响，着重关注《水浒传》对于市井流民日常生活的渗透。囿于文献缺失，现今已无法有效还原市井流民进行阅读活动的过程与细节，但清代统治阶层对市井流民阅读活动所产生结果的关注，与《四库全书》不录通俗小说一道②，构成清代统治阶层对市井流民阅读活动的多重钳制方式。据此而言，清代统治者纂修《四库全书》与《四库全书总目》时，并非关注彼时阅读者本身的阅读行为，而是试图赋予此类阅读行为能够与彼时官方意志相连的意义圈定方式，最终形成以国家组织为主要手段推动文本意义生成的意图。意即要求或限制阅读文本的意义生成必须符合清代政教意图等彼时特殊的历史语境，强调阅读活动及其展开过程应当服务于

---

① 朱一玄、刘毓忱：《水浒传资料汇编》，南开大学出版社 2002 年版，第 458 页。
② 参见温庆新《从目录学角度谈〈四库全书总目〉不收通俗小说的缘由》，《图书馆工作与研究》2017 年第 11 期。

清代政治、社会与文化建设所需的"公共空间"意义，从而具有显著的"文本的社会化"① 特征。当然，此类意图实现的关键，即是"官定"文本的编纂与强制推广。

　　总之，清代统治者首先通过《四库全书》的规范阅读，来限定阅读文本的内容内涵与文本意义，对阅读活动的过程进行引导，从而限定文本意义的生成。同时，通过纂修《四库全书总目》，进一步从理论层面限定阅读活动的意义指向。通过上述两种方式，实现限定并规范阅读文本与阅读活动的政教价值与思想语境，最终解决"为何而读（Why）"与"怎么展开（How）"的问题。而从书籍的生产初衷、流通过程及传播效果看，《四库全书》的纂修是清代统治者试图通过对阅读活动的文本、内容、形式、传播渠道及传播意义进行控制，达到收归人心以利于教化的意图，最终建构一种统治者所需的阅读信仰与知识谱系。这种以国家意志为主导而建构的阅读者与文本之间的关系，并非导向阅读者充分激活文本意义的独特价值，而是淡化阅读者主体能动性的发挥，强化或规范阅读者阅读的过程及对文本内容的阐发，从而强制改变阅读者的阅读习惯，关闭阅读者影响文本意义生成的非官方渠道。也就是说，《四库全书》的纂修，首先预判了阅读者对文本意义生成的可能性结果，并进行符合彼时政统所需的引导，促使《四库全书》的传播范围与意义指归，皆能得到合理有效的管控。这在很大程度上限定了乾嘉时期的阅读群体借阅读的活动，来挖掘其所阅读文本的可能性意义，更是限定了阅读者基于阅读而引发的生命伦常之类的哲思。也就使得当时的阅读活动，势必由一种原本相对个性化与私人化的"心灵"体验，全面转而向意义固定化的国家意志靠拢，从而有意淡化阅读活动中阅读者的兴趣爱好与审美标准，阻隔阅读者与阅读物之间的双向交

---

　　① ［英］戴维·芬克尔斯坦、阿利斯泰尔·麦克利里：《书史导论》，何朝晖译，商务印书馆 2012 年版，第 32 页。

流与互动，限定阅读者阅读时的闲适心态与自由精神的发挥。此类做法，使得彼时通过征集汇编的书籍，皆能被纳入当时的政治环境中，作为一种文化物品，乃至教育必需品而出现。可见，清代统治者以主动介入的方式来影响图书的出版与被阅读的活动环节，最终实现保护统治者的国家利益与价值导向的意图。这就与西方书籍强调私人化阅读的习惯与个性化体验的文本意义生成方式，迥然有别。

第二节　后世接受与《四库全书总目》"小说家类"提要的经典化

前文主要从清代统治者的纂修意图分析《四库全书》的历史意义，而对《四库全书》纂修之后时人实际阅读活动的还原，以及此类阅读活动对《四库全书》与《四库全书总目》之"经典化"意义生成的客观影响，所论仍较为欠缺。近人张之洞《𫐐轩语》（1875）曾对彼时四川学子指出："今为诸生指一良师，将《四库全书总目提要》读一过，即略知学问门径矣。"又说，"《四库提要》为读群书之门径"①。明确提出通过阅读《四库全书总目》来了解学术门径，进而了解古人学术思想的治学思路。这种对《四库全书》与《四库全书总目》实际阅读的行为，对《四库全书总目》的历史意义产生了深远影响。② 也就是说，既然清代统治者纂修《四库全书》与

---

① 张之洞：《张文襄公全集》，文海出版社 1970 年版，第 14681 页。

② 案：受囿于文献的缺失，时人对《四库全书》的实际阅读行为，已难以进行细致的细节还原。但从时人的文献记载中，仍随处可见彼时士子入"七阁"读书时的阅读笔记。例如，江都汪中"晚年校书于镇江之文宗阁"，著有《文宗阁杂记》[有学者认为此书系书贾托名汪中，参见王培军《〈文宗阁杂记〉非汪中著作考》，《复旦学报》（社会科学版）2017 年第 5 期]。该书有嘉庆二十三年（1818）陆芝的《跋》，云："家贫，有高节，爱读书，无钱购置，入书肆，随读随能记之。其勤奋如此。晚年校书于镇江之文宗阁，此编即纂其校书所得也。书分三卷，无卷目，大抵一事一条，经史诸子百家，无不涉及，随阅随记，不以类分。每事著其所出，论说则每参以当时事，是不惟可考古事，亦可知当时轶闻也。"（参见《清代稿本百种汇刊》子部第 57 册，文海出版社 1974 年版，第 213—214 页。）据此，《文宗（转下页）

《四库全书总目》时，已充分限定或规范相关文献的政教意义、历代学术源流演变的脉络与知识信息，甚至对时人阅读相关文献进行了诸多限制，那么，《四库全书》与《四库全书总目》的实际接受情形，又会对其书籍史意义产生怎样的反作用呢？现以后世对《四库全书总目》"小说家类"提要的援引与考辨切入，分析《四库全书总目》"小说家类"提要所形成的知识信息与评价方式的经典意义。

一 援引与《四库全书总目》"小说家类"学术批评的经典意义

《四库全书总目》"小说家类"的学术批评已然具备一套完整的评价思路与体系运作的标准流程，以保证"四库馆臣"在撰写提要的过程中，能时刻保持与清代政统思想及其现实需求的紧密相连。而其中学术批评体系展开的关键，在于《四库全书总目》不仅从整体上规范了"小说家类"作品的主体内涵、价值定位等内容，亦对具体小说作品的评价角度、价值定性及思想内涵、留存与否等方面做了细致限定或说明，从而保证对"小说家类"作品的书籍意义进行有效限定与规范，最终达到时人予以遵守的意图与相关学术要求。在这种评价体系的制约下，佐之清廷以官方的政治权力加以强力推行，使得后世目录学家对《四库全书总目》"小说家类"学术批评思想的援引，必然会沿着《四库全书总目》的有关思想进一步加以细化、推进，以至于罕有对其间的主导思想与评价体系提出质疑者。

（接上页）阁杂记》（共计 172 条）系汪中进入"文宗阁"阅读时，随手抄录的读书札记。虽然此类札记多摘自《容斋随笔》《旧五代史》《入蜀记》《猗觉寮杂记》《四朝闻见录》《六研斋笔记》等明、清之人的著述，但汪中依据的是"文宗阁"所藏（入阁阅读成为其接触相关文献文本的主要来源），以至于据"文宗阁"所藏而摘录原文之后所形成的"抄阁本"，（王汎森：《权力的毛细管作用：清代的思想、学术与心态》，北京大学出版社 2015 年版，第 429 页。）致使汪中等入阁阅读之人，不得不依《四库全书》底本及所形成的知识体系来建构其相应的学术认知。从这个角度讲，对文本的管控与知识的限定，成为后世之人进行《四库全书》阅读时的普遍遭遇与无奈的典型心境。

从这个角度讲，后世目录学家对《四库全书总目》"小说家类"的援引，终将进一步促使《四库全书总目》"小说家类"学术批评的经典化。由于《四库全书总目》纂成之后，后世目录学家对此的援引之举比比皆是；甚至，《四库全书总目》的学术批评思想对后世目录学家的影响，更多地体现为一种呈现出隐性特质的思维模式与价值观念。① 故而，我们难以一一指明后世目录学家对《四库全书总目》学术批评的传抄之处，亦无必要详加讨论《四库全书总目》学术批评价值的经典化历程。现试以清代中叶以降"读书记"式书目的典型代表周中孚《郑堂读书记》对《四库全书总目》"小说家类"提要的援引为例，试图有效分析《四库全书总目》"小说家类"学术批评是如何在其后的目录学著述中形成反响，从而有效扩展《四库全书总目》学术批评的思想内涵及其在晚近历史衍变过程中的特殊地位。

周中孚（1768—1831），字信之，号郑堂，浙江乌程人。据戴望《外王父周先生述》所言："（中孚）幼有孝行，力于学，稍长，见《四库书提要》，谓为学之途径在是，于是遍求诸史《艺文志》，考自汉迄唐存佚各书，以备搜辑古籍，而教谕君治词赋，亦度其侪辈。"② 可知，周中孚对《四库全书总目》颇为推崇，以此作为读书与立说的主要参考。《郑堂读书记》有关《钦定四库全书总目》提要亦云："窃谓自汉以后薄录之书，无论官撰、私著，凡卷第之繁富，门类之允当，考证之精审，议论之公平，莫有过于是编矣。"甚至，周中孚还编纂过《四库全书存目要略》一书。③ 而正是由于周中孚对《四库全书总目》的深入阅读，使得他不仅能够大体了解中

① 参见温庆新《传统目录学与来裕恂〈中国文学史稿〉之编纂》，《中国文学研究》2017年第3期。

② 周中孚：《郑堂读书记》，上海书店出版社2009年版，第1页。

③ 案，《四库全书存目要略》凡二十六卷，系周中孚所纂，今藏日本静嘉堂（详见静嘉堂文库编《静嘉堂文库汉籍分类目录》史部"目录类"，单氏印刷株式会社1930年版，第384页）。

国古代学术的衍变情形，而且能够迅速熟悉代表清代"官学"品评体系的《四库全书总目》之学术品评方式、特点及其时代意义，以便进行多方参考。今存《郑堂读书记》即是仿《四库全书总目》体例而分为经、史、子、集四部，被学界称为"褒贬万卷书，自成一家言"①。但周中孚所谓"自成一家言"，往往受《四库全书总目》影响显著。来新夏在《古典目录学浅说》中，就指出《郑堂读书记》："篇帙的繁富、内容的精深、涉览的广泛，以之继《四库全书总目》而称续篇，都无愧色。"② 故而，反观《郑堂读书记》对《四库全书总目》的承继情形，恰好能够有效说明《四库全书总目》学术批评体系的经典意义。

从上引"教谕君治词赋亦度其侪辈"可知，周中孚著书颇为强调对书籍教化意义的强调。它如《郑堂读书记》将"孝经类"置于经部第二类，而有别于《四库全书总目》，此举就带有强烈的教化考量。正如周中孚自言："谨案《孝经》一书，为六经之总汇，自昔帝王注是经者，晋元帝有《传》，晋孝武帝有《讲义》，梁武帝、梁简文帝俱有《义疏》，唐玄宗有《制旨》，又有《御注》，今惟玄宗《御注》尚存，而大义虽陈，微言未晰。我世祖以孝治天下，因唐石台本注经，博采精择，亲自删定，几及万言，诚所谓直当归一，精义无二，阐百行之宗，为万世教孝之极则矣。"③ 即是基于"我世祖以孝治天下"的需求而试图凸显《孝经》"为万世教孝之极则"的现实意义。这种强调与《四库全书总目》所提出的"稽古右文"等思想，本质是相通的。又如，周中孚在《简平仪说》提要中指出此类书籍"言理弥微亦弥至，立法弥详亦弥简，可谓立成器以为天下利矣"④，即带有文献价值区分之先道后器的强烈思想。此类思想亦

---

① 陈方平、申畅：《周中孚及其〈郑堂读书记〉》，《四川图书馆学报》1987 年第 2 期。
② 来新夏：《古典目录学浅说》，中华书局 2003 年版，第 60 页。
③ 周中孚：《郑堂读书记》，上海书店出版社 2009 年版，第 13 页。
④ 周中孚：《郑堂读书记》，上海书店出版社 2009 年版，第 682 页。

同于《四库全书总目》①。凡此种种，不论是对书籍文献意义的宏观透视，还是对具体书籍品评过程中的指导思想，皆表明《郑堂读书记》与《四库全书总目》具有相似的目录分类思想与学术评价体系，二者往往都强调所论书籍背后的文教意义及其文献秩序，亦多重政教意义先行的文献品第观。在这种情形下，《郑堂读书记》"小说家类"提要对《四库全书总目》的援引，不仅具有学理相一致的内在脉络需求，亦有着相似的评判视角与关注重点，从而使周中孚的援引之举颇显顺理成章。②

首先，《郑堂读书记》子部"小说家类"分为"杂事""异闻"及"琐记"三小类，显然承继了《四库全书总目》将历代小说分为"叙述杂事""记录异闻"及"缀辑琐语"三大流派等做法。同时，《郑堂读书记》"小说家类"在相关提要前，大多注明"四库全书总目"或"四库全书著录"等字样，以示其言对《四库全书总目》的承继与区别。甚至，《郑堂读书记》"小说家类"提要的撰写，存在明显抄录《四库全书总目》之处，或变换《四库全书总目》相关提要言语，而主要思路及思想判断与之相同等情形。比如，《郑堂读书记》有关《海山记》《迷楼记》《开河记》提要云："旧题唐人撰，不著名氏。《四库全书》存目。《宋志》（地理类）止载《开河记》，焦氏《经籍志》止载《海山》《迷楼》二记。按《海山记》凡一篇，皆于《隋书·炀帝本纪》之外按年别记轶事，间涉怪诞，尚属诸书所有，惟所录炀帝湖上曲《望江南》八阕，乃李文饶所作之调，何

---

① 案，有关《四库全书总目》以先道后器作为部类排列标准等情形，详见本书第三章"政教视域与《四库全书总目》小说观念的还原"的相关论述。

② 案，《郑堂读书记》与《四库全书总目》具有相似文献信息观与评判标准的同时，并非完全照搬《四库全书总目》的相关提要，乃至严格恪守《四库全书总目》学术评价体系的方方面面。比如，《郑堂读书记》在强调文献政教意义的同时，其强调程度较之于《四库全书总目》而言，已有所弱化，从而敢于对《四库全书》的部分"禁书"提要提出异议、进行较为公允的评价（参见陈晓华、许福谦《论〈郑堂读书记〉史学评论的特点》，《史学理论研究》2006年第1期）。

得先见于大业中，此其依托之明证也。《迷楼记》亦一篇，皆记炀帝沉迷女色之事，后称大业九年炀帝再幸江都，有迷楼，末又称帝幸江都，唐帝提兵号令入京，见迷楼，太宗曰此皆民膏血所为，乃命焚之，经月火不灭，则竟以迷楼为在长安，等诸项羽之焚阿房，何乖缪至于此极耶？《开河记》亦一篇，皆记麻叔谋开汴河事，所述更属鄙俚不经，昔人所谓委巷之谈是也。此三书大都宋人之不学者为之，流俗习于所闻，遂相传不废耳。"① 此条提要的言说思路及结论，几同于《四库全书总目》相关提要。《四库全书总目》"小说家类存目一"，云："三书并载明吴琯《古今逸史》中，不著撰人名氏。《海山记》述隋炀帝西苑事，所录炀帝诸歌，其调乃唐李德裕所作《望江南》调。段安节《乐府杂录》述其缘起甚详，大业中安有是体？考刘斧《青琐高议后集》载有此记，分上下二篇，其文较详，盖宋人所依托。此本删并为一卷，益伪中之伪矣。《迷楼记》亦见《青琐高议》，载炀帝幸江都，唐帝入京见迷楼云云，竟以迷楼为在长安，乖谬殊甚。《开河记》述麻叔谋开汴河事，词尤鄙俚，皆近于委巷之传奇。同出依托。不足道也。"② 可见，《郑堂读书记》对《迷楼记》所谓"何乖缪至于此极"的评判，与《四库全书总目》相关提要的论断是何其相似！同时，《郑堂读书记》对《开河记》所谓"昔人所谓委巷之谈是也"，显然是对《四库全书总目》"皆近于委巷之传奇"等思想的认可与援引。

上述诸多援引《四库全书总目》的实例，恰好表明《郑堂读书记》对《四库全书总目》"小说家类"学术批评的认可与承继。《郑堂读书记》有关《朝野佥载》提要曾说："文成原书久佚，后人掇拾成编，且并《补遗》并为一书，故三卷为六卷，而《补遗》本非文成所自作，故有敬宗、宣宗时事耳。其书记唐朝轶事，凡及伪周

---

① 周中孚：《郑堂读书记》，上海书店出版社 2009 年版，第 1031 页。
② 永瑢等：《四库全书总目》，中华书局 1965 年版，第 1216 页。

必正称曰周，故郑氏误列在隋代杂史，注曰'记周、隋以来事迹'。所记多琐屑猥杂，真小说家言。"① 此处所谓"多琐屑猥杂，真小说家言"，显然是对《四库全书总目》"小说家类"学术批评标准的承继。众所周知，《四库全书总目》"小说家类"小序以"杂陈神怪，多莫知所出"为"小说家言"的主要内涵，"以诙嘲鄙事"作为"小说之体"典型特征。由此可知，《郑堂读书记》显然是承继了《四库全书总目》将历代小说分为"叙述杂事""记录异闻"及"缀辑琐语"三大流派，以及从"寓劝戒，广见闻，资考证"三方面标准来品评具体小说作品等评判思路。尤其是，《四库全书总目》有关《朝野佥载》提要言："案，尤袤《遂初堂书目》亦分《朝野佥载》及《佥载补遗》为二书，疑《佥载》乃（张）鷟所作，《补遗》则为后人附益。凡阑入中唐后事者，皆应为《补遗》之文。而陈振孙所谓书本三十卷，此其节略者，当即此本。盖尝经宋人摘录，合《佥载》《补遗》为一，删并门类，已非原书，又不知何时析三卷为六卷也。其书皆纪唐代故事，而于谐噱荒怪，纤悉胪载，未免失于纤碎，故洪迈《容斋随笔》讥其记事琐屑摘裂，且多媟语。然耳目所接，可据者多，故司马光作《通鉴》亦引用之。兼收博采，固未尝无裨于见闻也。"② 《郑堂读书记》就是将《四库全书总目》所谓"谐噱荒怪，纤悉胪载，未免失于纤碎"，乃至"记事琐屑摘裂，且多媟"及"未尝无裨于见闻"等语，浓缩为"多琐屑猥杂，真小说家言"一句，以便从思想学说的认知高度，宏观承继《四库全书总目》的学术批评思想。而检视《郑堂读书记》"小说家类"相关提要，如称《闻见前录》"颇涉妖妄"③，称《甲申杂记》《闻见近录》《随手杂录》等书"同涉神怪，尚不脱小说之习"④，皆是围绕"寓

---

① 周中孚：《郑堂读书记》，上海书店出版社 2009 年版，第 1032 页。
② 永瑢等：《四库全书总目》，中华书局 1965 年版，第 1183 页。
③ 周中孚：《郑堂读书记》，上海书店出版社 2009 年版，第 1047 页。
④ 周中孚：《郑堂读书记》，上海书店出版社 2009 年版，第 1051 页。

劝戒，广见闻，资考证"而展开，与《四库全书总目》多言"小说之习"的言语表述及言说方式相当一致。由此可见，这种展开思路亦成为《郑堂读书记》"小说家类"学术批评的重要标准。

其次，正是因为对《四库全书总目》"小说家类"学术批评意见的认可与承继，使得《郑堂读书记》相关提要的言说模式与表述方式，亦多有承继《四库全书总目》之处。如《郑堂读书记》有关《唐国史补》提要言："其书唯探物理，辨疑似，示劝戒，采风俗，助谈笑而已，而于鬼邪、墓卜、报应以及帷箔之事，悉去之不载，在唐人小记中最为近正"。[①] 所谓"在唐人小记中最为近正"云云，不仅是《四库全书总目》对"小说家类"核心内涵限定时常用的表达句式，亦是对"小说家类"核心内涵的主导性限定（即"近正"）。如《四库全书总目》称《东南纪闻》一书为："然大旨记述近实，持论近正，在说部之中犹为善本。"又，《四库全书简明目录》认为《国史补》"在唐宋说部中，最为近正"。[②] 即证。[③]

再者，擅长对《四库全书总目》有关小说"猥杂琐屑"等思想的肯定与运用。如《郑堂读书记》有关《鉴戒录》提要言："今观其书，凡六十六条，自'瑞应识'迄'蜀才妇'，皆以三字标目，乃其杂记唐及五代轶事，多诙嘲神怪之谈，实无关于鉴戒，与其名殊不相称。晁氏似未睹其书，但据名为臆说也。且其所记多附会荒诞，又多载可笑诗文，岂特不要诸仲尼而已，直小说之害道者耳。"[④]这就承继《四库全书总目》先道后器的部类分类原则，并以是否利于教化之"道"与治国之"道"作为对相关小说作品进行价值品定的重要标准。当然，此处所言"晁氏似未睹其书，但据名为臆说

---

① 周中孚：《郑堂读书记》，上海书店出版社 2009 年版，第 1032 页。
② 永瑢等：《四库全书简明目录》，上海科学技术文献出版社 2016 年版，第 377 页。
③ 案，有关《四库全书总目》对"近正"的表述及意图，详见本书第三章"政教视域与《四库全书总目》小说观念的还原"第二节"《四库全书总目》所言'小说之体'的文类含义"的有关论述。
④ 周中孚：《郑堂读书记》，上海书店出版社 2009 年版，第 1038 页。

也",仍存在抄鉴于《四库全书总目》所言"其书多记唐及五代间事,而蜀事为多,皆近俳谐之言。各以三字标题,凡六十六则。赵希弁《读书后志》以为辑唐以来君臣事迹可为世鉴者,似未睹其书,因其名而臆说也"①等痕迹。

又如,《郑堂读书记》有关《北梦琐言》提要言:"其所记载,率皆芜杂,而行文亦复冗,未免有意贪多,然尚不失之甚诬,颇有裨于考订,非比所著《续通历》多不实,为宋太祖所诏毁也。"②相较于《四库全书总目》相关提要所言"其记载颇猥杂,叙次亦颇冗沓,而遗文琐语,往往可资考证。故宋李昉等编《太平广记》,多采其文。晁公武《读书志》载光宪《续通历》十卷,辑唐及五代事以续马总之书,参以黄巢、李茂贞、刘守光、按巴坚、吴、唐、闽、广、吴越、两蜀事迹。太祖以所记多不实,诏毁其书。而此书未尝议及,则语不甚诬可知矣"③,二者不仅对《北梦琐言》的价值判断相似,同时又皆以"芜杂"(或"猥杂")与"资考证"等为关键词来凸显相关品评的侧重点。

同时,检视《郑堂读书记》"小说家类"提要,如称《江邻几杂志》"其书皆记当代轶事,兼及杂说。邻几为欧阳永叔之执友,故记所见闻,不同委巷之谈,间有失之舛误者,亦属寥寥无几",④与《四库全书总目》在《嘉祐杂志》提要中称《江邻几杂志》"其书皆记杂事,故《宋志》列之小说家。……朱翌《猗觉寮杂记》摘其压角一条,误以丞相为直阁,以坐于榻为立于褥。是诚偶误。然休复所与交游,率皆胜流,耳濡目染,具有端绪,究非委巷俗谈可比也"⑤相比,二者皆从"小说家类"作品的"委巷俗谈"等学缘或

---

① 永瑢等:《四库全书总目》,中华书局 1965 年版,第 1187 页。
② 周中孚:《郑堂读书记》,上海书店出版社 2009 年版,第 1040 页。
③ 永瑢等:《四库全书总目》,中华书局 1965 年版,第 1188 页。
④ 周中孚:《郑堂读书记》,上海书店出版社 2009 年版,第 1043 页。
⑤ 永瑢等:《四库全书总目》,中华书局 1965 年版,第 1191 页。

职事的角度加以展开。又如,《郑堂读书记》称《神异经》"所记皆八荒以外之言,不可究诘,而文格雅近齐梁间人所为,故辞采过于缛丽,颇便词章家所取资,特于地理、道家均无当也",① 与《四库全书总目》所谓"观其词华缛丽,格近齐梁,当由六朝文士影撰而成"② 相比,二者皆是从文采与文格的角度来评判等。此类例证,皆可见及二者之评价思路与评判意见的相通做法与相似处理。

概而言之,从《郑堂读书记》"小说家类"提要对《四库全书总目》有关小说的源流演变情形、思想价值、内容特征及言语形式等品评思路、体系的多方面援引与承继可知,《四库全书总目》的小说品评体系及意见,逐渐得到后世目录学家的认可,从而促使后世目录学家基于传统目录学的知识体系而形成小说批评的固定化品评套路。当然,《郑堂读书记》对《四库全书总目》学术批评体系的承继,并不仅仅局限于"小说家类",亦见于其他部类之中。相关例证极多,不再一一罗列。

由此看来,后世目录学著述或其他学术史研究著述对《四库全书总目》的援引,不论是对具体评判论断的征引或借用,还是对《四库全书总目》相关学术品评思想与观点的承继,抑或是对《四库全书总目》品评机制、价值模式的承继,皆可表明《四库全书总目》具有超越时空的学术品格与存世意义。这种自身经典性品格的形成,使得《四库全书总目》得以被后世学者当作一种权威著述加以不断模仿,乃至试图有所突破或超越。在此类模仿、突破或超越的实践环节与历史进程中,《四库全书总目》学术批评的意义终到大至整体评价体系将被不断挖掘、小至某一部类或具体作品的评价特征及思想亦会被不断细化与咀嚼。从这个角度讲,后世学者对《四库全书总目》的援引之举,将进一步加深《四库全书总目》的"官

---

① 周中孚:《郑堂读书记》,上海书店出版社 2009 年版,第 1078 页。
② 永瑢等:《四库全书总目》,中华书局 1965 年版,第 1206 页。

学"约束体系及其权威性，亦会进一步促使时人形成依赖，甚或仰仗《四库全书总目》相关品评思想与论断的惰性行为。当此类心理或行为日积月累之后，援引或存在一定程度上纠偏《四库全书总目》学术批评体系与思想的举动，但终将呈现出带有超越时空限制的普遍意义，最终促使时人形成依赖于《四库全书总目》进行读书、著书或教学、谈论的一种根深蒂固式的惯性心理。当这种惯性心理具有社会性或时代性时，就是《四库全书总目》学术批评之经典意义完成的过程。而此类惯性心理的外在表现，就是周中孚、张之洞等人不断强调的诸如"今为诸生指一良师，将《四库全书总目提要》读一过，即略知学问门径矣"，或"《四库提要》为读群书之门径"之类言语行为的流露；甚至，张之洞等人此类言论亦反复被后世学者所征引[1]，以此突出对《四库全书总目》在后世的认可之意。凡此种种，势必进一步加深时人对《四库全书总目》学术批评经典意义的认同，甚至崇拜之意。如鲁迅就曾将《四库全书简明目录》列为青年学生必读的十二种古籍之一，并认为《四库全书简明目录》"其实是现有的较好的书籍之批评，但须注意其批评是'钦定'的"[2]，强调

---

[1] 案，余嘉锡在《目录学发微》中，谈及"古人利用目录学之最早者"时，指出"目录之学为读书引导之资，凡承学之士，皆不可不涉其藩篱，其义以张之洞言之最详"，引用了《輶轩语》《书目答问》有关《四库全书总目》的相关论断，并言："张氏之语虽若浅近，然实深知甘苦之言。必明此义，而后知目录之书为用最广，为学至切。但欲求读其书而知学问之门径，亦惟《四库提要》及张氏之《答问》差足以当之。"（余嘉锡：《目录学发微》，巴蜀书社1991年版，第14—15页）同时，《四库提要辨证》更是直接述及张之洞所言对余嘉锡自身问学的意义。（余嘉锡：《四库提要辨证·序录》，中华书局1985年版，第46页）再如，张舜徽《四库提要叙讲疏·自序》，言："往余未大学文科讲授'国学概论'，即取《四库全书总目提要叙》四十八篇为教本。昔张之洞《輶轩语》教学者曰：'将《四库全书总目提要》读一过，即略知学问门径矣。'余则以此四十八篇者，又门径中之门径也。苟能熟习而详绎之，则于群经传注之流别，诸史体例之异同，子集之支分派衍，释道之演变原委，悉了然于心，于是博治载籍，自不迷于趣乡矣。"（张舜徽：《四库提要叙讲疏》，学生书局2002年版，第1页）可见，张舜徽亦认可张之洞之语，并取《四库全书总目提要叙》四十八篇作为学生问学门径之门径，颇可见及张舜徽对《四库全书总目》的推崇之意。

[2] 李新宇、周海婴主编：《鲁迅大全集·创作编（1929—1931）》第5册，长江文艺出版社2011年版，第215页。

《四库全书总目》学术批评的重要价值。此类认同之感又反过来加深了《四库全书总目》学术批评那般超越时空限制的经典意义。

二 考辨与《四库全书总目》"小说家类"学术批评的再经典化

从阅读史视域的接受角度看，后世学者在多方征引《四库全书总目》学术批评的同时，仍在一定程度上出现纠偏《四库全书总目》学术批评的接受方式。此类接受方式大概而言，是一种对《四库全书总目》学术批评思想、观点或所涉知识信息的片面性、知识讹误等方面的考订与补正，我们暂以"考辨"行为统称之。也就是说，后世学者在阅读《四库全书总目》相关学术批评认知与意见之后，往往会从"学术之天下公器"的角度，对成于众手且数量与卷帙繁多的"提要"意见提出商榷性意见。或针对《四库全书总目》学术批评的体系设置与总体意见，或针对某一部类或具体作品的提要进行置评。此类意见大体集中于近代以降。正如余嘉锡所指出的："乾、嘉诸儒于《四库总目》不敢置一词，间有不满，微文讽刺而已。道、咸以来，信之者奉为三尺法，毁之者又颇过当。"① 而近今学者提出商榷之典型者，诸如余嘉锡的《四库提要辨证》、李裕民的《四库提要订误》②、崔富章的《四库提要补正》③、杨武泉的《四库全书总目辨误》④、魏小虎的《四库全书总目汇订》⑤、何宗美的《〈四库全书总目〉的官学约束与学术缺失》⑥ 及数量众多的单篇专题文章等。此类考辨著述对《四库全书总目》学术批评思想及具体提要论断提出的诸多商榷意见，有效减少了《四库全书总目》所引

---

① 余嘉锡：《四库提要辨证·序录》，中华书局1985年版，第48页。
② 李裕民：《四库提要订误》，书目文献出版社1990年版。
③ 崔富章：《四库提要补正》，杭州大学出版社1990年版。
④ 杨武泉：《四库全书总目辨误》，上海古籍出版社2001年版。
⑤ 魏小虎：《四库全书总目汇订》，上海古籍出版社2012年版。
⑥ 何宗美：《〈四库全书总目〉的官学约束与学术缺失》，人民文学出版社2017年版。

发知识讹误之类的后世接受及其不良影响，使得《四库全书总目》
的学术批评价值越发得到世人的客观评判。总体而言，相关考辨主
要集中于作者里籍、经历，作品版本、卷数及其流传，抑或是提要
所涉的学术批评视角与意见是否得当等方面。就本节的议题而言，
今拟以余嘉锡《四库提要辨证》对《四库全书总目》"小说家类"
提要为例，简要说明考辨的接受方式对《四库全书总目》"小说家
类"学术批评"再经典化"的影响。

余嘉锡（1884—1955），字季豫，号狷庵，著有《四库提要辨
证》《目录学发微》《古书通例》《世说新语笺疏》《余嘉锡论学杂
著》等著述。余嘉锡曾回忆《四库全书总目》对其读书与治学之入
门的影响，言："小子（余嘉锡自称）狂简，遂斐然有述作之志，年
十四，作《孔子弟子年表》，读《郁离子》，好之，效其体著书数万
言；十六岁注《吴越春秋》，然于学问之事，实未有所解。阅张之洞
《书目答问》，骇其浩博，茫乎失据，不知学之所从入，及读其《輶
轩语》曰：'今为诸生指一良师，将《四库全书提要》读一过，即
略知学问门径矣。'不禁雀跃曰：'天下果有是书耶！'闲请于先君
子，为道其所以然，意欣然向往之，遂日求购买。光绪二十六年庚
子，年十有七矣，先君子以事于长沙，始为购得之，则大喜，穷日
夜读之不厌。时有所疑，辄发箧陈书考证之。笔之上方，明年遂录
为一册，此余从事《提要辨证》之始也。"① 由此，余嘉锡对《四库
全书总目》作为治学之径的认可，以至于多方认真研读。正是因为
"穷日夜读之不厌"（约略始于 1900 年），使得余嘉锡能够对《四库
全书总目》相关提要内容提出自己在研读过程中的认知意见。在余
嘉锡看来，"《提要》诚不能无误，然就其大体言之，可谓自刘向
《别录》以来，才有此书也"，故而应当予以考辨，以学术公心来

---

① 余嘉锡：《四库提要辨证·序录》，中华书局 1985 年版，第 46 页。

"就正于当世"，① 以此试图纠正世人以"《提要》所是者是之，非者非之，并为一谈，牢不可破"② 的盲目信从或任意毁誉之局面。这种纠正意图正是在"每读一书，未尝不小心以玩其辞意，平情以察其是非，至于搜集证据，推勘事实，虽细如牛毛，密若秋荼，所不敢忽，必权衡审慎，而后笔之于书"③ 等阅读活动与严谨治学的基础上而展开的。由此看来，《四库全书》及《四库全书总目》所形成的具有权威特征的文本系统与语义系统，是余嘉锡"小心以玩其辞意，平情以察其是非"的来源与依据，这就是对《四库全书》所确立的"官学"文本体系及其所呈现出来的书籍物质形态与版刻系统之肯定。所谓"小心以玩其辞意，平情以察其是非"，显然是把"阅读作为阐述活动的具体行为，使文献成为一种交流对象，一种活意识的关联物"④，使得余嘉锡对《四库全书总目》的考辨行为，充分建立在考辨者与文献之深入对话、"交流"的基础上，以至于能够深入体察文献所存在的价值与缺陷，最终做到"权衡审慎"。也就是说，对《四库全书总目》的细致阅读、严谨治学的态度及秉承公心的学理要求等方面的综合作用，才得以促使余嘉锡等学者客观、公正、全面对待《四库全书总目》的提要撰修过程、提要的评判意见及其对后世学术史衍变的影响。

在此基础上，后世学者对《四库全书总目》的考辨行为，无疑会加深《四库全书总目》学术批评之方式、视角、材料使用与论断的典型性，从而使得哪怕是"非者非之"的严厉批评者对《四库全书总目》相关提要的纠正，不仅会为《四库全书总目》相关提要进入后世学者的关注视野起着推动作用，最终增加《四库全书总目》的引用率与利用率，亦有助于后世学者认识《四库全书总目》学术

---

① 余嘉锡：《四库提要辨证·序录》，中华书局1985年版，第48页。
② 余嘉锡：《四库提要辨证·序录》，中华书局1985年版，第51页。
③ 余嘉锡：《四库提要辨证·序录》，中华书局1985年版，第52页。
④ 周庆山：《文献传播学》，书目文献出版社1997年版，第86页。

批评的判断依据与方式，甚至能够深入认识清代统治者基于特定意图而评判某一或某类学术的切入视角。据此，此类考辨行为不仅能够全面认识《四库全书总目》相关提要的知识信息之讹误一面，亦可以深入见及随着时代背景推移与政教意图转变所形成的学术认识视角与评判标准的变化，对《四库全书总目》学术批评思想在后世接受过程中所造成的影响。比如，余嘉锡所谓"乾、嘉诸儒于《四库总目》不敢置一词"，显然因为乾嘉之人受到清代中叶高压文教统治的制约，以至于"乾嘉诸儒"必须完全奉守《四库全书总目》的学术思想；而"道、咸以来，信之者奉为三尺法，毁之者又颇过当"，显然与道光、咸丰以来清廷因社会矛盾严重、民族矛盾突出及外邦入侵等因素的制约，导致道、咸之时国家向心力的弱化与控制力的衰退，以至于道、咸之时对彼时的学术与思想的钳制力亦随之弱化，故而批评者时有见之。而至晚清以降，彼时学界受"西学东渐"等外来思想与学术的影响渐强，逐渐以更多元角度对待《四库全书总目》的学术思想及其时代意义，故而，深入挖掘抑或是强烈否定《四库全书总目》者更多更甚。难能可贵的是，余嘉锡即属于客观对待与深入挖掘之一类。

简要而言，与众多对《四库全书总目》相关提要进行考辨者相似，《四库提要辨证》的考辨重点亦集中于对《四库全书总目》之作者生平、里籍，以及作品版本、思想内容、学术价值等方面。比如，《四库提要辨证》对《四库全书总目》"小说家类"五十部作品的提要，提出了考辨意见。相关考辨重点，即如上述。如余嘉锡对《剑侠传（二卷）》的考辨，言：

> "旧本题为唐人撰，不著名氏。载明吴琯《古今逸史》中。"
> 嘉锡案：《古今逸史》本此书四卷，每卷仅题明新安吴琯校，并未题为唐人撰。书中所载，有张乖崖、张魏公事。又有熙宁二年、宣和六年、建炎靖康之际等语。若以此为唐人，吴

珰虽陋，亦不至如此。惟汪士汉《秘书二十一种》本题唐亡名氏撰，或即《提要》所谓旧本者欤？

"皆纪唐代剑侠之事，与《太平广记》一百九十三卷至一百九十六卷所载豪侠四卷，文尽相同。次序及句下夹注，如'潘将军'条下所附'忘其名，疑为潘鹢碑也'九字亦复吻合。但讹鹢碑为鹤碎耳。"

案，此书开卷"老人化猿"一条，乃春秋时事。其三四两卷内，有南、北宋人事七条。安得谓皆纪唐代之事。全书共三十三条，其出《太平广记》豪侠类者只十九条，而又颠倒其次序，或改易其篇题，不尽与《广记》相合。"老人化猿"条，系自《广记》卷四百四十四畜兽类移入者（原题为"白猿"，出《吴越春秋》）。其余十三条，则皆采自他者。如"李胜""张训妻""洪州书生"三条，见《江淮异人传》。"乖崖剑术"条，见《春渚纪闻》卷三。"秀州刺客"条，见《鹤林玉露》卷三。"潘扆"条，见陆游《南唐书》卷十七，而字句小不同。"花月新闻"（《夷坚志》支庚卷四）、"侠妇人"（《乙志》卷一）、"解洵娶妇""郭伦观灯"（涵芬楼本《志补》卷十四）四条，皆见洪迈《夷坚志》。"虬须叟""韦洵美"二条，均见《灯下闲谈》。"任愿"条，见《青琐高议》前集卷四。安得谓尽与《广记》豪侠类相同？《提要》之于群书，往往仅匆匆翻阅，无暇细读，况此《存目》中不甚紧要之书哉！

"盖明人剿袭《广记》之文，伪题此名也。"

案：王世贞《弇州山人四部稿》卷七十一录文十六首，皆其自著书之序，有《剑侠传小序》曰："凡剑侠，经训所不载，其大要出《庄周氏》《越绝》《吴越春秋》（谓《庄子》有《说剑篇》，《越绝书》《吴越春秋》皆有宝剑事也），或以为寓言之雄耳。至于太史公之论庆卿也，曰：'惜哉，其不讲于刺剑之术也！'则意以为真有之。不然，以项王之武，喑呜叱咤，千人皆废，而乃曰无成哉（谓《项羽本纪》言其学剑不成也）！夫习剑者，先王之僇民也。然而城狐遗伏之奸，天下所不能请之于司败，而一夫乃得志焉。如专、聂者流，仅其粗耳，斯亦乌可尽废其说。然欲快天下之志，司败不能请，而请之一夫，亦可以观世矣。余家所蓄杂说剑客甚伙，间有慨于衷，荟撮成卷。时一展之以摅愉其郁。若乃好事者流，务神其说，谓得此术不试，可立致冲举，此非余所敢信也。"世贞以其父忬为严嵩父子所害，而己不能报，恨当时之为司寇者，怵于嵩之威权，不敢治其误国之罪，坐令流毒四海。因思此时若有古之剑侠其人者出，闻人诉其不平，必将投袂而起，操方寸之刃，直入权相之卧内，斩其首以去，则天下之人心当为之大快。故曰"欲快天下之志，司败不能请，而请之一夫"云云。则世贞著书之意，岂不大彰明较著也哉。所谓"时一展之，以摅愉其郁"者，盖世贞著此书时，嵩父子尚未败，以己有杀父之仇，终天之恨，而无所投诉，故常郁郁于心，聊复为此以快意云尔。若世贞者，可谓发愤而著书，其志可悲，故其书足以自传（世贞著书时，《太平广记》尚未刻行，《夷坚志》更无人见），原未依托古人。吴琯刻之而失其序，汪士汉遂妄题为唐人。《提要》又不能考而妄辨之，由斯世间多一伪书矣。世之好以辨伪自负者，遇己所不知，其慎之哉！①

据此，《四库提要辨证》对《四库全书总目》有关《剑侠传》的作者、内容及作品性质的失当判断均做了缜密辩正，并详细分析了《四库全书总目》失当的缘由。同时，余嘉锡指出《四库全书总目》判断失当的重要原因，在于"《提要》之于群书，往往仅匆匆翻阅，无暇细读，况此存目中不甚要紧之书哉"与"又不能考而妄

---

① 余嘉锡：《四库提要辨证》，中华书局 1985 年版，第 1172—1174 页。

辨之",从而对《四库全书总目》的学术价值做了较为公允的定位。余嘉锡在《目录学发微》一书中又指出:"于有裨实用者,则皆缮写校雠,汇为《四库全书》,贮之文渊阁。于俚浅讹谬无可采者,则只存书名,注出略节,谓之存目。每书皆校其得失,撮举大旨,叙于本书卷首,名曰提要,综各书之提要,合为《四库全书总目》。"①所言"于俚浅讹谬无可采者,则只存书名"云云,就详细指明"四库馆臣"对应刊与存目之书有关提要撰写的态度差异;同时,由于提要的撰写往往是"撮举大旨",从而导致"四库馆臣"对具体书籍的内容、思想及价值的判断,多少存在一定问题。由此看来,余嘉锡深谙《四库全书总目》学术批评体系的运行方式,更是对《四库全书总目》学术批评体系所蕴含的知识体系与知识评判标准甚为熟稔;因此,其于《目录学发微》一书中,从传统目录学衍变史迹的角度,真切看到了《四库全书总目》的学术史价值及其局限性。

而余嘉锡对《四库全书总目》"小说家类"的纠正与考辨意见,又引发了后世学者进一步的关注。张志合《〈剑侠传〉成书与作者考辨》②、刘荫柏《隆庆刻本〈剑侠传〉叙录》③、罗立群《中国武侠小说史》④、李程《〈剑侠传〉成书及选辑者续考》⑤ 等论著,就对《四库提要辨证》有关《剑侠传》的考辨意见提出了商榷意见。如张志合就认为"《剑侠传》最多只能说得上是王世贞纂辑,而非世贞所著"⑥,否定了余嘉锡的研判结论。这种在前人研究基础上进行审慎考辨的行为,使得《四库全书总目》有关《剑侠传》的提要意

---

① 余嘉锡:《目录学发微》,巴蜀书社 1991 年版,第 122 页。

② 张志合:《〈剑侠传〉成书与作者考辨》,《南京师范大学学报》(社会科学版) 1989 年第 4 期。

③ 刘荫柏:《隆庆刻本〈剑侠传〉叙录》,《文学遗产》1985 年第 2 期。

④ 罗立群:《中国武侠小说史》,辽宁人民出版社 1990 年版,第 104—105 页。

⑤ 李程:《〈剑侠传〉成书及选辑者续考》,《明清小说研究》2012 年第 4 期。

⑥ 张志合:《〈剑侠传〉成书与作者考辨》,《南京师范大学学报》(社会科学版) 1989 年第 4 期。

见越发引起学者的注意。这种关注必然进一步加深《四库全书总目》相关提要的学术价值。因为它形成了学者研究的关注重点与热点视域，最终有效制造了《剑侠传》的研讨话题，以至于后世学者在探讨《剑侠传》的思想之前，大多要引述《四库全书总目》与《四库提要辨证》的意见，以强调其所述有本有依。

《四库提要辨证》对《四库全书总目》"小说家类"其他条目的考辨亦如对《剑侠传》的讨论，由此形成后世学者脱离清代政教意图与"官学"约束体系等角度来评判某一（类）具体作品之品评视角，而是基于充分的文献依据、置于所论具体作品成书与流传的历史语境中，客观、全面探讨所论具体作品的知识信息及其知识启迪价值。从这个角度讲，后世学者通过对《四库全书总目》相关提要的阅读尔后进行考辨的行为，使得《四库全书总目》相关提要的学术价值被不断地挖掘出来，有效推动了诸如《剑侠传》等具体作品源源不断地进入学界的研究视野之中。由于学者们多次考辨的最终意图，是促使相关研究得到合理、妥善的解决或形成有效的认知，故而，此类考辨行为往往会促使学者重点关注相关意见提出的源头，并重点评估相关源头意见的学术影响。通过考辨而得以有效纠正相关源头意见的错误认知，亦会使得学界对形成相关源头意见的缘由进行关注，以便从学术史衍变的角度客观定位相关源头意见的历史意义。虽说此类经典化历程属于消极影响，但它毕竟会引发学者的多方注意，亦有助于推动相关问题的妥善解决，故而，仍具有积极的学术史价值。这就会进一步加深源头意见、哪怕是那些错误认识意见的消极式的典型意义，从而推动源头意见在后世接受过程中的再次"经典化"。《四库全书总目》"小说家类"提要的"再经典化"，亦离不开后世学者在精准考辨之后引发的多次研讨。

第七章 "退置"与《四库全书总目》"小说家类"的学术批评

　　既然《四库全书总目》"小说家类"学术批评不仅要切合清代的政统意图，而且受清代的政教需求与官方学术思想的约束，那么，在上述政教背景下所形成的《四库全书总目》"小说家类"学术批评思想，如何生成一种具有时代特色与历史内涵的学术品格呢？此类学术品格的形成，与清代同时期其他公私书目的小说批评有何异同呢？也就是说，如何基于传统目录学的演变史迹来合理定位《四库全书总目》"小说家类"学术批评的学术史意义，如何据此客观地探究传统目录学视域下的小说观念、小说著录行为及其在中国古代小说衍变史上的价值，就显得十分重要。对此，深入分析《四库全书总目》从"分纂提要"到"汇总提要"，再到"总目提要"的纂修过程中如何进行具体小说作品的"退置"归并，进而探讨《四库全书总目》具体小说作品的"退置"归并与同时期其他公私书目之间的异同，此类分析或将有助于深入考察《四库全书总目》"小说家类"学术批评的历史意义。

第一节 "退置"后的批评：与《四库全书初次进呈存目》之比较

　　《四库全书初次进呈存目》约成书于乾隆四十年（1775）五月

至乾隆四十一年（1776）正月，① 所收提要约 1878 篇，是一部"未经（乾隆）皇帝审阅"② 的"汇总提要"书稿。虽说《四库全书初次进呈存目》已初步建立了《四库全书》的图书分类体系与提要撰写的基本范式，但将《四库全书初次进呈存目》与《四库全书总目》相较可知：《四库全书初次进呈存目》的提要内容与《四库全书总目》多有差异，《四库全书初次进呈存目》对具体书籍文献的部类归并与《四库全书总目》多有异样；甚至，《四库全书初次进呈存目》收录了若干《四库全书总目》未收书的提要稿。故而，《四库全书初次进呈存目》对于考辨《四库全书总目》的纂修过程与部类标准，颇具参考意义。同样，《四库全书初次进呈存目》对于探究"四库馆臣"有关"小说家类"的认知意见及其转变过程，依然具有较大的参考价值。据统计，《四库全书总目》"小说家类"共收录319 部小说作品，《四库全书初次进呈存目》则收录 67 种小说作品。比较《四库全书总目》与《四库全书初次进呈存目》两种书目的"小说家类"作品著录情形，存在以下两种特殊的情况：一是部分小说作品被收入《四库全书总目》"小说家类"中，而同一作品则收录于《四库全书初次进呈存目》"小说家类"之外的其他部类中；二是《四库全书初次进呈存目》"小说家类"部分作品的提要与《四库全书总目》"小说家类"同一作品的提要，存在较大差异。故而，通过深入分析上述两种现象，可以深入考察《四库全书总目》

---

① 案，夏长朴《〈四库全书初次进呈存目〉初探——编纂时间与文献价值》一文认为，《四库全书初次进呈存目》约成书于乾隆四十年（1775）五月至乾隆四十一年（1776）正月。[《汉学研究（台湾）》2012 年第 2 期] 而刘浦江《〈四库全书初次进呈存目〉再探》一文，则认为该书止于乾隆三十九年（1774）七月。（《中华文史论丛》2014 年第 3 期）两位学者的讨论，均具有一定的说服力，今姑从夏长朴之说。不论是成书于乾隆四十年五月至乾隆四十一年正月，抑或是止于乾隆三十九年七月，均表明《四库全书初次进呈存目》是成书于《四库全书总目》之前的一部重要"汇总提要"，故而，可据此比对《四库全书总目》纂修前"四库馆臣"对"小说家类"的认知意见。
② 江庆柏等整理：《四库全书初次进呈存目·概述》，人民文学出版社 2015 年版，第 3—4 页。

"小说家类"的"退置"之举，亦有助于细致探究从《四库全书初次进呈存目》到《四库全书总目》的纂修过程中，"四库馆臣"对于"小说家类"内涵认知与实践环节的变动情形及其产生缘由。

一 《四库全书总目》"小说家类"与《四库全书初次进呈存目》之比较

现将《四库全书总目》"小说家类"作品在《四库全书初次进呈存目》"小说家类"之外其他部类的位置，列表如下，以便比较：

作品	《四库全书初次进呈存目》	《四库全书总目》
《明遗事》	编年类	小说家类存目一
《大唐新语》	杂史类	小说家类一
《四朝闻见录》	杂史类	小说家类二
《涑水纪闻》	杂史类	小说家类一
《甲申杂记》《闻见近录》《随手杂录》	杂史类	小说家类一
《儒林公议》	杂史类	小说家类一
《桯史》	杂史类	小说家类二
《挥麈前录》《后录》《第三录》《余话》	杂史类	小说家类二
《默记》	杂史类	小说家类二
《贻清堂日抄》	杂史类	小说家类存目一
《野记》	杂史类	小说家类存目一
《寓圃杂记》	杂史类	小说家类存目一
《迩训》	杂史类	小说家类存目一
《汉杂事秘辛》	传记类	小说家类存目一
《山海经》	地理类	小说家类三
《汝南遗事》	地理类	小说家类存目一
《闻见前录》	故事类	小说家类二
《穆天子传》	起居注类	小说家类三
《墨客挥犀》	杂家类	小说家类二
《北窗炙輠录》	杂家类	小说家类二
《耆旧续闻》	杂家类	小说家类二
《闻见后录》	杂家类	小说家类二

作品	《四库全书初次进呈存目》	《四库全书总目》
《鸡肋编》	杂家类	小说家类二
《清波杂志》《别志》	杂家类	小说家类二
《癸辛杂识前集》《后集》《续集》《别集》	杂家类	小说家类二
《客途偶记》	杂家类	小说家类存目一
《太平清话》	杂家类	小说家类存目一
《避暑漫笔》	杂家类	小说家类存目一
《金台纪闻》	杂家类	小说家类存目一
《玉堂漫笔》	杂家类	小说家类存目一
《神异经》	杂家类	小说家类三
《西峰淡话》	杂家类	小说家类存目一
《春渚纪闻》	小说家类	杂家类五
《贵耳集》《二集》《三集》	小说家类	杂家类五
《诚斋杂记》	小说家类	杂家类存目八
《琅嬛记》	小说家类	杂家类存目八
《澄怀录》	小说家类	杂家类存目八
《风俗通义》	小说家类	杂家类四
《梦溪笔谈》《续笔谈》《补笔谈》	小说家类	杂家类四
《文府滑稽》	小说家类	总集类存目三
《尧山堂外纪》	小说家类	杂家类存目九
《无事编》	小说家类	杂家类存目十
《烟霞小说》	小说家类	杂家类存目八
《古今艺苑谈概（上下集）》	小说家类	杂家类存目八

据上表可知：一是就《四库全书总目》与《四库全书初次进呈存目》两书的"小说家类"作品著录情形而言，收入《四库全书总目》"小说家类"而《四库全书初次进呈存目》归录于其他部类的作品，凡41种；收入《四库全书初次进呈存目》"小说家类"而《四库全书总目》收录于其他部类的作品，凡16种，且大多被放置于《四库全书总目》"杂家类存目"中。另外，既被归入《四库全书初次进呈存目》"小说家类"又被归入《四库全书总目》"小说家

类"的作品，凡43种。

二是从《四库全书初次进呈存目》与《四库全书总目》的差异作品看，上述作品主要纠结于"小说家类"与"杂史类""传记类""地理类""故事类""起居注类""杂家类""编年类"等史部、子部的其他部类之间，甚至与集部"总集类"亦有纠葛（凡1种）；且尤以"杂史类"与"杂家类"的纠葛为最。也就是说，"四库馆臣"对于"小说家类"作品的内涵与特征、形式之意见，尚处于一种难以骤然肯定或明确定位的尴尬局面。这种局面的出现一方面由于"四库馆臣"在纂修《四库全书初次进呈存目》时，尚未形成有关"小说家类"作品的统一认知；且有关"小说家类"作品的提要撰写往往出于众人之手，各人对"小说家类"作品的定位与价值判断往往带有撰写者个人显著的品评视角。另一方面，则系纂修《四库全书总目》时所确立的编纂指导思想与批评视角，与《四库全书初次进呈存目》相比已经有本质之别。故而，其间的个中变化，仍需予以细细剖析。

二　政教意义先行：《四库全书总目》"小说家类"的"退置"主导

综观与《四库全书总目》"小说家类"相纠葛的《四库全书初次进呈存目》相关作品之提要，可知：《四库全书初次进呈存目》在提要中的作品品评主要是一种依据相关作品的主要内容与体例特征而展开的，而较少在提要言语中直接进行主导作品归并的价值区分与论断下定，亦较少采用政教意义先行的论断思路。

比如，《四库全书初次进呈存目》称《大唐新语》为："所记起武德之初，迄大历之末。凡分三十门，皆取轶文旧事有裨劝戒者。……惟其中《谐谑》一门，体杂小说，未免自乱其例耳。"[①] 而

---

① 江庆柏整理：《四库全书初次进呈存目》，人民文学出版社2015年版，第124页。

《四库全书总目》称《大唐新语》为："然其中《谐谑》一门，繁芜猥琐，未免自秽其书，有乖史家之体例。今退置小说家类，庶协其实。"① 则将重点放在"有乖史家之体例"上，且以"繁芜猥琐，未免自秽其书"等语作为评判内容或归并部类的主要依据。从这个角度讲，《四库全书总目》的"退置"缘由，实系《大唐新语》含有"繁芜猥琐"等"小说家类"典型特征。但对于这一点，《四库全书初次进呈存目》的强调并不明确，它仍旧是一种纯粹的知识信息陈述或描述。又如，《四库全书初次进呈存目》称《四朝闻见录》为："所录分甲、乙、丙、丁、戊五集，凡二百有七条。甲、乙、丙、戊四集，皆杂叙高、孝、光、宁四朝轶事，各有标题，不以时代为先后。惟丁集所记仅宁宗受禅、庆元党禁二事始末，不及其他。绍翁与真德秀游，故其学一以朱子为宗。持论颇正，又留心掌故，多识耆旧，故朝廷大政往往能订俗说之讹，考诸说之异。"② 而《四库全书总目》删除"朝廷大政往往能订俗说之讹，考诸说之异"等语，并指出："惟王士祯《居易录》谓其颇涉烦碎，不及李心传书。今核其体裁，所评良允。故心传书入史部，而此书则列小说家焉。"③《四库全书总目》此处所谓"核其体裁"，是建立在认为《四朝闻见录》存在"颇涉烦碎"等情况的基础上，故而有意忽略该书"持论颇正，又留心掌故"与"朝廷大政往往能订俗说之讹，考诸说之异"等主要内容。由此可见，《四库全书总目》以小说之"体裁"或"体例"作为"小说家类"作品归并的前提是：对相关作品的思想价值与政教意义已作了相应的区分与定品，而后再以"体裁"或"体例"的角度加以评断。但从《四库全书初次进呈存目》称《涑水纪闻》为"此编盖以备后纪之用也。其中间载流俗传闻之说，

---

① 永瑢等：《四库全书总目》，中华书局 1965 年版，第 1183 页。
② 江庆柏整理：《四库全书初次进呈存目》，人民文学出版社 2015 年版，第 125 页。
③ 永瑢等：《四库全书总目》，中华书局 1965 年版，第 1201 页。

朝士诙谐之语，不必尽关史事者，疑当日随笔札记，尚未及一一刊削也"①，称《寓圃杂记》为"书载明洪武迄正统间朝野事迹，于吴中故实尤详。其大者多已见正史，余皆琐屑细故，捃拾成编，无关考据"②。可知，《四库全书初次进呈存目》往往是依据相关作品的内容进行作品的部类归并，故而，往往凸显相关作品诸如"尽关史事"或"朝野事迹"等内容，且宽容地看待"诙谐之语"或"琐屑细故，捃拾成编"之类的不足。同时，《四库全书初次进呈存目》并不因此类不足而进行强烈鄙薄。但是，《四库全书总目》在《涑水纪闻》提要中所言"其中所记国家大政为多，而亦间涉琐事"，又说"凡朝廷政事、臣僚迁除及前后奏对、上所宣谕之语，以及闻见杂事皆记之"③，显然是在鄙薄《涑水纪闻》内容的驳杂，言语之中的情感指向已显矣。

也就是说，从《四库全书初次进呈存目》到《四库全书总目》的部类归并标准，或从两种书目的提要话语选择与褒贬倾向及其情感诉求等变化可知：《四库全书总目》的"退置"之举不再是以相关作品的主要内容为主导，而是以相关作品主要内容的政教意义，且以是否切合"官学"规范等标准为主。这种标准的变动，使得《四库全书初次进呈存目》围绕相关作品的主要内容而进行提要撰写的思路，变成了《四库全书总目》以政教意义先行，且以此为主导的提要撰写原则。这方面的例证很多。比如，《四库全书初次进呈存目》称《挥麈前录》《后录》《第三录》《余话》为：

> 宋朝请大夫汝阴王明清撰。《前录》为乾道丙戌奉亲会稽时所纪，多国史中未见事。自跋谓"记忆残缺，以补册府之遗"

---

① 江庆柏整理：《四库全书初次进呈存目》，人民文学出版社 2015 年版，第 125—126 页。
② 江庆柏整理：《四库全书初次进呈存目》，人民文学出版社 2015 年版，第 133 页。
③ 永瑢等：《四库全书总目》，中华书局 1965 年版，第 1189—1190 页。

是也。末附沙随程迥、临汝郭九德二跋，李垕一简，及庆元元年实录院移取《挥麈录》牒文二道。《后录》为绍熙甲寅武林官舍中所纪，有海陵王禹锡跋。《第三录》为庆元初请外时所纪，于高宗东狩事独详。《余话》兼及诗文碑铭，补前后录所未备，有浚仪赵不谓跋。晁公武《读书志》云"总二十三卷"，今止二十卷。《文献通考》云"《前录》三卷"，今四卷。《后录》自跋云"厘为六卷"，今多五卷。盖久经后人分并，故卷帙不齐如此。明清，铚之子，曾纡之外孙。纡为曾布第十子，故是录于布多溢美之词。其记王安石殁，有神人幢盖来迎，而于米芾极丑诋，似亦轩轾之词云。①

而《四库全书总目》相关提要则称：

> 宋王明清撰。明清字仲言，汝阴人。庆元中寓居嘉兴。《书录解题》称其官曰朝请大夫，《宋诗纪事》则曰泰州倅，未详孰是也。是编皆其札记之文，《前录》为乾道丙戌，奉亲会稽时所纪，多国史中未见事。自跋谓记忆残阙，以补《册府》之遗是也。末附沙随程迥、临汝郭九惠二跋，李垕一简，及庆元二年实录院移取《挥麈录》牒文二道。《后录》为绍熙甲寅，武林官舍中所纪，有海陵王禹锡跋。《第三录》为庆元初请外时所纪，于高宗东狩事独详。《余话》兼及诗文碑铭，补前三《录》所未备，有浚仪赵不谓跋。晁公武《读书志》云"总二十三卷"，今止二十卷。《文献通考》云"《前录》三卷"，今四卷。《后录》自跋云"厘为六卷"，今多五卷。盖久经后人分并，故卷帙不齐如此。明清，为王铚之子，曾纡之外孙。纡为曾布第十子，故是录于布多溢美。其记王安石殁，有神人幢盖来迎，

---

① 江庆柏整理：《四库全书初次进呈存目》，人民文学出版社 2015 年版，第 126 页。

而于米芾极其丑诋，尤不免轩轾之词。赵彦卫《云麓漫钞》尝议其载张耆宴侍从诸臣事，为不近事理，王士禛《古夫于亭杂录》亦议其载岁祀黄巢墓事，为不经之谈。然明清为中原旧族，多识旧闻。要其所载，较委巷流传之小说，终有依据也。①

可见，《四库全书总目》在提要的主体内容同于《四库全书初次进呈存目》的情况下，又增加"要其所载，较委巷流传之小说，终有依据"等总结性的评语。但《四库全书总目》一方面称其"多国史中未见事"，另一方面又指出"较委巷流传之小说，终有依据"，从而将"杂史类"的主体内涵与"小说家类"的内容限定，二者混为一谈。虽然《四库全书总目》曾明确指出："纪录杂事之书，小说与杂史最易相淆，诸家著录亦往往牵混。今以述朝政军国者入杂史，其参以里巷闲谈、词章细故者，则均隶此门。"② 但《挥麈前录》《后录》《第三录》《余话》所记显然是以"述朝政军国者"为主，本应入于"杂史类"。从这个角度讲，《四库全书总目》显然不是以"朝政军国"来定位此书的，而是以"不经之谈"来"退置"归并该书的。这种归并标准的变化最终导致《四库全书总目》"小说家类"的作品归并，将政教意义为主导的标准与《四库全书初次进呈存目》以具体作品主体内容为主的做法，二者杂糅使用；以至于《四库全书总目》"小说家类"的品评内容之间，多有相扞格之处。

甚至，将《四库全书初次进呈存目》"小说家类"提要与《四库全书总目》"小说家类"同一作品的提要进行比较，亦可见及政教意义先行对"退置"作品的影响。比如，《四库全书初次进呈存目》称《述异记》为"（任昉）家藏书三万卷，率多异本，因采辑先世轶闻，以成此书。亦《拾遗》《洞冥》之流，但语差简质，稍

---

① 永瑢等：《四库全书总目》，中华书局 1965 年版，第 1197—1198 页。
② 永瑢等：《四库全书总目》，中华书局 1965 年版，第 1204 页。

近人情"。① 而《四库全书总目》则称《述异记》为："其书文颇冗杂，大抵剽剟诸小说而成"②。再如，《四库全书初次进呈存目》称《云溪友议》为："内《南阳录》一条与姚汝能所纂《禄山事迹》小异，其余亦多委巷之谈，然后人往往引用之，盖小说易流传耳。"③ 而《四库全书总目》则称《云溪友议》为："（所言）皆委巷流传，失于考证，至于颂于頔之宽仁、诋李绅之狂悖，毁誉不免失当。而'李群玉黄陵庙诗'一条，侮谑古圣，尤小人无忌之谈，皆不足取。"④ 据此，相较于《四库全书初次进呈存目》而言，《四库全书总目》往往扩充具体作品提要的篇幅，同时在提要中的价值品评取向越发浓烈，以至于批评色彩亦更加浓烈。当然，《四库全书总目》大部分时候的批评角度，往往围绕"剽剟""无忌之谈""妖妄""荒诞"等关键词展开。也就是说，上述所列的关键词往往是《四库全书总目》考虑"退置"与否的首列选项。

　　尤可议者，《四库全书初次进呈存目》将《汉杂事秘辛》归入"传记类"下，云："不著撰人名氏。杨慎《序》称得于安宁土知州万氏。沈德符《敝帚轩剩语》曰：'即慎所伪作也。'叙汉桓帝懿德皇后被选及册立之事。其与史舛谬之处，明胡震亨、姚士粦辨之甚详。其文淫艳，亦类传奇。"⑤ 而将《汉杂事秘辛》归入"小说家类存目一"的《四库全书总目》，则称："不著撰人名氏。杨慎《序》称得于安宁土知州万氏。沈德符《敝帚轩剩语》曰：'即慎所伪作也。'叙汉桓帝懿德皇后被选及册立之事，其与史舛谬之处，明胡震亨、姚士粦二跋辨之甚详。其文淫艳，亦类传奇，汉人无是体裁也。"⑥《四库全书总目》在提要主体内容同于《四库全书初次进呈

①　江庆柏整理：《四库全书初次进呈存目》，人民文学出版社2015年版，第299页。
②　永瑢等：《四库全书总目》，中华书局1965年版，第1214页。
③　江庆柏整理：《四库全书初次进呈存目》，人民文学出版社2015年版，第300页。
④　永瑢等：《四库全书总目》，中华书局1965年版，第1186页。
⑤　江庆柏整理：《四库全书初次进呈存目》，人民文学出版社2015年版，第145页。
⑥　永瑢等：《四库全书总目》，中华书局1965年版，第1215—1216页。

存目》的情况下，另以"汉人无是体裁也"展开价值评判。依照《四库全书总目》的逻辑思路，既然"汉人无是体裁也"，那么，将《汉杂事秘辛》归入"传记类"下，显然不妥；但《四库全书总目》最终将《汉杂事秘辛》归入"小说家类"，显然带有"小说家类"成为无法归入史部与子部其他小类的作品之"最后归宿"，类似于承担收录无法有效判定内容与价值的所有作品之"垃圾桶"式作用。

正如张舜徽《四库提要叙讲疏》所言："子部之有小说，犹史部之有史钞也。盖载籍极博，子史尤繁，学者率钞撮以助记诵，自古已然，仍世益盛。顾世人咸知史钞之为钞撮，而不知小说之亦所以荟萃群言也。《汉志》小说家载虞初《周说》九百四十三篇外，尚有臣寿《周纪》七篇，《百家》百三十九卷。书以周名，犹《易》象之称《周易》，盖取周普、周备之义。《周纪》《周说》，殆即后世丛钞、杂说之类。《百家》一书，尤可望名以知其实，此非钞纂而何？《隋志》小说家自《世说》《辩林》诸书外，复有《杂语》《杂书钞》诸种，其意更显。后世簿录家率以笔记丛钞之书入于此门，实沿汉隋诸《志》旧例也。夫小说既与史钞相似，故二类最易混淆，与杂史一门亦复难辨。《四库总目》小说类二案语云：'小说与杂史最易相淆，诸家著录亦往往牵混。今以述朝政军国者入杂史，其参以里巷闲谈词章细故者，则均隶此门。《世说新语》古俱著录于小说，其明例矣。'今以《总目》所录诸书考之，若《朝野佥载》《唐国史补》之类，俱唐代旧事，有关治道，司马《通鉴》，犹引用之，归诸杂史，允得其门。他如《西京杂记》《涑水纪闻》之类，虽不能列入杂史，独不可属之史钞乎？至于《南唐近事》，自当列之载记。虽百计辨之，适足自乱其例耳。此特就其昭著者言之，其他叙次失宜者，更不可胜数。亦由事类相近，不易区分，故多错乱也。故小说一家，固书林之总汇，史部之支流，博览者之渊泉，而未可以里巷琐谈视之矣。"① 张

① 张舜徽：《四库提要叙讲疏》，学生书局 2002 年版，第 175—176 页。

舜徽所谓"小说之亦所以荟萃群言",已深刻发现"小说家类"作为传统目录学的一种重要小类,往往会收录各式各样或史或子的作品,以至于以"荟萃群言"的庞杂面目显现。所言"小说一家,固书林之总汇,史部之支流,博览者之渊泉",显然从历代目录学的演变史迹中窥到"小说家类"作为"书林之总汇"的驳杂性与不确定性。也就是说,"小说家类"作品不仅具有史部其他小类作品的一般特性,如考证、关系军国者,亦具有子部的议论、说理及史料等特性,以至于历代目录学家往往会将杂史、丛钞、杂说类的作品归入旗下。从这个角度讲,"小说家类"就成为历代目录学家无法对某些作品进行明确定位与细致归并时的最后选择——统统入之于"小说家类"。而时间一久,作品一多,归并者亦多照样画瓢,往往进一步导致"小说家类"作品与"杂史类""杂家类""传记类""故事类"等其他小类难以骤然进行细致区分;其间互有包含,也就在所难免。这种做法虽然仍承继着《汉书·艺文志》所谓"出于稗官"的学缘品评视角,却越发受到历代不同时期的政教意图的影响,最终导致有关"小说家类"品评角度的多样、标准的多元及观念的复杂、言语的矛盾等复杂现象。

基于此,《四库全书总目》所谓"汉人无是体裁也",显然带有上述所言的印记。只是由于《四库全书总目》最终确立了政教先行的"小说"内涵——"寓劝戒,广见闻,资考证"与"诬谩失真,妖妄荧听"等关键词,使得所言"汉人无是体裁也"的隐含意义被"其文淫艳,亦类传奇"等词汇所掩盖了。此处所谓"传奇"显然指向戏曲①,从而强调《汉杂事秘辛》的文风与政教价值显然如"传奇"那般不足取凭,终将该书罢黜于"小说家类存目"之中。

---

① 案,《四库全书总目》评《昨梦录》为:"至开封尹李伦被摄事,连篇累牍,殆如传奇。又唐人小说之末流,益无取矣。"(参见永瑢等《四库全书总目》,中华书局1965年版,第1217页)此处亦指向"传奇"。

　　要而言之，从《四库全书初次进呈存目》到《四库全书总目》的"退置"变化，主要是"四库馆臣"对具体小说作品的品评重点由作品的内容转移到了依作品的政教价值而展开。不过，这种转变使得"四库馆臣"对具体小说作品的归并出现了政教意义先行，且往往带有可商榷的随意性。此类随意性的普遍存在，使得收录于《四库全书总目》"小说家类"的作品，往往具有难以辨别的驳杂内容、纷繁复杂的体裁特征与多元指向的政教价值。这就使得《四库全书总目》"小说家类"出现了诸如张舜徽所言"固书林之总汇，史部之支流，博览者之渊泉"等特性，难以简单基于书籍的内容与思想、体裁与形式、价值与影响的某一方面来进行作品的"退置"与归并，而需多方综合与全面考察方可为之。大体说，"四库馆臣"往往以"寥寥不能成类"或无法有效进行积极且正面的政教价值提炼的作品，统归入于"小说家类"中。可见，政教意义先行的品评观作为清代"官学"约束体系的重要组成部分。这在《四库全书总目》"小说家类"中体现得尤其明显。"退置"之举则是政教意义先行的品评观在具体作品提要撰写中的主要切入视角与推进手段。

　　需要说明的是，《四库全书总目》将原属于《四库全书初次进呈存目》"小说家类"的《春渚纪闻》《风俗通义》等 16 种作品"退置"于"杂家类"。从《四库全书初次进呈存目》称《贵耳集》《二集》《三集》"多记朝廷轶事，兼及诗话，亦有考证数条"①，称《诚斋杂记》"中间剽掇各家小说，饾饤割裂而不著出典"②，称《琅嬛记》"语皆荒诞猥琐，大雅之士无取焉"与"真伪相杂"③，称《风俗通义》"言通于流俗之过谬，而事该之于义理也"④，称《无事

---

① 江庆柏整理：《四库全书初次进呈存目》，人民文学出版社 2015 年版，第 304 页。
② 江庆柏整理：《四库全书初次进呈存目》，人民文学出版社 2015 年版，第 305 页。
③ 江庆柏整理：《四库全书初次进呈存目》，人民文学出版社 2015 年版，第 305 页。
④ 江庆柏整理：《四库全书初次进呈存目》，人民文学出版社 2015 年版，第 307 页。

编》"是书撷拾成文，漫无风旨，杂引故实"①，称《烟霞小说》"至陆粲《庚巳（己）编》，徐祯卿《异林》，祝允明《语怪编》《猥谈》，杨仪《异纂》，陆灼《艾子后语》六种，则神怪不经之事矣"② 等语言看，此类作品恰好符合《四库全书总目》"小说家类"小序所圈定的"诬谩失真，妖妄荧听"等特征，理应归入"小说家类"下。但《四库全书总目》归入"杂家类"，显然与"杂家类"小序所确立的核心内涵并不相称——云："以立说者谓之杂学，辨证者谓之杂考，议论而兼叙述者谓之杂说，旁究物理、胪陈纤琐者谓之杂品，类辑旧文，涂兼众轨者谓之杂纂，合刻诸书、不名一体者谓之杂编。"③ 比如，《四库全书总目》称《诚斋杂记》为"皆剽掇各家小说，饾饤割裂，而不著出典。如昆仑奴磨勒一事，分于五处载之，其弇陋可知也"④，使用的仍旧是"小说家类"的标准而非"杂家类"。由此看来，《四库全书总目》的"退置"之举，并非完全依照"小说家类"小序所确定的价值标准与限定范围，而具有一定的随意性。也就是说，政教意义先行的文献信息观，导致《四库全书总目》的"退置"行为并不能完全基于具体作品的政教价值加以推行，以至于《四库全书总目》对"小说家类"的价值限定与具体提要的撰写、作品归并，存在理论总结与具体实践的脱节。这或许是《四库全书总目》成于众手、几经易稿且撰修时间长等缘由综合而致。

第二节 《四库全书总目》"小说家类"
与《千顷堂书目》之比较

为更全面地探讨"退置"之举对《四库全书总目》"小说家类"

① 江庆柏整理：《四库全书初次进呈存目》，人民文学出版社 2015 年版，第 311 页。
② 江庆柏整理：《四库全书初次进呈存目》，人民文学出版社 2015 年版，第 311 页。
③ 永瑢等：《四库全书总目》，中华书局 1965 年版，第 1006 页。
④ 永瑢等：《四库全书总目》，中华书局 1965 年版，第 1117 页。

作品归并的影响及其历史意义，我们有必要将清代同时期公私书目的相关做法，进一步与《四库全书总目》进行比较，以探讨清代目录学者如何从其所处的特定文治环境中展开"小说家类"作品的"退置"。今拟以对纂修《四库全书总目》影响较大的黄虞稷《千顷堂书目》为中心，申说如下。在进行比较之前，我们有必要深入探讨《千顷堂书目》对纂修《四库全书总目》的影响。

一　《千顷堂书目》与《四库全书总目》之纂修

学界虽已深入探讨了《四库全书总目》的编纂过程、意图及特色，然对《四库全书总目》如何运用此前的目录学著述进行编纂，讨论仍嫌薄弱。① 其实，《四库全书总目》对历代目录学的吸纳，并不在少数，对《千顷堂书目》的批判式吸纳就颇具典型。此类研究有助于深入探讨《四库全书总目》如何吸纳此前目录学著述的内容及其吸纳的方式。

（一）《四库全书总目》对《千顷堂书目》部类设置的评判

《四库全书总目》对《千顷堂书目》的借鉴，首先体现在对《千顷堂书目》图书分类的评判上。这种评判又可分为以下两种情况。

一是《四库全书总目》对《千顷堂书目》部类设置的吸纳与纠正。

《四库全书总目》子部"杂家类"小序曾批判《千顷堂书目》对"杂家类"内涵归纳的失当，云："衰周之季，百氏争鸣。立说著书，各为流品。《汉志》所列备矣。或其学不传，后无所述；或其名不美，人不肯居；故绝续不同，不能一概著录。后人株守旧文，于是墨家仅《墨子》《晏子》二书，名家仅《公孙龙子》《尹文子》

---

① 案，代表性论文有江庆柏《〈四库全书总目〉与〈读书敏求记〉》一文，尝试探讨钱曾《读书敏求记》对《四库全书总目》编纂的影响，颇能启示来者（载《图书馆杂志》2012年第3期）。

《人物志》三书，纵横家仅《鬼谷子》一书，亦别立标题，自为支派。此拘泥门目之过也。黄虞稷《千顷堂书目》于寥寥不能成类者并入杂家。杂之义广，无所不包。班固所谓合儒、墨，兼名、法也。变而得宜，于例为善。今从其说，以立说者谓之杂学，辨证者谓之杂考，议论而兼叙述者谓之杂说。"① 此处所谓"变而得宜，于例为善"，虽说肯定了《千顷堂书目》部类设置的合理一面，但所言"于寥寥不能成类者并入杂家"，仍旧鄙薄《千顷堂书目》有关"杂家类"内涵的归纳漫无标准，无法与其他部类进行区分。当然，此类鄙薄缘由在于《四库全书总目》更加突出"辨章学术，考镜源流"之于目录部类的重要性；同时，"四库馆臣"认为书目部类的设置应该考虑到该类书籍的流传与数量等情况，以至于有此言语。故而，《四库全书总目》"四书类"小序，又言："《论语》《孟子》，旧各为帙。《大学》《中庸》，旧《礼记》之二篇。其编为'四书'，自宋淳熙始，其悬为令甲，则自元延祐复科举始，古来无是名也。然二戴所录《曲礼》《檀弓》诸篇，非一人之书，迨立名曰《礼记》，《礼记》遂为一家。即王逸所录屈原、宋玉诸篇，《汉志》均谓之赋，迨立名曰《楚词》，《楚词》亦遂为一家。元邱葵《周礼补亡序》称圣朝以'六经'取士，则当时固以'四书'为一经。前创后因，久则为律，是固难以一说拘矣。今从《明史·艺文志》例，别立'四书'一门，亦所谓礼以义起也。朱彝尊《经义考》于'四书'之前仍立《论语》《孟子》二类；黄虞稷《千顷堂书目》凡说《大学》《中庸》者，皆附于礼类，盖欲以不去饩羊略存古义。然朱子书行五百载矣，赵岐、何晏以下，古籍存者寥寥；梁武帝《义疏》以下，且散佚并尽；元、明以来之所解，皆自'四书'分出者耳。《明史》并入'四书'，盖循其实。今亦不复强析其

---

① 永瑢等：《四库全书总目》，中华书局1965年版，第1006页。

名焉。"① 就是强调部类的设置应该"循其实"以考量书籍的流传情形，而非一味重古。

在"四库馆臣"看来，《千顷堂书目》对历代学术源流的把握往往失偏，以至于对部类的设置往往存在误差。如经部"礼类"案语曰："训释《大学》《中庸》者，《千顷堂书目》仍入礼类，今并移入'四书'。以所解者'四书'之《大学》《中庸》，非《礼记》之《大学》《中庸》，学问各有渊源，不必强合也。"② 同时，"四库馆臣"亦认为《千顷堂书目》存在对某类图书的政教价值认识不够充分的情况。如史部"诏令奏议类"小序指出："记言记动，二史分司。起居注，右史事也，左史所录蒐闻焉。王言所敷，惟诏令耳。《唐志·史部》，初立此门。黄虞稷《千顷堂书目》则移'制诰'于'集部'，次于'别集'。夫涣号明堂，义无虚发，治乱得失，于是可稽。此政事之枢机，非仅文章类也。抑居词赋，于理为亵。《尚书》誓诰，经有明征。今仍载'史部'，从古义也。"③ 即是批评《千顷堂书目》对"制诰"之于"治乱得失""此政事之枢机"的重要性，把握亦失当。

二是《四库全书总目》批评《千顷堂书目》图书分类不当。

总体而言，《四库全书总目》对《千顷堂书目》图书分类提出异议之处并不多，但对《千顷堂书目》有关具体图书归类失当的批判，则随处可见。比如，《四库全书总目》子部"儒家类"《盐铁论》提要：认为此书"著书之大旨，所论皆食货之事，而言皆述先王，称六经，故诸史皆列之儒家"，而"黄虞稷《千顷堂书目》改隶史部'食货类'中，循名而失其实矣"。④ 又如，上引《四库全书总目》将《夏小正戴氏传》归入"四书"，而鄙薄《千顷堂书目》

---

① 永瑢等：《四库全书总目》，中华书局 1965 年版，第 289 页。
② 永瑢等：《四库全书总目》，中华书局 1965 年版，第 176 页。
③ 永瑢等：《四库全书总目》，中华书局 1965 年版，第 492 页。
④ 永瑢等：《四库全书总目》，中华书局 1965 年版，第 771 页。

入于"礼类"之举等。据前所引,《四库全书总目》认为《千顷堂书目》部类设置及图书归并不当的缘由,在于《千顷堂书目》往往"循名而失实"所致。故而,《四库全书总目》史部"目录类"《千顷堂书目》云:"经部分十一门,既以'四书'为一类,又以《论语》《孟子》各为一类;又以说《大学》《中庸》者入于'三礼类'中,盖欲略存古例,用意颇深。然明人所说《大学》《中庸》皆为'四书'而解,非为《礼记》而解。即《论语》《孟子》亦因'四书'而说,非若古人之别为一经,专门授受。其分合殊为不当。《乐经》虽亡,而不置此门,则律吕诸书无所附,其删除亦未允也。史部分十八门,其'簿录'一门,用尤袤《遂初堂书目》之例,以收钱谱、蟹录之属古来无类可归者,最为允协。至于'典故'以外又立'食货''刑政'二门则赘设矣。子部分十二门,其'墨家''名家''法家''纵横家'并为一类,总名'杂家',虽亦简括,然'名家''墨家''纵横家'传述者稀,遗编无几,并之可也。并'法家'删之,不太简乎?'集部'分八门,其'别集'以朝代科分为先后,无科分者则酌附于各朝之末,视唐、宋二《志》之糅乱,特为清晰,体例可云最善。惟'制举'一门可以不立。明以八比取士,工是技者隶首不能穷其数,即一日之中,伸纸搦管而作者,不知其几亿万篇。其不久而化为故纸败烬者,又不知其几亿万篇。……每类之末,各附以宋、金、元人之书,既不赅备,又不及于五代以前。其体例特异,亦不可解。"① 总体上认可《千顷堂书目》的部类设置及其对此前书目分类传统的承继,但对其"体例特异"的设置,批判之辞仍甚严。在"四库馆臣"看来,造成"循名"之由,恐与明人学风粗俗有关。比如,《四库全书总目》史部"诏令奏议类存目"《右编》(明唐顺之撰)提要,云:"盖明自万历以后,国运既颓,士风

---

① 永瑢等:《四库全书总目》,中华书局 1965 年版,第 732 页。

亦佻，凡所著述，率窃据前人旧帙，而以私智变乱之。"① 这种"窃据前人旧帙"与"杂采类书，以讹传讹"的做法，往往会导致目录学家"循名"之后的想当然，以至于"四库馆臣"认为明季所编书目多如焦竑《国史经籍志》那般"诞妄不足为凭"。

要之，《四库全书总目》基于"辨章学术，考镜源流"的目的，试图对《千顷堂书目》的图书分类进行评判，纠正《千顷堂书目》部类设置所存在的问题。这种意图客观对待《千顷堂书目》的做法，为批判式吸纳《千顷堂书目》的著录内容，做了前提准备。

（二）《四库全书总目》对《千顷堂书目》著录内容的吸纳

由于《四库全书总目》以为《千顷堂书目》"体例特异，亦不可解"，故而，《四库全书总目》对《千顷堂书目》的吸纳，更多时候体现在其所著录的内容等方面。具体而言，有以下几种情况。

一是《四库全书总目》以之为判断撰者姓氏及履历、成书年代与版刻异名的重要依据。

《四库全书总目》以之判别图书的撰者及撰者姓氏者，如《四库全书总目》史部"政书类"《大金集礼》言："不著撰人名氏，亦不著成书年月。据黄虞稷《千顷堂书目》，盖明昌六年礼部尚书张玮等所进。今考书中纪事，断至大定，知为章宗时书，虞稷所载当不误也。"② 又如，子部"儒家类"《经济文衡前集》《后集》《续集》提要言："不著编辑者名氏。初刻于正德辛巳，有杨一清序，但称先儒所辑。再刻于万历丙午，有朱吾弼序，但称为董崇相家藏本，亦不能指作者何人。黄虞稷《千顷堂书目》则载是书为马季机编，所列《前集》《后集》《续集》之目，亦皆相合。"③ 又，子部"儒家类存目"《道南三先生遗书》提要言："不著编辑者名氏。摘录杨

---

① 永瑢等：《四库全书总目》，中华书局 1965 年版，第 512 页。
② 永瑢等：《四库全书总目》，中华书局 1965 年版，第 703 页。
③ 永瑢等：《四库全书总目》，中华书局 1965 年版，第 784—785 页。

时、罗从彦、李侗三家语录及杂著，杨氏四卷，罗氏六卷，李氏一卷。三人皆南剑州人，疑其乡人所编也。《千顷堂书目》载莆田宋端仪有《道南三先生遗书》，或即是编钦。"① 此类不一而足。

《四库全书总目》以之判别图书的撰者履历，如子部"艺术类"《琴谱正传》提要言："题明无锡宋仕校正、杨嘉森编。后又有梧冈道人黄献跋，称少学琴于司礼监太监戴某，刻谱以广其传。案，黄虞稷《千顷堂书目》有黄献梧冈《琴谱》十卷，注云：'献字仲贤，广西平乐人，宪宗时为中官。'"② 以此判断黄献的籍贯履历。又如，子部"谱录类"《禽虫述》提要言："旧本题闽中袁达德撰。徐燉《笔精》云：'《山居杂卷》中《禽虫述》一卷，乃闽中袁达撰。达字德修，程荣署曰袁达德。传之后世，谁能辨其姓名乎？'案，《千顷堂书目》载此书，亦云：'袁达字德修，闽县人，正德癸酉举人，官贵溪县知县，降补湖广都司经历'，与燉语相合。然则此书实出袁达，刊本误衍'德'字也。"③ 据以核查袁达的履历等。

《四库全书总目》以之判别图书的成书年代，如《四库全书总目》史部"地理类存目"《寰宇通衢》提要云："明洪武中官撰。案，黄虞稷《千顷堂书目》曰：'《寰宇通衢》一卷，洪武二十七年九月书成。先是，太祖以舆地之广，不可无书以纪之。乃命翰林儒臣以天下道里之数，类编为书。其方隅之目有八。'所言皆与此本合。"④ 据以断定《寰宇通衢》成书于明洪武二十七年（1394）。

《四库全书总目》以之判别图书版刻是否存在一书异名，如史部"政书类存目"《洲课条例》提要云："明王侹撰。侹始末未详。其作此书时，则官南京工部营缮司员外郎也。明代自镇江至九江，沿江洲课，皆隶南工部。后以其有影射吞占之弊，复设官以董之。《明

① 永瑢等：《四库全书总目》，中华书局1965年版，第804页。
② 永瑢等：《四库全书总目》，中华书局1965年版，第978页。
③ 永瑢等：《四库全书总目》，中华书局1965年版，第1005页。
④ 永瑢等：《四库全书总目》，中华书局1965年版，第636页。

史·食货志》未详其法，盖以其并入地粮内也。是编乃嘉靖中，倪为督理时所辑。首载敕谕及课银数目、取用条例；次载准奏事例八条，部司酌议事宜九条，可以考见一时之制。《千顷堂书目》载《芦政条例》一卷，不著撰人，注曰'嘉靖己酉南京工部营缮司主事惠安庄朝宾序刊'。此书有朝宾序，与黄虞稷所载合。殆即一书而异名，盖'洲课'即'芦政'也。"① 以判断《洲课条例》与《芦政条例》实为同书异名。又，子部"杂家类存目"《明辨类函》提要言："明詹景凤撰。景凤有《画苑补益》，已著录。是书《明史·艺文志》、黄虞稷《千顷堂书目》俱作《詹氏小辨》。而世所传崇祯壬申刊本，实作《明辨类函》，盖后又改名也。"② 以断《詹氏小辨》与《明辨类函》亦系同书异名。又如，集部"别集类存目"《丰正元集》提要言："明丰越人撰。越人字正元，鄞县人，坊之孙也。尝自号'天放野人'。故《千顷堂书目》作《天放野人集》，所载卷数与此本相合，盖即一书而异名也"③。

总之，《四库全书总目》此类判断的依据在于将所言图书的撰者信息，以及图书的版刻、卷数及序跋，与《千顷堂书目》所著录的内容进行比较，以明所以。

二是《四库全书总目》据《千顷堂书目》的著录以考查某一图书的编纂及流传情形。

比如，子部"兵家类存目"《海寇议》提要云："明万表撰。表字民望，鄞县人。正德末武进士，累官都督同知金事，南京中军都督府。时值海寇出没，为江浙患，表推原祸本，以为奸民通番者所致。因为此议，上之当事，历叙逋逃啸聚始末甚详。其后倭乱大起，表结少林僧，习格斗法，屡歼其众。盖本能以才略自显者，宜其所

---

① 永瑢等：《四库全书总目》，中华书局 1965 年版，第 722 页。
② 永瑢等：《四库全书总目》，中华书局 1965 年版，第 1105—1106 页。
③ 永瑢等：《四库全书总目》，中华书局 1965 年版，第 1626 页。

言之具有先见也。案，黄虞稷《千顷堂书目》载：表海寇前、后《议》一卷。此乃袁褧采入《金声玉振集》者，所录仅一卷。疑已佚其《后议》，又讹万为范，尤为失考矣。"① 据以推测《海寇前议》与《金声玉振集》之间的关系。

三是《四库全书总目》据《千顷堂书目》的著录判断某作者著述的存佚情况。

比如，史部"职官类存目"《南京吏部志》提要言："明汪宗伊撰。宗伊字子衡，崇阳人。嘉靖戊戌进士，官至南京吏部尚书。是编乃其为文选郎中时所作。首《圣训》，次《建官》，次《公署》，次《职掌》，次《历官表传》，次《艺文》。前有宗伊所作《志引》，谓白之尚书吴岳，创为部志。又诹之曾官吏部者侍郎李棠、大理卿杜拯、太仆卿殷迈、鸿胪卿孙鑨、应天府丞邱有岩、郎中顾阙、邹国儒、袁尊尼、傅良谏、主事蔡悉、聂廷璧，网罗散失，以成此编，颇为详悉。黄氏《千顷堂书目》载'宗伊尚有《留铨志余》二卷'，盖即补志中所遗者。今其书未见云。"② 据以获知汪宗伊另著有《留铨志余》二卷。又如，子部"儒家类存目"《月川语录》提要言："明曹端撰。端讲学之书，有《理学要览》一卷，《性理论》一卷。又有《儒家宗统谱》《存疑录》，亡其卷数，并载《千顷堂书目》，今皆未见。是编乃真宁赵邦清辑其讲学之语为一卷，非端之全书，亦非端所自著，不足以尽其底蕴。然《千顷堂书目》载《月川语录》作一卷，则所见亦即此本矣。"③ 据以获知曹端另撰有《儒家宗统谱》《存疑录》等书。皆是此中典型。

可见，《四库全书总目》对《千顷堂书目》著录内容的吸纳，往往是借以进行考辨，突出《千顷堂书目》独特的书目文献价值。

---

① 永瑢等：《四库全书总目》，中华书局 1965 年版，第 843 页。

② 永瑢等：《四库全书总目》，中华书局 1965 年版，第 690 页。

③ 永瑢等：《四库全书总目》，中华书局 1965 年版，第 807 页。

（三）《四库全书总目》对《千顷堂书目》著录内容的批判

《四库全书总目》在吸收《千顷堂书目》著录内容的同时，对《千顷堂书目》的著录内容也提出了许多批判，且多能以客观之态待之。

一是《四库全书总目》批评《千顷堂书目》的考证不精。

这方面的例子极多，试举一二如下。如经部"类书"《读书管见》提要言："元王充耘撰。黄虞稷《千顷堂书目》称充耘字与耕，而原《序》及梅鹗《跋》并称耕野，疑虞稷误也。吉水人。元统甲戌进士，授承务郎、同知永新州事。"① 又如，史部"地理类存目"《百夷传》提要言："明钱古训撰。古训，余姚人。洪武甲戌进士，官至湖广布政司参政。百夷即麓川平缅宣慰司。洪武二十九年，其酋思仑发诉与缅人构兵。古训时为行人，与其同官桂阳李思聪奉诏往谕，仑发等听命而还。因述其山川、人物、风俗、道路，为书以进。古训旋以劳擢湖广参政。请泽州杨砥序之。黄虞稷《千顷堂书目》以此书为李思聪作，今据砥《序》及夏原吉《后序》，则实古训所作，虞稷偶失考也。"②

二是《四库全书总目》批判《千顷堂书目》有关图书撰者、卷数、内容的判断。

《四库全书总目》对《千顷堂书目》著录内容的批评，更多体现于纠正《千顷堂书目》有关图书撰者、卷数、内容的判断之中。

《四库全书总目》批判《千顷堂书目》有关图书撰者的判断，如史部"地理类存目"《邓尉山志》提要言："明沈津撰。津字润卿，苏州人。是书分《本志》《泉石》《祠墓》《梵宇》《山居》《名释》《草木》《食品》《集诗》《集文》十类。前为《总叙》一篇。其称《本志》者，以专纪山之形势为作志本意，故以冠于各类之首

---

① 永瑢等：《四库全书总目》，中华书局1965年版，第97页。
② 永瑢等：《四库全书总目》，中华书局1965年版，第678页。

也。书成于嘉靖壬寅，靳学颜尝为之序。黄虞稷《千顷堂书目》遂以为学颜所作，失考甚矣。"① 又如，子部"术数类"《星学大成》提要言："明万民英撰。民英字育吾，大宁都司人。嘉靖庚戌进士，历官河南道监察御史，出为福建布政司右参议。是编取旧时星学家言，以次编排，间加注释论断。……《明史·艺文志》及黄虞稷《千顷堂书目》，皆以此书为陆位撰，而别出万民育《三命通会》十二卷。今检此书卷首《自序》及《凡例》，确为民英所撰。《艺文志》盖沿黄氏之误，故仍以民英名著录云。"②

《四库全书总目》批判《千顷堂书目》有关图书卷数的判断，如子部"杂家类存目"《帝王宝范》（三卷）提要言："明马顺孙撰。顺孙，江南人，洪武中布衣。是书杂采经史，分类编辑，其目二十有三。当太祖开创之初，尝进于朝，冀采以定制作，兴礼乐，然择焉不精，语焉不详，徒为老生之常谈而已。《千顷堂书目》载此书作六十卷，今考《永乐大典》所载实止三卷。虽编录时或有合并，不应悬绝至此，殆黄虞稷未见原书也。"③

《四库全书总目》批判《千顷堂书目》有关图书内容的判断，如史部"传记类"《古今列女传》提要言："此本为秀水项元汴家所藏，犹明内府初刊之版。黄虞稷《千顷堂书目》称此书成于永乐元年十二月，今考成祖御制《序》，实题九月朔旦。知虞稷未见原书，仅据传闻著录矣。"④

三是《四库全书总目》批判《千顷堂书目》著录内容的缘由与进行考辨的公允态度。

导致《千顷堂书目》出现上述纰漏的缘由，在于黄虞稷"据传闻著录"的著述特点与从书目到书目的著录方式，以至于所言多有

① 永瑢等：《四库全书总目》，中华书局1965年版，第659页。
② 永瑢等：《四库全书总目》，中华书局1965年版，第928页。
③ 永瑢等：《四库全书总目》，中华书局1965年版，第1118页。
④ 永瑢等：《四库全书总目》，中华书局1965年版，第523页。

未曾寓目或核查者，讹误则在所难免。故而，集部"别集类"《中菴集》提要又言："元刘敏中撰。敏中有《平宋录》，已著录。《元史》载敏中《中菴集》二十五卷。《文渊阁书目》作五册，不著卷数。梁维枢《内阁书目》不载其名，则是时官书已佚。明藏书之家惟叶盛《菉竹堂书目》仅著于录，亦无卷数。黄虞稷《千顷堂书目》虽有其名，而独作三十五卷，与史不符。盖虞稷所列诸书，乃遍征各家书目为之，多未亲见其本，故卷数多讹，存佚不确，未可尽援为据也。"① 这也导致《千顷堂书目》的遗珠之憾，亦不可避免；以至于《四库全书总目》多次指明其所著录之书不乏为《千顷堂书目》所失载者，可裨补《千顷堂书目》的阙落。尽管《四库全书总目》对《千顷堂书目》的著录内容进行了诸多批判，但此类批判大多能客观待之，做到具体问题具体分析。典型之例，如集部"别集类存目"《止止堂集》提要所言："《千顷堂书目》载：继光《止止堂集》，无卷数，又《横槊稿》三卷，《愚愚稿》一卷。今此本《横槊稿》亦三卷，《愚愚稿》则多一卷，编首总题《止止堂集》。前有万历二年工部尚书郭朝宾《序》，而集中有万历庚辰纪年，在朝宾作《序》之后，盖又尝续有增益。知虞稷所见《愚愚稿》一卷，乃初刻之本，非著录之误也。"② 可见，《四库全书总目》在客观考察《止止堂集》的编纂过程之后，能对《千顷堂书目》的著录情形，予以"理解之同情"。虽然《四库全书总目》引用《千倾堂书目》之处甚多，所引者不见得皆出自同一"四库馆臣"之手，但《四库全书总目》总体而言的公允考辨态度，使得《四库全书总目》对《千顷堂书目》著录内容的批判，往往是有的放矢，亦切中肯綮。

　　要之，历代典籍浩瀚如烟，流传过程中亡佚者亦颇多，乃至流传下来的典籍的内容、版刻及撰者情形亦颇为复杂。因此，如何有

---

① 永瑢等：《四库全书总目》，中华书局1965年版，第1438页。
② 永瑢等：《四库全书总目》，中华书局1965年版，第1606页。

效把握所录典籍的相关内容，就成了摆在"四库馆臣"跟前的一道难题。而利用此前的书目文献及前人的研究成果，就成了一种既能行之有效又能切中肯綮的便利方式。在这种情况下，《四库全书总目》对历代书目的吸纳即是对上述考量的具体实践。而在具体实践前，《四库全书总目》大体先预估所吸纳书目的价值，对所吸纳书目的部类设置进行考辨评判，而后对所吸纳书目的著录内容进行批判式吸收。一方面，《四库全书总目》在具体吸收过程中，大体是从图书的撰者问题、成书年代、版刻情形等方面加以展开，或以之判断图书的撰者姓氏及履历、成书年代与版刻异名的重要依据，或据以考查某一图书的编纂及流传情形，或据以判断某作者著述的存佚情况。另一方面，《四库全书总目》又能较为客观地评判所吸纳书目考证不精的现象，纠正其所存有的对图书撰者、卷数、内容的判断失当等问题，以批判式承继。在这种情况下，著录大量明人作品的《千顷堂书目》，就不可避免地为《四库全书总目》所关注与吸纳。不过，此类思路与做法，不单单存在对《千顷堂书目》的吸纳之中，亦广泛存在对《汉书·艺文志》《隋书·经籍志》《新唐书·艺文志》《宋史·艺文志》《郡斋读书志》《文渊阁书目》《读书敏求记》等其他公私书目中，颇值得学者注意。

二 "官学"下的"退置"：《四库全书总目》与《千顷堂书目》的差异

由于《四库全书总目》之于《千顷堂书目》，不仅存在承继的情形，亦有予以批判者。因此，《四库全书总目》"小说家类"对《千顷堂书目》"小说家类"的承继，亦是引用（相同作品的归并）与批判两种情况同时并存。比较两种书目的"小说家类"著录情形，可以发现《千顷堂书目》作为清中叶以前私家藏书目，或者说带有半官方性质藏书目的典型代表，往往是一种民间知识阶层在传统目录学知识体系的框架下所呈现出来的对"小说家类"的认知意见，乃至系其进行作品归并的实践环节。虽说此类私家藏书目或半官方性质藏书目，仍旧受到清代中叶以前的政统与道统的影响，但它更多的是反映着彼时民间知识阶层的认知意见，是一种集合民间知识认知与官方知识意见的典型代表。而《四库全书总目》"小说家类"是乾隆时期集全国之人力、物力及财力而纂修的结果，故而，它完全代表清代统治阶层的政统意图、知识规定、价值规范等"官学"约束体系对"小说家类"的认知意见及其所希冀实现的约束效果。这种学术规范视角的差异，致使《四库全书总目》"小说家类"与《千顷堂书目》的最大差异体现在："官学"约束体系下的规范性越来越强烈，"退置"之举也越发频繁。具体而言，有以下几大典型表现。

首先，《四库全书总目》"小说家类"收录作品凡 319 部，而《千顷堂书目》"小说家类"所收作品多达 600 部。故而，虽然《千顷堂书目》"小说家类"所著录的不少作品已属亡佚，然而，《四库全书总目》"小说家类"在面向"天下"征集而来的作品中，仍旧删除了《千顷堂书目》"小说家类"的几百种作品。比如，冯时可《宝善编》、张秉文《回生篇》、孙能傅《剡溪漫笔》、何淳之《瘄言》、范守己《御龙子琐谈》、陈禹谟《说麈》、赵世显《客窗随笔》《芝圃丛谈》《松亭晤语》、郭子章《谚语》、郝敬《蜡谈》、黄汝良《冰署笔谈》、郭造卿《海岳山房别稿》、游日陞《臆见汇考》、高仁美《征信录》《辨异录》、屠本畯《燕闲汇纂》《山林友议》《山林经籍志》《演读书十六观》《憨子杂俎》《艾子外语》、张邦侗《广玉壶冰》、汤显祖《续虞初志》、王兆云《惊座新书》《王氏青箱余》、江盈科《雪涛阁四小书》等，均在删除之列。同时，又存在诸如王肯堂《郁冈斋笔麈》、谢肇淛《五杂俎》等反复被《四库全书总目》援引用以其他作品提要中的考证之用却不予以收录的作品。在这些被删除的作品中，诸如冯时可、张秉文、孙能傅、何淳之、范守己、陈禹谟、屠本畯、汤显祖、谢肇淛、江盈科等，多数是明人与明著。

由此看来，相比于《千顷堂书目》"小说家类"的作品著录而言，《四库全书总目》不仅在"杂史""杂家"及"总集""别集"等其他部类中重点清理与禁毁明人明著，"小说家类"的作品著录亦然。而且，《四库全书总目》重点清理的是那些带有考证与"诬妄"的明代小说作品。

其次，《千顷堂书目》"小说家类"中的大量作品，被《四库全书总目》"退置"于"杂家类"及"杂家类存目"中；且此类被《四库全书总目》"退置"的作品，主要亦是明人与明著。比如，陈禹谟《说储二集》被《四库全书总目》"退置"于"杂家类存目五"中；胡应麟《少室山房笔丛》《续笔丛》被《四库全书总目》"退置"于"杂家类·杂编"中；李贽《初谭集》被《四库全书总目》"退置"于"杂家类存目八"中；焦竑《焦氏笔乘》被《四库全书总目》"退置"于"杂家类存目五"中；屠隆《考槃余事》被《四库全书总目》"退置"于"杂家类存目七"中；赵世显《芝圃丛谈》《松亭晤语》《客窗随笔》三种以《赵氏连城》为题，被《四库全书总目》"退置"于"杂家类存目五"中；张鼎恩《琅琊代醉编》被《四库全书总目》"退置"于"杂家类存目九"中；陈德文《孤竹宾谈》被《四库全书总目》"退置"于"杂家类存目四"中；顾起元《说略》被《四库全书总目》"退置"于"类书类二"中；董其昌《画禅室随笔》被《四库全书总目》"退置"于"杂家类六"中；谢肇淛《文海披沙》被《四库全书总目》"退置"于"杂家类存目五"中；陈全之《篷窗日录》被《四库全书总目》"退置"于"杂家类存目五"中；张所望《阅耕余录》被《四库全书总目》"退置"于"杂家类存目五"中；焦周《说楛》被《四库全书总目》"退置"于"杂家类存目五"中；钱希言《戏瑕》被《四库全书总目》"退置"于"杂家类存目三"中；陈继儒《笔记》《珍珠船》《群碎录》《销夏（录）》《辟寒（录）》被《四库全书总目》"退置"于"杂家类存目九"中，《香案牍》被《四库全书总目》"退置"于"道家类存目"中；潘之恒《亘史钞》被《四库全书总目》"退置"于"类书类存目二"中；徐燉《徐氏笔精》被《四库全书总目》"退置"于"杂家类三"中等。据此可知，《四库全书总目》对《千顷堂书目》的"退置"，主要纠葛于"杂家类""类书类"与"小说家类"之间的关系。也就是说，从《四库全书初次进呈存目》"小说家类"到《四库全书总目》的变化时，"四库馆臣"不仅在《四库全书总目》的编纂过程中纠缠于具体作品应当如何归并；而且，"四库馆臣"亦将此类不确定性扩大到对《千顷堂书目》等其他书目的"退置"之中。虽然，"四库馆臣"对"杂家类"与"小说家类"的部类标准设定多有重叠之处，但从"四库馆臣"广泛将《千顷堂书目》中的明人著述"退置"于"杂家类存目"等方面看，其对明人与明著的重点清理与内涵限定，往往是一种基于宏观层面的政策推行而形成的结果。

依照《四库全书总目》子部总叙所言："诗取多识，易称制器，博闻有取，利用攸资，故次以谱录。群言岐出，不名一类，总为荟粹，皆可采摭菁英，故次以杂家。隶事分类，亦杂言也，旧附于子部，今从其例，故次以类书。稗官所述，其事末矣，用广见闻，愈于博弈，故次以小说家。以上四家，皆旁资参考者也。"① 那么，据以"四库馆臣"强调部类设置与作品归并应注重政教意义、学缘与职事的思路，则"杂家类"作品作为"群言"荟粹的集合，当比出于"稗官"的"小说家类"更具有考证的参考价值，故而，列于"小说家类"之前。然而，《四库全书总目》"杂家类"则著录了大量被时人认为是"小说家类"的作品，显然是以一种全新的"考证观"或文献价值观来看待相关作品的。也就是说，《四库全书总目》对"采摭菁英"或"用广见闻"的意见，有着不同于其他目录学家的独自设定与内涵规范。这种内涵的重新设定，往往是以乾隆皇帝

① 永瑢等：《四库全书总目》，中华书局1965年版，第769页。

所谓"稽古右文，聿资治理"与"正人心而厚风俗"等实际需求、教化设定为指导的。因此，在"四库馆臣"看来，哪怕被时人认为是出于"稗官"等下层的知识群体所作，亦应充分占有此类下层知识群体所撰的著述，以便广泛了解相关著述中的内容、思想、价值及其表现形式、情感倾向，从而更好地为彼时的政统服务。从这个角度讲，《四库全书总目》将本来被《千顷堂书目》等时人归入"小说家类"的明人、清人著述"退置"于"杂家类"，显然是试图挖掘明人或清人著述中可资考证或政教之用的作品。但《四库全书总目》在"退置"于"杂家类"时，又将多数作品著录于"杂家类存目"中，显然又从政教需求的宏观层面，予以贬低或降档处理。这种做法的背后含蕴，就是清代统治者通过纂修《四库全书》与《四库全书总目》来实现对古往今来所有文献的知识进行体系规范与知识分类，以便通过"钦定"或"官定"的权力推行，迫使时人予以接受，最终改变时人的知识认知意见。

据此而言，充分比对《四库全书总目》"小说家类"与《千顷堂书目》"小说家类"之间的异同，可以发现清代中叶的"官学"体系对于彼时知识体系的约束越发严格，且约束态度亦越发严厉。以钱曾《也是园藏书目》、黄虞稷《千顷堂书目》为代表的清中叶以前的公私书目，其分类体系与品评意见在后世的接受与传播影响，经由《四库全书总目》的引导与规范已逐渐由目录学者的自发接受转变成"官学"体系的强力干预。[①] 此类接受态势就强制改变了传统目录学衍变过程中的自在、自己、自为且自由的发展状态。由此，上述的转变，对于细致看待"小说家类"的内涵与具体小说作品的价值，亦产生了不可估量的影响。也就是说，《四库全书总目》"小说家类"所设定的关键词——"叙述杂事""记录异闻""缀辑琐

---

① 参见温庆新《〈"戏曲小说"与〈也是园藏书目〉对"通俗小说"的设类及意义〉，《江西师范大学学报》（哲学社会科学版）2018 年第 2 期。

语"与"寓劝戒，广见闻，资考证"及其批评范式、思维模式，往往成为后世目录学家或主动，或被迫，或不自觉地进行接受时的主导。故而，《四库全书总目》的上述"退置"之举，一定程度上讲，并不完全依照传统目录学的知识体系而开展的；它是以清代"官学"约束体系为主导的对传统目录学的知识体系进行改良，并以对具体作品的重新归并作为主要的开展手段。

最后，收录于《千顷堂书目》"小说家类"的作品，往往被《四库全书总目》"小说家类"著录于"小说家类存目"中。比如，蒋以化《西台漫记》被《四库全书总目》"退置"于"小说家类存目一"中；焦竑《玉堂丛语》被《四库全书总目》"退置"于"小说家类存目一"中；潘士藻《闇然堂类纂》被《四库全书总目》"退置"于"小说家类存目一"中；《（陆氏）虞初志》被《四库全书总目》"退置"于"小说家类存目二"中；王同轨《耳谈》被《四库全书总目》"退置"于"小说家类存目二"中；王穉登《吴社编》被《四库全书总目》"退置"于"小说家类存目一"中；顾起元《客座赘语》被《四库全书总目》"退置"于"小说家类存目一"中；钱希言《狯园》被《四库全书总目》"退置"于"小说家类存目二"中；陈继儒《见闻录》被《四库全书总目》"退置"于"小说类存目一"中等。

从《四库全书总目》对上述"退置"作品的评断中，可以发现以下几个特征。一是《四库全书总目》认为可以从"退置"于"小说家类存目"的明人著述中，窥探明代学风的粗俗与谰争陋习。如称《西台漫记》为："是书杂记见闻，多及僻逸幽怪之事。其纪李贽之荒悖不经，卒以台臣会计下狱，前后端末颇详，而不详其所终。又误以姚安府知府为姚州知州，所纪王大臣事与史所言冯保之说迥异，殆不可解。全书议论，每过于叫嚣求快。似乎多恩怨之词，不尽实录也。"[1] 又，称《见闻录》："此书排次明代朝士事实，间及典

---

① 永瑢等：《四库全书总目》，中华书局1965年版，第1222页。

章制度。如蒋瑶之悟武宗,李充嗣之御宸濠,其事皆史所未详。然叙次丛杂,先后无绪,仍不出其生平著述,潦草成编之习也。"① 再如,称《玉堂丛语》"是编仿《世说》之体,采摭明初以来翰林诸臣遗言往行,分条胪载。凡五十有四类,而终以雠隙。……载其序吕坤《闺范》,郑国泰乞取添入'后妃'一门,众大哗,谓郑氏著书,弱侯交结作序云云。竑作是书,以雠隙终篇,盖感此二事,借以寓意。然陈矩为司礼太监,郑国泰为贵妃之侄,何以二书适入二人之手,俱得进于宫禁?当时物议,实有其因,未可尽委之排挤也。"② 因此类"排挤"之习,不利于清代统治的推行,故而,列于"存目"中以批判之,希冀使时人深刻见及明人的诸多陋习,试图警示时人终莫效法。

二是认为"退置"于"小说家类存目"的明人著述,具有补察明代时风的政教警示意义。如称《吴社编》:"是书专纪吴中里社之事。其神名五方贤圣,乃淫祀之尤者,而谓本于《搜神记》,殊属附会不经。所列'走会''捨会'诸条,亦征风俗之弊。末附顾文龙书,谓稤登是编有悯时之怀,先事之虑。然铺张太过,不免讽一而劝百矣。"③ 又如,称《闇然堂类纂》:"是书以所闻见杂事分类纂叙,大抵皆警世之意。一训惇,二嘉话,三谈箴,四警喻,五溢损,六征异。成于万历壬辰,时当明季,正风俗彫弊之时,故士藻所录,于骄奢横溢,备征果报,垂戒尤切。盖所以针砭流俗也。"④ 由此可见,上述作品从收录于《千顷堂书目》"小说家类"到《四库全书总目》"小说家类存目"的变化情形,深刻见及清代"官学"约束体系已深入对具体小说作品的内涵、内容、形式及价值的品评言语中,全方位予以限定。它由此形成了《四库全书总目》对"小说家

---

① 永瑢等:《四库全书总目》,中华书局1965年版,第1224页。
② 永瑢等:《四库全书总目》,中华书局1965年版,第1223页。
③ 永瑢等:《四库全书总目》,中华书局1965年版,第1222页。
④ 永瑢等:《四库全书总目》,中华书局1965年版,第1222页。

类"的固定品评视角与品评模式、话语选择。其间的意义十分显著，影响亦相当巨大。

推而广之，《四库全书总目》对《读书敏求记》"戏曲小说"类的忽略、对《明史·艺文志》"小说家类"作品的"退置"等种种现象，均与对《千顷堂书目》"小说家类"作品"退置"的情况相类似。意即清代"官学"约束体系对清人的小说认知意见，以及清代前期的目录学家进行"小说家类"的作品归并行为，均产生了深远的影响。综观清初至清中叶的目录学衍变史迹，可以说是清代"官学"约束体系对彼时目录学的约束由微渐强的过程。清代"官学"约束体系不仅确立了彼时政统所需的各种思想学说，而且从清代"官学"规范的本质要求与纂修《四库全书总目》的"具体行动"中，全面影响传统目录学自身的知识结构；且加以改良，并以政治权力推广，强行改变时人意识中的"小说"观念。甚至，通过"退置"强行改变"小说"在清代的"存在"与衍变情形，最终规范"小说"的本质内涵，进行"小说"政教意义的整合。换句话讲，在清代"官学"约束体系主导下的"退置"之举，通过重新挑选"小说家类"作品的收录对象，并对所收录的对象进行著录、存目、抽毁、禁毁等"新的组合"与"置于新的环境下"①，从而把清代社会所存在的民间知识阶层对于"小说家类"的认知意见与意义判断转变、替换成彼时官方的认知意见与意义圈定，最终限定清代民间知识阶层对于"小说家类"诠解行为的自由度。此举不仅影响了清代目录学家的"小说"认识与著录行为，更是改变了"小说"的知识结构与价值体系，进而影响时人及后世的"小说"认知。故而，"退置"作为《四库全书总目》包含"小说家类"在内的所有部类践行清代"官学"约束体系的最主要手段——"退置"作为传

---

① ［英］彼得·伯克：《什么是文化史》，蔡玉辉译，北京大学出版社 2009 年版，第92 页。

统目录学著述中普遍存在的一种作品归并行为，并非是《四库全书总目》的专利，但《四库全书总目》以此作为一种变革手段来整合传统目录学的知识结构，进而建构清代政统所需的"官学"约束体系，其所使用的频率与象征意义，则比其他目录学著述来得突出，影响亦更深远。这就使得《四库全书总目》的"退置"之举带有强烈的价值论色彩，使得作为"目录学集大成之作"的《四库全书总目》与清代的社会发展、学术衍变及政教思想保持紧密相连。虽然"四库馆臣"存在"退置"具体操作过程中的失当或失误现象，但它却是清代统治者建构"官学"约束体系的强有力"行动杠杆"，最终以一种强大的理论或思想决定了或主导了时人对于"小说"的观察视角与认知方式，从而形成一种带有普遍意义的价值体系及其典型的社会接受导向。

结　语

综前所述，由于学界在讨论《四库全书总目》"小说家类"的过程中，大多采用"以西律中"的研究方式，试图寻求《四库全书总目》是否蕴含西方文艺理论视域下具有一定长度、故事性、虚构的小说观，批判其"恪守简要实录的班氏门径，拒斥幻设铺陈"。也有学者认为《四库全书总目》"阐发了小说创作的动机，揭橥影响小说创作的各种因素，论述了小说与时代的关系。在理论方面，对何为小说、小说所表现的内容、小说的功能及小说的文辞特点等都给予了论述"。可见，律西或还原的两种思路已对《四库全书总目》"小说家类"形成两种截然不同的评价态势。这就需要从传统目录学思想与清代政教意图两方面着手，分析《四库全书总目》"小说家类"学术批评的纂修情况、观念形态、知识谱系、运行机制与价值归宿，方可对相关意见展开客观评判。

一　政教视域下"小说家类"的纂修、"退置"与小说观念

由于《四库全书总目》的纂修历时多年，对"小说家类"作品的校对、誊录及提要撰写亦相应延续着长时段，故《四库全书总目》有关"小说家类"的纂修过程颇为复杂，"小说家类"提要的撰写亦几易其稿。从《翁方纲纂四库提要稿》分析《四库全书总目》的提要纂修可知，"四库馆臣"往往对采进文献进行书名寓意与知识考辨的评判，由此形成政教意义先行的文献信息观。这促使《四库全

书总目》基于"稽古右文，聿资治理"等政教思想进行文献知识信息的表现形式、内涵特质及价值意义之规范化表述，并以此进行"小说家类"作品的归并，从而呈现出体系化品评特征。

甚至，将《四库全书荟要总目提要》与《四库全书总目》相比可知，《四库全书荟要总目提要》直接为乾隆及宫廷人士"憩此观书"的"阅览"服务，故其为实现"圣人所必察"，不仅强调书籍的"经世致理"思想，亦保留"怡神悦目"的消遣作品。而《四库全书总目》主要面向"天下"士人，侧重对采进文献政教意义的强调，以人心教化角度批评不利政统的作品。由此导致《四库全书总目》对"小说家类"作品的内涵、特征及意义进行了诸如"叙述杂事""记录异闻""缀辑琐语""猥鄙荒诞，徒乱耳目"等关键词式的体系建构与内涵限定，使得《四库全书总目》不单单关注"小说家类"作品的知识信息，而且关注相关知识信息之于"聿资治理"的重要意义。而纂修《四库全书荟要总目提要》时，并未如《四库全书总目》如此系统强化，更多时候是强调、遴选某一或某类或可资"谈助"，或见"士习"，或见"遗事"，或资考证的作品，最终以"圣人所必察"为《四库全书荟要总目提要》"小说家类"遴选作品的意义所在。

从《四库全书初次进呈存目》到《四库全书总目》的纂修变化，可以发现政教意义先行的品评观作为清代"官学"约束体系的重要组成部分，促使"退置"之举成为《四库全书总目》"小说家类"进行具体作品提要撰写时的主要切入视角与推进手段。这种做法强制改变了传统目录学衍变过程中的自在、自为且自由的发展状态，导致《四库全书总目》的"退置"并不完全依照传统目录学的知识体系而开展，而是以清代"官学"约束体系为主导的、对传统目录学知识体系进行改良，并以对"小说家类"具体作品的重新归并作为主要的开展手段。与钱谦益《绛云楼书目》、钱曾《也是园藏书目》、黄虞稷《千顷堂书目》等清初至清中叶各类公私书目的普遍做法相比,清代"官学"约束体系不仅确立了彼时政统所需的各种思想学说,而且从清代"官学"规范的本质要求与纂修《四库全书总目》的"具体行动"中,全面影响传统目录学自身的知识结构;且加以改良,并以政治权力推广,强行改变时人意识中的"小说"观念。也就是说,在清代"官学"约束体系主导下的"退置"之举,通过重新挑选"小说家类"作品的收录对象,并对所收录的对象进行著录、存目、抽毁、禁毁等"新的组合"与"置于新的环境下",以便把钱曾、黄虞稷、钱大昕等清代民间知识阶层对于"小说家类"的认知意见与意义判断,转变、替换成彼时官方的认知意见与意义圈定,最终限定清代民间知识阶层对于"小说家类"诠解行为的自由度。此举不仅影响了清代目录学家的"小说"认识与著录行为,更是改变了"小说"的知识结构与价值体系,进而影响时人及后世的"小说"认知。

在经历多次易稿改写之后,由此形成《四库全书总目》"小说家类"将小说当作一种以政教作用为核心内涵的学术等观点,以至于所言"叙述杂事""记录异闻""缀辑琐语"及"寓劝戒""广见闻""资考证"等语,均围绕政教作用展开。甚至,《四库全书总目》以"正人心厚风俗"等为具体指导重新挑选小说家类作品,以期给统治阶级提供对当时缙绅士子、市井愚民进行思想引导的典范作品。此举形成于乾隆朝为维护统治利益、钳制异端思想的语境中,是清代统治者试图通过政治权力的干预建立以政教为核心的文化机制与话语体系的重要一环。在清代政统需求与传统目录学知识体系的双重制约下,《四库全书总目》所言"小说之体"以政教思想为内核,以是否含有"琐屑猥杂"内容、"杂陈神怪"言说方式及"旁及谈谐杂事,皆并列简编"分类特征等"稗官之习",作为界定"小说之体"文类内涵的标准,并以传统书目"先道后器"的类名分类原则,对"小说家类"与其他类别进行了本质区分与类别规范。总之,《四库全书总目》从清代统治所需出发,执行小说接受主体

（即读者而非创作主体）的官方意图，将小说当作一种政教之术，进行学术价值评判。其强调小说的书写内容主要包含叙述杂事、记录异闻与缀辑琐语三类，认为小说所发挥的政教作用当是朝政军国之外的"里巷闲谈"与"词章细故"之流的导向作用。之所以进行"小说家类"与"小说家类存目"的区分，主要是对不同作品政教作用的异样判断。从这个角度讲，学界认为《四库全书总目》的小说观念"过于强调小说的社会价值而忽视了其审美价值"，显然忽视了《四库全书总目》编纂思想与目的意图的显性影响。《四库全书总目》小说观念的核心内涵是政教，"小说家类"小序不仅清晰回答了"小说是什么"的本质论，亦界定了"小说做什么"的功用论。正是因为其将小说作为一种学术存在，故对小说的文体判断意味并非清晰显示。

二 书目控制论视域下"小说家类"的文献价值区分与学术批评

古典书目通过对文献进行价值区分引导文献切合政统所需的价值预设传统，最终成为《四库全书总目》建构学术批评体系的文献原则。在此基础上，《四库全书总目》以"稽古右文，聿资治理"为指导，通过对文献生产主体的归并来筛选批评对象，并通过限定文献生产主体的介入方式来实现学术批评体系的运行，最终确立起符合清代政统所需的批评体系。这种做法导致带有价值区分的流派叙述成为《四库全书总目》小说批评范式确立的重要原则。"四库馆臣"试图以此类带有价值区分的流派叙述方式来满足"时君世主"的教化意图与现实需求，最终实现以目的意图先行之方式来限定"小说家类"学术批评的展开方式、品评重点及作品价值定位、思想内涵圈定，以对品评方式、过程展开乃至价值定位予以全方位管控。

而乾隆皇帝多次颁布政令向"天下"征书，通过调取、个人进呈、地方采进等手段收笼民间的藏书及对《永乐大典》的残存文献进行辑佚整理，通过删改、抽毁、部类排序、撰写提要进行思想或价值引导，设置文渊阁、文源阁等"七阁"供当时读书人抄读等手段，对采进文献的知识信息进行管控。这些书目控制措施改变了当时文献的庋藏格局，限定相关文献的流通数量与流传范围，促使《四库全书》的知识体系与思想价值有序、全面向社会开放，以利于"垂范方来"。归根结底，基于现代书目控制理论探讨《四库全书总目》的书目控制实践可知，《四库全书总目》首先通过征书来改变彼时文献的收藏格局，通过对采进文献的处置、对《四库全书》传播过程与接受环节的管控，试图有效控制《四库全书》的文献信息来源；而后，通过删改与抽毁文献内容、整合与建构书籍的价值体系来建构清代统治所需的知识体系，限定时人对相关文献的知识解读、意义发明的发挥空间，最终确立对《四库全书总目》知识信息的管控。同时，以清代政教意图删整《四库全书总目》的提要稿来限定文献意义表征的可能导向，以部类排序来确立《四库全书总目》的知识体系。在这种情况下，《四库全书总目》"小说家类"的学术批评首先通过限定诸如朝廷机构馆藏、地方大吏进呈、私人藏书家进呈等底本来源的方式，实现对《四库全书总目》"小说家类"的文献信息源管控。甚至，从江南地区采进的小说作品多数录于"小说家类存目"中，以至于多数小说作品或多或少遭到查禁、销毁或抽毁；而"小说家类"作品所录主要以"内府藏本""永乐大典本"等彼时朝廷原有的旧藏为主体。同时，采用关键词式的提要撰写来推进《四库全书总目》"小说家类"的学术批评，促使"四库馆臣"将小说的学术价值与教化意义集中于人心教化，通过整饬学术来"正人心"，最终采用"表章经术，罢斥邪说"等对书籍文献进行管理的惯用手段，来圈定"小说家类"的核心功用，并通过查禁、抽毁等方式排斥《四库全书总目》"小说家类"之外的其他小说作品，以便在彼时之人心中形成一道传播、阅读与接受的心理障碍。

上述所言《四库全书总目》"小说家类"的文献价值区分与书

目控制实践，在传统目录学知识结构的进一步约束下，促使《四库全书总目》认为《三国志通俗演义》《水浒传》等通俗小说多系"坊肆不经之书"。由此，已被清代统治者定性为"最为风俗人心之害"的通俗小说，不仅不合彼时基于政教意图建立话语机制的文治背景与编纂意图，而且有碍以政教秩序、人伦道德为"内核"的《四库全书总目》分类体系及书籍归并标准，以至于通俗小说无法在传统目录学体系中寻找到合适的安置类目。同时，《四库全书总目》以政教意图为指导，关注明代粗俗学风与不良士风对明代小说编纂的影响。而为贯彻以政教为核心的文化机制与话语体系的要求，《四库全书总目》往往从"体例""体裁"出发，展开对小说作品的价值判断与征信评判。然而，明代小说多杂采他书甚或剽窃他处，仅若干作品带有政教思想成分，以致多遭鄙薄，从而导致《四库全书总目》"小说家类"所录明代小说作品仅 6 部，余者或退置于"小说家类存目"或进行禁毁。

有学者认为《四库全书总目》"从根本上改变了视小说为雕虫小技、不登大雅之堂的传统观念，无疑是传统文学观念的一种更新、小说价值观的一种进步"。此举显然未看到《四库全书总目》对"小说家类"所进行的文献价值区分。"小说家类"小序的流派叙述模式带有鲜明、强烈的价值区分色彩。"四库馆臣"试图以此类带有价值区分的流派叙述方式，来满足"时君世主"的教化意图与现实需求，最终以目的意图先行的方式来限定"小说家类"学术批评的展开方式与品评重点，规范相关小说作品的文献价值与意义导向。又有学者认为《四库全书总目》"刻意以史学真实性标准"来要求包括章回小说在内的"通俗文学作品"，体现出一种"歧视和排斥"的态度。然而，围绕"宣明大道"的道统建构与"稽古右文"的政统实需，《四库全书总目》对包括"小说家类"在内的各部类的学术批评，往往从文献的生产、流通、利用到管理进行管控与限制，保证文献的信息交流与利用环节在某一特定环境或意图下顺利开展。

这种"官学"体系的约束，促使时人能够对具体文献的类别、内容及价值做出合理判断，最终实现对文献的有效管控与利用。从这个角度讲，《四库全书总目》从清代"官学"体系出发，基于书目控制的意图来强调"通俗文学作品"在"史学真实性"之后的现实教化意义，显然更注重相关作品的流传影响。可见，对此类问题的价值批判，应从清代特殊的文治背景予以客观展开。

三　阅读史视域下"小说家类"学术批评的历史意义

从阅读史视域切入，有助于对中国古典目录学的主体建构理路进行多维观照。古典目录学往往通过文献价值区分来建构文献秩序，以满足历代不同文治需求。这种对阅读"文本"的物质形态、内涵与文治意义的主动式建构，涵盖了阅读活动的所有隐含作者。同时，以政治权力为凭借，古典目录学往往从宏观层面事先限定阅读"文本"的主体意义与阅读活动的主要过程，最终确立其建构书籍"文本"意义的学理依据与书写范式。从阅读史视域探讨《四库全书》纂修的书籍史意义可知，清代统治者以政教意图及政治权力的主动介入，通过纂修《四库全书》确立彼时阅读的"官定"本文，限定阅读活动的文本、内容、传播渠道及意义指向，促使阅读活动靠向彼时的政教意图，试图以此实现"稽古右文，聿资治理"的目的。这就限定阅读者对文本意义的个性化"体验"，最终建构起一种清代政统所需的阅读信仰及相应的知识谱系。从阅读史的视域看，在清代"官学"体系的制约下，佐之官方政治权力以推行，使得周中孚、张之洞、余嘉锡等后世目录学家对《四库全书总目》"小说家类"学术批评思想的援引，必然沿着《四库全书总目》的有关思想进一步加以细化、推进。尤其是，诸如《郑堂读书记》"小说家类"提要对《四库全书总目》有关小说的源流衍变情形、思想价值、内容特征及言语形式等品评思路的多方面援引与承继，表明后世目录学家基于传统目录学的知识体系已形成了小说批评的固定化套路，从而促使《四库全书总目》"小说家类"学术批评的经典化。

当然，后世学者在征引《四库全书总目》学术批评的同时，仍在一定程度上出现纠偏《四库全书总目》学术批评的接受方式。此类接受方式是一种对《四库全书总目》学术批评思想、观点或所涉知识信息的片面性、知识讹误等方面的考订与补正。从余嘉锡《四库提要辨证》对《剑侠传》等《四库全书总目》"小说家类"提要的诸多考辨可知，后世目录学家对相关提要阅读之后的考辨行为，无疑会加深《四库全书总目》"小说家类"学术批评之方式、视角、材料使用与论断的典型性，从而使得哪怕是"非者非之"的严厉批评者对《四库全书总目》相关提要的纠正，不仅会为《四库全书总目》"小说家类"提要进入后世学者的关注视野起着推动作用，以增加《四库全书总目》的引用率与利用率；亦有助于后世学者认识《四库全书总目》"小说家类"学术批评的判断依据与方式，甚至能够深入认识清代统治者基于特定意图而评判某一或某类学术的切入视角。这将促使《四库全书总目》"小说家类"提要的学术价值被不断挖掘，从有效推动"小说家类"提要作品不断进入学界的研究视野中。通过考辨来纠正《四库全书总目》"小说家类"提要的错误认知，促使学界对形成相关源头意见的缘由进行关注，以便从学术史衍变的角度客观定位源头意见的历史意义。这就会进一步加深源头意见，哪怕是错误认识意见的典型意义，推动源头意见在后世接受过程中的再次"经典化"。

总之，《四库全书总目》"小说家类"学术批评的表达是一种确定性表述或概述性表述，而非限定性表述，容易导致后世学者偏离《四库全书总目》的言说语境而对其所言"小说之体"展开过度的诠释。通过对《四库全书总目》编纂思路、指导思想及实际意图的还原，分析《四库全书总目》学术批评的现实语境、惯用话语与知识导向，才能全面认识《四库全书总目》"小说家类"学术批评的历史意义，避免"以西律中"式的误读，或"以今度古"式的鄙薄。

附录　小说作品考辨六则

《明史·艺文志》纂者相传不一，有说以黄虞稷《千顷堂书目》为底本；又说尤侗所撰，尤氏今存《明艺文志》五卷；又说两人皆曾参与。然今传《明史·艺文志》子部小说家类著录小说之误者，不仅存于黄虞稷《千顷堂书目》，亦存于明清诸多史志、私家藏目及考辨札记中，尚须辨正。现以《丹铅新录》《笋斋漫录》《庚已编》《墨池琐录》《清赏录》《湘烟录》等作品为例，重点考察《明史·艺文志》与《四库全书总目》《千顷堂书目》等其他书目之间的异同著录情形。

1. 《丹铅新录》撰者问题

《明史·艺文志》子部小说家类著录："杨慎《丹铅总录》二十七卷、《续录》十二卷、《余录》十七卷、《新录》七卷、《闰录》九卷、《卮言》四卷。"[1] 黄虞稷《千顷堂书目》卷十二子部小说家类，言："杨慎《丹铅总录》二十七卷，又《丹铅续录》十二卷，又《丹铅余录》十七卷，又《丹铅新录》七卷，又《丹铅闰录》九卷。"[2] 所言与《明史·艺文志》相同，唯阙卷数。以上著述，所言《丹铅新录》作者为杨慎。然王士禛《居易录》卷三十四言："胡元

---

[1] 张庭玉等：《明史·艺文志》，中华书局1974年版，第2433页。
[2] 黄虞稷撰，瞿凤起、潘景郑整理：《千顷堂书目》，上海古籍出版社2001年版，第336页。

瑞应麟作《丹铅新录》《艺林学山》，以驳升庵之误，然其所记误者，正复不少。"① 王氏《香祖笔记》卷三又说："胡应麟作《丹铅新录》《艺林学山》，以驳升庵，自负博辩，然舛伪复不自觉。"② 《四库全书总目》卷一百二十三子部三十三"杂家类"，言："《少室山房笔丛正集》三十二卷，《续集》十六卷。明胡应麟撰。"又说："曰《丹铅新录》八卷，曰《艺林学山》八卷，则专驳杨慎而作。"③ 以为《丹铅新录》撰者应为胡应麟。

　　案，《丹铅新录》原撰者当为明人胡应麟。《丹铅新录》书前有胡应麟所撰《丹铅新录引》一文，言："杨子用修拮据坟典，摘抉隐微，白首丹铅，厥功伟矣。今所撰诸书，盛行海内，大而穹宇，细入肖翘，耳目八埏，靡不该综，即惠施、黄缭之辩，未足侈也。然而，世之学士咸有异同，若以得失瑜瑕，仅足相补，何以故哉？余尝窃窥，杨之癖大概有二：一曰命意太高，一曰持论太果。太高则迂怪之情合，故有于前人之说，浅也凿而深之，明也汩而晦之，太果则灭裂之衅开，故有于前人之说，疑也骤而信之，是也骤而非之。至剽夺陈言，盾矛故帙。世人率以訾杨子，则又非也。杨子早岁戍滇，罕携载籍，绀诸腹笥，千虑而一，势则宜然。以余读杨子遗文，即前修往哲，只字中窾，咸极表章而屑屑是也。晦伯曰：杨子之言，间多芜颣，当由传录偶乏荩臣。鄙人于杨子，业忻慕为执鞭，辄于占毕之暇，稍为是正，瓮天蠡海，亡当大方。异日者，求忠臣于杨子之门，或为余屈其一指也夫！庚寅人日识。"④ 所谓"鄙人于杨子，业忻慕为执鞭，辄于占毕之暇，稍为是正"，即如王士镇、四库馆臣等所言"专驳杨慎而作"，故此书当为胡应麟所作。《明史·艺

---

　　① 王士镇：《居易录》卷34，《笔记小说大观》本，江苏广陵古籍刻印社1977年版，第5951页。

　　② 王士镇：《香祖笔记》，商务印书馆1934年版，第27页。

　　③ 永瑢等：《四库全书总目》，中华书局1965年版，第1063页。

　　④ 胡应麟：《丹铅新录》，商务印书馆1935年版，第225页。

文志》子部小说家类著录杨慎著作有《丹铅总录》《丹铅续录》《丹铅余录》《丹铅闰录》《卮言》《谈苑醍醐》《艺林伐山》《墐户录》《清暑录》多种，这些作品被连续著录。《丹铅新录》夹录于《丹铅余录》与《丹铅闰录》之间，题名又含"丹铅"二字，恐为著录者想当然而为之。明清诸多史志、私家藏目均以胡应麟为撰者，唯《千顷堂书目》《明史·艺文志》两书目归入杨慎名下，当正之。

2. 《筠斋漫录》撰者问题

《明史·艺文志》子部小说家类著录："王学海《筠斋漫录》十卷。"[①] 黄虞稷《千顷堂书目》卷十二子部小说家类，亦言："王学海《筠斋漫录》十卷，又《续录》一卷，又《新录》一卷，又《别录》一卷，又《外录》一卷。"[②]

案，《筠斋漫录》，今收入《续修四库全书》子部杂家类中。该书前有黄学海《筠斋漫录小引》、黄子懋《跋筠斋漫录》各一。其中，《筠斋漫录小引》言："陶元亮曰：'诗书敦宿好，园林无俗情'。斯寔幽栖真境哉！鄙性颛朴，素鲜嗜好。曩茸敝庐庋，间故贮群籍，可以永日，可以乐饥。爰筑斗室于丛篁深树间，日手一编，顾缃帙浩瀚，久辄善忘，时撷其家，可喜愕而有当于衷者，收录一二。寘之奚囊，积岁蠹蚀，乃哀其存者，仅十之二三，汇之成帙。青灯之畔，黑甜之余，时展玩焉。"又说："盖付剞劂，氏余谓此于艺苑不当管中一班（斑），禁庖一脔，胡以菑木为？客曰：'唯唯否否。'覆载之，大肇自抔隐流峙之广眆于卷勹，斯亦可当二广之前茅乎。故漠训之著，可资绍绳经论之迹，堪备参考幽赜之撰，足宏识蓄且也。一可贯万约，可谈博要，不越圣门轨辙也。由是充之，而探今古之赜，体天地之撰，此其权舆矣。间有未遑伦次者，盖随笔

---

① 张庭玉等：《明史·艺文志》，中华书局 1974 年版，第 2435 页。
② 黄虞稷撰，瞿凤起、潘景郑整理：《千顷堂书目》，上海古籍出版社 2001 年版，第343 页。

漫识，尚翼同志补其遗而正之。爰叙其概而识岁月云。万历岁在重光赤奋若孟夏谷旦，延陵黄学海书于翠微馆。"① 《小引》题署者为黄学海。据"爰筑斗室于丛篁深树间，日手一编，顾缃帙浩瀚，久辄善忘，时撷其家，可喜愕而有当于衷者，收录一二"，"盖付剞劂，氏余谓此于艺苑不当管中一班（斑），禁庖一脔，胡以菑木为"等语，知《小引》写作者黄学海即是《筠斋漫录》撰者。黄子懋《跋筠斋漫录》亦言："今春仲斋居叔氏忽以《筠斋漫录》一编见授，曰：'此余所手自纂述者也。小子为我订之。'不肖拜受，而卒业焉。见其冥搜丑记缅缅乎，若武库之错陈也；彰善瘅恶昭昭乎，若衮钺之无夹也。凡记载以来之可法、可惩、可骇、可愕、可被弦歌、可勒金石、可垂千万衣者，鉴鉴乎如入天厨，而餍禁脔游邓林，而采豫章也观止矣。余小子平日所为临歧，而思指南望洋，而求宝筏者，叔氏其有以造我哉。是编首述圣祖禁采矿、戒掊敛、鄙宋室之内藏、拯苏松之水患，凡审官、求贤、防边、治河、薄赋益下之说罔不略具，而尤谆切于崇恬恶竞悖伦激浊之旨。抑因是而有感于叔氏之用心也。叔氏妙龄通籍，蚤岁挂冠，不蝇营鼠腐于一切，而独漱润遗编，刿心群籍，盟烟霞而友泉石。此其际。岂碌碌者所能窥哉！即是编亦有托而逃焉耳！壬寅春仲犹子懋孝百拜敬跋。"② 黄子懋所言其叔氏以《筠斋漫录》一编见授，言之凿凿。可见，《筠斋漫录》作者当为黄学海。黄学海生平事迹不详。据《筠斋漫录小引》题署，知黄学海本为万历年间延陵人。据黄子懋《跋筠斋漫录》所言，知黄学海"妙龄通籍，蚤岁挂冠"，"斋居"或为其字。今人宁稼雨所著《中国文言小说总目提要》一书仍作王学海③，误。

---

① 黄学海：《筠斋漫录》，《续修四库全书》第 1127 册，上海古籍出版社 1996 年版，第 101 页。

② 黄学海：《筠斋漫录》，《续修四库全书》第 1127 册，上海古籍出版社 1996 年版，第 102 页。

③ 宁稼雨：《中国文言小说总目提要》，齐鲁书社 1996 年版，第 291 页。

3. 《庚巳编》书名问题

《明史·艺文志》子部小说家类著录："陆粲《庚巳编》十卷。"①
明清诸多史志、私家藏目，如晁瑮《宝文堂书目》卷中子杂，言：
"《庚巳编》。"② 黄虞稷《千顷堂书目》卷十二小说家，言："陆粲
《庚巳编》十卷。"③ 焦竑《国史·经籍志》卷四下子类小说家，言：
"《庚巳编》四卷，陆粲。"④ 徐𤊹《红雨楼书目》卷四小说类，亦
言："《庚巳编》四卷，陆粲。"⑤ 徐乾学《传是楼书目》卷三子部小
说家，言："《庚巳编》二卷，陆粲。一本。"⑥ 以上均作《庚巳编》。
明人诸多笔记资料提及陆粲时，亦作《庚巳编》。如王世贞《弇山堂
别集》卷二十《史乘考误》一"国史之失职"条，云："国史之失
职，未有甚于我朝者也。故事有不讳始命内阁翰林臣纂修实录，六
科取故奏，部院咨陈牍而己。其于左右史记言动，阙如也。是故，
无所考而不得书，国忸衮阙，则有所避而不敢书。而其甚者，当笔
之士或有私好恶焉，则有所考无所避而不欲书，即书，故无当也。
史失求诸野乎？然而野史之弊三：一曰挟郄而多诬。其著人非能称
公平贤者，寄雌黄于睚眦，若《双溪杂记》《琐缀录》之类是也。
二曰轻听而多舛。其人生长闾阎间，不复知县官事，谬闻而遂述之，
若《枝山野记》《剪胜野闻》之类是也。三曰好怪而多诞。或创为
幽异可愕，以媚其人之好，不覈而遂书之，若《客坐新闻》《庚巳
编》之类是也。"又同书"《庚巳编》言"条，亦如此观。⑦ 王世贞
《弇州山人四部稿》卷七十一文部"序"《明野史汇小序》同于《弇

---

① 张庭玉等：《明史·艺文志》，中华书局 1974 年版，第 2433 页。
② 晁瑮：《宝文堂书目》，上海古籍出版社 2005 年版，第 104 页。
③ 黄虞稷撰，瞿凤起、潘景郑整理：《千顷堂书目》，上海古籍出版社 2001 年版，第
336 页。
④ 焦竑：《国史经籍志》，商务印书馆 1935 年版，第 186 页。
⑤ 徐𤊹：《红雨楼书目》，上海古籍出版社 1957 年版，第 313 页。
⑥ 徐乾学：《传是楼书目》，清代鲍氏知不足斋本（国家图书馆藏），第 4 册。
⑦ 王世贞：《弇山堂别集》，中华书局 1985 年版，第 361—362 页。

山堂别集》"国史之失职"条①，《弇州山人续稿碑传》卷一百三十四《前工科给事中赠太常寺少卿贞山陆公墓碑》亦作《庚巳编》②。又，申时行《赐闲堂集》卷十八《给事中陆公传》提及陆粲著述时，亦云："所著有《左氏镌附注》《胡传辨疑》《烟霞山房书尺》《庚巳编》及诗文若干卷藏于家。"③此类不一而足。

　　然万历庚寅（1650）天一阁范钦刊刻《烟霞小说》时，所载陆诒让《庚巳（己）编跋》云："吾友陆君子潜，天下士也。自其束发读书，即好奇多闻，有事志述，不特妙于文辞而已。是编始正德庚午，终于己卯，盖纪其十年间所闻也。初以岁一为卷，后又并为四卷。然君每悔其少作，不欲传，而传之者则既广矣。君卒于嘉靖辛亥。及甲寅夏，余还自金川，阅家中旧书，得君缮写《庚巳（己）编》。适乃子延枝过余，余示之，彼睹父手泽，涕泣请以他本易焉。余为之凄然，书其后。"④陆诒让所言此书"始于正德庚午，终于己卯，盖纪其十年间所闻也"，则所谓"庚巳"应是干支纪年。周中孚《郑堂读书记·补逸》卷二十八子部小说家类"异闻"云："《庚己编》四卷。（烟霞小说本）。明陆粲撰。（粲，字浚明，又字子余，长洲人。嘉靖丙戌进士，官工科给事中。以直言谪驳承，迁奉新县知县，告养归）《明史·艺文志》作十卷。观卷末原跋（此本偶脱名氏），是编乃其少年所作，始正德庚年，终于己卯，盖纪十年间所闻神怪之事，故曰《庚己编》。初以岁一为卷，后又并为四卷。故《明史》所载者乃其初本，此本即其后所并合者也。《说郭续》节录一卷。"⑤径直改为《庚己编》。案，依梁启超《中国历史研究法》

　　① 王世贞：《弇州四部稿》卷71，《四库全书》。
　　② 王世贞：《弇州山人续稿碑传》，《四库全书》。
　　③ 申时行：《赐闲堂集》，《四库全书存目丛书》集部第134册，齐鲁书社1997年版，第357页。
　　④ 范钦等：《烟霞小说》，《四库全书存目丛书》子部第125册，齐鲁书社1997年版，第577页。
　　⑤ 周中孚：《郑堂读书记》，上海书店出版社2009年版，第1720—1721页。

所言文献考证法则："同一史迹而史料矛盾，当何所适从耶？论原则，自当以最先、最近者为最可信。先者以时代言，谓距史迹发生时愈近者，其所制成传留之史料愈可信也。近者以地方言，亦以人的关系言，谓距史迹发生地愈近，且其记述之人与本史迹关系愈深者，则其所言愈可信也。"① 则陆诒让所言陆粲为其好友，当了解此书撰写内容，所言应可信。又，钱谦益《绛云楼书目》"杂记"类收录有《郎瑛续庚己编》②，可资佐证《绛云楼书目》所言《庚巳编》当为《庚己编》之误（见图1）。今人出版的影印本或校点本，如《丛书集成初编》本（商务印书馆1937年版，中华书局1985年重印本）、《元明史料笔记丛刊》本（中华书局1985年版）等，皆误作《庚巳编》。李解民《从〈庚己编〉书名之讹说起》据此书成书时段考书名之讹，以为"巳"当"己"之误，③ 论证思路有别，然殊途同归，可补充此处所论。

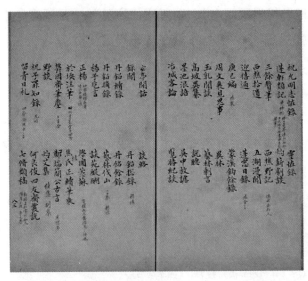

图1　日本东方文化学院京都研究所藏《绛云楼书目》著录《庚巳编》书影

①　梁启超：《中国历史研究法》，上海古籍出版社1998年版，第82页。
②　钱谦益：《绛云楼书目》，商务印书馆1935年版，第108页。
③　参见李解民《从〈庚己编〉书名之讹说起》，《中国典籍与文化》2005年第3期。

4. 王涣《墨池琐录》与杨慎《墨池琐录》

《墨池琐录》系一部明人所著的书学著述，此书或录前人成说，或独阐见地，皆为论书之语；所言宏览数代，兼采诸家，极为广博，向为学林所推崇。学界提及时，一般以为撰者为杨慎，今存据"函海本"排印的"丛书集成初编本"，即题"明成都杨慎撰，绵州李调元校定"。近今多数书学目录、书法鉴赏大辞典或书法论著提要，多归于杨慎。然亦有异议者，如宁稼雨《中国文言小说总目提要》"墨池琐录"条题为"明杨慎（或作王涣）撰"①；宁氏在石昌渝主编《中国古代小说总目（文言卷)》的"墨池琐录"条，进一步言："（明）王涣撰。《明史·艺文志》小说家类著录三卷。《千顷堂书目》作三卷。《四库全书总目》入子部艺术类，作四卷，杨慎撰。今有明嘉靖刊本、读画斋刊本为三卷，《格致丛书》本为四卷。又有《函海》本二卷，《续说郛》本一卷。各本均属作王涣撰。按王涣有《墨池手录》，疑即《明志》及黄虞稷所录者。其书全为议论书法之语，并无小说。王涣字时霖，号毅斋。象山（今属浙江）人。弘治时官至御史。事迹见《明史列传》卷五八。"② 那么，《墨池琐录》撰者为是？

造成此景之由，在于历代书目对《墨池琐录》的不同著录而致。以为杨慎著者，除据今传版本题署外，主要依《四库全书总目》子部二十三"艺术类二"《〈墨池琐录〉提要》所言（卷一百十三）："《墨池琐录》四卷。明杨慎撰。慎有《檀弓丛训》，已著录。王世贞《名贤遗墨跋》曰：慎以博学名世，书亦自负吴兴堂庑。世传其谪戍云南时，尝醉傅胡粉，作双髻插花，诸伎拥之游行城市。或以精白绫作裓，遗诸伎服之。酒间乞书，醉墨淋漓。人每购归，装潢成卷。盖慎亦究心书学者。此书颇抑颜真卿，而谓米芾行不逮言。

① 宁稼雨：《中国文言小说总目提要》，齐鲁书社 1996 年版，第 444 页。
② 石昌渝主编：《中国古代小说总目（文言卷)》，山西教育出版社 2004 年版，第 304 页。

至赵孟頫出，始一洗颜、柳之病，直以晋人为师，右军之后，一人而已。与王世贞吴兴堂庑之说合。知其确出慎手。中间或采旧文，或抒己意，往往皆心得之言。其述张天锡《草书韵会》源流，及小王破体书，亦兼有考证。至汉司隶杨厥碑达字之类，偶尔疏谬者，已驳正于洪适隶释条下，兹不具论云。"① 而言为王涣所著者，主要依黄虞稷《千顷堂书目》《明史·艺文志》等所言。黄虞稷《千顷堂书目》卷十二子部小说家类，言："王涣《墨池琐录》□卷。字涣之，长洲人，正德己卯举人，嘉兴府通判。"所言唯阙卷数。《明史·艺文志》子部小说家类，亦言："王涣《墨池琐录》三卷。"② 钱谦益《绛云楼书目》卷二艺术类："《墨池琐录》，吴人王涣著，涣字涣文，少与文待诏齐名。"③ 上述文献与《四库全书总目》以为《墨池琐录》撰者为杨慎，有别。那么，《千顷堂书目》《明史·艺文志》《绛云楼书目》所录王涣《墨池琐录》与《四库全书总目》所录杨慎《墨池琐录》，是否为同一书？抑或二者同名异书？

案，王涣《墨池琐录》，钱谦益《绛云楼书目》入艺术类，或系艺术类书籍。纵观历代史志、藏书目之子部小说家类，不乏收录书法、画论之类的作品。祁承爜《澹生堂藏书约》言："胡笳、羯鼓、教坊、杂录之类，直小说耳。"④ 可证。故书法、画论与胡笳、羯鼓一样，皆属礼乐娱乐之一种，入子部小说家类。又，钱谦益《列朝诗集》（丙集第十）列有王通判（涣）诗一首，并注："涣字涣文，长洲人。正德己卯，举于乡，授嘉兴府通判。改东川军民府，未上而卒。涣文博综群籍，能为古赋，尝为杂赋小引云：'涣游南廱，会八省名士为时文以备春试，暇时为三四杂赋，或成于移晷，

① 永瑢等：《四库全书总目》，中华书局 1965 年版，第 963—964 页。
② 张庭玉等：《明史·艺文志》，中华书局 1974 年版，第 2433 页。
③ 钱谦益：《绛云楼书目》，商务印书馆 1935 年版，第 52 页。
④ 祁承爜撰，郑诚整理，吴格审定：《澹生堂读书记》，上海古籍出版社 2015 年版，第 24 页。

或竟日终篇，迟不敢附太冲，速不敢拟子安。蛛丝屋角，辛苦自收；蜗涎满壁，循行犹记。涣于落落沉寥之余，步日挑灯而有得者，不遂弃去，出以呈同游诸公。刘飗负书于道左，李华称名以求知，殆若是乎？'文徵仲云：'涣文诗宗白传，晚效放翁、石湖。'今《墨池堂诗集》不传，仅存杂赋及《墨池琐录》。涣少与征仲齐名，吴俗多淫祀，祠神鼓舞，必祝云：'生子当如陆南、王涣、文徵明。'南亦与涣同举于乡，吴人今不复知其氏名矣。"① 知王涣"文博综群籍"，少即与文徵明齐名，颇受文徵明赏识，于书画学方面当亦有较深造诣。《绛云楼书目》将王涣《墨池琐录》入艺术类，正说明王涣《墨池琐录》内容当是论书画方面的。故王涣《墨池琐录》或系一部艺术类著述，与杨慎所著《墨池琐录》性质相类。这或许是论者主张《墨池琐录》撰者为杨慎与王涣两者居其一的重要原因。那么，是否存在这样的可能：王涣所著《墨池琐录》与杨慎所著《墨池琐录》本为同一著述，被目录家著录时混淆而别以待之？

《四库全书总目》所言《墨池琐录》为四卷，《明史·艺文志》著录为三卷，《千顷堂书目》《绛云楼书目》二书目，皆作阙卷。诸书目所言卷数迥异。据陈滞冬《中国书法学论著提要》，今存杨慎《墨池琐录》的常见版本有："明·胡文焕《格致丛书》本、嘉靖刊本（三卷）、陶珽《续说郛》本（卷三十四，一卷）、清·李调元《函海》本（乾隆、道光本第十六函，光绪本第二十函均二卷）、顾修《读画斋丛书》本（三卷）、《四库全书》本。"② 杨慎《墨池琐录》有四卷本、三卷本、二卷本。据李调元《墨池琐录·序》："本二卷，在汪鹿园家见原本四卷。其二卷盖焦竑所并也。"③ 可见，杨慎《墨池琐录》原为四卷本，二卷本或为焦竑所订，亦有三卷本。

---

① 钱谦益编著：《列朝诗集》，上海三联书店 1989 年版，第 350 页。
② 陈滞冬：《中国书法学论著提要》，广西师范大学出版社 2021 年版，第 124 页。
③ 李调元：《墨池琐录序》，王文才、张锡厚辑《升庵著述序跋》，云南人民出版社 1985 年版，第 94 页。

据此，杨慎《墨池琐录》流传颇为复杂，似难据《墨池琐录》卷数立下撰者的断言。

然杨慎《墨池琐录》卷首有许勉仁《刻墨池琐录引》，言："慨古书学不传，后世乐简便自肆：篆隶行草，惟宗晋宋；云书虫篆，讵识所由。玩细忘远，士生于其间，岂特艺然哉！升庵先生，今之子云，博雅探奇，洞视今古，心画心声，天人相契，兼总字源，时出奥语，议论精确，引喻明当，盖深究六书之旨而有志三代之上也。今年秋，予谪判是邦，过从请益。谓予曰：'兹编群秒，千载之正始存焉。'予唯先生夙岁灵慧，忧患以来，敷文析理，雄篇雅什，布满滇云，此则游艺之一也。爰刻置郡斋，传之海宇，期与好古之士共览焉。嘉靖庚子冬十月三日，玉林山人成都许勉仁书。"① "嘉靖庚子"即 1540 年。许勉仁所谓"今年秋，予谪判是邦，过从请益。谓予曰：'兹编群秒，千载之正始存焉。'"云云，已交代其友杨慎撰《墨池琐录》因由，知杨慎的确撰有《墨池琐录》一书，《四库全书总目》所言不差。

另据《绛云楼书目》及上引《列朝诗集》丙集，可知：王涣，吴人，字涣文，少与文征名齐名。文徵明（1470—1559），系沈周之后吴门画派的领袖，在当时影响颇大。文徵明约于 16 岁始露显，28 岁时与徐祯卿（1479—1511）结社唱和而影响渐大。② 据钱谦益所谓"少与征仲齐名"，则王涣生活年代当与文征名同时。依古人"二十弱冠"而言，王涣约活动于成化至弘治年间，其生活年代或稍早于杨慎（1488—1559）。（文徵明比杨慎大近 20 岁，当长一辈，以此参照，王涣可能长于杨慎）《列朝诗集》所言"文博综群籍，能为古赋"，"今《墨池堂诗集》不传，仅存杂赋及《墨池琐录》。涣少与

---

① 许勉仁：《刻墨池琐录引》，载王万洪、周广胜评注《墨池琐录评注》，四川大学出版社 2021 年版，第 6 页。

② 周桥：《文徵明》，上海人民美术出版社 1998 年版，第 2 页。

征仲齐名，吴俗多淫祀，祠神鼓舞，必祝云：'生子当如陆南、王涣、文徵明。'南亦与涣同举于乡，吴人今不复知其氏名矣。"知王涣撰有《墨池堂诗集》，"墨池堂"或为其书斋名。《列朝诗集》言之凿凿，"绛云楼"所藏王涣《墨池琐录》或曾经钱氏寓目。故可以明确的是，王涣亦曾撰写《墨池琐录》一书。王涣所著《墨池琐录》与杨慎所著《墨池琐录》当为同名异书。由于杨慎所著《墨池琐录》于明嘉靖时期即已刊刻，今存有嘉靖刻本、万历《格致丛书》本可证，广为学林熟稔。而王涣所著《墨池琐录》，著录者寡，闻之者鲜。这就使得学者往往以为王涣所著《墨池琐录》与杨慎所著《墨池琐录》实为一书，多有失察。

尚须指明的是，"字涣文"的吴人王涣与《明史》列传第七十六"王涣传"（卷一百八十八），并非同一人。《明史》所言："王涣，字时霖，象山人。弘治九年（1496）进士。由长乐知县征授御史。"[1]知两人生活年代大体接近，颇易混淆。宁稼雨在《中国古代小说总目（文言卷）》中所言《墨池琐录》撰者"王涣字时霖"，非是；此处当以钱谦益《绛云楼书目》《列朝诗集》所言为准。而宁稼雨所言"《千顷堂书目》作三卷"，不实；所言"各本均属作王涣撰"，不知何据？所言"其书全为议论书法之语，并无小说"，将王涣所著与杨慎所著，两书混为一谈，有失公允，甚当纠正。

据此，《千顷堂书目》《明史·艺文志》《绛云楼书目》所言王涣所著《墨池琐录》，当系如实。明代当有两部《墨池琐录》，一为王涣所著，一为杨慎所著；二书同名，性质或类别相同，皆为论述书画方面的著述。《千顷堂书目》《明史·艺文志》《绛云楼书目》等书目著录了王涣所著《墨池琐录》，《四库全书总目》则著录杨慎所著《墨池琐录》，各择录其一，致论者互为混淆。因至今尚未发现王涣《墨池琐录》抄本或刻本流传信息，恐已遗佚。姑言如上，以待方家。

---

① 张廷玉等：《明史》，中华书局1974年版，第4986页。

5.《清赏录》撰者问题

《明史·艺文志》子部小说家类，言："包衡《清赏录》十二卷。"①《澹生堂藏书目》卷七子类小说家杂笔，言："《清赏录》四册。十二卷，包衡。"② 黄虞稷《千顷堂书目》卷十二子部小说家类，亦言："包衡《清赏录》十二卷。"③ 董其昌《玄赏斋书目》卷五杂家著录《清赏录》，不题卷数。④ 以上书目，均以《清赏录》撰者为包衡。然《钦定续文献通考》卷一百七十八经籍考"子杂家下"杂纂，言："张翼、包衡同撰《清赏录》十二卷。"并注曰："翼字二星，余杭人；衡字彦平，秀水人。二人皆久困场屋，弃去制义，因共购阅古书，采撷隽语僻事，积而成帙。"⑤《四库全书总目》子部"杂家类存目"杂纂中，亦言："《清赏录》十二卷。浙江鲍士恭家藏本。明张翼、包衡同撰。翼字二星，余杭人。衡字彦平，秀水人。二人皆久困场屋，弃去制义，因共购阅古书，采撷隽语僻事，积而成帙。一刻之秀州，一刻之武林。翼游盘谷，又重刻焉。然多习见之词，特剽剟成书，无裨考据。"⑥《四库全书总目》所言大体同于《钦定续文献通考》。丁立中《八千卷楼书目》卷一三子部杂家类杂纂之属，亦言："《清赏录》十二卷。明张翼、包衡同撰，明刊本。"⑦

案，《清赏录》今存有明万历刻本，收入《四库全书存目丛书》中，现藏北京大学图书馆。该书前有焦竑残序一篇，原文如下："采射人少，综博古业，久厌弃之。以献冕之门，独游山水，擅经纶之

① 张庭玉等：《明史·艺文志》，中华书局 1974 年版，第 2435 页。

② 祁承爜：《澹生堂藏书目》，书目文献出版社 1993 年版，第 995 页。

③ 黄虞稷撰，瞿凤起、潘景郑整理：《千顷堂书目》，上海古籍出版社 2001 年版，第 343 页。

④ 董其昌：《玄赏斋书目》，书目文献出版社 1993 年版，第 1524 页。

⑤ 嵇璜等纂修：《钦定续文献通考》，清乾隆四十九年（1784）武英殿刻本，第 91 册，第 18 页。

⑥ 永瑢等：《四库全书总目》，中华书局 1965 年版，第 1125 页。

⑦ 丁立中：《八千卷楼书目》，《海王村古籍书目题跋丛刊》本，中国书店 2008 年版，第 198 页。

绪，高步烟霞，总括流略，汎滥篇籍。汲古者，托末升而推三益；抽豪者，睹清规而辍九攻。□洞天清录之集，云林谱石，洛阳记花，谈秋品诗，解颐抚掌，其流实繁。即喜当于大道，而子长谓考信于六秋，胡可废也！嘉禾包彦平□敏动俗符呻吟，登览者以为指南，讨论者资其练证。虽彦平之寸，未尽百一，而目营心醉可知矣。嘉叹不足，忻为之引。至于三部书作七志良书必有皇甫。序而传之，请以异日。万历辛丑冬秣陵焦竑书。"[①] 焦竑序盛赞《清赏录》足以"高步烟霞"（即《烟霞小说》），可资"登览者以为指南，讨论者资其练证"，良非美誉。明清时期所撰杂记、小说，多有援引者。如曹学佺撰《蜀中广记》卷六十八"器用"条、何宇度撰《益部谈资》卷中，均引《清赏录》"昔者有犍为人得（扬）雄草玄之砚，如今制，但去圭角"的记载；汪珂玉撰《珊瑚纲》卷四十五"宣德年制"条、卞永誉撰《式古堂书画汇考》卷三十七"宣德年制"条，均引《清赏录》"我朝宣庙宪庙孝庙皆善画，宸章辉焕皆在能秒之间"。又，陆廷灿编《续茶经》卷上之一引《清赏录》"昔人以陆羽饮茶比于后稷树穀"条，同书卷下之三引《清赏录》有关唐文宗好茶事记。可知《清赏录》确为史林所推崇。焦竑能如实对《清赏录》做出较为客观的判断。然玩味焦氏序文，所谓"嘉嘉禾包彦平□敏动俗符呻吟"，"虽彦平之寸，未尽百一，而目营心醉可知矣"等语，焦氏似与包衡相知，故认定撰者为包衡。且今存明万历刻本《清赏录》每卷卷首皆有"秀州包衡彦平辑"字样。（见图2）上引文献皆言撰者包衡，亦未提及张翼。况且，《澹生堂书目》《千顷堂书目》《玄赏斋书目》等先于《钦定续文献通考》的书目亦不题张翼。（《四库全书总目》或钞自《钦定续文献通考》，暂且不论）依梁启超《中国历史研究法》所言的考订原则，可见：焦竑当与包衡

---

① 包衡：《清赏录》，《四库全书存目丛书》子部第143册，齐鲁书社1997年版，第140—141页。

相知，且为《清赏录》作序，不可能不熟知此书撰者。同时，今存明万历刻本《清赏录》的版本特征亦显示作者仅为包衡。祁承爜、黄虞稷等所言较之于《钦定续文献通考》等所言，"距史迹发生时愈近"。可见，《清赏录》撰者当为包衡。《钦定续文献通考》《四库全书总目》等言之凿凿，然不知何据。在未有他证佐之时，《清赏录》撰者姑从祁承爜、黄虞稷、《明史·艺文志》等所言。齐鲁书社1995年出版的《清赏录》仍误署名包衡、张翼撰。

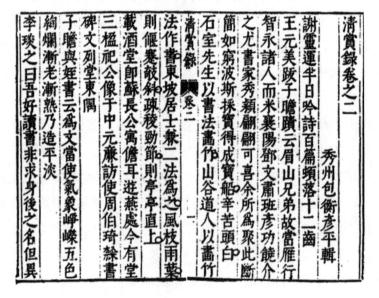

图2　明万历刻本《清赏录》卷二首页

6. 《湘烟录》编者问题

《明史·艺文志》子部小说家类，言："闵元京《湘烟录》十六卷。"① 曹寅《楝亭书目》卷三说部，言："《湘烟录》。明乌程闵元京序辑。十六卷，二册。"② 然祁承爜《澹生堂藏书目》卷七子类小说家杂笔，言："《湘烟录》二册，十六卷，闵元京、凌义渠辑。"

---

① 张庭玉等：《明史·艺文志》，中华书局1974年版，第2436页。

② 曹寅：《楝亭书目》，《丛书集成续编》第5册，新文丰出版社1985年版，第490页。

黄虞稷《千顷堂书目》卷十二子部小说家类，亦言："闵元京、凌义渠《湘烟录》十六卷。"徐乾学《传是楼书目》卷三子部小说家，言："《湘烟录》十六卷，闵元京、凌义渠。二本。"①《钦定续文献通考》卷一百七十八经籍考"子杂家下"杂纂，言："闵元京、凌义渠同编《湘烟录》十六卷。元京，字子京，乌程人。义渠之舅也，未详其所终。义渠，字骏甫，此书亦题为乌程人，而太学题名碑作归安人，天启进士，仕至大理寺卿。（臣）等谨按：义渠于崇祯甲申殉节，世祖章皇帝赐谥忠介。"②《四库全书总目》卷一百三十二子部"杂家类存目九"杂纂中，亦言："《湘烟录》十六卷。明闵元京、凌义渠同编。元京字子京，乌程人，义渠之舅也，未详其所终。义渠字骏甫，此书亦题为乌程人，而太学题名碑作归安人，盖二县同为湖州倚郭也。天启乙丑进士，官至大理寺卿，崇祯甲申殉国难。世祖章皇帝赐谥忠介，事迹具《明史》本传。其人自足不朽，而其书乃不出明末山人之习。所分咫闻、清检、兰讯、鼎书、衾史、谈啁、金荃补、革志、諨目、偏纪十门，标名诡异，大致欲仿段成式《酉阳杂俎》。其杂采新事，各注所出之书，则欲仿冯贽《云仙杂记》，意在标举幽异，而不免于剽窃类书。……是既已疏漏，且复舛误。又卷首参订姓名列董斯张为第二，而书中多引《广博物志》，即斯张所纂类书。既非其所自撰，何不出斯张所注书名乎？捃拾无根，斯亦显证矣。"③此文前半部分大体同于《钦定续文献通考》，后半部分则就《湘烟录》编纂体例、成书方式予以鄙薄。以上书目皆作闵元京、凌义渠同编（辑）。后之周中孚《郑堂读书记》、沈复粲《鸣野山房书目》、缪荃孙《嘉业堂藏书志》、丁立中《八千卷楼书目》等，所言亦同。

---

① 徐乾学：《传是楼书目》，清代鲍氏知不足斋本（国家图书馆藏），第4册。

② 嵇璜等纂修：《钦定续文献通考》，清乾隆四十九年（1784）武英殿刻本，第91册，第21页。

③ 永瑢等：《四库全书总目》，中华书局1965年版，第1126页。

案，《湘烟录》今存有明天启刻本，收入《四库全书存目丛书》中，现藏北京大学图书馆。该书前有陈之澥《题湘烟录》、董斯张《湘烟录叙》（后附董斯张《乙丑春日读子京世兄所辑湘烟戏为作歌呈教定》一诗）、闵元京《湘烟录引》、王德元《读湘烟录十则》各一。其中，董斯张《湘烟录叙》言："《湘烟录》者，余友凌骏甫暨其甥闵子京所辑云。始骏甫访余病中，一晤对便摧今古，独津津唐次山不置。余子意不甚许可。已言子京怀多奇，怕捷户然水沈，昕夕读异书，有得，辄呼酒相劳。排缵之暇，间与未髭者游，超摇作物外观。盖偕骏甫涣弈者数年，而此录始成。甫阅之，沈忧若失，犁然当余心哉！"① 闵元京《湘烟录引》亦言："案头有一编焉，乃偕骏甫数年囊括而成者，意湘烟贮于此中，姑寓目焉以当卧游。"② 据此，《湘烟录》原为凌义渠"数年囊括而成"的旧稿，后其甥闵元京在凌义渠辑录的基础上进一步完善。据凌义渠友人董斯张所言，凌氏辑录时，"昕夕读异书，有得，辄呼酒相劳"；另据只园居士《书湘烟录》所言，"子京与骏甫遇异书辄读，读辄各手录以缄。一日出以相印，留其同者，订其殊者"，知《湘烟录》原为凌氏读书有得时顺手抄录而成，后闵元京又依其读书之得补辑，删繁去重。即此书所言难免有过录他书者，这就是四库馆臣以"不出明末山人之习"鄙薄《湘烟录》编纂体例"欲仿段成式《酉阳杂姐》"、成书方式"欲仿冯贽《云仙杂记》"的根本原因。所谓"捃拾无根"，意即《湘烟录》无太高文献价值。又，今存明天启刻本《湘烟录》每卷卷首皆有"乌程　闵元京子京　凌义渠骏甫　仝辑"字样（见图3）。依梁启超《中国历史研究法》所言考辨原则，《湘烟录》编者当作闵元京、凌义渠同辑。《明史·艺文志》误，从《澹生堂藏书

---

① 闵元京、凌义渠：《湘烟录》，《四库全书存目丛书》子部第 145 册，齐鲁书社 1997 年版，第 159 页。

② 闵元京、凌义渠：《湘烟录》，《四库全书存目丛书》子部第 145 册，齐鲁书社 1997 年版，第 161 页。

目》《四库全书总目》等说。

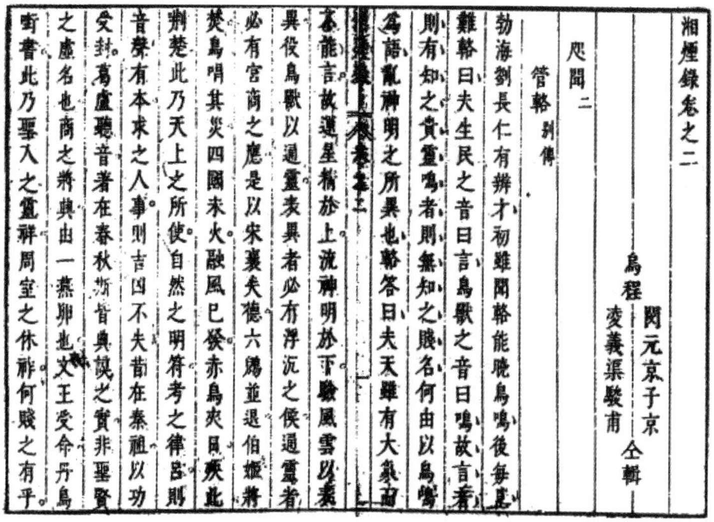
湘煙錄卷之二
烏程 閔元京子京 凌義渠駿甫 仝輯
咫聞二
管輅 別傳
勃海劉長仁有辯才初雖聞輅能曉鳥鳴後每見
難輅曰夫生民之音曰言鳥獸之音曰鳴故言者
則有知之貴靈鳴者則無知之賤名何由以鳥鳴
爲語亂神明之所異也輅答曰夫天雖有大象而
不能言故運星精於上流神明於下驗風雲以表
異役鳥獸以通靈表異者必有浮沉之候通靈者
必有宮商之應是以宋襄失德六鷁並退伯姬將
焚鳥唱其災四國未火融風已發赤鳥夾日殃在
荆楚此乃天上之所使自然之明符考之律呂則
音聲有本求之人事則吉凶不失昔在秦祖以功
受封葛盧聽音著在春秋斯皆典謨之實非聖賢
之虛名也商之將興由一燕卵文王受命丹鳥
銜書此乃聖人之靈祥周室之休祚何賤之有乎

图3　明天启刻本《湘烟录》卷二首页

要之，《明史·艺文志》误将《丹铅新录》撰者当作杨慎，黄虞稷《千顷堂书目》亦如此，而同时或稍后的史志与私家藏目均明言撰者为胡应麟。无独有偶，《明史·艺文志》误将《筠斋漫录》作者写作王学海，亦与《千顷堂书目》同。这两处讹误似为《千顷堂书目》《明史·艺文志》所有，其他书目未出现类似情况，则或可推知《明史·艺文志》编纂相当程度上参考了《千顷堂书目》。《明史·艺文志》编纂以《千顷堂书目》为蓝本亦未为可知。因为今存《丹铅新录》书前有胡应麟《丹铅新录引》一文，今存《筠斋漫录》书前有黄学海《筠斋漫录小引》、黄子懋《跋筠斋漫录》两文。若是著录者略为检点原典，这两处讹误是可避免的，致讹误的根本原因在于《明史·艺文志》从目录到目录的著录思想。这也是导致《明史·艺文志》出现诸多讹误的主要原因。

主要参考文献

一 著述类（以音序排列）

阿诺德·P. 欣奇利夫：《论荒诞派》，李永辉译，昆仑出版社 1992 年版。

班固：《汉书》，中华书局 1997 年版。

彼得·伯克：《什么是文化史》，蔡玉辉译，北京大学出版社 2009 年版。

曹溶：《流通古书约》，广陵书社 2008 年版。

晁公武：《郡斋读书志》，北京现代出版社 1987 年版。

陈晓华：《"四库总目学"史研究》，商务印书馆 2008 年版。

陈晓华：《〈四库全书〉与十八世纪的中国知识分子》，社会科学文献出版社 2009 年版。

陈戌国点校：《四书五经》，岳麓书社 2014 年版。

陈垣著，陈智超编：《陈垣四库学论著》，商务印书馆 2012 年版。

陈振孙：《直斋书录解题》，上海古籍出版社 1987 年版。

程晋芳：《勉行堂文集》，嘉庆二十五年刊本。

崔富章：《四库提要补正》，杭州大学出版社 1990 年版。

存萃学社编集：《〈四库全书〉之纂修研究》，大东图书公司 1980 年版。

《大清高宗纯皇帝实录》，中华书局 1986 年版。

戴联斌：《从书籍史到阅读史：阅读史研究理论与方法》，新星出版社 2017 年版。

戴维·芬克尔斯坦、阿利斯泰尔·麦克利里：《书史导论》，何朝晖译，商务印书馆 2012 年版。

邓实：《销毁抽毁书目合刊》，国学保存会，光绪三十三年（1907）。

董乃斌：《中国文学史学史》，河北人民出版社 2003 年版。

恩斯特·卡西尔：《人论》，甘阳译，上海译文出版社 1985 年版。

范邦甸：《天一阁书目　天一阁碑目》，上海古籍出版社 2010 年版。

傅荣贤：《中国古代目录学研究》，知识产权出版社 2017 年版。

傅璇琮、谢灼华：《中国藏书通史》，宁波出版社 2001 年版。

傅增湘：《藏园群书经眼录》，中华书局 1983 年版。

甘肃省图书馆：《四库全书研究文集》，敦煌文艺出版社 2005 年版。

高翔：《康雍乾三帝统治思想研究》，中国人民大学出版社 1997 年版。

宫伟镠：《庭闻州世说》，齐鲁书社 1995 年版。

顾志兴：《文澜阁与四库全书》，杭州出版社 2004 年版。

郭伯恭：《四库全书纂修考》，商务印书馆 1937 年版。

郭康松：《清代考据学研究》，崇文书局 2003 年版。

郭英德：《中国古代文体学论稿》，北京大学出版社 2005 年版。

何宗美：《〈四库全书总目〉的官学约束与学术缺失》，人民文学出版社 2017 年版。

何宗美：《明末清初文人结社研究》，南开大学出版社 2003 年版。

胡应麟：《少室山房笔丛》，上海书店出版社 2009 年版。

胡玉缙撰，王欣夫辑：《四库全书总目提要补正》，中华书局 1964 年版。

黄爱平：《四库全书纂修研究》，中国人民大学出版社 1989 年版。

黄霖汇编：《文心雕龙汇评》，上海古籍出版社 2005 年版。

黄虞稷：《千顷堂书目》，上海古籍出版社 2001 年版。

纪昀：《纪晓岚删定四库全书总目稿本》，国家图书馆出版社 2011 年版。

纪昀等：《景印文渊阁四库全书》，商务印书馆 1986 年版。

江庆柏：《〈四库全书荟要〉研究》，凤凰出版社 2018 年版。

江庆柏等整理：《四库全书荟要总目提要》，人民文学出版社 2009
　　年版。

江庆柏整理：《四库全书初次进呈存目》，人民文学出版社 2015 年版。

江苏广陵古籍刻印社：《笔记小说大观》，扬州古籍书店 1983 年版。

蒋寅：《清代文学论稿》，凤凰出版社 2009 年版。

焦竑：《国史经籍志》，中华书局 1985 年版。

金梁：《四库全书纂修考》（手稿本），现藏天津市图书馆。

金毓黻辑：《文溯阁四库全书提要》，中华书局 2014 年版。

静嘉堂文库编：《静嘉堂文库汉籍分类目录》，单氏印刷株式会社，
　　昭和五年。

昆冈等修：《钦定大清会典事例（卷三八八)》，光绪二十五年（1899）
　　重修本。

来新夏：《古典目录学浅说》，中华书局 2003 年版。

雷梦辰：《清代各省禁书汇考》，北京图书馆出版社 1997 年版。

李慈铭：《越缦堂读书记》，上海书店出版社 2000 年版。

李文藻著，栾绪夫注：《岭南诗集注》，大连海事大学出版社 1994
　　年版。

李裕民：《四库提要订误》，书目文献出版社 1990 年版。

卢文弨：《抱经堂文集》，商务印书馆 1935 年版。

路新生：《中国近三百年疑古思潮研究》，上海人民出版社 2001 年版。

罗吉·福勒：《现代西方文学批评术语》，袁德成译，四川人民出版
　　社 1987 年版。

罗立群：《中国武侠小说史》，辽宁人民出版社 1990 年版。

耐得翁：《都城纪胜》，中国商业出版社 1982 年版。

漆永祥：《乾嘉考据学研究》，中国社会科学出版社 1998 年版。

钱大昕著，陈文和主编：《嘉定钱大昕先生全集》，江苏古籍出版社

1997 年版。

钱曾：《也是园书目》，清代姚氏咫进斋钞本。

钱曾：《虞山钱遵王藏书目录汇编》，上海古籍出版社 2005 年版。

R. G. 科林伍德：《精神镜像或知识地图》，赵志文等译，广西师范大学出版社 2006 年版。

任如松：《四库全书答问》，启智书局 1933 年版。

阮元：《文选楼藏书记》，上海古籍出版社 2009 年版。

上海书店编：《清代文字狱档》（增订本），海书店出版社 2011 年版。

邵懿辰撰，邵章续录：《增订四库简明目录标注》，上海古籍出版社 2000 年版。

司马朝军：《〈四库全书总目〉编纂考》，武汉大学出版社 2005 年版。

司马朝军：《〈四库全书总目〉学术思想研究》，学林出版社 2007 年版。

司马迁著，裴骃集解，司马贞索隐，张守节正义：《史记》，吉林人民出版社 1998 年版。

《四库禁毁书丛刊》编纂委员会编：《四库禁毁书丛刊补编》，北京出版社 2005 年版。

四库禁毁书丛刊编委会：《四库禁毁书丛书》，北京出版社 2000 年版。

四库禁毁书丛刊编委会：《四库禁毁书丛书补编》，北京出版社 2005 年版。

四库全书出版工作委员会编：《文津阁四库全书提要汇编》，商务印书馆 2006 年版。

四库全书存目丛书编委会：《四库全书存目丛书》，齐鲁书社 1997 年版。

四库未收书辑刊编纂委员会：《四库未收书辑刊》，北京出版社 2000 年版。

孙庆增：《藏书记要》，古典文学出版社 1957 年版。

孙星衍：《廉石居藏书记》，上海古籍出版社 2009 年版。

孙星衍：《五松园文稿》，商务印书馆 1935 年版。

台湾"国家图书馆"特藏组编：《"国家图书馆"善本书志初稿》，台湾"国家图书馆" 1999 年版。

汤斌：《汤子遗书》，中州古籍出版社 2003 年版。

汤蔓媛辑：《傅斯年图书馆善本古籍题跋辑录》，"中央研究院"历史语言研究所 2008 年版。

汪辟疆：《目录学研究》，商务印书馆 1956 年版。

王利器辑录：《元明清三代禁毁小说戏曲史料（增订本）》，上海古籍出版社 1981 年版。

王世家、止庵编：《鲁迅著译编年全集》，人民出版社 2009 年版。

王太岳：《钦定四库全书考证》，书目文献出版社 1991 年版。

王重民：《中国目录学史论丛》，中华书局 1984 年版。

王重民辑：《办理四库全书档案》，国立北平图书馆 1934 年版。

魏小虎：《四库全书总目汇订》，上海古籍出版社 2012 年版。

魏征等：《隋书》，中华书局 1982 年版。

翁方纲：《复初斋文集》，文海出版社 1973 年版。

翁方纲著，吴格整理：《翁方纲纂四库提要稿》，上海科学技术出版社 2005 年版。

吴承学：《中国古代文体学研究》，人民出版社 2011 年版。

吴慰祖：《四库采进书目》，商务印书馆 1960 年版。

吴哲夫：《四库全书纂修之研究》，"国立"故宫博物院 1990 年版。

许慎撰，段玉裁注：《说文解字注》，凤凰出版社 2015 年版。

杨家骆：《四库全书学典》，世界书局 1947 年版。

杨武泉：《四库全书总目辨误》，上海古籍出版社 2001 年版。

姚名达：《中国目录学史》，上海古籍出版社 2002 年版。

姚振宗：《汉书艺文志条理》，二十五史补编本，中华书局 1995 年版。

永瑢等：《四库全书简明目录》，上海科学技术文献出版社 2016 年版。

永瑢等：《四库全书总目》，中华书局 1965 年版。

于敏中：《于文襄手札》，国立北平图书馆影印 1933 年版。

于敏中等：《国朝宫史正续编》，学生书局 1965 年版。

余嘉锡：《四库提要辨证》，中华书局 1980 年版。

袁树珊：《四库存目子平汇刊》，华龄出版社 2015 年版。

曾国藩：《曾国藩全集》，岳麓书社 2011 年版。

曾国藩：《曾国藩诗文集》，岳麓书社 2015 年版。

曾守正：《权力、知识与批评史图像——〈四库全书总目〉"诗文批评"的文学思想》，学生书局 2008 年版。

张传锋：《〈四库全书总目〉学术思想研究》，学林出版社 2007 年版。

张化：《四库全书提要稿辑存》，北京图书馆出版社 2006 年版。

张升：《四库全书馆研究》，北京师范大学出版社 2012 年版。

张舜徽：《四库提要叙讲疏》，学生书局 2002 年版。

张舜徽：《中国文献学》，华中师范大学出版社 2004 年版。

张廷玉等：《明史》，中华书局 1974 年版。

张之洞：《张文襄公全集》，文海出版社 1970 年版。

章学诚著，仓修良编：《文史通义新编》，上海古籍出版社 1993 年版。

章学诚著，叶瑛校注：《文史通义校注》，中华书局 1985 年版。

赵尔巽等：《清史稿》，中华书局 1977 年版。

震钧：《国朝书人辑略》，《续修四库全书本》，上海古籍出版社 1995 年版。

中国第一历史档案馆：《康熙起居注》，中华书局 1984 年版。

中国第一历史档案馆：《纂修四库全书档案》，上海古籍出版社 1997 年版。

中国第一历史档案馆编：《乾隆朝上谕档》，广西师范大学出版社 2000 年版。

中华书局编辑部编：《宋元明清书目题跋丛刊》，中华书局 2006 年版。

周积明：《文化视野下的〈四库全书总目〉》，广西人民出版社 1991 年版。

周密：《武林旧事》，山东友谊出版社 2001 年版。

周庆山：《文献传播学》，书目文献出版社 1997 年版。

周少川：《古籍目录学》，中州古籍出版社 1996 年版。

周中孚：《郑堂读书记》，上海书店出版社 2009 年版。

朱熹：《诗集传》，上海古籍出版社 2002 年版。

朱熹著，郭齐、尹波点校：《朱熹集》，四川教育出版社 1996 年版。

朱一玄、刘毓忱：《水浒传资料汇编》，南开大学出版社 2002 年版。

左丘明撰，韦昭注：《国语》，上海古籍出版社 2015 年版。

二　期刊论文类（以发表时间为序）

刘荫柏：《隆庆刻本〈剑侠传〉叙录》，《文学遗产》1985 年第 2 期。

陈方平、申畅：《周中孚及其〈郑堂读书记〉》，《四川图书馆学报》
　　1987 年第 2 期。

张志合：《〈剑侠传〉成书与作者考辨》，《南京师范大学学报》（社
　　会科学版）1989 年第 4 期。

黄燕生：《校理〈四库全书总目〉残稿的再发现》，《中华文史论丛》
　　1991 年第 48 辑。

王岩：《书目控制的含义及实用性研究》，《中国图书馆学报》1992
　　年第 4 期。

季野：《开明的迂腐与困惑的固执——〈四库全书总目提要〉小说
　　观的现代观照》，《小说评论》1997 年第 4 期。

王齐洲：《论欧阳修的小说观念》，《齐鲁学刊》1998 年第 2 期。

李钊平：《时空错位与秩序重建——"小说"说略》，《陕西师范大
　　学学报》（哲学社会科学版）1999 年第 1 期。

赵振祥：《从〈四库全书〉小说著录情况看乾嘉史学对清代小说目
　　录学的影响》，《明清小说研究》1999 年第 1 期。

杜泽逊：《读新见姚鼐一篇四库提要拟稿》，《中国典籍与文化》1999
　　年第 3 期。

霍有光：《从〈四库全书总目提要〉看乾隆时期官方对西方科学技术的态度》，《自然辩证法通讯》1997 年第 5 期。

徐美莲：《我国书目控制的现状与发展》，《大学图书馆学报》2000 年第 5 期。

王齐洲：《在子史之间寻找位置——史志著录所反映的中国传统小说观念》，《国学研究》（第十卷），北京大学出版社 2002 年版。

陆勇强：《〈四库全书总目提要〉订补》，《暨南学报》（哲学社会科学版）2003 年第 6 期。

曹文娟：《书目控制方法在网络信息组织中的应用》，《图书情报工作》2003 年第 11 期。

凌硕为：《论〈四库全书总目提要〉的小说观》，《江淮论坛》2004 年第 4 期。

翁筱曼：《"小说"的目录学定位——以〈四库全书总目〉的小说观为视点》，《华南师范大学学报》（社会科学版）2005 年第 3 期。

王齐洲：《〈汉书·艺文志〉著录之〈虞初周说〉探佚》，《南开学报》（哲学社会科学版）2005 年第 3 期。

彭斐章、邹瑾：《数字环境下的书目控制研究》，《图书馆论坛》2005 年第 6 期。

陈晓华、许福谦：《论〈郑堂读书记〉史学评论的特点》，《史学理论研究》2006 年第 1 期。

王菡：《国家图书馆所藏〈四库全书总目〉稿本述略》，《文学遗产》2006 年第 2 期。

吴雯娜：《基于元数据、叙词表与主题图的数字图书馆知识组织》，《情报学报》2006 年第 10 期。

韩春平：《〈四库全书总目〉的小说观及其原因探析》，《贵州文史论丛》2007 年第 1 期。

赵涛：《〈四库全书总目提要〉学术思想与方法论研究》，博士学位论文，西北大学，2007 年。

程国赋、蔡亚平：《论〈四库全书总目〉小说家类的著录标准及著录特点》，《明清小说研究》2008 年第 2 期。

王庆华：《"小说"与"杂家"》，《浙江学刊》2008 年第 2 期。

邵毅平、周峨：《论古典目录学的"小说"概念的非文体性质——兼论古今两种"小说"概念的本质区别》，《复旦学报》（社会科学版）2008 年第 3 期。

司马朝军：《最新发现的张羲年纂四库提要稿》，《图书与情报》2008 年第 5 期。

王颖：《"传奇"与〈四库全书总目〉小说分类》，《中国社会科学院研究生院学报》2008 年第 4 期。

张升：《翁方纲纂四库提要稿的构成与写作》，《文献》2009 年第 1 期。

李琳：《"荒诞"的多维解读》，《东岳论丛》2009 年第 3 期。

刘志勇：《〈四库全书总目提要〉唐诗批评渊源考述》，硕士学位论文，广西师范大学，2010 年。

伏俊琏：《〈四库全书总目〉的文学史观和文体观——以集部大小序为中心》，《阅江学刊》2010 年第 3 期。

王齐洲、屈红梅：《汉人小说观念探赜》，《南京大学学报》（哲学·人文科学·社会科学）2011 年第 4 期。

李程：《〈剑侠传〉成书及选辑者续考》，《明清小说研究》2012 年第 4 期。

张进德：《〈四库全书总目〉"小说家类"价值发微》，《明清小说研究》2012 年第 4 期。

王齐洲：《学术之小说与文体之小说——中国传统小说观念的两种视角》，《上海大学学报》（社会科学版）2013 年第 3 期。

孙连青：《天津图书馆藏〈四库全书总目〉残稿文献价值探讨》，《图书馆工作与研究》2013 年第 8 期。

王齐洲、伍光辉：《"稗官"新诠》，《南京大学学报》（哲学·人文科学·社会科学）2013 年第 3 期。

王齐洲、李平：《曹植诵俳优小说发覆》，《学术研究》2013 年第 5 期。

钟志伟：《平议〈四库全书总目〉"假传体"文类的编目与批评》，《汉学研究》2014 年第 4 期。

贾中华：《〈四库全书总目提要〉指误十三则》，《图书馆建设》2014 年第 11 期。

张晓芝：《〈四库全书总目〉明人别集提要研究》，博士学位论文，西南大学，2015 年。

王昕：《论"国学小说"——以〈四库全书〉所收"小说家类"为例》，《中国人民大学学报》2015 年第 1 期。

张进德：《〈四库全书总目〉"小说家类"匡误》，《河南大学学报》（社会科学版）2015 年第 2 期。

王齐洲、谷文彬：《正史〈艺文（经籍）志〉著录小说名实辨》，《江汉论坛》2015 年第 3 期。

王庆华：《论古代"小说"与"杂史"文类之混杂》，《华东师范大学学报》（哲学社会科学版）2015 年第 5 期。

蒋寅：《纪昀与〈四库全书总目〉的诗歌批评》，《学术界》2015 年第 7 期。

苗润博：《台北"国家图书馆"藏〈四库全书总目〉残稿考略》，《文献》2016 年第 1 期。

张泓：《实学思潮与〈四库全书总目〉的小说观》，《南昌航空大学学报》（社会科学版）2016 年第 2 期。

蒋永福、孟越：《社会控制论视角的文献控制论述略》，《大学图书馆学报》2016 年第 3 期。

吴亚娜：《〈四库全书总目〉宋代文学批评研究——以宋人别集与词集提要为中心》，博士学位论文，西南大学，2017 年。

周秋良：《〈四库全书总目〉中"小说家言"的文体价值》，《中国文学研究》2017 年第 3 期。

赵涛：《〈四库全书总目〉的小说思想探源》，《河南大学学报》（社会科学版）2017 年第 4 期。

王齐洲：《从〈山海经〉归类看中国古代小说观念的演变》，《天津
社会科学》2018 年第 2 期。

王炜、窦瑜彬：《〈四库全书〉中的小说观念论略》，《华中科技大学
学报》（社会科学版）2018 年第 3 期。

关四平：《〈四库全书总目〉对唐代小说的著录与研究》，《学术交
流》2021 年第 11 期。

王齐洲：《中国社会结构的变迁与传统小说观念的演进》，《南京大
学学报》（哲学·人文科学·社会科学）2022 年第 2 期。

后　记

　　2009 年以来，我一直尝试梳理传统目录学著录小说的现象、特征、缘由及意义所在，后于 2011 年至 2014 年读博期间，有幸参加了业师王齐洲先生主持的国家社会科学基金重点项目"二十五史《艺文志》著录小说资料集解"，遂将传统目录学与小说之关联作为研究的兴趣点之一。数年间，陆陆续续撰写了若干篇文章。《〈四库全书总目〉"小说家类"学术批评研究》一书就是相关思考的一部分见解，并有幸获得 2018 年国家社科基金青年项目的资助。2022 年获批的国家社科基金后期资助一般项目"知识学视阈下明代书目小说著录研究"，则是相关思考的另一部分意见。这两部分成果是在梳理传统目录学的知识体系与衍变过程之后，尝试对明清书目著录小说时的批评意识、文化必然性，乃至其间的小说观念与思想史意义进行探索的结果。自此，勉强可以对这些年来的某些不成熟思考做自我批评与反思了。然而，这些年的研究方向屡屡转变，除了持续做近现代学术史之外，又一头扎进了阅读史、新文化史的热潮中难以自拔，导致无暇他顾的情况下拿出来的书稿仍有不少问题，与当初的设想亦有很大距离。2020 年 2 月该项目结项后，书稿又在电脑中静静地躺了接近两年；近期才胡乱地进行若干小修小补，以至于存在的识断不深、知识讹误、"跑马圈地"等情况在所难免。相较于项目结项成果而言，此次出版补充了"清初至清中叶私家书目的小说著录研究"等内容，尝试分析钱谦益、钱曾、钱大昕等清初名流如何在目录学视域中认识"小说家类"及其小说观念的文化史价值，试图更全面认识清初至清中叶目录学演变过程中"小说家类"的知识史意义。同时，书稿从传统目录学思想与清代政教意图两方面，基于文献价值区分与书目控制理论分析《四库全书总目》"小说家类"的学术批评，避免说一些人云亦云的话，想来当有一点点自己的特色，不妨姑妄存之！

这几年来，发现自己越来越"偏安一隅"、不思进取了。不仅出去开会的频次锐减，跟师友的联系亦逐年锐减了，而且，对于学术越来越"玩世不恭"了。不少师友一直劝我说，文章不要写得那么随意，要确定几个好的选题，冲击一下"高端"杂志！而我，总是虚心接受，却屡教不改。尤其是，博士后合作导师柳宏先生时常耳提面命，我总是不听，还反过头一本正经地告诉柳宏师：我都是"有感而发"、认真地在写啊，反正就是读书得间，有想法就写出来；也给人家投递了，至于用不用，我也无能为力啊！当然，文责须自负，但求问心无愧即可。至于不时听到有人说我在"水论文"这种闲言碎语，实在懒得开口去辩解。人各有"志"嘛！我只是不想码字的过程如此充满功利性，虽然总是无法避免，又或者自己内心还是期待那一点点功利性的，谁让我们是高校"小青椒"一枚呢！个人总是太渺小，怎么挣扎，最后也只能以"何妨吟啸且徐行"来自我慰藉！

感谢为我创造自由、自在环境的柳宏师。与王婧之、宋展云、王祥辰、谷文彬、刘雨过、刘伏玲等同门师兄弟之间，或"隔空"交流，或把酒言欢，或同舟共济，如此欢声笑语的场景亦是日常乐趣的源头之一。曾礼军、朱仰东、王以兴、刘洪强等三两好友的鼓励，亦是快乐"混沌"着的重要理由。当然，应当隆重地感谢我们家唐姑娘，感谢唐姑娘在一边完成研究生学业、一边带娃的同时，毫无怨言地付出着，默默地纵容我那肆无忌惮地以办公室为家。当小温同学被拉到办公室，他在办公桌的西头写字、画画，而我在办公桌的东头一边噼里啪啦地码字、一边"偷偷摸摸"地看着他在那"埋头苦干",这大概是一种特别温馨的时光！谁说不是呢！

而今，已跨过"青年"二字，从此以后"青年项目"亦与我无缘了，是时候应该适当地进入人生的"躺平"阶段了。按照王齐洲师的话说，就是"不拼命，不放弃"！每天早上"装模作样"地去办公室，一边看着有 Chris Paul 比赛的 NBA，一边象征性地码着几个字；到了下午，到篮球场去跟人"上对抗"，投投篮；晚上，回家遛娃与刷屏。这大概就是我"混沌"的一天！日复一日地循环着！若有例外，可能又是跑出去混酒喝了！

末了，尤想感谢《西南民族大学学报》（人文社会科学版）、《江西师范大学学报》（哲学社会科学版）、《中南大学学报》（社会科学版）、《国家图书馆学刊》《图书馆建设》《图书馆杂志》《明清小说研究》《图书馆工作与研究》《学术交流》《中国社会科学报·争鸣版》《哈尔滨工业大学学报》（社会科学版）、《图书馆》《天府新论》《高校图书馆工作》《扬州大学学报》（人文社会科学版）等刊物，抽出宝贵的版面发表书稿中的部分不成熟文字。此次结集成册，主要是核校文献。除了改正一些明显的错误外，主体部分一仍其旧。书中的不少例证多次援引，今亦从旧不变。此书是我从阅读史、思想史、文化史、观念史及文学批评的角度，吸纳历史学、图书情报·文献学、文学等学科的交叉方法，专题式集合为之的尝试，水平有限，想来讹误之处仍会不少，祈盼方家正之。

以上拉拽硬说一通，无非是想记录一段到哪都不会忘却的快乐时光！

癸卯二月初二日草识